Drug Research Series

禁毒研究丛书

国家出版基金项目
NATIONAL PUBLICATION FOUNDATION

U1004468

阮惠风 著

新型合成毒品滥用实证调查与治理对策

上海社会科学院出版社
SHANGHAI ACADEMY OF SOCIAL SCIENCES PRESS

摘 要

2009年《中国禁毒报告》指出：尽管我国吸食海洛因等传统毒品问题得到有效遏制，但复吸率依然较高，新发现的隐性吸食海洛因人员有所增多。截至2009年年底，全国累计登记吸毒人员133.5万名，其中海洛因成瘾人员97.8万名，占73.2%。2009年新发现滥用海洛因人员9.7万名。同时，滥用新型合成毒品问题更加突出，累计查获登记36万余人，新查获9.7万人，多数是25岁以下的青少年。全国有22个省份新型合成毒品缴获量超过海洛因。截至2015年，全国登记在册的吸毒人员234.5万名(不含戒断3年未发现复吸人数、死亡人数和离境人数)，其中，滥用海洛因等阿片类毒品人员98万名，占41.8%；滥用合成毒品人员134万名，占57.1%，滥用其他毒品人员2.5万名，占1.1%。可见，全国滥用新型合成毒品人数呈直线上升趋势。云南是现阶段我国首屈一指的毒品重灾区和禁毒斗争的前沿阵地，近年来由于受境外新型合成毒品渗透不断加剧的冲击，滥用新型合成毒品的人数逐年增加，在给禁毒斗争增加难度的同时，也使禁毒工作面临着新的课题。

本书以云南新型合成毒品滥用问题为主要研究对象，运用社会学的调查方法，以问卷调查为主，个案深度访谈为辅，兼以参与式观察(本书中主要是指暗访)及座谈等多种方法，尝试以社会控制论为理论视角，对云南新型合成毒品滥用问题产生的原因、造成的危害、形成的内在机制与治理方法进行定量、定性分析研究。

本书共分为五章：

第一章为导论，在总结国内外研究成果的基础上，对本书的选题背景、选题意义、研究问题的界定、研究方法等进行简要的阐述。

第二章通过查阅各种文献资料，对国内外毒品滥用的整体情况加以概括性的描述，并重点介绍了广东、福建等省市的新型合成毒品滥用现状。

ABSTRACT

第三章整理挖掘相关数据，探索云南新型合成毒品犯罪的新动向（与传统毒品犯罪等相比较），并在宏观上对新型合成毒品滥用的危害进行了简要的分析。

第四章在问卷调查（整个问卷调查自 2005 年底开始，历时 6 个多月，共发放问卷 210 份，收回有效问卷 169 份，调查地点主要为昆明、临沧、保山、德宏、大理等地）的基础上，通过数据录入与整理，采用了主因子分析、聚类分析、相关分析及量表分析等方法，对新型合成毒品滥用的危害进行全面的评估并建立了数学模型；对新型合成毒品滥用人群的人口学指标、经济学指标、社会学指标及滥用行为指标等，进行了详尽的描述和科学的总结与分类；同时还对影响三类群体滥用新型合成毒品的家庭、朋辈群体、偏常行为、社会信念等因素，做了深入的分析与探讨，从中得出了一系列颇有创新性的结论。

第五章总结我国治理新型合成毒品的成效，认真分析了当前治理新型合成毒品滥用工作中存在的问题，主要表现为打击与预防的关系处理及两个方面针对性不足、成效不明显的问题。继而提出治理云南新型合成毒品违法犯罪的对策建议，主要是六个方面的建议：在打击毒品犯罪方面，要树立毒品短时间内禁不绝，只能有效遏制的理念；确定重点，严厉打击新型合成毒品违法犯罪活动；继续加强国内协作与国际禁毒合作；有针对性地开展新型合成毒品预防教育；大力加强戒毒、帮教等工作，积极促进新型合成毒品滥用者回归社会；适应毒品新形势，不断强化新型合成毒品综合治理工作。

本书的主要研究成果及特色：

首先，采用定量为主、质性研究为辅的实证方法，在问卷调查的基础上，对目前新型合成毒品犯罪在云南的现状进行了全面系统的分析，对新型合成毒品的滥用危害进行了综合评估，认为云南新型合成毒品犯罪呈现出大宗案件持续增长、过境贩毒特征明显、边境渗透与内地流入并存的态势。新型合成毒品滥用的危害主要表现为对身体生产能力的损害与心理能力的损害，因此对这一群体的矫治尤其应该强调从身体恢复能力、生产创业能力、心理矫治能力三个方面着手。

其次，运用聚类分析方法，对新型合成毒品滥用群体进行了科学的分类，即第一类为陪客人服食新型合成毒品的“high”妹；第二类为公司职员、个体户、长途运输司机、出租车司机、赌博者、边境农民、大学生(25 岁左右)、初高中辍学学生、演艺圈人员等；第三类为无业者，各类群体的边界特征十分明显。

再次，探讨新型合成毒品滥用在成因、特点、扩散途径等方面与传统毒品的诸多差异，其形成的内在机制也不尽相同，因此对新型合成毒品滥用的治理与控制要有针对性、创新性。

最后，探讨家庭、社会、朋辈群体、个人信念与新型合成毒品滥用行为的各种相关关系，在赫希社会控制论的基础上，进一步提出各类社会控制手段在对象、控制方法、控制内容等方面应依据新型合成毒品滥用群体的分类而确定，提出了较为详尽而又有针对性的建议。

目录

CONTENTS

图表目录

第1章　导　　论

1.1　研究背景及目的

1.1.1　研究背景

1.1.1.1　**我国新型合成毒品滥用问题日趋突出**

在世界毒潮冲击下，从20世纪80年代起，以“金三角”为代表的境外毒源对我国的渗透不断加剧，为此，我国对毒品违法犯罪打击力度也不断加大。国家禁毒委员会《2007年中国禁毒报告》指出，当前我国的“禁毒人民战争”已取得了显著的阶段性成效。2006年，云南境外对我国危害最大的毒源地“金三角”罂粟种植面积为32.3万亩，同比下降34%，海洛因等传统毒品加工生产规模明显减少。[①] 以鸦片、海洛因为主的传统毒品在生产、加工上正逐年递减和萎缩，传统毒品蔓延的势头得到了有效的遏制。

但与此同时，随着形势的发展和国际毒情和毒品供求关系的变化，悄然崛起的新型合成毒品又对我国造成新一轮的冲击。在海洛因仍为我国主流消费毒品的情形下[②]，以化学合成的兴奋剂、致幻剂类为代表的新型合成毒品迅猛增长，对我国构成巨大威胁，成为毒品发展的一个新动向(见图1-1)。

2007年6月24日，国家禁毒委员会办公室常务副主任、公安部禁毒局局长杨凤瑞接受中国政府网专访时明确指出：“在全国排查的80万吸毒人员中，有10万余名是吸食新型合成毒品的，而且这仅为公安机关查获的数据，还有相当一部分没有被发现登记。”[③]

其中，辽宁、吉林、黑龙江等部分省市区新型合成毒品滥用人数已超过传统

---

① 国家禁毒委员会：《2007年中国禁毒报告》。

② 2008年年底，全国登记在册的吸毒人员为112.7万人，其中吸食海洛因的人数为87.8万人，占吸毒人员的77.5%。

③ 《公安部禁毒局局长杨凤瑞谈禁毒工作》，中央政府门户网站，www.gov.cn/zxft/ft24/wzzxgd.htm，2007年6月24日。

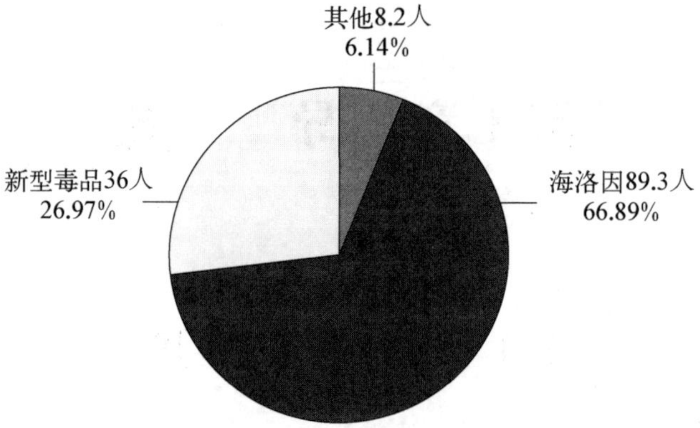

图 1－1　2010 年全国吸食毒品种类分布

资料来源：根据国家禁毒委员会《2010 年中国禁毒报告》与公安部网站相关资料整理。

毒品，歌舞娱乐场所成为新型合成毒品蔓延的温床。

2008 年 6 月 25 日，国家禁毒委员会常务副秘书长、公安部禁毒局局长杨凤瑞在国新办新闻发布会上表示，国内新型合成毒品问题日益突出，滥用新型合成毒品的人数快速增多，2007 年已有 20 个省市区新型合成毒品缴获量已超过海洛因。2009 年 5 月 31 日，人民网报道，截至 2008 年底，全国登记在册的吸毒人员为 112.7 万人，其中吸食海洛因的人数为 87.8 万人，占吸毒人员的 77.5%，但其增长势头已经得到明显遏制，近年来在整个吸毒人群中的比例逐年下降；滥用苯丙胺类毒品和氯胺酮等新型合成毒品的人数近年来呈较快上升的趋势，滥用苯丙胺类和氯胺酮等新型合成毒品的有 24.1 万人，占 21.3%[①]。2010 年 6 月 3 日，在我国首部防范新型合成毒品警示教育电影《明天》的首映式上，公安部副部长黄明说："目前，全国登记在册的吸毒人员有 133.5 万人，较去年同期增加了 20.9 万人。在这 133.5 万名吸毒人员中，滥用新型合成毒品的有 36 万。"[②]截至 2015 年底，全国登记在册的吸毒人员 234.5 万名（不含戒断 3 年未发现复吸人数、死亡人数和离境人数），其中，滥用海洛因等阿片类毒品人员 98 万名，占 41.8%；滥用合成毒品人员 134 万名，占 57.1%，滥用其他毒品人员 2.5 万名，占 1.1%。全国共查处有吸毒行为人员 106.2 万人次，其中新发现吸毒人员 53.1 万名，同比分别上升 20%和 14.6%。在新发现的 53.1 万名吸毒人员中，滥用阿片类毒品人员占 17.4%，其中滥用海洛因人员占 14.6%；滥用合成毒品人员占

① 人民网，http://society.people.com.cn/GB/8217/156443/156446/9385278.html，2009 年 5 月 31 日。

② 《我国首部防范新型合成毒品的警示教育电影在京首映》，新华网，2010 年 6 月 3 日。

80.5%，其中滥用冰毒等苯丙胺类兴奋剂人员占 73.2%；滥用其他毒品人员占 2.1%①。

滥用的新型合成毒品种类增多，有冰毒、摇头丸、氯胺酮及安钠咖、三唑仑等，在一些地区已形成了一定规模的消费市场，而滥用新型合成毒品者占吸毒人员总数的比例，近年来正呈明显的增加趋势(见图 1－2)。

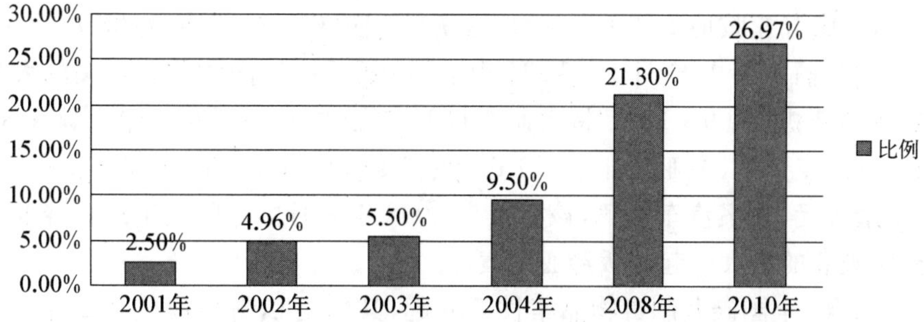

图 1－2　2001—2010 年滥用新型合成毒品人数占全部吸毒人数比例

资料来源：根据公安部历年《中国禁毒报告》与公安部网站相关资料整理。

再就是易制毒化学品走私出境和流入国内非法渠道的问题依然突出。受境外新型合成毒品生产加工需求和毒品暴利刺激，易制毒化学品走私出境情况依然屡禁不止。我国生产的醋酸酐、乙醚、苯基丙酮、胡椒基甲基酮、高锰酸钾等化学品，仍被不断走私到“金三角”。2005 年，全国共缴获易制毒化学品 157.9 吨。尽管国家禁毒委员会通过国际核查阻止了 3 250 吨易制毒化学品非法出口，但易制毒化学品流出境外的问题尚未得到有效解决。2005 年我国共摧毁境外 34 个制毒加工点，其制毒前体和配剂多来自国内。② 2009 年，公安部组织开展打击网上非法买卖易制毒化学品专项行动，搜集、清理了一批网上非法买卖信息，查处了一批制毒物品犯罪案件。各级公安机关进一步加大对易制毒化学品案件的侦查经营和来源倒查力度，成功破获了制毒物品犯罪案件 137 起，缴获易制毒化学品及非列管物质 649.1 吨；查处易制毒化学品行政违法案件 1 366 起，查扣易制毒化学品 3 169 吨。四川省宜宾市公安机关在公安部和省公安厅统一指挥下，在吉林、广东、广西、重庆、新疆等地公安、药监等部门的大力支持下，联合组织开展跨区域作战，破获了涉及 21 个省市区的“4・8”特大制贩毒品案件，打掉

① 根据国家禁毒委员会《2015 年中国毒品形势报告》整理。

② 根据国家禁毒委员会《2006 年中国禁毒报告》资料整理。

5个特大制贩毒团伙，抓获犯罪嫌疑人85名，捣毁麻黄素非法加工窝点和冰毒加工厂8个，缴获麻黄碱类复方制剂44吨、麻黄素415千克、冰毒955克，查获毒资1 820.9万元、房产10套、车辆21台、手枪3支、子弹10发，是当时全国破获的涉及范围最广、抓获犯罪嫌疑人最多、缴获数量最大的一起制毒物品案件，也是一起从制毒物品入手，顺线延伸侦查捣毁制毒加工厂的经典案例。2009年3月，安徽省公安机关成功侦破"2·18"特大制贩羟亚胺案件，共抓获犯罪嫌疑人9名，捣毁羟亚胺地下加工厂1个，缴获羟亚胺383.35千克、毒资93万余元，扣押涉案车辆3辆①。5月19日，四川省公安机关在河南省公安机关的大力协助下，成功破获"2009·1·1"特大制贩羟亚胺案件，一举抓获犯罪嫌疑人8名，捣毁制毒窝点2个、羟亚胺加工厂1个，缴获氯胺酮206千克、羟亚胺8.5吨、毒资300余万元、涉案汽车8辆，该案是自2008年8月国务院决定列管羟亚胺以来，全国破获的最大一起制贩羟亚胺案件。

2014年，全国破获制毒物品案件549起，其中走私制毒物品案29起，非法买卖制毒物品案520起，缴获制毒物品3 847吨。全年确立制毒物品部督目标案件60起，成功破获江西乐平"6·5"制贩邻酮羟亚胺案、江西萍乡溴代苯丙酮制贩麻黄碱案、江苏"2·28"制贩邻酮羟亚胺案等一大批重特大制毒物品案件，成功抓获"化学合成麻黄碱鼻祖"肖积合。强化内蒙古、新疆、甘肃、宁夏等产草区源头管理，麻黄草流失问题得到有效遏制，2014年麻黄草缴获量从2013年的1 271吨下降到422.98吨。列管溴代苯丙酮后迅速开展非法制贩活动打击，查封非法生产、经营溴代苯丙酮企业多家，各地缴获溴代苯丙酮23.21吨。继续加强羟亚胺、邻酮等制毒物品的管制，缴获非法生产、买卖的羟亚胺、邻酮108.95吨②。

1.1.1.2 云南新型合成毒品滥用问题形势更为严峻

云南南部中缅边界中下段沿线地区在地理上毗邻"金三角"北缘地带，受此影响并在诸多历史与现实的内外因素作用下，历来是我国首屈一指的"毒祸重灾区"，同时也是全国禁毒战略中的"前沿主阵地"。在近年来随新型合成毒品兴起而造成的新一轮冲击中，云南又成为首当其冲的重灾区。2005年1—11月，云南查获的新型合成毒品数量首次超过新型合成毒品滥用高发地区广东、福建两省查获量总和，新型合成毒品滥用人数直线上升，空间分布大面积蔓延扩散，导致了极其严重的后果，对地方民族经济的发展和边疆稳定都造成一定程度的冲

① 国家禁毒委员会：《2010年中国禁毒报告》。
② 国家禁毒委员会：《2015年中国禁毒报告》。

击与破坏。2009 年，云南省共缴获冰毒 3.19 吨，占全国缴获量的一半[①]，新型合成毒品(冰毒、摇头丸等)大有超过传统毒品(海洛因、鸦片等)而呈后来居上之势。

2016 年，从云南省公安厅召开的第四轮禁毒人民战争暨 2016 年“禁毒宣传月”启动仪式新闻通报会上获悉：2011—2015 年，云南省各级、各部门把禁毒工作摆在突出位置，不断强化禁毒措施，坚决遏制毒品问题发展蔓延势头，进一步减轻了毒品对社会的危害，禁毒工作取得阶段性成效，实现了既定目标。5 年来，云南省共查破毒品犯罪案件 9.5 万起，抓获毒贩 10.2 万人，缴获毒品 94.7 吨，制毒物品 3 334 吨，缴毒量连创历史新高。其中，缴获海洛因、冰毒片剂分别约占全国总数的 80%和 90%，在公安部缉毒执法考评中连续三年位居全国第一[②]。

目前，我国正处于社会转型的加速期，社会转型所形成的诸如社会阶层结构分化加剧、利益关系复杂化以及资源再分配的压力加大等因素，对个体的影响颇为显著。加之云南是内陆边疆省，国界线漫长、跨境民族众多，各种因素和问题(如社区发育程度问题、文化背景问题、宗教问题、民族问题以至最近出现的“毒恐合流”问题)相互交织，使得新型合成毒品滥用及其形成原因与表现形式更为错综复杂。因此，对云南新型合成毒品进行科学的分析研究已显得十分必要。

1.1.2 研究目的

1.1.2.1 把握云南新型合成毒品滥用的基本状况

本书的主要研究目的之一就是对目前新型合成毒品滥用在云南的现状进行全面系统的分析研究，以昆明、保山、临沧、西双版纳等强制戒毒所、自愿戒毒所收治的新型合成毒品滥用人员以及上述各地禁毒部门查获的新型合成毒品滥用人员为对象进行问卷调查和典型个案剖析，全面把握云南新型合成毒品滥用的基本状况。

1.1.2.2 探寻云南新型合成毒品滥用的内在机制

在前期问卷调查与数据分析的基础上，结合实地调研，探寻云南新型合成毒品滥用的内在机制。首先，与传统毒品相比较，新型合成毒品滥用在成因、特点、滥用人群、扩散途径等方面存在诸多差异，其形成的内在机制应与传统毒品不尽相同。其次，新型合成毒品滥用人群的心理特征有其特殊性与共性，并以其特殊

---

① 罗石文：《振奋精神，再接再厉，争取公安禁毒工作更大胜利——在全省公安禁毒工作会议上的报告》，云南省公安厅禁毒局提供，2010 年 3 月 10 日。

② 云南省公安厅召开第四轮禁毒人民战争暨 2016 年“禁毒宣传月”启动仪式新闻通报会：《云南省 5 年抓获毒贩 10.2 万人缴获毒品量连创历史新高》，http：//yn. people. com. cn/news/yunnan/n2/2016/0621/c228496 - 28538768. html。

性为主要依据，对新型合成毒品滥用人群进行分类。

1.1.2.3 构建云南新型合成毒品治理的长效机制

在前期定性与定量研究的基础上，深入上述所选调研点，进一步与当地的禁毒委等相关部门工作人员进行座谈访谈，完成新型合成毒品滥用的专题调查，从而为构建云南新型合成毒品治理的长效机制服务。

1.2 相关概念的界定

1.2.1 毒品

毒品一词是现代社会用语，最早出现在欧洲，是在人们了解了鸦片等麻醉药物的危害之后才开始使用的，至今不过两三百年历史。实质上，作为汉语的“毒品”一词，是“毒物之毒”与“药品之品”的结合。另根据台湾学者的考察，在欧洲，最初的毒品是指用来注射的麻醉药品，英语中的 drug 原来并无毒物的含义，也不是指用来吸食的毒品。后来，由于这类药剂使人产生依赖而导致大量滥用，进而危害人体并引发违法犯罪，欧洲的一些国家才把这种吸食麻醉品的行为称为“吸毒”，从而使毒品一词形成并有了现代的含义①。

1.2.1.1 毒品的概念

新修订的《刑法》第 357 条规定：“本法所称的毒品，是指鸦片、海洛因、甲基苯丙胺（冰毒）、吗啡、大麻、可卡因以及国家规定管制的其他能够使人形成瘾癖的麻醉药品和精神药品。”这里列举的 6 种毒品仅是国际上常见的、大量泛滥的毒品，但毒品却远不限于这 6 种。1996 年 1 月 16 日国家卫生部发布的《麻醉药品品种目录》和《精神药品品种目录》，列出被管制的能使人形成瘾癖的麻醉药品和精神药品共计 237 种，其中麻醉药品 118 种，精神药品 119 种。

1.2.1.2 毒品的种类

毒品种类繁多，从不同的角度有不同的分类方法。

法学家根据法律条文的规定，把毒品划分为合法毒品和非法毒品两大类。合法毒品是指根据医疗的需要而限量生产、使用的毒品，如临床上使用的吗啡、杜冷丁等；非法毒品是指非法种植、贩运、销售、吸食的毒品，如非法市场上的可卡因、海洛因等。

---

① 参考于燕京、张义荣、莫关耀主编：《禁毒学》，群众出版社 2005 年版。

医学家和精神病学家根据毒品作用于人体后改变感觉和意识的不同效果，把毒品分为抑制剂、兴奋剂、致幻剂、止痛剂和催眠剂。其中，止痛剂用来解除不同程度的痛感，但不使服用者丧失知觉，如鸦片止痛剂等，止痛剂有麻醉性的，也有非麻醉性的；抑制剂作用于中枢神经系统，减弱其活动，缩减生命机能，包括反射机能，抑制剂会引起镇静和放松，医学上主要将剂量适当的抑制剂用来镇静和催眠；催眠剂属中枢神经系统抑制药物，如巴比妥酸盐、安眠酮、水合三氯乙醛等；兴奋剂类药物能刺激和增强中枢神经系统活动。可卡因、安非他明属于中枢神经系统兴奋剂；致幻剂作用于中枢神经系统，引起情绪和感觉上的变化，从感觉假象到产生幻觉，如大麻、麦角酰二乙胺、苯环呱啶等。

从提炼方式上看，有植物性毒品，如大麻、鸦片、古柯叶等；有半合成毒品，如海洛因、二氢吗啡酮等；近年来又出现改变管制药物的分子结构，如改变甲基哌啶、芬太尼和安非他明的化学结构而形成新的毒性更强的毒品，有的毒性相当于海洛因的 6 000 倍，能立即引起死亡。

从合成方式上看，分为传统毒品与新型合成毒品。传统毒品主要是指鸦片、海洛因等；新型合成毒品主要指人工化学合成的致幻剂、兴奋剂类毒品。

1.2.2 新型合成毒品

1.2.2.1 新型合成毒品概念

所谓新型合成毒品，是相对于鸦片、海洛因等传统毒品而言，是由国际禁毒公约和我国法律法规所规定管制的、直接作用于人的中枢神经系统，使人兴奋或抑制，连续使用能使人产生依赖性的精神药品(毒品)。近年来，我国新型合成毒品滥用的品种不断增多，目前被普遍滥用的主要有冰毒、摇头丸、氯胺酮(K 粉)、咖啡因、安纳咖、氟硝安定、麦角酰二乙胺(LSD)、安眠酮、三唑仑、丙种羟基丁酸盐(GHB)、丁丙诺菲、麦司卡林、五氯苯酚(PCP)、止咳水、迷幻蘑菇、有机溶剂和鼻吸剂等①。

1.2.2.2 新型合成毒品的种类

根据新型合成毒品的毒理学性质，可以将其分为四类：第一类以中枢兴奋作用为主，代表物质是包括甲基苯丙胺(我国俗称“冰毒”)在内的苯丙胺类兴奋剂；第二类是致幻剂，代表物质有麦角酰二乙胺(LSD)、麦司卡林和分离性麻醉剂(苯环己哌啶和氯胺酮)；第三类兼具兴奋和致幻作用，代表物质是亚甲二氧基

---

① 相对于传统毒品而言，新型合成毒品先后被称为新型毒品、合成毒品，但笔者认为新型毒品概念易让人产生其应包括新出现的原植物性毒品，合成毒品(现《中国禁毒形势报告》《中国禁毒报告》使用)不能很好地解释海洛因也是半合成毒品这一性质，为此，作者将冰毒、K 粉等人工合成的毒品称为新型合成毒品。

甲基苯丙胺(MDMA,我国俗称“摇头丸”);第四类是一些以中枢抑制作用为主的物质,包括三唑仑、氟硝安定和γ-羟基丁丙酯。在云南,新型合成毒品的种类主要有冰毒、摇头丸、K粉(氯胺酮)等。

1.2.2.3 新型合成毒品的危害

吸食新型合成毒品会严重损害人体组织器官功能,形成难以逆转的病变。大量的临床资料表明,冰毒和摇头丸等可以对大脑神经细胞产生直接的损害作用,导致神经细胞的病变和坏死,出现急慢性精神障碍。吸毒者还会出现被害妄想、追踪妄想、嫉妒妄想以及幻听等病理性精神症状,在这些病理性精神症状的作用下吸毒者极易实施暴力行为。研究表明,82%的苯丙胺滥用者即使停止滥用8—12年,仍然有一些精神病症状乃至精神分裂,一遇到刺激便会发作。吸食苯丙胺类型毒品还会产生其他损害,如可以导致吸毒者全身骨骼肌痉挛、肌溶解,出现恶性高热、死亡或对肾功能造成严重损害等。

吸食新型合成毒品极易引发暴力和聚众淫乱。吸食新型合成毒品后人的自我约束力下降,成瘾者可能为了筹集毒资铤而走险、违法犯罪。特别是青少年吸食冰毒后,情绪亢奋、控制不住,很容易出现暴力倾向。吸食麻古(苯丙胺类兴奋剂)可能会引发性犯罪。正是因为这种特性,人在吸食新型合成毒品后极易发生暴力和聚众淫乱等危害公共安全的行为。

新型合成毒品心理依赖性强。很多人误以为吸食新型合成毒品不会成瘾,其实其只是成瘾的表现和吸食海洛因不一样,即生理上的表现不会那么激烈,但心理上造成的依赖性却远远高于生理依赖。吸食新型合成毒品的人,最初都觉得自己有足够的意志力和判断力,可以达到自己幻想中的快感,但随着时间的推移和吸食次数的增加,制造这种快感需要更多的剂量,就只能一步一步地往下沉,直到深陷毒品魔掌之中不能自拔。

其实,新型合成毒品一般在特定环境和气氛中被吸食,具有很强的迷惑性,防不胜防,青少年有意或无意接触新型合成毒品的概率更大。而且新型合成毒品购买、携带、吸食方便,在潜移默化中成瘾,其危害比传统毒品更大。尽管摇头丸的主要成分是甲基苯丙胺,但毒贩在暴利的驱使下,常在摇头丸中加入其他成分,比如“K粉”,其导致兴奋和致幻的作用更强,也更容易成瘾。

此外,吸食新型合成毒品耗费大量钱财,导致家庭破裂,破坏社会安定,影响经济发展,毒化社会风气,对整个社会的良性运行构成威胁。

1.2.2.4 几种常见的新型合成毒品

1.2.2.4.1 冰毒

通用名称:甲基苯丙胺。

性状：外观为纯白结晶体，晶莹剔透，故被吸毒、贩毒者称为“冰”(Ice)。由于对人体的中枢神经系统具有极强的刺激作用，且毒性剧烈，又被称为“冰毒”。冰毒的精神依赖性极强，已成为目前国际上危害最大的毒品之一。

滥用方式：口服、鼻吸、静脉注射。

吸食危害：吸食后会产生强烈的生理兴奋，能大量消耗人的体力和降低免疫功能，严重损害心脏、大脑组织甚至导致死亡。吸食成瘾者还会产生精神障碍，表现出妄想、好斗等。

此外，冰毒又被称为“麻古”。“麻古”是泰语的音译，实际是缅甸产的“冰毒片”，其主要成分是“甲基苯丙胺”和“咖啡因”。外观与摇头丸相似，通常为红色、黑色、绿色的片剂，属苯丙胺类兴奋剂，具有很强的成瘾性。

1.2.2.4.2　摇头丸

性状：以 MDMA、MDA 等苯丙胺类兴奋剂为主要成分，由于滥用者服用后可出现长时间难以控制的随音乐剧烈摆动头部的现象，故称为“摇头丸”。外观多呈片剂，形状多样，五颜六色。

吸食方式：鼻吸、口服。

吸食危害：“摇头丸”具有兴奋和致幻双重作用，在药物的作用下，用药者的时间概念和认知出现混乱，表现出超乎寻常的活跃，整夜狂舞，不知疲劳。同时吸食者在幻觉作用下行为失控，常常引发集体淫乱、自残与攻击行为，并可诱发精神分裂症及急性心脑疾病。

最初在我国被称为“摇头丸”的，是指以 MDMA、MDA 等苯丙胺类兴奋剂为主要成分的丸剂，目前常被滥用的“摇头丸”成分更为混杂，除 MDMA、MDA 等成分外，还常含有冰毒、氯胺酮、麻黄素、咖啡因、解热镇痛药等毒品和药物，从而增强摇头丸的致幻、兴奋以及对人体的毒性作用。

1.2.2.4.3　“K 粉”

通用名称：氯胺酮。

性状：静脉全麻药，有时也可用作兽用麻醉药。一般人只要足量接触两三次即可上瘾，是一种很危险的精神药品。“K 粉”外观上是白色结晶性粉末，无臭，易溶于水，可随意勾兑饮料、红酒等。

吸食方式：K 粉通常可以采取鼻吸、口服、静脉注射、肌肉注射等多种方式。吸食者一般是鼻吸或溶于饮料后饮用，毒瘾深的滥用者将 K 粉溶为液态后直接进行肌肉或静脉注射。

吸食反应：刚服药后是身体瘫软，一旦接触到节奏狂放的音乐，便会随条件反射般强烈扭动、手舞足蹈。“狂劲”一般会持续数小时甚至更长，直到药性渐散身体虚脱为止。

吸食危害：氯胺酮具有很强的依赖性，服用后会产生意识与感觉的分离状态，导致神经中毒反应、幻觉和精神分裂症状，表现为头昏、精神错乱、过度兴奋、幻觉、幻视、幻听、运动功能障碍、抑郁以及出现怪异和危险行为。同时对记忆和思维能力都造成严重损害。

1.2.2.4.4 咖啡因

来源：化学合成或从茶叶、咖啡果中提炼出来的一种生物碱。

性状：适度地使用有祛疲劳、兴奋神经的作用。

滥用方式：吸食、注射。

吸食危害：大剂量长期使用会对人体造成损害，引起惊厥，导致心律失常，并可加重或诱发消化性肠道溃疡，甚至导致吸食者下一代智能低下、肢体畸形。同时具有成瘾性，一旦停用会出现精神委顿、浑身困乏疲软等各种戒断症状。咖啡因被列入国家管制的精神药品范围。

此外，新型合成毒品还包括安纳咖、氟硝安定、麦角酰二乙胺（LSD）、安眠酮、三唑仑、丙种羟基丁酸盐（GHB）、丁丙诺啡、麦司卡林、五氯苯酚（PCP）、止咳水、迷幻蘑菇、地西泮、有机溶剂和鼻吸剂等。

1.2.3 新型合成毒品滥用

1.2.3.1 药物依赖性的定义

药物依赖性（drug dependence）：指药物与机体相互作用所造成的一种精神状态，有时也包括身体状态，表现出一种强迫性连续或定期使用该药的行为和其他反应，为的是要去感受其精神效应，或是为了避免由于停药所引起的不适。

生理依赖性（physical dependence）：指大多数具有依赖性特征的药物经过反复使用所造成的一种适应状态，用药者一旦停药，将发生一系列生理功能紊乱，称戒断综合征（withdrawal syndrome）。

精神依赖性（psychological dependence，psychic dependence）：指使人产生一种对药物欣快感的渴求，这种精神上不能自制的强烈欲望驱使滥用者周期性或连续地用药。

1.2.3.2 药物成瘾(drug addiction)

药物成瘾是指强迫性、失去控制的用药行为，是药物的精神依赖性和生理依赖性共同造成的结果。能成瘾的药物具有引起精神愉悦或缓解烦恼的作用。一般成瘾规律是先产生精神依赖性，后产生不同程度的生理依赖性。成瘾者既有主动追求药物的精神效应，又有被动避免痛苦的动机。目前更注重药物成瘾的精神、动机上的内涵。

1.2.3.3　药物滥用(drug abuse)

广义上的药物滥用是指不合理应用药物,限定意义上的药物滥用指的是与医疗目的无关地反复大量使用有依赖性特性的药物,用药者采用自身给药的方式,导致精神依赖性和生理依赖性,造成精神紊乱并出现一系列异常行为。药物滥用具体方式有:

第一,满足某种精神体验,非法获取和使用法定管制的药物,用于非医疗目的之用途,俗称"吸毒"。

第二,烟、酒类等生活嗜好品过度使用而损害健康和社会生活。

第三,体育训练或竞赛时,为追求好的比赛成绩,采用禁止使用的能增加肌力或提高精神兴奋性的药物。

药物滥用的后果除了损害用药者的身体健康和带来公共卫生问题外,还会造成严重的社会问题。

1.2.3.4　新型合成毒品滥用

新型合成毒品滥用是指为满足某种精神体验,非法获取和使用国际禁毒公约和我国法律法规所规定管制的甲基苯丙胺(冰毒)、氯胺酮等主要以人工化学合成的致幻剂、兴奋剂类精神药物,将药物用于非医疗目的之用途。目前,我国滥用的毒品,多为海洛因等阿片类药物以及甲基苯丙胺(冰毒)等精神兴奋药。结合吸毒的概念,认定新型合成毒品滥用行为必须具备三个特征:其一是主观方面必须有吸食、注射新型合成毒品的故意。至于行为人出自何动机,如是出于好奇还是因为苦闷、寂寞等等,均在所不问。其二是行为人必须实施吸食、注射新型合成毒品的行为。其三是行为人必须已经吸食、注射新型合成毒品。

1.3　已有研究成果综述

1.3.1　已有研究成果

在世界毒潮冲击下,从20世纪80年代起,以"金三角"为代表的境外毒源对我国的渗透加剧。近年来,随着形势的发展和我国对毒品违法犯罪打击力度的不断加大,毒品蔓延的势头得到了有效的遏制,但与此同时,以苯丙胺类兴奋剂为代表的新型合成毒品迅猛增长,对我国构成巨大威胁,云南更是深受其害。其危害主要表现为新型合成毒品滥用人数直线上升,空间分布大面积蔓延扩散,产生了极其严重的后果，大批青少年误入歧途，严重影响了地方民族经济的发展和边疆稳定。

鉴于上述严峻形势，国内外诸多专家学者与研究机构从不同角度和层面对新型合成毒品问题进行了调查研究和探索，取得了一系列的相关成果。

1.3.1.1 **毒品研究方面论著**

第一类为专著类。首先是阐述毒品犯罪方面的，其内容多为对毒品犯罪概念的界定及各类毒品犯罪构成特征的认定等，主要有桑红华著：《毒品犯罪》（警官教育出版社 1992 年版），欧阳涛、陈泽宪主编：《毒品犯罪及对策》（群众出版社 1992 年版），赵秉志主编：《现代世界毒品犯罪及其惩治》（中国人民公安大学出版社 1997 年版），蒋筑君著：《新刑法与毒品犯罪》（西苑出版社 1998 年版），赵长青、苏智良主编：《禁毒全书》（中国民主法制出版社 1998 年版），邱创教主编：《毒品犯罪惩治与防范全书》（中国法制出版社 1998 年版），赵秉志、于志刚著：《毒品犯罪》（中国人民公安大学出版社 1998、2003 年版），崔敏主编：《毒品犯罪发展趋势与遏制对策》（警官教育出版社 1999 年版），张辛陶主编：《毒品犯罪的认定与案例分析》（人民法院出版社 2000 年版），周欣、王若阳主编：《毒品犯罪案件证据实务》（广东人民出版社 2003 年版）。

其次是有关禁毒的专业教材，其内容涉及领域全面、广泛，大多涵括毒品预防、禁毒法规、毒品犯罪案件侦查等内容，主要有莫关耀主编：《毒品犯罪案件侦查教程》（中国人民公安大学 2000 年版），郭建安主编：《吸毒违法行为的预防与矫治》（法律出版社 2000 年版），肇恒伟、关纯兴主编：《禁毒学教程》（东北大学出版社 2003 年版），魏东、赵勇著：《诱惑侦查中的若干问题》（中国人民公安大学出版社 2004 年版），于燕京、张义荣等主编：《禁毒学》（群众出版社 2005 年版），杨凤瑞等主编：《中国禁毒志愿者手册》（言实出版社 2006 年版），梁晋云编著：《毒品违法、犯罪案件认定处罚、立案标准及法律依据与相关规定》（中国人民公安大学出版社 2004 年版）等。

国外有关毒品的专著主要有：美国司法部缉毒署编：《毒品案件侦查》（中国人民公安大学出版社 1989 年版），美国 O. 瑞、C. 科塞著：《毒品、社会与人的行为》（中国人民大学出版社 2001 年版），美国文森特·帕里罗、约翰·史汀森著：《当代社会问题》（华夏出版社 2002 年版），法国普吉兰著：《毒品致富：毒品走私、洗钱与冷战后的金融危机》（社会科学文献出版社 2002 年版），美国埃德温·麦卡锡·雷默特著：《人类异常行为、社会问题与社会控制》（Lemrt, Edwin M., *Human Deviance, Social Problems and Social Control*. Englewood Cliffs, N.J.: PrenticeHall）等。

第二类为论文类(包括硕士博士研究生论文)。主要有云南高级人民法院编:《惩治毒品犯罪理论与实践》(中国政法大学出版社 1993 年版,论文集),罗秉森、梁晋云主编:《云南禁毒研究论文集》(群众出版社 1999 年版),吉林大学陈谞博士论文:《吸毒预防论》(2004 年),安徽大学周建红硕士论文:《吸毒预防论》(2005 年)等,以及在《中国药物依赖性杂志》《云南警官学院学报》《青少年犯罪问题研究》等刊物和学报上发表的各类与毒品犯罪有关的文章。

1.3.1.2　新型合成毒品研究方面的论著

著作类:何颂跃编著:《冰毒危害与毒品犯罪法律惩罚》(人民法院出版社 1999 年版),杨凤瑞主编:《新型毒品防范手册》(法律出版社 2005 年版),任克勤主编:《新型毒品犯罪问题研究》(中国人民公安大学出版社 2009 年版)及联合国禁毒署每年公布的《世界禁毒报告》等。

论文类:主要有彭勇、黄强、邓立军:《成都市新型毒品违法犯罪现状及遏制对策思考》(《四川警官高等专科学校学报》2003 年第 5 期),蒋庆明:《新型合成毒品问题形势分析与对策探讨》(《公安学刊》2004 年第 3 期),罗毅:《新型毒品犯罪浅探》(《西南民族大学学报》2004 年第 9 期),任克勤、艾明、邹晓越:《广东冰毒等精神类毒品犯罪的犯罪场域分析》(《福建公安高等专科学校学报》2005 年第 2 期),朱晓莉:《福建省苯丙胺类毒品犯罪的特点及侦控对策》(《福建公安高等专科学校学报》2005 年第 6 期),傅是杰等:《福建省新型毒品违法犯罪现状及打击对策》(《福建公安高等专科学校学报》2005 年第 6 期),阮惠风:《云南新型毒品违法犯罪形势与对策研究》(《云南警官学院学报》2007 年第 1 期)等。

1.3.2　已有研究成果的主要贡献

上述诸多科研成果的研究范式和主要贡献,褚宸舸在《当代中国毒品犯罪研究学术史和方法论述评——兼论毒品犯罪的知识社会学研究视角》中,做了较为全面的概括[①]。

首先,从"法律规范研究范式"来看,此类研究成果主要从刑法学角度,探讨毒品犯罪概念的界定、各类毒品犯罪的构成以及毒品犯罪与其他相关犯罪的关系。主要著作有赵秉志、于志刚著:《毒品犯罪》(中国人民公安大学出版社 1998、2003 年版),张辛陶主编:《毒品犯罪的认定与案例分析》(人民法院出版社 2000 年版),杨鸿著:《毒品犯罪研究》(广东人民出版社 2002 年版)等,祝铭山主

---

① 褚宸舸:《当代中国毒品犯罪研究学术史和方法论述评——兼论毒品犯罪的知识社会学研究视角》,载于《青少年犯罪问题》2006 年第 1 期。

编:《走私、贩卖、运输、制造毒品罪》(中国法制出版社 2004 年版),陈忠林主编:《刑事案例诉辩审评: 贩卖制造毒品罪》(中国检察出版社 2005 年版)等。

其次是“毒品问题研究范式”。在我国经济、社会等各方面迅猛发展的同时,由于各方面的原因,毒品违法犯罪及相关问题也日趋严重,因此,如何通过一系列手段与措施控制毒品及解决毒品问题,就显得尤为必要。为此,诸多学者站在犯罪学角度,以研究“动态的法”或“毒品问题”为主,目前其研究热点主要集中在三个方面:

一是吸毒矫治及戒毒问题研究。主要成果有姜佐宁主编:《毒品的危害与防治》(中国社会科学出版社 1998 年版),魏玉芝主编:《毒品学》(群众出版社 1999 年版),杨凤瑞主编:《2003 年中国禁毒报告》(社会科学文献出版社 2004 年版),杨凤瑞主编:《2004 年禁毒论坛——戒毒康复的理论与实践》(中国民主法制出版社 2004 年版)等。

二是毒品犯罪案件侦查问题,特别是关于诱惑侦查的争论。主要著作有周欣、王若阳主编:《毒品犯罪案件证据实务》(广东人民出版社 2003 年版),莫关耀主编:《毒品犯罪案件侦查教程》(中国人民公安大学 2000 年版),魏东、赵勇著:《诱惑侦查中的若干问题》(中国人民公安大学出版社 2004 年版)等。此外,美国司法部缉毒署编:《毒品案件侦查》(中国人民公安大学出版社 1989 年版)多次重印,是毒品问题领域内影响较大的国外著作。

三是某一地区或省份毒品犯罪的综合研究(实证研究和地方立法研究)。代表著作有林辉等著:《为了这片净土: 福建禁毒斗争的历史、现状和对策》(群众出版社 2003 年版),赵翔等著:《毒品问题研究: 从全球视角看贵州毒品问题》(中国人民公安大学出版社 2005 年版)等。

再次是史学研究范式。从禁毒史角度,以资料梳理、鉴往知今为目的的研究。较早的成果有苏智良著:《中国毒品史》(上海人民出版社 1997 年版),马维纲编:《禁娼禁毒: 建国初期的历史回顾》(警官教育出版社 1997 年版),诸羽主编:《割除毒瘤: 共和国首次禁娼禁毒述实》(中央文献出版社 1999 年版)。马模贞作为长期从事该领域研究的学者,相继编著出版了《毒品在中国》(北京出版社 1993 年版)、《中国百年禁毒历程》(经济科学出版社 1997 年版)和《中国禁毒史资料》(天津人民出版社 1999 年版)。其中《中国禁毒史资料》是迄今为止内容最丰富、详尽的史料汇编,是研究中国毒品问题的重要工具书。

最后是其他学科研究范式。其中,从心理学角度研究的主要有刘白驹著:《精神障碍与犯罪》(社会科学文献出版社 2000 年版),方贻儒主编:《迷失的乐园: 烟、酒、毒品成瘾行为案例》(上海人民出版社 2003 年版)等。从社会学角度研究的主要有王晗编著:《白色恐怖:中国禁毒报告》(中国社会出版社 1998 年版)、陈淑庄著:《世界毒品大战》(法律出版社 1998 年版)等。在这方面有重要参考价值的国外相关研究,有美国 O. 瑞、C. 科塞著:《毒品、社会与人的行为》(中国人民大学出版社 2001 年版),美国文森特·帕里罗、约翰·史汀森著:《当代社会问题》(华夏出版社 2002 年版)等。从经济学角度研究的主要有法国普吉兰著:《毒品致富:毒品走私、洗钱与冷战后的金融危机》(社会科学文献出版社 2002 年版),国内刘增合著:《鸦片税收与清末新政》(生活·读书·新知三联书店 2005 年版)。从医学角度研究的主要有何颂跃编著:《冰毒危害与毒品犯罪法律惩罚》(人民法院出版社 1999 年版),王文甫、陈列编著:《吸毒的危害与戒毒》(人民军医出版社 1996 年版),杨良主编:《海洛因的毒性及危害》《海洛因成瘾的临床诊断及治疗》(中国医药科技出版社 1998 年版),汤宜朗、郭松著:《人类的枷锁——成瘾行为》(北京出版社 2000 年版)等。

概而言之,上述成果从不同的角度与视角研究了毒品或新型合成毒品问题,不仅厘清了诸多较为模糊的概念,而且对当前公安禁毒实践中积累的经验与存在的问题进行了有益的总结与分析。如联合国禁毒署每年公布的《世界禁毒报告》,都会从宏观上对全世界新型合成毒品的滥用状况加以对比分析,依据主要是年内各国缴获的新型合成毒品数量及销售情况、滥用人群的分布空间等要素。崔敏、蔡志基等学者在论述毒品犯罪及毒情形势的同时,也从理论上对新型合成毒品的滥用原因与发展趋势做了有意义的探讨和研究。何颂跃等则从法学、犯罪学的角度对新型合成毒品类型之一的冰毒的危害从法律惩罚方面进行了有价值的思考……这些研究成果都为毒品与新型合成毒品问题的进一步研究奠定了较为坚实的基础。

1.3.3 已有研究成果尚待完善之处

由于学术视野的不同,在新型合成毒品问题研究领域仍存在着诸多有待加强与完善之处[①]。

其一,"法律规范研究范式"有待提高。法律规范研究是毒品犯罪研究的传统领域和方法,毒品犯罪的规范研究往往表面繁荣,实则突破性成果少。一些成果基本沿着罪名解说——犯罪构成——此罪与彼罪的关系的教材模式展开,创新少。从目前的研究成果来看,在毒品犯罪与其他犯罪的联系、各国犯罪构成的

---

① 参见褚宸舸:《当代中国毒品犯罪研究学术史和方法论述评——兼论毒品犯罪的知识社会学研究视角》,载于《青少年犯罪问题》2006 年第 1 期。

微观比较方面尚缺乏标志性成果。

其二，从方法上而言，一些成果重视宏观而忽视微观，重视具体数据事实而忽视理论提升，造成禁毒实践与理论研究相脱节，指导意义不大。同时大多数著作只是对现状、原因、对策的三段论做简单的描述性研究，缺乏较为科学的逻辑论证，重视定性而忽视定量，理论分析多，实证研究少，导致研究内容不全面，尤其是在对新型合成毒品滥用群体心理特征的研究方面尚有诸多不足。

其三，对新型合成毒品滥用诸要素之间内在联系和相关关系的深层次实证研究，迄今还是一大薄弱环节。

其四，就本选题社会学理论背景而言，诸多的社会学学者都关注犯罪、越轨等热点问题，如互动论者强调越轨等行为是由社会建构出来的现象，亚文化主义则将社会内部矛盾视为犯罪的重要原因，而新犯罪学认为越轨是被有意选择的，控制理论学者赫希则从家庭、学校、投入时间、信念等方面去探讨青少年失足的原因。

由于研究假设、研究地域等诸因素的不同，这些理论是否适合我国实际，以达到本土化的目的，还需要人们设计相关指标加以检验，这就是通常所说的国外研究方法和成果的本土化研究。如苏泽兰德认为，犯罪行为大部分是在初级群体、尤其是同伴群体内部习得的。据此，对于新型合成毒品滥用中的初级群体，便可以结合我国实际，设计滥用群体的交往方式、地点、关系密切程度以及对非滥用群体的态度等指标进行分析和检验。

1.4 研究理论与方法

1.4.1 社会学理论基础

1.4.1.1 知识社会学理论在毒品问题研究中的运用

知识社会学是关于知识的起源、变迁、演化、影响和历史宏观背景、微观背景的关系的研究方法，主要研究思想、意识形态与社会群体、文化制度、历史情境、时代精神、民族文化心理等社会文化之间的联系，或者说是研究这些社会文化因素如何影响思想和意识形态的产生和发展。知识社会学研究最初可见于社会学家 M. 韦伯论宗教与社会现象的关系、W. 桑巴特论资本主义发展与社会现象的联系。该学科名称最早由德国学者舍勒(Max Scheler)《知识社会学问题》(华夏出版社 1999 年版)提出，书中提出了社会关系、社会语境对知识的影响。德国社会学家曼海姆(K. Karl Mannheim)也是知识社会学的创始人和主要代表人物之一，1925年提交给海德堡大学的教授资格论文《保守主义》(译林出版社2002年版)是知识社会学的典范之作，强调人的意识不可避免地依赖于人的社会地位，知识社会学的任务就是对思想的形成、发展、变化及各种观念的相互依赖关系进行有控制的经验研究，找出意识形态与社会群体的联系，然后由经验研究上升到认识论高度，探讨思想意识反映社会存在的真实程度，确定思想意识与社会存在的关系及其结构，建立起检验知识或思想的正确标准。知识社会学所涉及的主要问题是知识或思想存在的基础、知识或思想存在的形态和存在的关系。当代大规模的知识生产和传播，形成一种知识密集的社会，社会学愈来愈重视知识在社会发展、变迁中的地位和作用，于是涉及知识、思想与社会政策的制定、实施的关系等一系列问题。

知识社会学研究思路早已在国外毒品研究中广泛采用，如美国戴维·F. 马斯托著《美国禁毒史》(北京大学出版社1999年版)、英国罗伊·波特米库拉什泰希主编《历史上的药物与毒品》(商务印书馆2004年版)、美国戴维·考特莱特著《上瘾五百年：毒品与现代世界的形成》(上海人民出版社2005年版)等。这些著作都采用了知识社会学思路，将禁毒、毒品放在整个社会的背景下考察，考察毒品与治理、权力、政治等知识的互动关系。这种研究范式具有很强的启发性，以《美国禁毒史》为例，作者研究了国际与国内毒品管制的互动，三权分立体制下的毒品管制政策，地方、州与联邦在毒品管制上的合作与冲突，毒品管制的司法惩治模式与医学模式，麻醉品管制的动力。尤其是集中研究美国毒品和毒品政策的历史变迁，以麻醉品管制的历时性发展为理路，全面再现了20世纪美国管制成瘾性麻醉品的历史，把麻醉品管制的演变放在历史的语境中进行多方面的考量，揭示出这一政治行为深层的社会、文化、经济根源。作者特别注重从国际视域、联邦体制、政府机构间的合作与冲突中考察美国毒品管制政策和理念的变迁，充分利用了历史学、社会学、医学、政治学等视角进行交叉研究。

应该说，这种研究视角在美国是比较普遍的，史蒂文·贝伦科(Steven Belenko)的《美国毒品和毒品政策文献史》(格林伍德出版社2000年版，尚未有中译本)也是这种视角，其特点之一就是把毒品问题和毒品政策的变迁相结合进行研究。这种把两者结合起来进行研究的方法规避了毒品问题和毒品政策相分离的研究倾向，从而开创性地从毒品问题本身出发来研究毒品政策的演变①。

将知识社会学运用到毒品犯罪研究之中，有一个理论假设：这就是把毒品

---

① 参见张勇安：《〈美国毒品和毒品政策文献史〉述评》，载于《世界历史》2004年第3期。

(或毒品犯罪)视为社会中的“知识”,因此就不只是一个单纯的法律问题而是被社会建构出来的知识。人们对这种知识的认识是受着上至社会政治制度、下至每个人社会经历因素的影响,而这种认识直接决定了人们对毒品(或毒品犯罪)的社会评价乃至刑事政策的运用。总之,就是寻找影响毒品(或毒品犯罪)这种“知识”建构背后的因素,从而进一步思考毒品刑事政策的正当性基础。

1.4.1.2 亚文化理论在毒品问题研究中的运用

第一个系统地运用亚文化理论来解释吸毒问题的学者是美国的贝克教授,主要对一个人成为大麻使用者的过程进行了深入细致的研究。根据贝克的观点,吸食大麻需要三个前提:首先,吸食者必须学会如何使用大麻并从中获得快感,即学会吸食大麻的正确技巧和方法;其次,由于大麻产生的效应是隐含、模糊不清的,吸食者必须学会如何去体验、去感受,也就是说,吸食者必须知道身心出现了反应,而且明白这些反应是吸食大麻所带来的;最后,吸食者必须学会将大麻带来的感受体验为快乐,因为大麻等毒品所带来的感受并不是一种天生的快乐。如果事先不告知所吸食的是大麻,人们往往会将吸食大麻后的感受报告为难受、不适、发晕,甚至是说不清等。因此,毒品所带来的感受需要借助亚文化群体成员的定义、解释而成为快感。总之,以上这三个前提一般只有通过个体与其他吸毒者的交往和参与吸毒行为才能实现。

贝克进一步指出,要成为一个吸食大麻者,学会吸食的技术和体验到吸食的快感只是必要条件而非充分条件。由于吸食大麻总体而言是属于违背主流社会准则的越轨行为,因此个体要成为吸毒者还必须学会如何去应对社会的惩罚和歧视,而违抗社会准则、赞赏和推崇吸毒行为的亚文化及其群体,则正好为吸毒者脱离社会控制提供了强有力的情感支持,并且亚文化群体还能为吸毒者解决毒品的来源和供应问题。没有可靠的毒品供应,吸毒行为根本无法继续下去。总之,贝克认为,个体卷入大麻类亚文化群体是其吸食大麻的关键原因。贝克的研究并不仅仅适用于吸食大麻者,我国对鸦片、吗啡、海洛因等阿片类成瘾者的一些调查同样验证了贝克的观点。很多海洛因成瘾者报告说,正是在毒友的极力推荐下抽上第一口的。没有毒友的开导和鼓励,初尝毒品的那种恶心、想吐、头晕、全身乏力、视物不清的感受,足以让很多人失望或望而却步。至于摄入毒品的方式,除与香烟同吸、吞服较为简单外,“追龙”(烫吸)、“扎针”(血管注射)、黏膜摩擦吸食对于新手来说都较为复杂。正如一位吸毒者所说:刚开始“扎针”时,拿注射器的手一直在颤抖,扎了很多次都没有成功,最后是在毒友的帮助下才完成注射的。而一些兴奋类毒品,如冰毒、摇头丸的使用,常局限于歌舞厅、卡拉OK厅等特定的环境和场所,并经常是在同类人群中交叉感染的。

如果缺少这样一个教新手怎样吸食毒品、为新手供应毒品以及提供角色榜样的吸毒亚文化群体，个人因素或个性特征对吸毒现象的任何解释都是无力的。因此从每一个吸毒成瘾者的成长历程来看，在其背后都可以找到一个或大或小、或模糊或清晰的吸毒亚文化群体。这些亚文化群体不仅为围绕毒品而形成的生活方式赋予意义和地位，为在一定程度上被社会排斥、歧视的吸毒者提供必要的心理和文化支持，也对吸毒者脱离群体和进行戒毒造成精神压力和严重障碍。

1.4.1.3 社会学习和差异性联合理论在毒品问题研究中的运用

社会学习理论的创始人为美国的社会学家萨瑟兰，认为包括吸毒在内的所有越轨行为如同守法一样都是社会习得的。尽管一个人的社会化是通过不同的群体来完成的，但是个人只接受那些影响最大的人或群体的规范。如果在与个人关系最密切的群体中，有人是吸毒者，尤其当吸毒者是个体的重要他人时，则极有可能导致个体认同吸毒者的价值观念和处世态度，学习并模仿其吸毒行为，最后走上吸毒的道路。由此可见，与个体交往最密切的群体，如家庭成员、伙伴和好友，对其吸毒行为的产生具有非常大的影响。后来社会学家艾克借鉴了心理学的行为强化学说，对社会学习理论进行了充实和发展，指出人们对社会行为的学习受行为结果的影响，某一行为可能因获得奖赏或免除处罚而得到强化，但也有可能因受到惩罚或失去奖赏而弱化。个体通过与他人（尤其是重要他人）在交往过程的相互影响中来学会判断自己行为的结果。通过他人的态度，行为人确定自己的行为是可取的还是不可取的。如果所接触的人，尤其是重要他人对吸毒持坚决反对和抵制的态度，便可能不会去吸毒；反之，如果对吸毒是认可的或对吸毒的态度比较暧昧，这个人便极有可能形成吸毒的意向或更加巩固和强化其吸毒行为。国内外大量的调查结果验证了这一结论：个人所属的群体以及重要他人对个体是否选择吸毒行为往往起着至关重要的作用。这一结论也启示我们，在吸毒等违法犯罪行为的矫治和预防工作中，应该高度重视家庭成员、同伴、好友等群体的积极作用。

1.4.1.4 社会控制理论在毒品问题研究中的运用

与上述理论不同，社会控制理论认为，社会中每个人都有沾染毒品的可能，但为什么大多数人都能抵挡住诱惑、洁身自爱呢？这是因为在一般社会里，作为一种不符合社会准则的越轨行为，吸毒可能会给个体与家庭、朋友、邻居、学校、工作单位等社会群体或组织之间的正常关系造成不可弥补的损害，危及个人在社会中的声誉和地位，因此多数人都不会冒险去参与吸毒而疏远和失去意义重大的社会关系、职业和地位。由此可见，个体与各种社会群体或组织之间的正常关系，作为一种社会制约因素对个体是否选择吸毒行为起着约束作用，这种关系越紧密，则约束力越强大，个体吸毒的可能性就会越小，反之就会越大。个体选择去吸毒主要是因为缺乏与家庭、朋友、学校、工作单位等群体或组织的正常关系，或者这种关系过于松散，以至失去了对个体应有的监督和制约作用。另外应该指出的是，虽然社会控制因素不能确保每一个人不去吸毒，但强大的社会控制因素却能使个人吸毒的可能性降到最低限度，并使吸毒成瘾成为不可能。

社会控制理论强调了家庭、朋友、学校等群体或组织在个人是否尝试毒品中的决定性作用，但实际生活中随着个人持续地使用毒品，其自身对毒品的体验在决定其行为方面将变得越来越重要。对于那些吸毒严重成瘾者，家庭、朋友、学校的制约和社会的惩罚就在持续的毒品的使用过程中降到了次要的地位。在另一方面，这也表明社会学的分析最终只有与生理学、心理学的分析结合起来，才更具有解释力。

正是基于以上的原因分析，在吸毒的预防上专家学者和实践工作者们提出了很多的设想和方法，如“毒品教育方案”“学生援助方案”“同辈群体方案”“父母方案”“吸毒者互诫协会”“康复治疗社区”“美沙酮维持计划”和医学临床的手术戒毒等。然而这些设想和方法所取得的实际效果不一，有的还有待时间的进一步检验，社会公众的评价也分歧较大。另外，现在研究的多元化发展趋势，将会使学者们对于吸毒这样复杂的社会现象的原因分析越来越倾向于综合借鉴各个学科和理论流派的有益观点，并有机结合起来，而不是像过去那样将自己的视野仅仅限制在单一的理论框架中，因为只有这样才能深入地探讨吸毒问题，从而更好地为预防和矫治吸毒行为的工作服务①。

本书主要以社会控制理论为基础，首先探讨新型合成毒品滥用与社会控制手段及家庭、社会、朋辈群体等与新型合成毒品滥用群体滥用行为的各种相关关系，进一步检验赫希社会控制论所阐述的观点，即一个人对社会、家庭、学校等依附性越强，认可程度越高，其越轨的可能性越小，两者呈显著的负相关关系。其次是在设计指标上，以赫希社会控制论中的相关指标为基础，结合云南的实际情况进行增补，以求科学准确地反映新型合成毒品滥用群体的基本情况等。最后是用因径分析及主因子等分析方法进一步探讨社会控制论中所阐述的各种控制手段的相关系数，探讨新型合成毒品滥用的形成内在机制，探寻新型合成毒品滥用治理与控制模式。

---

① 参见吉林大学陈谞博士论文《吸毒预防论》，2004 年。

1.4.2 调查方案的设计

1.4.2.1 调查方案设计原则

1.4.2.1.1 实用性原则。贯彻实用性原则，就必须从调查研究的实际需要和调查者主客观条件出发，慎重设计调查方案。新型合成毒品滥用隐蔽性强，难以取证，给公安机关治理打击带来诸多困难；加之新型合成毒品滥用者在依赖性方面与传统毒品吸食者不同，对毒品的依赖程度主要表现为精神上或心理上的依赖，身体上的依赖性表现不是很明显，所以很难确认新型合成毒品滥用者。即使各公安机关通过现场抓获并缴获新型合成毒品且通过尿检确认其为新型合成毒品滥用者，也常因为没有明显的生理依赖性，而大多采取行政罚款，没有将其送进强戒所，所以选取样本的难度大。因此，在设计调查方案过程中尤其要注意样本的选取与确定，以贯彻适用性原则。

1.4.2.1.2 时效性原则。设计调查方案必须充分考虑时间效果。新型合成毒品滥用者服食的时间十分特殊，一般是在晚上 11 点后，在舞厅或其他娱乐场所的包厢里进行，且对陌生人警惕程度高，参与式的调查很难进行，因此设计调查方案时要充分考虑调查的时效性。

1.4.2.1.3 经济性原则。设计调查方案必须努力节约人力、物力、财力和时间，力争用最少的人、财、物和时间投入，取得最大的调查效果。

1.4.2.1.4 一定的弹性原则。就以选取新型合成毒品滥用者样本为例，由于新型合成毒品滥用者的不确定性，若要采取严格的抽样，就很难获取样本，调查也无法进行。因此设计调查方案时要进行适当的变通，以保证获取足额的样本。

1.4.2.2 调查方案的主要内容

1.4.2.2.1 调查工作的目标

本书围绕新型合成毒品的滥用问题，以在全国范围内首屈一指的“毒祸重灾区”和禁毒斗争“前沿主阵地”云南为例，主要运用社会学的相关理论与方法，展开全面系统的调查研究，重点是针对当前云南新型合成毒品滥用的现状加以客观的分析评价，提出切实有效的对策和措施。

研究在理论价值上，可促进对云南毒品问题的研究向多角度、全方位纵深拓展，从而为云南乃至全国的打击新型合成毒品滥用提供相应的理论基础。而从应用价值来看，则主要体现为三点：

首先，通过对目前新型合成毒品滥用在云南的现状进行系统深入的社会学、经济学分析，可使各级禁毒领导机关、执法及教育、文化等相关部门对新型合成毒品滥用的现状有一个更加全面、清晰的了解，以深化对新型合成毒品泛滥严峻态势和禁毒斗争复杂性、长期性和艰巨性的认识。

其次，本书拟在全省各地的新型合成毒品滥用人群中采用偶遇抽样，进行问卷调查，并挑选出部分具有代表性的个体，通过对其吸毒行为和吸毒心理进行分析研究，从而提出一些切实有效的应对措施。同时还将就各地公安禁毒执法部门在实际工作中对新型合成毒品滥用人群的管理、矫治、预防教育，以及存在的问题等相关内容进行广泛的调查研究，结合云南的实际，有针对性地提出遏制新型合成毒品的对策，为云南禁毒工作的深入开展提供具有前瞻性的建议和宏观决策依据，并为禁毒执法部门在具体工作中提供指导。

再次，将运用相关学科的理论与方法，对新型合成毒品滥用的具体行为进行透视和分析，以充分揭示其违法手段的隐蔽性与危害性。

总之，本书对于推进云南禁毒斗争向纵深发展，及时解决禁毒工作中所出现的新问题，维护社会良性运行与边疆稳定具有重要的现实意义。

1.4.2.2.2 调查内容与调查工具

本书的内容主要分为两部分：

第一部分是对目前新型合成毒品滥用在云南的现状进行全面系统的分析，以昆明、保山、临沧、西双版纳等地的强制戒毒所、自愿戒毒所收治的新型合成毒品滥用人员及上述各地禁毒部门查获的新型合成毒品滥用人员为对象进行问卷调查和典型个案剖析，通过与传统毒品的比较，揭示新型合成毒品滥用在成因、特点、滥用人群、扩散途径等方面的诸多差异，以及其形成的内在机制与传统毒品的不同之处。同时针对新型合成毒品滥用人群心理特征的特殊性与共性，并以其特殊性为主要依据，对新型合成毒品滥用人群进行分类。

第二部分是与当地禁毒委、禁毒支队（大队）等相关部门工作人员进行座谈访谈，完成专题调查，并在调查研究的基础上，对如何综合治理新型合成毒品问题提出有针对性的对策和措施。新型合成毒品滥用的调查内容，则是通过各种家庭依附、学校依恋、朋辈关系等各种社会指标反映出来的。

1.4.2.2.3 调查地域

主要为昆明市、保山市、临沧市、德宏州、西双版纳州等毒品重灾区的强制戒毒所、自愿戒毒所、禁毒支队及禁毒委等相关部门及境外缅甸第二特区佤邦政府所在地——邦康。

1.4.2.2.4 调查时间

2006 年 2 月前往西双版纳、普洱（原思茅）两地与上述相关部门进行座谈，物色并培训了公安队伍的两位同志负责对戒毒所及临时抓获的新型合成毒品滥用者进行访谈及背景资料搜集。2006 年 3 月初去佤邦，与佤邦政府相关人士进行访谈并通过实地调查，明晰了佤邦新型合成毒品对我边境渗透形势。2006 年 4—10 月，与昆明市相关部门进行访谈并完成问卷调查，与此同时，在保山、临沧、德宏等地，物色并培训好调查员，完成问卷调查。2006 年 11 月—2007 年 1 月去保山、德宏、临沧进行实地调查，并与相关部门人员进行访谈。

1.4.2.3　调查指标的设计

新型合成毒品滥用现象十分隐蔽，且由于身体的戒断依赖性不强，很难获取样本。加之被抓获的新型合成毒品吸食者不愿意让别人知道其吸食新型合成毒品的一些情况，有着强烈的对抗心理，因而设计好调查指标，使之具有操作性，有着十分重要的意义。

调查指标的设计过程，实际上是一个研究假设—社会指标—调查指标的分解过程。因此，明确的研究假设是设计社会指标和调查指标的指导思想。设计社会指标必须首先明确研究假设，并紧紧围绕研究假设来设计社会指标和调查指标。

本次调查的理论假设主要有：其一，较之传统毒品，新型合成毒品滥用行为的形成机制、危害及特征等有其独特性。其二，按照赫希的相关理论，新型合成毒品滥用者应与其对家庭、对学校的依恋程度及本人的信念、投入时间存在着显著的相关关系。

因此，在设计调查指标时，要充分进行文献检索、试调查与专家访谈，以保证证实或证伪上述的理论假设。整个指标体系分为如下几大块：

第一块是根据多年的毒品研究成果，探索设计新型合成毒品滥用者的一些基本状况指标。主要包括新型合成毒品滥用者的人口学指标，如性别、年龄、户口等；以及新型合成毒品滥用者的经济学指标，如个人年收入、父母年收入、家庭年收入、家庭年人均收入等；新型合成毒品滥用者的社会学指标，如婚姻、职业、父母职业、教育程度、父母的教育程度等。

第二块是根据传统毒品与新型合成毒品的成瘾原理与消费规律，探索设计新型合成毒品滥用者吸食行为的特征指标。主要包括第一次服食新型合成毒品的相关指标，如时间、地点、原因、吸食方式、吸食环境等；成瘾后吸食新型合成毒品的相关指标，如吸食频率、毒品来源、吸食环境、常用毒品种类、消费钱财、成瘾时间、购毒资金来源等；吸食新型合成毒品后所产生的危害性相关指标，如记忆力下降、产生暴力倾向、体质下降、感染疾病、诱发其他犯罪等。

第三块是根据赫希社会控制论的观点，设计家庭因素对滥用新型合成毒品行为影响的相关指标。主要包括家庭的凝聚力大小，如互相帮助、亲密程度、关爱程度、互相尊重等；家庭的和谐程度，如是否存在父母吵架、家庭暴力、言语伤害等状况；父母的教育方式与沟通方式，如沟通技巧、教育技巧、讨论问题、支持程度等；父母对子女的了解程度，如爱好情况、交往情况、活动情况等；父母的日常行为，如读书、酗酒、打牌搓麻将、是否自杀等。

其他几块是根据萨瑟兰的社会交往与学习理论，设计朋辈群体对滥用新型合成毒品行为影响的相关指标。主要包括朋友数量的多少，1 个还是 2 个，最多 5 个；朋友的爱好与偏常行为指标，主要包括吸烟、喝酒、服用毒品、旷课、与其他年轻人打斗、与父母打斗、谈论自杀、偷盗、发生非婚性关系等。

根据赫希社会控制论的观点设计个人投入时间因素对滥用新型合成毒品行为影响的相关指标，同上。此外，还设计了个人信念因素对滥用新型合成毒品行为影响的相关指标，主要包括对教育的认识、对自身努力程度与成功的认识、对金钱与权力的认识、对人生意义的理解等。

根据上述新型合成毒品滥用指标按相关假设与前期研究理论成果的相关要求，进行认真归纳、分析、初筛、重筛之后初步确定下来，制成问卷。2005 年 10 月底，笔者与云南警官学院禁毒系的 4 位学生进行了试调查，完成问卷 20 份。

经过试调查后，按照指标设计的相关原则与要求，并针对调查中出现的问题与不足，对问卷的相关内容与指标进行第一次修正。2005 年 11 月初，将问卷交予云南警官学院与云南省公安厅禁毒局相关禁毒专家审阅，对问卷进行第二次修正，经充分讨论后，最后确定指标，制作正式问卷。

1.4.3 调查的实施过程

2005 年 12 月初，笔者在昆明开始进行问卷调查，因为考虑到昆明市各戒毒所几乎没有收治单纯的新型合成毒品吸食者，且因新型合成毒品滥用行为十分隐蔽，很难查处，若按严格的随机抽样，几乎没有可能获取样本。而鉴于新型合成毒品在云南乃至全国滥用的严峻形势，又急需进行相关方面的研究。为此，只好采取非随机抽样进行调研。根据 2005 年全省新型合成毒品滥用的总体形势与各地州市新型合成毒品的滥用程度，除昆明外，还选取了临沧、保山、大理、德宏四地州市作为调查点，以获取样本。样本的获取也与昆明一样，主要采用两种途径进行，一种途径是与昆明市各禁毒支队及昆明市所辖区各禁毒大队联系，一旦查获吸食新型合成毒品者，立即前往进行访谈与问卷调查；另一种途径是充分运用社会工作介入等多种方法，在“尊重调查对象机密”及“案主自决”等社会工作原则的基础上，充分与调查对象进行沟通，采用“滚雪球”方法获取更多样本。对于第一种途径，要求每组调查员完成问卷调查后，还要与禁毒队审讯时所获得的新型合成毒品滥用人员相关资料就有关指标进行核实,一方面可评价问卷的可信程度;另一方面还可以在一定程度上弥补有的新型合成毒品滥用者因记忆力下降而丧失的部分信息。

此外,为了更好地保证问卷的可靠性,调研过程还借鉴了云南省社科院社会学所所长乔亨瑞教授相关前期课题问卷调查研究的经验:首先是发放填写问卷时,所有公安、监狱等管理人员一律回避,调查者在向调查对象发放问卷与铅笔并解释了相关注意事项后也到走廊外面等着。调查对象填写过程有什么问题可出来咨询。其次是被调查人员填写完毕问卷后,把问卷放在门口的一张桌子上,桌子无人看守。同时向被调查者保证所填写的一切都是保密的,问卷上不留姓名,除了调查组成员外,其他人不可能看到这些问卷。

调查组自2005年底2006年初先后开始了问卷调查,至2006年4月问卷调查全部结束,共发放问卷210份,收回有效问卷169份,其中昆明市49份(主要考虑到昆明市的人口多,新型合成毒品问题最严重,具有典型性,确定其样本为49个),临沧30份,保山30份,德宏30份,大理30份①。

在问卷调查的过程中,2006年2月笔者去西双版纳、普洱两地进行实地考察,并与当地宗教局、民委、政法委等有关部门进行访谈。

2006年3月初去佤邦,与缅甸掸邦第二特区佤邦联合党中央委员会副主席肖明亮、对外联络部部长赵岩纳、政工部兼教育部部长闫生炳等相关人士进行访谈,并去离邦康30余公里的永定乡进行实地调研,明晰了佤邦毒品与新型合成毒品的发展形势。

2006年4月,与昆明市相关部门进行访谈并完成问卷调查,获有效问卷49份。

2006年11月至2007年2月去保山、德宏、临沧进行实地调查,并与相关部门人员进行访谈。

为了进一步保证调查的真实性与调查新型合成毒品滥用行为的可靠性,2005年1月至2006年11月期间,还通过各种渠道与新型合成毒品滥用群体进行近距离接触,并在昆明昆都、眼镜蛇等大型娱乐场所进行了多次暗访,获得了大量第一手资料,加深了对新型合成毒品滥用群体与滥用行为的感性认识。

1.4.4 技术方法的设计与运用

为保证完成本书的研究工作,采取了以下研究方法:文献分析,比较分析,

① 临沧、保山、德宏、大理收回的问卷均有30余份,按问卷的有效性与时间先后性,确定四地有效样本均为30份。

问卷调查,座谈访谈,典型个案调查。具体的技术分析手段如下。

1.4.4.1 相关分析

如分析以下 X、Y 两个变量的相关性,得到 X、Y 两两对应的相关系数及其双侧检验的概率,即 $r=0.8715$,$P=0.001$。则说明这两个指标在双尾检验的情况下高度相关,显著度为 0.001。

对于新型合成毒品滥用群体的各项指标,可以分为定类、定序、定距三类指标,经过对数据进行加权处理和整理后,依不同的相关系数进行分析。

1.4.4.2 主因子分析

新型合成毒品滥用原因复杂,但其形成机制尚未明晰。因此,就可用主因子分析方法确定因子,以较少的几个因子反映新型合成毒品滥用原因的大部分信息。

1.4.4.3 聚类分析、判别分析及因径分析

聚类分析、判别分析主要用于确定新型合成毒品滥用群体的分类,并可分析出各种因素对特定结果的作用力大小,做出相关预测。

因径分析就是通过确定每条路径的因果效应与因径系数(P),从中得以了解新型合成毒品各变量间的复杂关系。

1.5 主要创新点

1.5.1 社会学理论在新型合成毒品问题研究中的运用

本书主要运用社会学理论来分析现阶段的新型合成毒品滥用问题,以进一步拓宽社会学研究领域。其中重点是探讨新型合成毒品滥用与社会结构、传统文化之间的关系,以检验赫希的社会控制论中有关群体越轨与家庭、学校、投入时间、信念的相关关系,并在此基础上设计各具体指标,确定家庭、学校、社区毒品预防教育方案。

1.5.2 实证方法在新型合成毒品滥用研究中的运用

本书旨在运用实证研究探讨新型合成毒品滥用的相关问题,主要表现为:一是运用社会学的调查方法,进行问卷设计,并用聚类分析法和主因子分析法对新型合成毒品进行实证研究,探索新型合成毒品滥用原因中的主要原因及新型合成毒品滥用人群的主要类型、分类标准与依据。二是运用各种相关系数及因

径分析方法，探讨新型合成毒品滥用人群各指标的相关程度与影响因素。

1.5.3 云南新型合成毒品问题的特殊性与典型性探讨

云南新型合成毒品问题的特殊性与典型性主要表现为：

首先是境外毒源的侵袭。随着"金三角"罂粟种植面积的大幅减少，鸦片、海洛因等传统毒品生产、贩卖活动受到一定程度的遏制，而化学合成的新型合成毒品由于具有原料来源容易获取、生产成本低、工艺简单、利润高的特点，尤其是缅北民族地方武装为了获取经济利益，暗中支持庇护新型合成毒品生产、贩运活动，导致境外毒枭纷纷转向生产贩运苯丙胺类新型合成毒品，使新型合成毒品对我境内的渗透活动来势如潮。因此云南的毒品以来自境外缅甸北部地区为主，以国内非法生产加工为辅。目前，境外"金三角"地区冰毒加工厂已增加到18个，我国境内也已查获了相当数量的新型合成毒品地下加工厂。

其次是当前云南仍是"金三角"新型合成毒品转运至欧美及世界各地的主要通道。一些毒枭为了使在"金三角"地区加工的新型合成毒品能够走私出境，不惜血本，四处探路。过去"金三角"地区毒品先是运往泰国后再转运到欧美和世界各地，现在已有40%经由中国转口，其转运路线主要有3条：第一条是缅北—昆明—南宁—香港；第二条是缅北—昆明—西部(乌鲁木齐)—哈萨克斯坦；第三条是缅甸、老挝—越南北部—广西凭祥—内地①。其中，云南是第一、二两条转运路线的重要中转站。因此，云南在备受传统毒品危害的同时，目前又正在遭遇境外新型合成毒品的新一轮冲击，形势十分严峻。

再次是新型合成毒品呈后来居上之势。② 2006年1—4月，昆明市警方共缴获毒品112.82千克，冰毒174.45千克，与2004年同期相比，海洛因缴获量下降54%，冰毒缴获量则上升74.3%。此外，昆明市查获的9起万克以上大案中，冰毒案占5起，较2004年同期新型合成毒品案件数增长了300%。近年来，在昆明，参与新型合成毒品贩运的人员大幅上升(见图1-3)，2009年，昆明市抓获的新型合成毒品犯罪嫌疑人(主要是贩运冰毒)数量首次超过传统毒品，缴获的新型合成毒品也呈日趋增长趋势。

从图1-3可知，昆明市2005年抓获从事新型合成毒品犯罪的嫌疑人99人，2006年为180人，2007年为654人，2008年为723人，占昆明抓获毒品犯罪嫌疑人总数的41%；2009年为1 032人，较同期上升42.7%，占抓获总数

① 新华社南宁2006年10月23日电，记者王勉、李忠发。

② 中国新闻网，2006年6月23日。

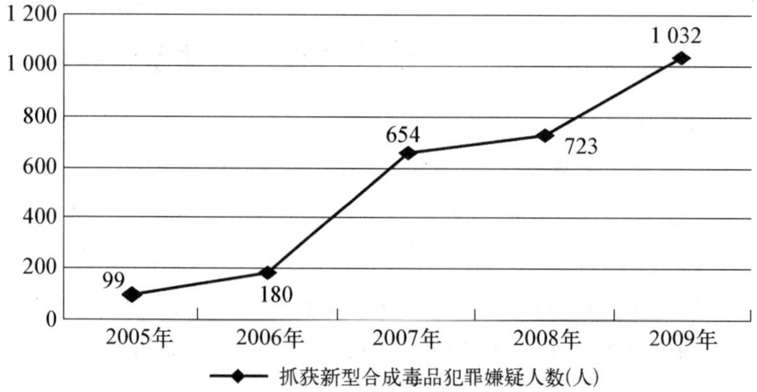

图 1-3　昆明市 2004—2009 年抓获新型合成毒品犯罪嫌疑人数

49.1%;其中同期增长幅度最大的为 2007 年与 2009 年①。

云南省禁毒委提供的数据显示：从 1991 年昆明市查获首例冰毒案开始，1999 年云南全省缴获的冰毒数量攀升到 383 千克。2000 年以后，新型合成毒品犯罪案件迅猛增长。2005 年，全省查获冰毒案 938 起，缴获冰毒 3.15 吨，占全省缴毒总量的 29.3%;2006 年，全省查获冰毒案件 1 544 起，缴获冰毒 3.85 吨，占缴获毒品总量的 37%，三项指标均创云南历史之最②，2007 年缴获冰毒 2.27 吨，2008 年为 2.25 吨，2009 年为 3.19 吨，新型合成毒品(冰毒、摇头丸等)大有超过传统毒品(海洛因、鸦片等)而呈后来居上之势。其主要原因是云南面临新型合成毒品内外夹击。一方面，近年来，缅北地区大量生产冰毒，并不断向我国渗透，成为国内冰毒片剂的主要来源，2009 年，云南省缴获冰毒 3.19 吨，比 2008 年增加了 47%，占全国缴获量的一半；另一方面，我国内地省市生产的新型合成毒品已开始进入云南省并试图在此加工生产③。

---

① 根据昆明市禁毒支队提供的资料整理。

② 刘平(云南省副省长、省禁毒委主任)在 2007 年云南省禁毒工作会议上的报告，2007 年 2 月 9 日。

③ 云南省公安厅副厅长罗石文：《振奋精神，再接再厉，争取公安禁毒工作更大胜利——在全省公安禁毒工作会议上的报告》，云南省公安厅禁毒局提供，2010 年 3 月 10 日。

第 2 章　国际国内毒情形势与新型合成毒品

2.1　国际毒情形势

2.1.1　吸毒、身体健康和社会影响

2.1.1.1　因吸毒导致死亡的人数与每百万人死亡率及地区分布情况

2012 年报告的毒品相关死亡人数估计为 183 100 人（范围：95 500—225 900 人）。这个数字对应的死亡率为每一百万 15—64 岁人口中有 40.0 人（范围：20.8—49.3 人）死亡[①]。

表 2－1　2012 年 15—64 岁毒品相关死亡人数与每百万人死亡率

地区	毒品相关死亡人数（人）			15—64 岁每百万人死亡率			占国家实际死亡数据的百分比
	最优评估值	最低评估值	最高评估值	最优评估值	最低评估值	最高评估值	
非　洲	36 800	17 500	56 200	61.9	29.4	94.3	—
北美洲	44 600	44 600	44 600	142.1	142.1	142.1	100
拉丁美洲和加勒比海地区	4 900	4 000	7 300	15.1	12.6	22.7	80
亚　洲	78 600	11 400	99 600	27.7	4.0	35.0	9
西欧与中欧	7 500	7 500	7 500	23.2	23.2	23.2	100
东欧与东南欧	8 700	8 700	8 700	37.9	37.9	37.9	100
大洋洲	1 900	1 600	1 900	77.5	65.3	78.5	75
全　球	183 100	95 500	225 900	40.0	20.8	49.3	—

① 根据《2014 年世界禁毒报告》内容翻译整理。本章数据若非特别说明，均来源于《2014 年世界禁毒报告》。

2.1.1.2　15—64 岁上一年至少使用过非法毒品一次的人数

2012 年，估计 15—64 岁的世界人口中有 3.5%到 7.0%，即 1.62 亿—3.24 亿人，在上一年至少使用过非法毒品一次，使用的物质主要包括大麻、类阿片、可卡因或苯丙胺类兴奋剂。

2.1.1.3　15—64 岁问题吸毒者人数

从常规吸毒者、吸毒致病者或吸毒致瘾者来看，问题药物使用人数保持稳定，介于 1 600 万—3 900 万人之间。然而，提供服务方面仍然存在差距，因为近几年间，每年全球每 6 名问题药物使用者中只有 1 人获得或接受了药物依赖治疗服务。

虽然公众可能认为大麻是危害最小的非法毒品，但过去 10 年中，吸食大麻致病而寻求治疗的人数一直在显著增加，特别是在美洲、大洋洲和欧洲。不过，阿片剂仍然是亚洲和欧洲寻求治疗的吸毒者中滥用最流行的主要毒品，就像可卡因在美洲一样。

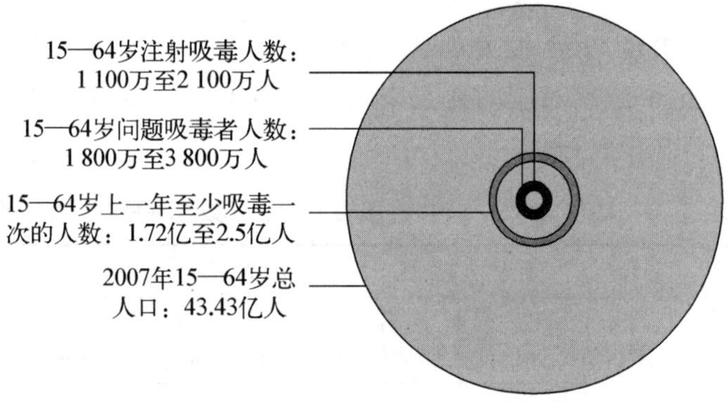

图 2-1　2007 年全球非法药物使用情况

资料来源：《2009 年世界禁毒报告》。

2.1.1.4　15—64 岁注射吸毒人数与流行率

在注射吸毒方面，联合国毒品和犯罪问题办公室、联合国艾滋病规划署、世界银行和世界卫生组织根据最新可用数据共同估计，注射吸毒者人数为 1 270 万人（范围：891 万— 2 235 万人）。这相当于在 15—64 岁人口中的流行率达 0.27%（范围：0.19%—0.48%）。这一问题在东欧和东南欧尤为严峻，那里的注射吸毒率比全球平均水平高 4.6 倍。

2.1.1.5　注射吸毒感染艾滋病毒、丙肝肝炎、乙肝肝炎人数与流行率

共用二手注射器的做法让注射吸毒者特别容易感染艾滋病毒和丙型肝炎。据估计，注射吸毒者中平均有 13.1%的人携带艾滋病毒。毒品和犯罪问题办公

表 2-2 2012 年全球注射吸毒人数与流行率

（占 15—64 岁整体人群的百分比）

地 区	亚 地 区	注射吸毒者					
		注射吸毒者人数(人)			流行率(百分比)		
		低	优	高	低	优	高
非 洲		300 000	1 020 000	6 240 000	0.05	0.17	1.05
美 洲		2 470 000	3 130 000	3 910 000	0.39	0.49	0.61
	北 美	1 770 000	2 060 000	2 360 000	0.56	0.66	0.75
	拉丁美洲与加勒比海地区	700 000	1 070 000	1 540 000	0.22	0.33	0.48
亚 洲		3 480 000	4 650 000	6 190 000	0.12	0.16	0.22
	中亚与外高加索	360 000	410 000	470 000	0.67	0.76	0.87
	东亚与东南亚	2 450 000	3 260 000	4 420 000	0.16	0.21	0.28
	西南亚	390 000	650 000	920 000	0.22	0.37	0.51
	中 东	30 000	70 000	130 000	0.03	0.08	0.13
	南 亚	250 000	250 000	260 000	0.03	0.03	0.03
欧 洲		2 530 000	3 760 000	5 850 000	0.46	0.68	1.06
	东欧和东南欧	1 800 000	2 900 000	4 750 000	0.78	1.26	2.07
	西欧与中欧	740 000	870 000	1 100 000	0.23	0.27	0.34
大洋洲		120 000	130 000	160 000	0.49	0.53	0.66
全 球		8 910 000	12 690 000	22 350 000	0.19	0.27	0.48

室、世界银行、世卫组织和艾滋病规划署共同估计，全球因注射吸毒而携带艾滋病毒者达 167 万人（范围：92 万—483 万人）。这种情况在世界上两个区域尤为突出：西南亚和东欧/东南欧。据估计，这两个区域的注射吸毒者中艾滋病毒流行率分别为 28.8%和 23.0%。估计注射吸毒者中半数以上患有丙型肝炎。

表 2-3 2012 年全球注射吸毒感染艾滋病毒人数与流行率

（占 15—64 岁整体人群的百分比）

地 区	亚 地 区	注射吸毒感染艾滋病毒者			
		注射吸毒感染者人数(人)			流行率(百分比)
		低	优	高	最优估计
非 洲		24 000	123 000	2 006 000	12.1
美 洲		197 000	267 000	421 000	8.6

续 表

地 区	亚 地 区	注射吸毒感染艾滋病毒者			
		注射吸毒感染者人数(人)			流行率(百分比)
		低	优	高	最优估计
	北 美	148 000	189 000	254 000	9.2
	拉丁美洲与加勒比海地区	49 000	79 000	167 000	7.4
亚 洲		331 000	556 000	966 000	12.0
	中亚与外高加索	26 000	31 000	41 000	7.7
	东亚与东南亚	196 000	312 000	596 000	9.6
	西南亚	88 000	188 000	298 000	28.8
	中 东	1 000	3 000	8 000	3.8
	南 亚	20 000	21 000	22 000	8.4
欧 洲		364 000	719 000	1 434 000	19.1
	东欧和东南欧	320 000	667 000	1 368 000	23.0
	西欧与中欧	44 000	52 000	66 000	6.0
大洋洲		1 000	1 000	2 000	1.0
全 球		917 000	1 667 000	4 828 000	13.1

2.1.1.6 各类毒品的流行趋势与滥用人群、流行率估算

2009—2012 年，大麻类、类阿片毒品滥用总体上呈明显上升趋势(大麻类 2012 年略有回落)，阿片类、摇头丸、可卡因总体上呈较小幅度下降趋势，苯丙胺(主要为冰毒)流行趋势相对稳定。

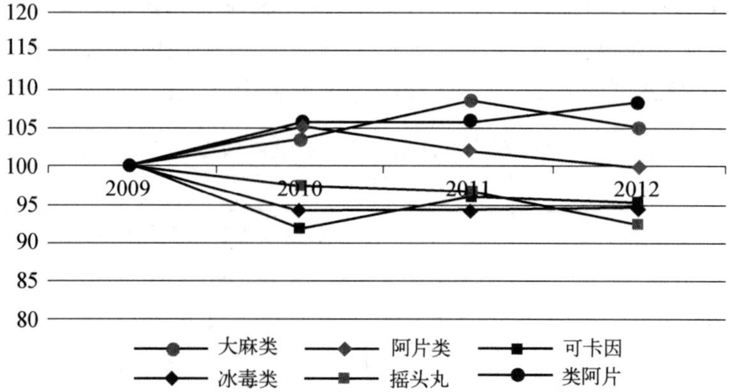

图 2-2 2009—2012 年各类毒品流行趋势

从各类毒品滥用人数与流行率来看,最多的是大麻,有1.78亿人,流行率最优估算值为3.8%;其次为冰毒与类阿片类。此外,多种毒品混吸的情况,其发生率越来越高。

表2-4 2012年全球各类毒品滥用人数与流行率

	滥用人数(百万人)			流行率(百分比)		
	最优估算	低	高	最优估算	低	高
大　麻	177.63	125.30	227.27	3.8	2.7	4.9
类阿片	33.04	28.63	38.16	0.7	0.6	0.8
阿片类	16.37	12.80	20.23	0.35	0.28	0.43
可卡因	17.24	13.99	20.92	0.37	0.30	0.45
冰　毒	34.40	13.94	54.81	0.7	0.3	1.2
摇头丸	18.75	9.4	28.24	0.4	0.2	0.6

2.1.1.7　毒品的流行趋势与性别、监狱犯人及健康威胁等关系

各类调查表明,在使用阿片类、大麻类毒品方面,男性的可能性要明显大于女性,但是在非正常医学使用药物方面,这种性别差别在日益缩小。

多数因毒品犯罪被捕或涉嫌毒品犯罪者均为男性;女性对毒品犯罪的参与因毒品种类而异,这反映了女性所偏好的毒品种类。涉及镇静剂和安定剂的犯罪中,被捕或涉嫌犯罪女性比例最高(25%)。

在全球范围内,很多人因毒品滥用、持有毒品、提炼毒品等违法犯罪行为而进入监狱,因此,监狱犯人的毒品使用、注射吸毒的流行率远大于一般人群。

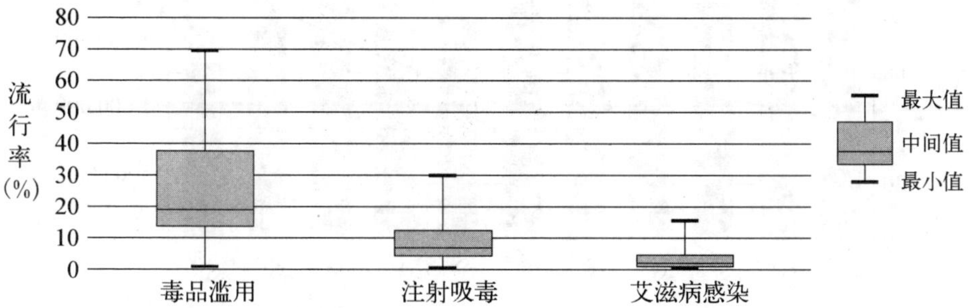

图2-3 监狱犯人毒品滥用、注射吸毒、艾滋病感染流行率

2.1.1.8　各地区不同毒品流行趋势

《2014年世界禁毒报告》通过问卷调查等多种方式对各地区及一些国家的

不同毒品流行趋势进行了分析。如美国，流行率较高的为大麻，其次为精神病药物，再其次为止痛剂与可卡因，最低的是海洛因。从各类毒品的流行趋势来看，近两年大多呈上升趋势。

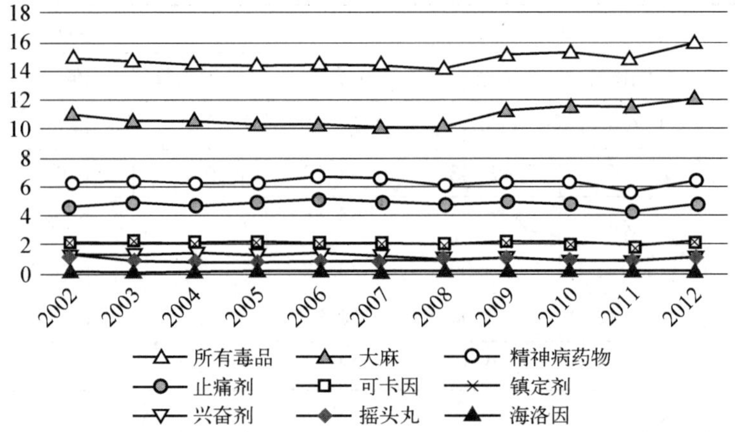

图 2-4　2002—2012 年美国各种毒品滥用流行率

再如中国，2001—2012 年中国累计登记在册吸毒人数、滥用海洛因人数都呈明显上升趋势，但后者增幅明显变小。从滥用毒品种类来看，合成毒品滥用比重日趋增大。

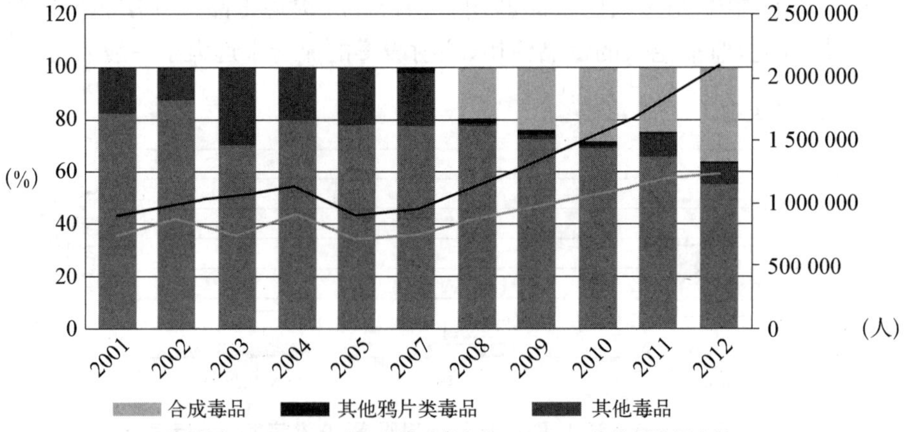

图 2-5　2001—2012 年中国累计登记在册吸毒人数及不同毒品滥用人数比例

2.1.2　不同种类毒品生产、贩运路线、缴获量

2.1.2.1　阿片剂的生产、运输、滥用等指标

阿片剂和类阿片毒品位列世界上引起疾病负担最重、毒品相关死亡最多的问题药物清单之首。世界上罂粟种植面积最大的国家——阿富汗连续5年出现了种植面积扩大的情况，尤其是2012、2013年增幅明显（从2012年的154 000公顷扩大到2013年的209 000公顷）。

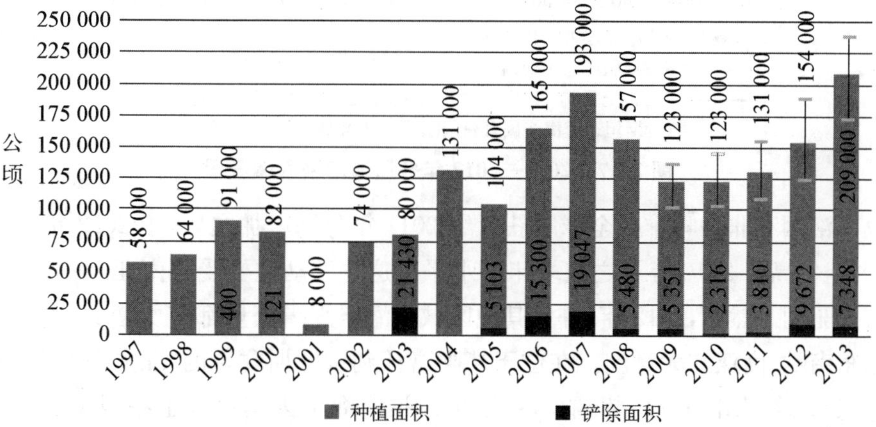

图2-6　1997—2013年阿富汗罂粟的种植面积与铲除面积

此外，缅甸的罂粟种植面积也出现了扩大，但不太明显。2013年，估计海洛因全球生产出现了反弹，达到了2008年和2011年的水平。

2013年的全球非法鸦片种植面积为296 720公顷，达到了自1998年开始有统计数据以来的峰值。

有证据表明，阿富汗海洛因日益蔓延到了过去一直由东南亚供货的新市场，如大洋洲和东南亚。历史悠久的巴尔干路线似乎仍然是阿富汗海洛因运往西欧和中欧利润丰厚市场的中转走廊，但由于更有效的执法及西欧和中欧市场萎缩等各种因素，其重要性已有所下降，与2007年巅峰时期相比，该次区域阿片剂使用和缉获量的减少以及供给水平的下降也表明了这一点。

所谓的“南方路线”正在扩张，海洛因通过阿富汗南部地区走私到欧洲，或经近东、中东和非洲走私，或直接从巴基斯坦走私。

美国的类阿片依赖吸毒者中出现了一种新现象，那就是受美国部分地区海洛因供给增加、普通吸毒者满足毒瘾的成本降低的影响，海洛因正在取代合成类阿片。此外，主要滥用处方药之一奥施康定，现经重新配方之后更加难以吸食或注射。

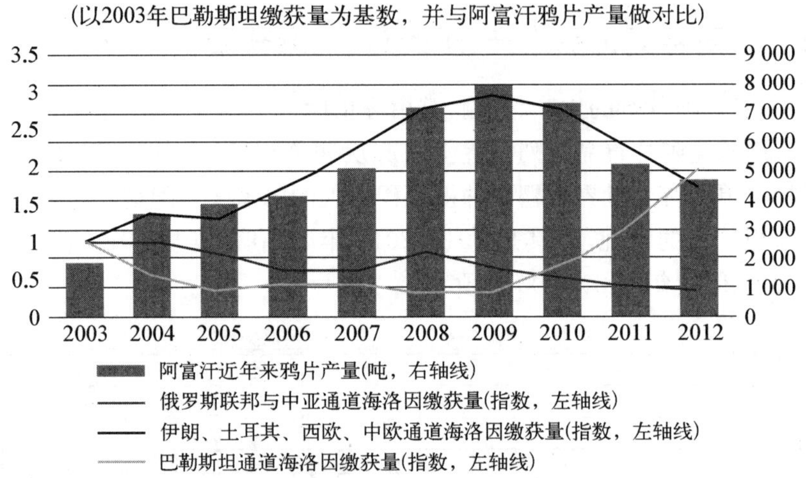

图 2-7　2003—2012 年各通道海洛因缴获量

海洛因和非法吗啡的全球缉获量继 2011 年急剧增加之后，于 2012 年出现了减少，但仍高于 2010 年及之前多年的水平。这些波动主要受西南亚、西欧和中欧缉获量驱动。然而，2012 年，许多其他区域的海洛因缉获量都有所增加，主要是东欧和东南欧、南亚和大洋洲。在位于从阿富汗到俄罗斯联邦的“北方路线”上的主要国家，海洛因缉获量显著减少，由此可以推定海洛因运输量也在减少。与此同时，有证据表明，很可能用于替代海洛因的自制地索吗啡的少量缉获批次众多。

爱沙尼亚、芬兰和美国的类阿片依赖者中出现了可能更有害的行为，包括滥用芬太尼等类阿片。据观察，类阿片使用者可能会交替使用非处方和(或)处方类阿片和海洛因，其使用取决于哪种物质在市场上更方便易买，而且更便宜。

2.1.2.2　可卡因的制造、贩运与缴获等指标

可卡因制造和贩运在西半球影响严重，但有迹象表明，可卡因全球整体供应

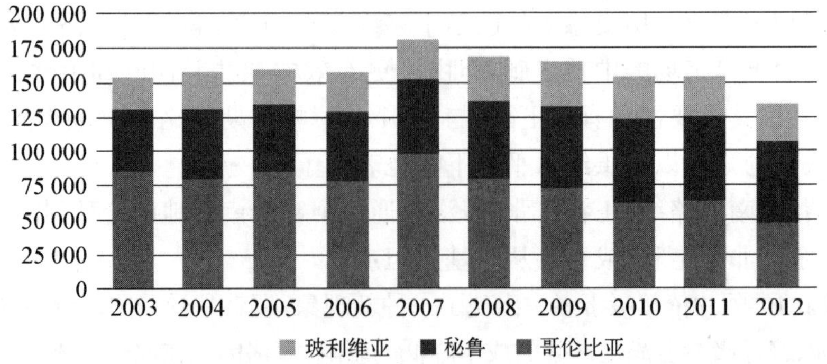

图 2-8　2003—2012 年古柯树种植面积(公顷)

有所减少。截至 2012 年 12 月 31 日，古柯树净种植面积估计达到了自 1990 年开始有估计数以来的最低水平：133 700 公顷，较 2011 年估计数减少 14%。

全球可卡因缉获量于 2012 年增加到 671 吨，而 2011 年缉获量为 634 吨。可卡因缉获量的增加主要来自南美洲、西欧和中欧。

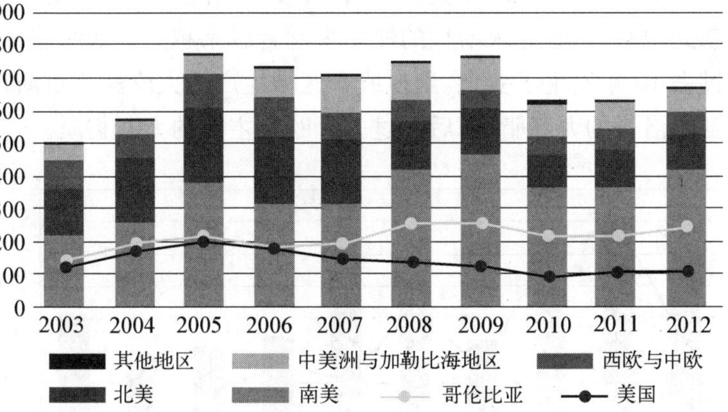

图 2－9　2003—2012 年全球可卡因缴获量(吨)

可卡因使用依然相对集中，主要分布在美洲、欧洲和大洋洲。实际上，世界上几乎所有的可卡因都产自南美洲的三个国家。虽然有关非洲和亚洲的可卡因使用范围尚无确凿证据，但有专家意见表明，这两个区域可能存在少量新兴可卡因使用，这与经非洲贩运的增加以及两大洲日益富裕的状况有关。

可卡因的最不当使用是在美洲。自 2006 年以来，部分由于供给持续短缺，北美洲的可卡因使用一直在减少。但是，据最近观察，美国的流行率略有上升，因为海运缉获量有所增加。

南美洲的可卡因消费和贩运问题更加突出，特别是巴西，原因有多种因素，包括地理位置和庞大的城市人口。

西欧和中欧是仅次于美洲的第二大市场，整体供应指数显示，可卡因供应可能有所反弹；一些消费市场巨大的国家的零售纯度有所提高；另一方面，却没有显示出需求的增长。一些可卡因使用水平较高的国家甚至出现了使用的减少。

近年来，大洋洲市场不断扩张，但较之其他消费市场，该区域的使用模式有所不同，因为该区域偶尔使用该物质的群体庞大(流行率高)，原因可能在于可卡因价格高昂。

2. 1. 2. 3　**大麻药草与大麻脂的生产、使用变化、缴获量等**

大麻药草(“大麻”)的种植和生产仍然广泛存在，而大麻脂(“印度大麻脂”)

的生产依然仅限于北非、中东和西南亚少数几个国家。在阿富汗，尽管大麻种植面积一直呈下降趋势，但 2012 年，由于每公顷产量提高，大麻脂潜在产量高于 2011 年。

全球的大麻使用似乎减少了，基本上反映了一些西欧和中欧国家报告的大麻使用估计数的减少。然而，在美国，对大麻使用风险认知的不足导致了其使用的增加。与此同时，每年寻求治疗的使用大麻者越来越多。如缉获数据所示，欧洲市场在过去 10 年发生了变化，当地或本区域生产的大麻药草目前正在逐步取代主要产自摩洛哥的大麻脂，而后者过去是欧洲主要的大麻物质。

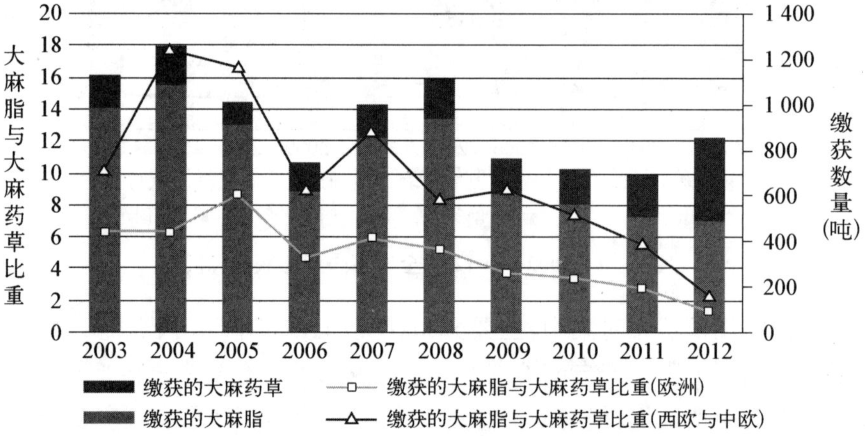

图 2－10　2003—2012 年欧洲大麻药草与大麻脂缴获量及比重

乌拉圭及美国科罗拉多州和华盛顿目前的新监管框架将一些限制条件下的大麻娱乐性使用合法化了。新的法律还对供应链做了规定，包括许可种植和个人种植。现在去了解这些变化对大麻娱乐性使用和不当使用的影响，以及在其可能波及的广泛领域内的影响，包括卫生、刑事司法及财政收入和支出，都为时尚早。要了解这些新监管框架的更广泛影响，为未来决策提供资料，需要多年的仔细监测。

根据现有研究，可以说，随着风险认知的减弱和供应的增加，使用量和青年人开始使用的人数都可能增加。源自大麻零售的税收有望带来财政收入，但预期收入与预防和保健成本之间的取舍，尚需慎重权衡。

2.1.2.4　苯丙胺类兴奋剂的加工、缴获、纯度、价格等

全球缉获苯丙胺类兴奋剂共 144 吨，其中一半来自北美洲，1/4 来自东亚和东南亚。中东继续报告缉获大量苯丙胺，特别是在约旦、沙特阿拉伯和阿拉伯叙利亚共和国。

中亚和西南亚作为新的市场正在兴起，但这些次区域中有两个国家报告的甲基苯丙胺缉获和使用水平都比较低。

西南亚同时作为供往东亚和东南亚的甲基苯丙胺的一个重要生产区域已经崛起。西部非洲和中部非洲的生产也在兴起。

2012 年的"摇头丸"缉获量有所增加，缉获"摇头丸"数量最大的区域是东亚和东南亚，其次是欧洲(东南欧、西欧和中欧)，共占全球"摇头丸"缉获量的 80%以上。

用于治疗注意力缺失多动症的处方兴奋剂或药物的滥用并不少见，但只有少数几个国家报告了总人口和青年人口中的滥用流行率。虽然其他区域的处方兴奋剂滥用不可忽略，但报告此类滥用的主要还是北美洲和南美洲国家。

虽然苯丙胺类兴奋剂的全球制造难以量化，但所捣毁的制造苯丙胺类兴奋剂的加工点数目继续增加，它们主要制造甲基苯丙胺。北美洲的甲基苯丙胺制造规模再次扩张，根据报告，在美国和墨西哥捣毁的甲基苯丙胺加工点数目大幅增加。

从缴获的苯丙胺类兴奋剂种类来看，全球缴获的甲基苯丙胺(俗称"冰毒")呈迅速上升趋势，缴获的量也特别大，近 120 吨，占全部缴获量的 80%以上。苯丙胺类兴奋剂缴获量 2003—2009 年有明显上升趋势，近年来呈一升一降波浪起伏态势。摇头丸类毒品缴获量近年来较为平稳，2012 年略呈上升趋势。

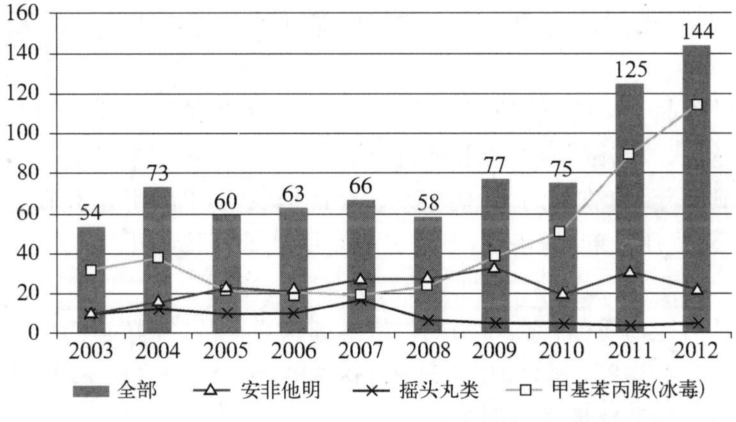

图 2-11　2003—2012 年全球苯丙胺类兴奋剂缴获量(吨)

从甲基苯丙胺纯度来看，1999—2006 年，由于美国、加拿大出台了相关规定，对化学前体麻黄素进行严格管制，甲基苯丙胺的纯度下降到 40%左右；2006

年后半年有所反弹，回升到 58%左右；2007 年上半年，由于墨西哥对化学前体进行了管制，纯度下降到 42%左右。2007 年下半年至 2012 年，其纯度日趋增高，现已达到 93%。从价格来看，2009—2012 年甲基苯丙胺价格总体上呈下降趋势。

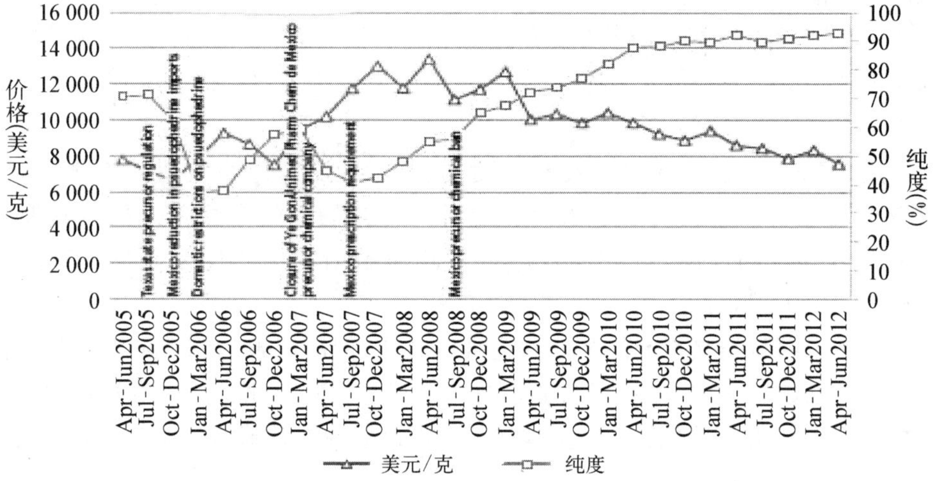

图 2-12 2005—2012 年美国甲基苯丙胺纯度与价格变化趋势

2.1.2.5 新的精神活性物质和基于网络的市场等指标

互联网仍然是贩毒和前体化学品非法贸易的一种途径，所谓“暗网”的使用有增无减。“暗网”构成了一个虚拟市场，由于无法通过网络搜索进入，网站所有者和使用者借助复杂的隐藏手段掩盖了身份，因此执法机关很难找到他们。这使“暗网”成了非法毒品买方和卖方的避风港，他们主要采用数字货币（比特币）进行交易。

“暗网”毒品交易的整体比例尚不清楚，但交易价值以及供应毒品的范围都似乎越来越大。“暗网”的一个重要例子就是“丝绸之路”，捣毁后发现，这个网络运营了 2 到 5 年，总收入约 12 亿美元。有证据表明，“暗网”上存在一个新的精神活性物质、优质大麻、海洛因、亚甲二氧基甲基苯丙胺（MDMA）和可卡因的利基市场。

新精神活性物质（简称 NPS）的扩散继续构成挑战，新精神活性物质种类数量（2012 年 7 月为 251 种，2013 年 12 月达 348 种）明显超过了受国际管制的精神活性物质的种类数量（234 种）。

联合国毒品和犯罪问题办公室发布的《2014 年全球合成毒品评估报告》特别对新精神活性物质的泛滥表示担忧。这类物质常常被错误地伪装为“合法快感”和“特制药物”而加以推销，但目前没有国际管制框架，对这个问题的应对因

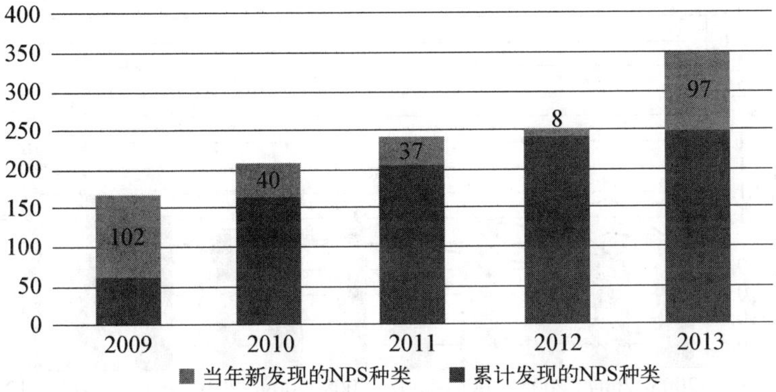

图 2-13 2009 年 9 月—2013 年全球发现新精神活性物质种类示意图

国家而异。到 2013 年年底,在全球超过 90 个国家发现了 348 种新精神活性物质,但没有一种处于国际管制之下。不过,英国在 2014 年要求根据联合国《1971 年精神药物公约》对俗称美沙酮的甲氧麻黄酮(mephedrone)进行控制。

在新精神活性物质中,模仿大麻效果的合成大麻素的使用更是飙升,这类物质的种类从 2012 年年中的 60 种到 2013 年几乎翻了一番,达到 110 种。此外,一种被称为阿拉伯茶(Khat)的以植物为基础制造的新精神活性物质已经从传统市场东非和阿拉伯半岛部分地区流入了欧洲、东亚和东南亚。

《2014 年全球合成药物评估报告》特别指出,合成毒品在年轻人中间越来越流行。例如,在北美和欧洲,年轻人对某些新精神活性物质的使用超过了传统毒品。同时,来自世界几乎所有地区的证据表明,越来越多的摇头丸或冰毒药片含有的物质超出了其吹捧的有效成分,急诊服务可能会无法识别这些危及生命的物质而无力提供治疗,这将带来难以预见的公共卫生挑战①。

2.1.2.6 **其他毒品违法犯罪等指标**

与物业相关犯罪和暴力犯罪的总体下降趋势相比,2003—2012 年期间,官方记录的独立评估的个人使用和贩运毒品相关犯罪有所增加。可是,相对于同期吸毒者人数的增加而言,有犯罪记录的吸毒者因个人使用而沦为毒品犯的比例保持稳定。在世界范围内,绝大多数吸毒犯罪都与大麻有关。

贩毒相关犯罪因不同区域所涉毒品类型和供应模式而异。

从毒品原植物种植量来看,罂粟种植量近年来呈明显上升趋势,古柯树种植比较平稳,略呈下降趋势。从毒品缴获量来看苯丙胺类兴奋剂上升非常快。

---

① 根据联合国毒品和犯罪问题办公室网站的资料翻译整理所得。

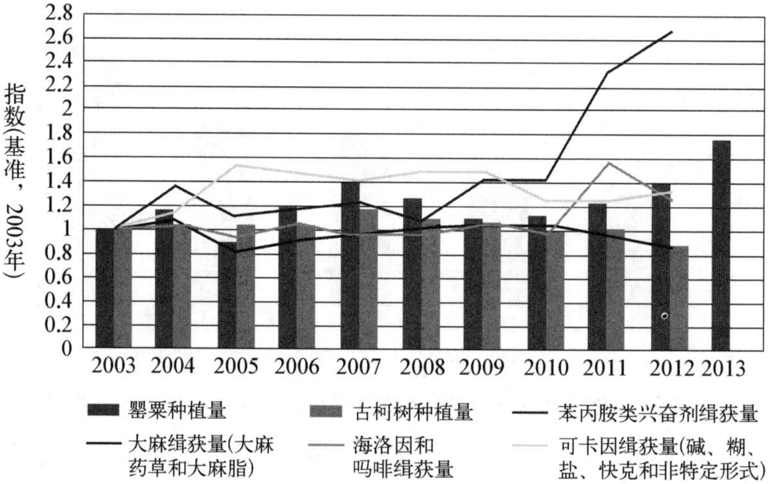

图 2-14 2003—2014 年全球毒品原植物种植量与各类毒品查获量

资料来源：缉获数据来自年度报告调查表，以其他官方来源为补充。种植数据来自联合国毒品和犯罪问题办公室基于其支持的国家作物监测系统的估计数，以其他官方来源为补充。

2.1.3 前体化学品管制

大多数毒品，无论是植物制成的，还是合成的，都需要化学品来将其转化为最终产品。虽然化学品只是秘密制造、植物制成的毒品(海洛因和可卡因)的成分之一，但它们却构成了非法制造合成毒品的重要成分。鉴于合成毒品的制造越来越多，这类称为前体的化学品的管制已成为主要供应管制策略，因为根除非法作物和替代发展的传统方法不能适用于合成毒品。

用于非法制造毒品的化学品生产的贸易结构的趋势中可能存在薄弱环节。多年来，国际社会加强了管制制度，旨在允许此类化学品的合法贸易，防止其转而用于非法制造。

前体管制已取得了一些成功，但这些成功却引发了非法毒品贩运者和制造者的一系列反应，为国际毒品管制制度带来了新的挑战。

2.1.3.1 反映化学工业中易于发生前体转用的薄弱环节

过去几十年间，特别是近 20 年，化学工业出现了强劲增长和地域变化，全球产量翻了一番，贸易增加了两倍多。同样在这一时期，大量生产转移到亚洲，新兴化学工业的现有特点是相互竞争的小企业组成的大集群。以往，化学工业一直由大型垂直一体化企业集团主导。与之相比，这些新的发展可能会让化学工业更容易发生前体转用。

此外，随着跨国界化学品交易越来越多，过境国数目增加，以及一些化学品经纪人和其他中介机构出现，前体转用于秘密制造毒品的潜在途径不断增加。

国际社会的应对前体管制是1988年《联合国禁止非法贩运麻醉药品和精神药物公约》（以下简称《公约》）中国际毒品管制的重要支柱之一。《公约》针对经常用于制造毒品的化学品的制造、分销及国际贸易规定了一些具体措施。将物质分为两类：对表一所列物质的管制更为严格，而对《公约》表二所列物质的管制相对较松。1988年《公约》授权国际麻醉品管制局在国际层面执行前体管制。

2.1.3.1.1　前体化学品的制造与化学品的生产方式与发展趋势

前体存在合法使用和合法贸易，而管制包括监测合法贸易，并防止转用。通过分析各国向联合国毒品和犯罪问题办公室提供的信息及国际贸易统计可以得出的结论是，2010—2012年期间，约77个国家从事了前体化学品的制造。

在过去的一个世纪里，化工行业已成为经济增长的主要领域，并在容量和地理空间转移上继续强劲增长，涉及更多数量的国家。亚洲已成为新的生产中心，为越来越多中介机构提供了更大的转移机会。在全球化学行业，这些"机构"的总数从1981年的61 000个，增长到1990年67 000个，2000年的83 000个，2010年的近97 000个，这一扩张的生产基地也反映了化学物质更大扩张的可能性。这也刺激了越来越多的"化学运营商"参与此类物质的贸易。联合国工业发展组织(UNIDO)的数据表明，化学物质在很多国家生产。1990—2010年，在向联合国工业发展组织报告产出数据的148个国家中，有142家报告了生产的化学物质。

这一扩张，还可以从化学品的产量与产值中看出。从产值上看，按照固定美元价值，2010年化工行业的产值是1990年的2倍，是1960年的4倍，达3.8万亿美元。

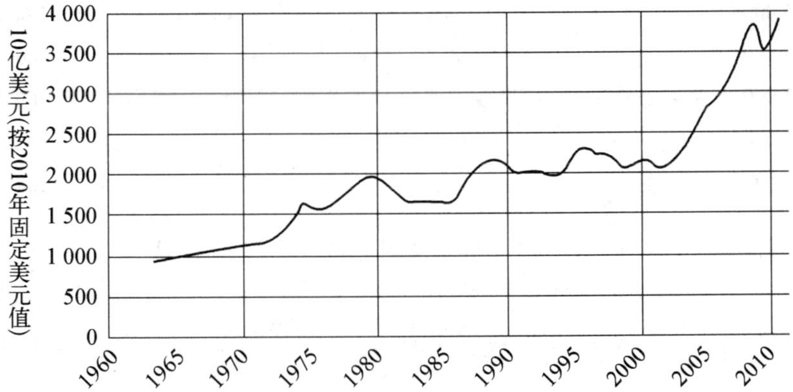

图2-15　1963—2010年全球化工行业产值趋势

2.1.3.1.2　前体化学品的贸易方式与发展趋势

2010—2012 年，122 个国家报告了前体化学品的出口情况，而 150 个国家报告了进口情况。亚洲国家报告的前体出口最多，其次为欧洲和美洲。如果仅考虑前体化学品的净出口国，亚洲国家占 2010—2012 年期间净出口总额的 59%。全球前体化学品出口增长速度与化学品出口总体增长速度相当。

各个国家对各种前体的合法需求和应用各不相同。就经济价值而言，绝大部分前体化学品国际贸易(93%)所涉物质为《公约》表二所列物质。2012 年，更严格管制下的表一所列物质仅占前体化学品国际贸易的 7%，占化学品整体国际贸易的 0.04%，而其出口增长远远低于表二所列物质。从经济角度来看，《公约》表一所列物质中最重要的是用于制造海洛因的醋酸酐，其次是用于制造可卡因的高锰酸钾和用于制造甲基苯丙胺的伪麻黄碱。

前体化学品的非法贸易不像合法市场那样易于量化，但缉获方面的信息可以部分揭示出其趋势。

虽然每年的前体化学品缉获量波动幅度很大，但表一所列前体的总体趋势似乎显示了过去 20 年的增长。相比之下，表二所列物质缉获量虽然起伏不定，却一直符合稳定的总体趋势。表一和表二所列前体缉获量的区域分布显示，在研究所涉时间段，缉获量主要集中在美洲，其次是欧洲，但最近几年第二名变为亚洲。

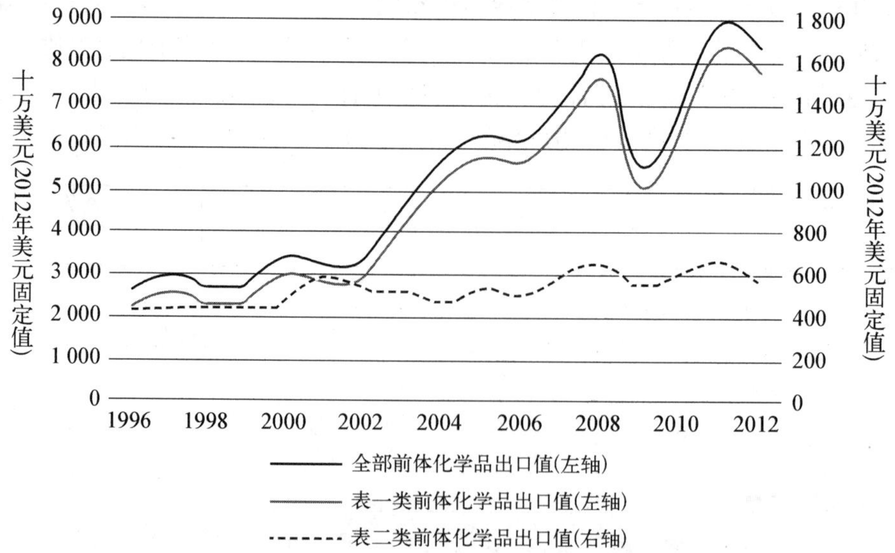

图 2-16　1996—2012 年全球前体化学品出口值趋势

2.1.3.2 前体管制对毒品供应的影响

前体化学品管制措施对减少化学品转用于非法毒品制造具有实际影响，这可通过各种分析方法来了解：越来越多的化学品免于转用。转用前被拦截的货物批次大大增加，较国际前体管制之初的1990—1992年，2010—2012年表一所列前体缉获量增加了12倍。这虽算不上确凿证据，却也表明了前体管制的有效性、高截获率。与估计已转用于非法制造的总量相比，缉获量的衡量显示，2007—2012年截获了大约15%的转用高锰酸钾(在10%—28%之间)和15%的转用醋酸酐(在7%—22%之间)。估计高锰酸钾转用量仅相当于其国际贸易量的2%，而醋酸酐转用量相当于其国际贸易的0.2%。

2.1.3.2.1 前体缉获量高于用前体制造的物质的缉获量

2007—2012年期间，“摇头丸”前体缉获量如果按本可用其制造的“摇头丸”数量计算，比“摇头丸”缉获量多1/5。同期苯丙胺和甲基苯丙胺前体缉获量按其等值终端产品计算高达苯丙胺和甲基苯丙胺缉获量的2倍以上。

2.1.3.2.2 前体管制减少了毒品供应

前体管制似乎减少了前体供应，从而导致毒品供应随之减少。这方面有三个例子。第一个是麦角酰二乙胺(致幻剂)的市场萎缩，至少部分原因在于致幻剂前体管制的加强。其市场萎缩反映为1996—2013年期间美国高中生对致幻剂的使用减少了75%，这与此物质供应量的减少密切相关。第二个例子是许多国家“摇头丸”使用的减少以及该物质纯度的降低，这与2007—2010年期间此毒品主要前体供应有限相关。第三个例子是，过去20年，甲喹酮前体管制的加强似乎已导致其供应量减少，从而使其使用也减少了。

2.1.3.2.3 非法市场的价格

最近几年，合法市场的醋酸酐价格在每升1—1.5美元之间波动，而阿富汗非法醋酸酐价格多年来一直在上涨，从2002年的每升8美元涨到了偶尔高达每升430美元的峰值(2011年)。这一价格上涨可与前体管制的加强挂钩。这也影响到了海洛因的生产成本。在阿富汗海洛因生产总成本中醋酸酐的比例从2002年的2%上升到2010年的26%，但2013年下降到了大约20%。

2.1.3.2.4 毒品加工点经营者的新策略

全球前体管制的加强促使非法加工点秘密经营者制订了一些对策。这些策略包括：用更复杂的方式获得前体化学品；利用管制制度薄弱的过境国；建立专门供应前体化学品的有组织犯罪集团；创建幌子公司隐瞒非法进口；为了避开国际管制制度，在国内转用前体化学品，随后再走私到最终目的地；利用互联网滥用药物制剂(特别是含麻黄碱或伪麻黄碱的制剂)；开发非表列前体化学品，包括可轻易转变成所需前体的各种前前体。因此，最近几年出现了制造苯丙胺类兴奋剂的新前前体，包括α-苯乙酰乙腈、各种苯乙酸酯、3,4-亚甲基二氧苯基-2-丙酮、甲基缩水甘油酸甲酯和甲胺。其中一些物质只在为数有限的国家受到管制，已成为过去所用前体化学品的主要替代品，目前缉获量大于受国际管制的苯丙胺类兴奋剂前体。

另一种对策就是生产可用不受国际管制的化学品制造的新精神活性物质。秘密制造者采用的所有这些策略为国际前体管制制度带来了一系列新的挑战。与此同时，这些策略也反映了前体管制确实有一定影响的事实。目前国际上已有一些工具来应对新出现的问题——适用“了解你的客户”原则、有限的国际特别监视清单、网上出口前通知系统和前体事件通信系统——但这些在许多国家都有待实施。它们的普遍和有效实施将让迎接挑战的工作向前迈进一步。

2.1.3.3 前体化学品查获

近年来，《公约》表一中所列各类化学品的查获以ATS(苯丙胺类兴奋剂)前体较多，2009—2011年呈快速增长趋势，2011年接近1 400吨；其次为海洛因类化学品前体，较少的为可卡因类化学品前体。表一类药物缴获量的幅度波动较大，2011年达到顶峰。

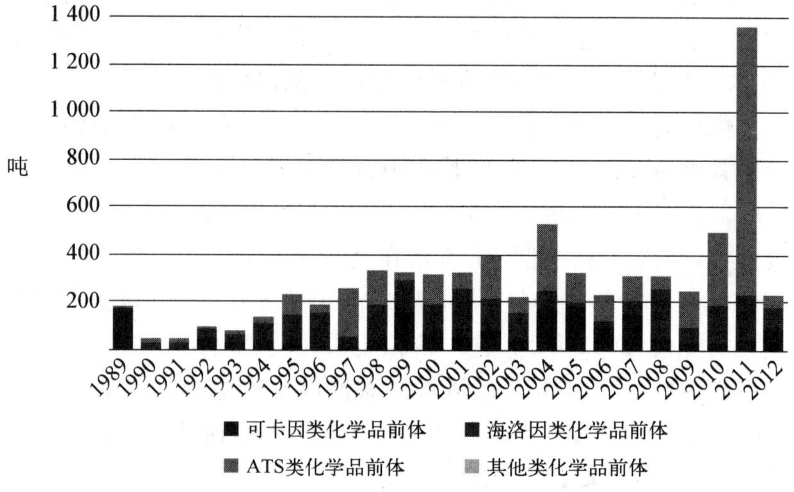

图2-17 1989—2012年全球表一类药物查获量

《公约》表二中所列各类化学品的查获表现出不同的模式。整体上缴获量有两个高峰：2002年和2004年。2002年的峰值水平高主要是因为丙酮的查获多，而2004年的峰值主要是因为盐酸的查获。其他阶段，似乎是稳定的。但这种趋势与这些物质在国际合法贸易中的量是相反的，在过去的20年里，这些物质的合法贸易量极大地增加了。在最近的几年，硫酸、丙酮的缴获量在表二中的物质的缴获量中一直占主导地位。其主要原因是在1990—2012年缴获的表二中物质，近98%是受《公约》控制的。表二中物质的缴获区域分布主要集中在美洲，其次为欧洲、亚洲。缴获量较大的主要在2002—2012年期间，主要地区为：北美(占总额的59%)，南美(12%)，欧洲(4%)和亚洲(3%)，非洲(0.05%)，大洋洲地区(0.02%)。

最近几年(2007—2012年)，缴获量最大的是南美(60%)；其次是北美(17%)、亚洲(15%，其中大部分在东亚和东南亚)和欧洲(8%)；再次是大洋洲地区(0.1%)，非洲(0.04%)。

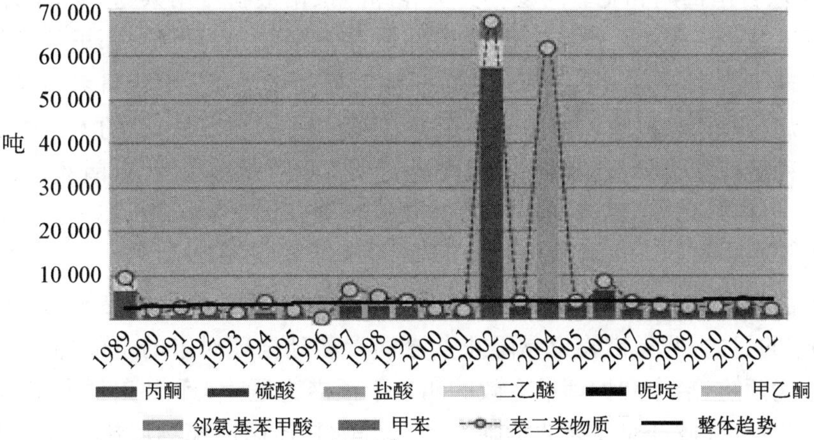

图2-18 1989—2012年表二类物质查获量(折成统一数量)

2.1.4 国际毒品总体形势分析

2.1.4.1 全球毒品使用情况保持稳定

总体来看，全球毒品使用情况保持稳定。虽然非法物质使用者的估计总人数有所增加，但估计数显示，毒品依赖者人数或毒品使用综合征患者人数保持平稳。使用者年度估计人数的增加在很大程度上反映了世界人口的增加。

然而，多种毒品的使用，特别是合并使用处方药物和非法物质仍然令人关注。对镇静剂和安定剂的滥用尤其令人关注，在报告所涵盖的国家中，有60%以上将这类物质列作头三类滥用物质。

市场上出现的新精神活性物质数目有增无减也已经成为一个重大的公共健康问题，原因不仅在于使用的增加，而且也是因为对其不利影响缺乏科学研究和了解。

2.1.4.2 注射使用毒品和艾滋病毒仍然是一个公共健康问题

吸毒依然代价高昂，让许多人付出了宝贵生命和鼎盛年华。新的数据显示，2011 年注射使用毒品者及注射使用毒品同时携带艾滋病毒者的普遍率低于以往的估计：在 15 至 64 岁的群体当中，估计有 1 400 万人注射使用毒品，而在注射使用毒品者当中有 160 万人携带艾滋病毒。这表明自 2008 年的估计以来，注射使用毒品者人数下降了 12%，而注射使用毒品同时携带艾滋病毒者的人数下降了 46%。

2011 年，与毒品有关的死亡人数估计为 211 000 人，2012 年为 183 000 人。其中多数是年轻的使用者，这在很大程度上是可以预防的。在注射吸毒方面，2012 年联合国毒品和犯罪问题办公室等部门根据最新可用数据共同估计，注射吸毒者人数为 1 270 万人，这一问题在东欧和东南欧尤为严峻，那里的注射吸毒率比全球平均水平高 4.6 倍。共用二手注射器的做法让注射吸毒者特别容易感染艾滋病毒和丙型肝炎。据估计，注射吸毒者中平均有 13.1%的人携带艾滋病毒。这种情况在世界上的两个区域尤为突出：西南亚和东欧/东南欧。据估计，这两个区域的注射吸毒者中艾滋病毒流行率分别为 28.8%和 23.0%。估计注射吸毒者中半数以上患有丙型肝炎。

当前，解决注射吸毒者中艾滋病毒问题的做法是采取有效措施，以达到“减少伤害”的目的，此类措施也是阻止艾滋病毒蔓延全球对策的主要部分。其中，对艾滋病预防、治疗和护理最有效的四条干预措施是针头和注射器方案、阿片类药物替代疗法（或针对注射非类阿片毒品者的其他循证药物依赖治疗）、艾滋病毒检测和咨询及抗逆转录病毒疗法①。10 多年来，减少伤害干预措施在西欧和中欧扩大了规模，最有效的四项干预措施在这两个区域的覆盖面最大，使注射吸毒者中新近诊断为艾滋病毒病例的数量减少了，因不安全注射吸毒而导致的艾滋病相关死亡人数也有所减少。然而，最近欧洲部分地区注射吸毒者中爆发了艾滋病毒，证明了艾滋病毒疫情如何在服务和干预措施规模缩小的区域快速演变。另外，在监狱人口中，吸毒和注射吸毒都非常普遍。令人关切的主要问题是监狱里缺乏获得保健的渠道，也不提供保健服务，尤其缺乏药物依赖治疗和艾滋病毒预防、治疗。

---

① 抗逆转录病毒治疗是指治疗逆转录病毒（主要为 HIV）。HIV 病毒在短短的 1.5 天里，完成了进入细胞、复制遗传物质、组装新病毒、释放感染其他细胞的过程。HIV 病毒再从 RNA 到 DNA 逆转录的过程中缺乏纠正错误的酶。这种短周期中的高错误率使病毒的突变十分迅速，带来了 HIV 病毒高的遗传突变率。多数的变异与亲代病毒相比没有优势，但有些突变继承了亲代的优势，让病毒更容易抵抗人体的免疫系统和抗逆转录病毒药物的防御。病毒的活性越高，对抗逆转录病毒药物的耐药性越强，因此抗逆转录病毒药物联合用药对于压制 HIV 病毒繁殖、对抗病毒的抗药性是十分重要的。

2.1.4.3 全球毒品犯罪呈现出了新特点

2.1.4.3.1 海上贩运对主管机关构成了挑战

鉴于每天以集装箱甚至以小船的形式跨越海洋和大陆的非法物质数量庞大,海上贩运是主管机关所面临的一个尤为棘手的挑战。

在有关海上贩运的路线方面,东非和西非似乎日益重要。贩运分子正在更多地使用由阿富汗途经伊朗或巴基斯坦的港口往南并通过东非和西非的港口抵达消费者市场的一条新的海运路线。自从2009年以来,在非洲尤其在东非,海洛因缉获量急剧增加,几乎翻了10倍。

经验表明,海上缉获量始终更有可能大于涉及公路或铁路的陆运缉获量。事实上,虽然在全球所有各类毒品案件中,海上缉获的案件不超过11%,但每一次海上缉获的数量都几乎平均是空运缉获量的30倍。主管机关目标明确的稽查工作使其得以缉获更多数量的海上贩运毒品。

2.1.4.3.2 与传统的贩毒路线做比较,出现了新的贩毒路线

传统贩毒路线一条是从阿富汗运往西欧,海洛因大多数都通过陆路,沿所谓的"巴尔干通道"进行运输,沿途经过伊朗(或巴基斯坦到伊朗)、土耳其和东南欧国家。据估计,沿该通道运送的海洛因数量占阿富汗海洛因总量的37%,满足约85公吨的需求。全世界截获的海洛因多数均是在该通道沿线缉获,在其途经国中,伊朗及土耳其2008年的海洛因缉获量占到了全球缉获总量的一半以上。

另一条路线是从阿富汗运往俄罗斯途中,贩运者可以在以下三个国家间做出选择:塔吉克斯坦、乌兹别克斯坦和土库曼斯坦。多数贩运似乎都选择途经塔吉克斯坦,到达吉尔吉斯斯坦的奥什,再经哈萨克斯坦运至俄罗斯。贩运工具主要为私人车辆和商业车辆,贩运数量通常相对较小:2005—2007年,塔吉克斯坦海洛因缉获量超过500克(商业数量)的案件有45起,其中80%的缉获量为10千克及以下,其平均缉获量为2.6千克。较之其他地区每次的缉获量,该数字很小,这表明小规模贩运活动是一种普遍情况,而非例外。

与传统贩毒路线比较,贩运分子日益开始寻找新的路线来补充原有路线。首先,似乎出现了海洛因贩运新的陆运路线,例如除了既有的巴尔干路线和北部路线外,海洛因的贩运从阿富汗途经伊朗或巴基斯坦向南,并且途经伊拉克穿越中东。

有证据表明,阿富汗海洛因日益蔓延到了过去一直由东南亚供货的新市场,如大洋洲和东南亚。历史悠久的巴尔干路线似乎仍然是阿富汗海洛因运往西欧和中欧利润丰厚市场的中转走廊,但由于更有效的执法及西欧和中欧市场萎缩等各种因素,其重要性已有所下降,与2007年巅峰时期相比,该次区域阿片剂使

用和缉获量的减少以及供给水平的下降也表明了这一点。

所谓的“南方路线”正在扩张，海洛因通过阿富汗南部地区走私到欧洲，或经近东、中东和非洲走私，或直接从巴基斯坦走私。

其次，从贩运路线的激增而言，非洲大陆显然正日益重要，但在这方面，所提供的数据仍然十分有限。为了有效监督这一令人不安的趋势，迫切需要改进该地区各国的数据收集和分析能力。

再次，哥伦比亚的可卡因缉获量表明，较之于海上贩运的太平洋路线，大西洋路线正日益重要。语言上的联系似乎在从南美洲途经巴西、葡萄牙和非洲葡萄牙语国家至欧洲的可卡因贩运上发挥了一定的作用。可卡因市场似乎正向亚洲新兴体国家扩展。

热点讨论

关于毒品合法化的讨论①

（联合国毒品和犯罪问题办公室执行主任　安东尼奥·马里亚·科斯塔）

一、毒品合法化的经济论点是毒品合法化可创造税收。这一论点正在得到越来越多的支持，因为在当前的经济危机中，国家行政当局正在寻找新的收入来源。这一合法化与税收论是与道德和经济相悖的。它建议的是对一代又一代（陷入毒瘾的）边缘化群体实行非正常的税收以刺激经济复苏。这一派人是否也赞成将人口贩运等其他似乎难以消除的犯罪变成合法化并对其征税？当今已有几百万奴隶，他们一定会创造大量税收以拯救倒闭的银行。这种经济论所依据的财政逻辑也难以说得通：（由于执法开支降低）药物管制费用是减少了，但（由于毒品消费增加）公共卫生开支却会大大提高，两者相抵。这番劝说的寓意是：不要因为罪恶的交易难以管制就将其合法化。

二、还有人辩称，合法化之后，由于国家对毒品市场的规范，可避免健康危害。这种论点也是天真而目光短浅的。首先，（对于任何事）管制越严，出现的相应（非法）市场就越大，也越迅速——因此这一概念不成立。其次，有能力采取这种复杂的管制措施的只有少数（富裕）国家。那么其他（大多数）人呢？支持毒品的说客可以享受戒毒治疗，为什么要为了他们发出的自由主义言论而在发展中

① 根据联合国禁毒署《2009年世界禁毒报告》翻译整理。

世界放纵毒品流行？毒品造成危害不是因为受到了管制——毒品受到管制是因为它造成危害；无论吸毒成瘾者是美貌的有钱人还是遭受遗弃的穷人，毒品都会对他们造成危害。毒品统计数字不断发出的信息是有力而明确的。过去增长失控的情况已经平息，20 世纪 90 年代的毒品危机似乎已经得到控制。本 2009 年度报告提供了进一步证据，证明毒品（鸦片和古柯）种植情况稳定或有所减少。最重要的是，阿片剂的主要市场（欧洲和东南亚）、可卡因的主要市场（北美洲）和大麻的主要市场（北美洲、大洋洲和欧洲）正在萎缩。令人关切的是，合成类兴奋剂的消费量有所提高，特别是在东亚和中东，尽管发达国家的用量正在降低。

三、最严重的问题是与有组织犯罪有关的。如上所述，主管当局所管制的所有市场活动都会产生相应的非法交易。由于药物管制，已经不可避免地形成了宏观经济规模的非法市场，利用暴力和腐败来缓和供需关系。因此有批评者说，如果毒品合法化，有组织犯罪将失去最能生财的活动。且慢！毒品和犯罪问题办公室十分清楚黑手党式国际贩毒组织所造成的威胁。我们对毒品市场价值的评估工作（2005 年）前所未有。本办公室还首次向西非和东非、加勒比、中美洲和巴尔干等区域的国家就贩运毒品的威胁敲响了警钟。我们借此强调了有组织犯罪对安全造成的威胁，这也是联合国安全理事会目前定期处理的问题。

对策

第一，执法重点应当从贩毒者转向吸毒者。吸毒成瘾是一个健康问题：吸毒的人需要医疗帮助，而不是刑事处罚。必须关注重度吸毒者。他们消费的毒品最多，对自身和社会造成的危害也最大——同时给黑手党式贩毒集团带来的收入也最多。

第二，我们必须结束城市失控的悲剧。毒品交易和其他犯罪一样，大多发生在城市中受犯罪集团控制的区域。如果治理跟不上城市化的步伐，这一问题将来会在巨型城市中更加恶化。然而，逮捕个人并没收他们自己吸食的毒品就像拔草一样——今天拔了明天还会长。要解决这一问题，必须处理我们城市中的贫民区和无人管理的区域的问题，办法是修复基础设施并投资于人——特别是利用教育、就业和体育运动帮助容易受毒品和犯罪影响的青年人。贫民区不会制造吸毒者和失业者：往往是吸毒者和失业者制造了贫民区。而黑手党式的组织就是在这一过程中发展壮大起来的。

第三，高度重视洗钱与网络贩毒。在银行间借贷枯竭的时期，洗钱活动猖獗起来，几乎没有受到任何阻拦。为防止利用金融机构清洗犯罪资金而制定的建议今天多数被置若罔闻。银行家似乎相信，在各大银行纷纷倒闭的时期，没有发臭的钱。诚实的市民在经济困难时期挣扎求生，不明白犯罪所得为什么没有被没收，反而变成了豪华物业、轿车、游艇和飞机。

另一个值得注意的情形涉及人类的最大资产之一：互联网。计算机网络的出现和发展，尤其是国际互联网的日益推进和迅猛革新，为全人类建构起了一个快捷、便利的虚拟世界。互联网改变了我们的生活，特别是我们经营业务、通信、进行研究和娱乐的方式。但与此同时，种种不稳定的因素也随之渐渐显露出来，不良信息的进入、个人信息的被盗、国家秘密、军事秘密或者重要情报的泄露、网络资源破坏、信息系统瘫痪等现象时有发生。更可怕的是网络一旦与毒品相结合，一种新的贩毒形式——网络贩毒随即产生。现在，网络贩毒已成为打击毒品犯罪领域普遍关注的一个新的议题，是全社会必须认真面对并需妥善解决的一个问题。

2.2 欧洲、美洲、亚洲等区域毒情形势与新型合成毒品

2.2.1 欧洲毒情形势与新型合成毒品

2.2.1.1 俄罗斯的毒品问题

美国推翻塔利班政权后，阿富汗鸦片产量便急剧增加，俄罗斯海洛因消费量也因此水涨船高。目前，阿富汗生产的毒品已经超过全球产量的90%。

俄罗斯一直是受阿富汗毒品影响最为严重的国家之一，该国也正在努力防止海洛因从阿富汗流入北高加索地区。联合国毒品和犯罪问题办公室报告显示，2008年，俄罗斯消费了21%的阿富汗毒品，一举成为阿富汗海洛因的最大消费国。2010年，据俄新社报道，联合国毒品和犯罪问题办公室执行主任安东尼·科斯塔6月9日在莫斯科举行的国际反毒品论坛上称，俄罗斯每年消费阿富汗海洛因70吨，价值140亿美元，俄罗斯已成为世界最大的毒品消费市场。科斯塔称，世界每年消费的毒品总价值达200亿美元。他特别指出，目前中亚截获的海洛因不足阿富汗毒品外流总量的5%，俄罗斯截获的也不超过40%，而且这些指标还在不断恶化，已经接近巴尔干地区国家，其每年截获的阿富汗毒品尚不足2%。①

① 中国商务部网站，2010年6月10日。

首先,从吸毒人数与年龄分布上来看,在俄罗斯,据专家估计目前实际吸毒者的人数可能达到150万,高达300万俄罗斯人曾使用过海洛因,其中青少年吸毒现象十分严重。2002年,在戒毒机构登记在册的35万吸毒者中,超过60%的人年龄在30岁以下。2005年,每10万人中有241名瘾君子,而年轻人中这一数字高达483人。2010年,俄罗斯正式注册的吸毒人员超过50万人,但实际吸毒人员大约是注册人数的3倍,达150万人,其中30%的大学生正在或曾经吸食过毒品。俄罗斯每年约有3万人因吸毒死亡①。

其次,青少年中流行滥用新型合成毒品。目前俄罗斯年轻人在参加迪斯科舞会和流行音乐会等活动时非常流行滥用新型合成毒品,且已成为一种时尚;新型合成毒品不仅在街头青少年之间迅速传播,甚至学校里也出现吸毒现象。

再次,入境毒品增多。俄罗斯毒品监督局公布的数据显示,2004年俄罗斯共缴获包括海洛因在内的各类毒品130吨,缴获毒品的数量比2003年增长了1.5倍,其中阿富汗是俄罗斯毒品的主要来源地。2009年,俄罗斯缉毒部门把主要精力放在打击团伙制毒贩毒上,没收毒品数量比2008年增加了1/3。此外,俄罗斯缉毒部门还在俄境内捣毁了40个毒品实验室和7 500个毒品窝点。

毒品的威胁与新型合成毒品的泛滥已引起俄罗斯高层的重视,2004年,俄罗斯总统普京也要求执法部门把打击毒品威胁作为头等大事来抓。2010年1月,俄罗斯联邦毒品监督局局长伊万诺夫提出"必须刻不容缓地彻底解决阿富汗的毒品问题",并对解决阿富汗毒品问题提出建议:(1)通过联合国安理会,把阿富汗毒品问题提高到对国际和平与安全构成威胁的水平上来认识;(2)制定和落实阿富汗经济发展计划,包括发展能源和电力基础设施,设立足够的就业岗位等;(3)集中销毁阿富汗土地上的罂粟;(4)培训阿富汗缉毒警察;(5)根据俄罗斯和欧盟建议,设立一个国际委员会,专门负责阿富汗毒品问题②。2010年6月,俄罗斯时任总统梅德韦杰夫在参加国际反毒品论坛时指出,俄罗斯已将吸毒问题视为威胁国家发展和居民健康的严重问题,他已经签发总统令批准了俄罗斯2020年禁毒战略③。

2.2.1.2 英国的毒品问题

据英国内政部有关资料,毒品滥用在过去的30多年呈持续增长态势。1975—1990年,苏格兰报告的吸毒成瘾人数从58人增至1 184人。因涉毒受到

---

① 根据甘肃禁毒网 http://www.legaldaily.com.cn/gsjdw/content/2010-03/12/content_2081209.htm?node=8298相关资料整理。

② 新华网,2010年1月19日。

③ 中国商务部网站,2010年6月10日。

警告和定罪的人数也从 1975 年的 500 人增加到 1988 年的 2 626 人。另据一项 1979—1980 年的抽样调查(对象为洛锡安地区的 1 000 名 15—16 岁的青少年)证实,大约 10%的人有吸毒经历,毒品主要为大麻、吸毒胶和各种溶剂。考克斯 1991 年在一份对苏格兰青少年进行的问卷调查中,发现 23%的被调查对象曾经吸过毒。

更大范围的统计则为英国政府 1995 年发布的《吸毒的共同应对》白皮书,登载了英国全国毒品滥用的统计数据,指出每年大约有 300 万英国人(占总人口的 6%)吸毒。14—25 岁的青少年中有 14%的人曾吸毒,而在中心城区居住的 16—19 岁的青少年中 42%有过吸毒经历,在 20—24 岁的青年中这一比例为 44%。大麻是英国人最常用的毒品,根据凯尼 1997 年的研究,年龄在 16—29 岁的青少年中有 24%的人长期吸食大麻。

在有关吸毒增长态势问题的研究方面,斯瓦蒂 1998 年的调查数据揭示了 11—16 岁青少年中过量使用溶剂和吸毒的规律性特点,11 岁目标组毒品滥用的增长率是 13%,而 16 岁目标组的增长率为 26%。报告指出男性吸毒率高于女性,大麻的周或日吸食率男性为 9%,女性为 7%。1999 年来自苏格兰的数据显示,各年龄组吸毒的人数都在增加,吸毒并不仅仅是年轻人的问题。

再就是年轻人中的高吸毒率,苏格兰一所大学的学生对吸毒情况进行了调查,调查对象为该校的大学生。通常,大学生被视为最聪明、最富智慧、最有希望的一类群体,是天之骄子,是国家的未来。但在调查中,竟有 68%的男生和 37%的女生报告自己吸毒,涉及毒品的种类主要为大麻(44%)和新型合成毒品速效苯丙胺(22%)、迷幻剂(81%)等。调查吸毒频度时,只有 34%的大学生说偶尔吸毒,29%的说每周吸毒,每天吸毒的占 9%。有意思的是,不同科系学生的吸毒人数比例存在巨大差异,比例最高的是学艺术、社会学的,占 46%;商科的占 22%;自然科学的占 18%;工程类的占 10%;法律系的只有 3%①。

2009 年在曼彻斯特酒吧和俱乐部中进行的调查显示,这些场所 4/5 的常客都会吸可卡因。英国还是大麻、迷幻剂以及苯丙胺等毒品使用人数最高的国家。自从 20 世纪 90 年代以来,青少年和青年中吸食可卡因的现象开始暴增。英国慈善组织 Drug Scope 调查发现,2003 年可卡因每克 70 英镑,现在每克只需要 40 英镑。根据纯度不同,每克可卡因可供使用者吸食 10 到 20 次。价格下降是可卡因泛滥的主要原因,30 多年前,毒品只是在富人和时尚人士之间流传,现在

① 参见约翰比·戴维斯著:《英国青少年与毒品》,赵文译,载于《上海青年管理干部学院学报》2004 年第 2 期。

则已传播到普通青年甚至小学生中[①]。

而根据《每日邮报》2010 年 11 月 11 日的报道，欧洲毒品及毒瘾监测中心日前公布的一份研究报告显示，英国已经成为西方发达世界的“毒品之都”，年轻人中吸毒者所占比例在西方国家中居于首位。

据报道，英国年轻吸毒者的数量在过去 5 年中增长了 50%，成为发达国家最大的可卡因毒品消费群体。研究发现，在英国 15—64 岁的人群中，有 1/10 是吸毒者；而在 15—34 岁的青年人群中，吸毒人数则达到总人数的 1/7。而在所有的吸毒者中，男性因吸毒导致死亡的概率是女性的 2 倍。在 2004—2007 年，共有 282 人死于吸毒。同期，每年有 37.6 万名 25 岁以下的青年开始吸毒。欧洲毒品和毒瘾监测中心在报告中称：“西班牙、意大利以及荷兰等国新增吸毒者人数都在下降，唯独英国反而在增加。”[②]

在新型合成毒品滥用方面，欧洲联盟毒品监管机构发表的报告显示，英国成为欧洲网络销售合成毒品之都，1/3 的网络贩子都集中在英国。由于海洛因、可卡因等毒品被明令禁止，很多网络贩子就钻法律的空子，出售派生的合成毒品。这些毒品经过药剂师和化学师的加工，往往也能达到服用非法毒品的效果，让吸食者也能找到“high”的感觉。

根据 2009 年进行的一项调查，大约有 115 个商家通过互联网在欧洲 17 个国家销售合成毒品，其中 37%都在英国，15%在德国。禁止合成毒品并非像禁止海洛因、可卡因那样简单。欧洲毒品监管机构的格里夫斯(Paul Griffiths)认为其中一个技术难题是如何确定合成毒品中的各种成分。格里夫斯说：“有时这些毒品与其他物质混在一起销售，只是含量很少，我们对其毒性和过量使用的危害都不是很清楚。”[③]

其他欧洲国家如德国、法国、意大利及东欧等国家，毒品泛滥也十分严重，使用迷幻药 LSD、苯丙胺等新型合成毒品的青少年亦为数不少。

2.2.2 美洲毒情形势与新型合成毒品

2.2.2.1 美国的毒品问题

据相关数据显示，美国的毒品消费量占全球的 60%以上。但美国本土生产的非法毒品十分有限，大约只占年消耗量的 0.1%，毒品主来自“金三角”“金新

① 参见福建禁毒网，2010 年 11 月 15 日。
② 参见福建禁毒网，2010 年 11 月 15 日。
③ http://www.tryjohn.com/47602069.html，2009 年 12 月 23 日。

月"和相毗邻的拉美"银三角"。大量毒品走私入境,致使美国成为全世界毒品问题最严重的国家。据美国联邦政府提供的统计数字,2006 年美国的吸毒者人数大约在 3 000 万人左右,占全国总人口的 12%—13%。毒品的年销售额达到 1 000 亿美元以上。如 2003 年美国毒品犯罪走私贸易额为 940 亿美元,相当于当年美国所有肉类出口与谷类食品出口之和①(见图 2-19)。

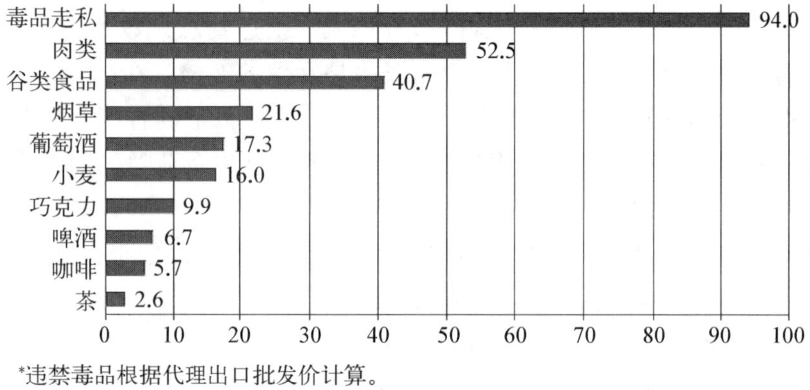

(以 10 亿美元为单位)

图 2-19 2003 年美国毒品犯罪走私贸易与美国农产品贸易出口对比

世界卫生组织的研究者 2008 年对 17 个国家 5.4 万人进行的一项研究结果表明,美国有 16%的受访者有过吸食可卡因的经历,排名第二的新西兰的比例为 4.3%。超过 42%的美国受访者承认试过吸食大麻。美国人还是最有可能吸烟的人群,74%的人承认自己曾有过吸烟史。研究者指出,"毒品问题在富有的国家更严重",禁毒条令较为宽松的国家吸毒人数比例反而较低②。

经调查,美国毒品问题的特点主要表现在下列三个方面:

一是引发的暴力、犯罪等社会治安问题不断增多。据统计,在美国,25%的暴力犯罪与毒品有关,全美收监的犯人中有 80%的人吸毒,吸毒后的罪案又以抢劫、凶杀最多。全美因与毒品有关的各种问题造成的损失,每年达 1 000 亿美元。因吸毒直接导致死亡的人数每年超过上千人。其中,黑人占美国人口的 12.2%,却占吸毒总人数的 13%,占被捕毒品犯罪分子的 38%③。

二是政府重视打击毒品犯罪。毒品问题已成为美国公众最为关心的社会问

① 转引自高巍、刘刚:《美国禁毒政策初探》,载于《云南警官学院学报》2006 年第 3 期。
② 新华网,2008 年 7 月 5 日。
③ 参见文林:《美国毒品问题分析》,载于《广西公安管理干部学院学报》2003 年第 4 期。

题之一,美国历届政府在打击毒品走私、控制毒品泛滥方面也进行了不懈的努力。美国缉毒人员和缉毒经费逐年上升,到目前为止,美国已经把缉毒队伍扩大到5万余人,1981年的经费为8亿美元,到2000年,缉毒经费已经每年高达20多个亿,资金主要用于安全无毒学校、无毒社区建设和禁毒宣传以及家庭禁毒等等①。

三是新型合成毒品滥用问题突出。美国禁毒署署长巴里·麦克卡菲里称,1998—1999年,美国摇头丸的消费量猛增了450%②,成为继海洛因、可卡因之后最主要的毒品,其滥用正呈爆炸性增长。尤其是每当大型演唱会结束后,总是会见到许多歌迷因为服用“摇头丸”而被送往医院救治。由于“摇头丸”的制作成本每片不超过1美元,而一旦“上市”后可高达20至50美元。如此暴利,成为毒品走私最强大的动力。较典型的案例如美国飞行员弗兰克林·罗德里格斯,曾于2005年4月驾驶美军喷气式飞机不远万里从德国走私贩运20万粒“摇头丸”到美国,被判入狱17年半③。

2.2.2.2 拉丁美洲的毒品问题

拉丁美洲是全球三大毒品产区之一,中心为哥伦比亚、厄瓜多尔、玻利维亚和秘鲁。其中厄瓜多尔与哥伦比亚共同接壤的亚马孙地区大约方圆50千米左右的地带,是哥伦比亚贩毒分子控制的核心地区,人们称之为“银三角”。这一地区中,秘鲁、哥伦比亚和玻利维亚是最主要的古柯和可卡因生产国。联合国发布的《1997年世界禁毒报告》称,上述三国可卡因的产量超过全球总量的98%,全球古柯叶的种植面积约为22万公顷,其中秘鲁占1/2,哥伦比亚和玻利维亚各占1/4。

在新型合成毒品走私方面,哥伦比亚毒品贩子多将可卡因走私到欧洲,换回摇头丸至美国贩卖。联合国国际麻醉品委员会在其2002年的年度报告中指出:“显然,南美的可卡因正被走私到欧洲市场,毒品商从欧洲换回了摇头丸后,再将其拿去南美和北美市场贩卖。”报告称:“在北美,犯罪团伙正在争夺非法毒品,特别是摇头丸的毒品市场。这些药品大部分从欧洲流入该地区。”④

其他美洲国家也因毗邻“银三角”而受其产生的过境消费等诸多因素的影响,毒品问题日趋严重。如阿根廷,以前只是“毒品过境国”,如今已是泛美地区的毒品消费和生产大国,在吸毒活动蔓延到了社会各阶层的同时,阿根廷政府禁

---

① 参见文林:《美国毒品问题分析》,载于《广西公安管理干部学院学报》2003年第4期。
② 中新网,华盛顿2000年8月2日消息。
③ 中国新闻社,2000年8月2日。
④ 根据联合国禁毒署网站相关内容翻译整理。

毒局 2005 年 9 月 25 日公布的报告说，阿根廷近几年来已成为主要的国际毒品加工基地，仅 2004 年 1 月至 2005 年 6 月，警方已经查获的非法毒品加工厂达 28 家，比 5 年前增加了 5 倍①。

2.2.3 亚洲毒情形势与新型合成毒品

2.2.3.1 “金新月”毒源地

阿富汗、伊朗、巴基斯坦结合部的“金新月”地区，是世界上三大毒品生产地之一。随着“金三角”地区传统毒品生产的逐渐萎缩，近年来“金新月”地区在当地武装组织的控制下，毒品生产迅速膨胀。据国际禁毒组织统计，2006 年“金新月”地区的鸦片产量同比增长了近 50%，达到创纪录的 6 100 吨，海洛因产量占到全世界的 90%以上，2009 年产量高达 6 900 吨，超过了全球的消费量，“金新月”已取代“金三角”成为世界上传统毒品生产最猖獗的地区。

过去，“金新月”毒品的传统出口通道有两个，一是通过伊朗和巴基斯坦向西转运到欧洲后再到非洲、美洲；二是经中亚到俄罗斯，然后向欧洲、美洲走私。但随着近年来“金新月”毒品产量的不断增加和市场的扩大，其走私途径已经远远不能满足需要，因而势必会要寻求新的毒品走私通道。由于“金新月”与我国新疆相毗邻，该地区的大宗货物可以经过中巴边境上的红其拉甫口岸进入我国新疆地区，而“金新月”的毒品也正通过这一走私途径进入我国。2006 年 10 月，新疆喀什海关缉私人员仅在 1 个月内就连续查到了 3 批来自“金新月”的大批量毒品，这是中华人民共和国成立以来前所未有的。2010 年上半年，新疆公安、边防检查、海关等部门为此密切关注“金新月”毒品犯罪的新特点、新动向，采取有力措施，严厉打击“金新月”毒品入境渗透，共破获 11 起走私运输“金新月”毒品的案件，抓获犯罪嫌疑人 24 人，缴获“金新月”毒品海洛因 20.32 千克②。

2.2.3.2 中亚地区的毒品问题

中亚地区的毒品走私和种植已有相当长的历史，1917 年俄国十月革命后，苏维埃政权基本上根除了毒品的生产和消费，只有少数地方还保留着合法的种植区，以供医学之用。至苏联解体以后，中亚由于处于阿富汗(世界上最大的毒源地)与世界上仅次于美国的最大毒品消费市场(俄罗斯和西欧)之间的特殊地理位置，迅速成为世界上生产和走私毒品的主要地区之一。据联合国毒品和犯罪问题办公室报告，俄罗斯海洛因的 95%和欧洲海洛因的 70%—

---

① 根据联合国禁毒署网站相关内容翻译整理。

② 新华网，2010 年 6 月 25 日。

90%都来自阿富汗。伊朗和巴基斯坦是从阿富汗到达西方国家的传统毒品走私路线，而现在毒品主要是通过途经中亚各国的新路线走私：鸦片主要是通过塔吉克斯坦、土库曼斯坦与阿富汗的边界走私到中亚地区，然后再到达欧洲；而麻黄素等制毒前体则是通过土库曼斯坦流入阿富汗。中亚地区的毒品走私查获数量一直保持在比较高的水平：1997—2005 年均在 4 吨以上；2000 年鸦片和海洛因都有大规模的增长，因而毒品的查获数量也达到了历史最高点 13 吨（见图 2－20）。

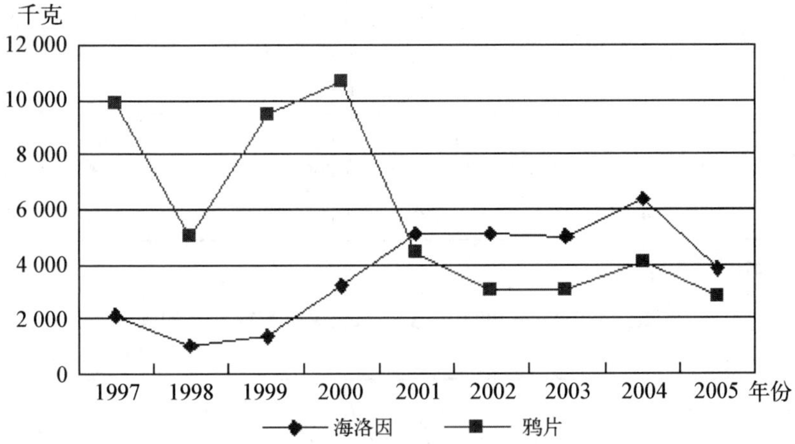

图 2－20　中亚地区主要毒品查获数量①

由图 2－20 可见，在 2000 年以前，中亚的毒品查获总量中鸦片占绝大多数，1997 年海洛因的比重不到 3%。随后，在经历了连续几年的急剧膨胀后，从 2001 年开始，鸦片查获的数量呈下降趋势，但海洛因却逐年上升，到 2002 年接近 70%。2003 年仅塔吉克斯坦一国查获的海洛因数量就接近 3 吨②。

至于新型合成毒品，这里仅以 1996—2001 年所缉获的 ATS（苯丙胺类兴奋剂）数据为例。从年平均缉获量来看，亚洲一直高居榜首，达 14 755 千克，占全球年均总量的 66.7%。在全球缉获量排名前 5 位的国家中，亚洲国家占 3 个，分别为中国、泰国与日本。再以增长高峰期的 2000 年为例，亚洲缉获量为 31 608 千克，占全球总量 39 252 千克的 80.5%。而同年中国、泰国、日本的缉获量分别为 20 900 千克、7 431 千克、1 931 千克，合计为 30 262 千克，分别占 2000 年全球总量与亚洲总量的 77.1%、95.7%（见表 2－5，2－6）。

---

① 转引自罗钢硕士论文《中亚地区毒品犯罪研究》。原始资料来源于联合国禁毒署网站。

② 转引自罗钢硕士论文《中亚地区毒品犯罪研究》。

表 2-5　1996—2001 年世界各大洲的 ATS 缉获量

（千克，%）

洲	1996	1997	1998	1999	2000	2001	年 均
亚　洲	3 585 (38.9)	6 701 (47.2)	5 569 (42.1)	24 321 (75.5)	31 608 (80.5)	16 777 (67.7)	14 755 (66.7)
欧　洲	3 631 (39.4)	5 507 (38.8)	4 979 (37.7)	3 622 (11.3)	3 943 (10.0)	3 787 (15.3)	4 245 (19.2)
美　洲	1 651 (17.9)	1 470 (10.4)	2 464 (18.6)	3 587 (11.1)	3 256 (8.3)	3 329 (15.4)	2 626 (11.9)
大洋洲	340 (3.7)	203 (1.4)	184 (1.4)	277 (0.9)	438 (1.1)	880 (3.5)	387 (1.7)
非　洲	11 (0.1)	310 (2.2)	16 (0.1)	383 (1.2)	7 (0.02)	6 (0.02)	122 (0.5)
全球总量	9 218	14 191	13 212	32 190	39 252	24 779	22 140

注：不包括"摇头丸"。

表 2-6　1996—2001 年 ATS 缉获量排列前 5 名的国家

（千克，%）

国　家	1996	1997	1998	1999	2000	2001	平 均
中　国	1 599 (17.3)	1 334 (9.4)	1 608 (12.2)	16 059 (49.9)	20 900 (53.2)	4 800 (19.4)	7 717 (34.9)
泰　国	442 (4.8)	2 156 (15.1)	2 828 (21.4)	5 046 (15.7)	7 431 (18.9)	8 338 (33.6)	4 370 (19.7)
美　国	1 469 (15.9)	1 429 (10.1)	1 824 (13.8)	2 641 (8.2)	2 451 (6.2)	2 858 (11.5)	2 112 (9.5)
英　国	2 625 (28.5)	3 296 (23.2)	1 808 (13.7)	1 195 (3.7)	1 772 (4.5)	1 772 (7.1)	2 078 (9.4)
日　本	652 (7.1)	173 (1.2)	550 (4.2)	1 994 (6.2)	1 931 (4.9)	419 (1.7)	953 (4.3)
全球总量	9 218	14 191	13 212	32 190	39 252	24 779	22 140

注：不包括"摇头丸"。

而据最新资料，亚洲的新型合成毒品滥用自 2003 年呈现下降趋势后，最近几年来又明显反弹（日本、泰国除外），主要是新型合成毒品加工的本土化所致。在东亚与东南亚，涉及 ATS 方面的治疗在毒品的治疗中占有很高的比例。在一些国家，包括菲律宾、日本、泰国，ATS 滥用方面的治疗已占毒品相关治疗的

50%以上。在新型合成毒品走私方面，目前北美冰毒走私现象日趋严重，在毒品走私案件中的比例已由2002年的10%、2003年的21%上升为2004年的38%。造成这一现象的一个重要原因就是东南亚冰毒的走私入境。而东南亚冰毒的走私主要有5条通道：一是从缅甸进入中国，或缅甸—老挝—泰国/柬埔寨/越南，或由缅甸流入印度。二是从中国内地转运到中国香港/菲律宾/马来西亚/韩国/日本。三是从中国香港转运到日本/澳大利亚/美国。四是从菲律宾走私到韩国/马来西亚/文莱/中国台湾/日本/澳大利亚/北美等国家和地区。五是从泰国走私到马来西亚/韩国等地。

就新型合成毒品的地下市场而言，利润最大的是日本。有迹象表明，除了中国大陆、菲律宾、中国台湾地区、印度尼西亚等国家和地区的新型合成毒品流向日本外，甚至还有美国和加拿大的冰毒通过海运方式抵达日本①。

2.2.4 "金三角"毒情形势与新型合成毒品

所谓"金三角"，狭义专指东南亚中南半岛腹地湄公河与夜赛河交汇处的缅、老、泰三国结合部，广义则包括缅甸东北部、老挝西北部和泰国北部近20万平方千米的广大地区。据有关资料，"金三角"毒源地的鸦片产量，最初为每年数十吨，20世纪60年代达到200吨。1989年上升为2 400吨，1991年突破3 000吨大关②。种植面积按每亩年产鸦片2千克、每公顷30千克的平均值估算，大约在10万公顷左右。随着包括我国在内的国际社会对"金三角"毒品外销的查缉堵截和替代种植的积极推进，以及以阿富汗为主体的"金新月"毒品生产的崛起而形成的地下市场竞争的挤压，便长期维持在种植面积10万公顷，年产量3 000吨上下。据联合国毒品和犯罪问题办公室2003年调查所获数据，2002年"金三角"地区的种植面积，分别为缅甸8.14万公顷，老挝1.2万公顷，泰国507公顷，合计9.39万公顷③。

与此同时，大约从20世纪60年代开始，"金三角"出现海洛因加工厂，到1987年年产海洛因51吨，1989年128吨，1992年进一步上升为180吨，2000年达200吨，海洛因加工厂则增加到60多个，其中缅甸北部51个，老挝西北部4个④。所种鸦片中的绝大部分用于加工海洛因，而所产海洛因中的90%左右用于对外走私，从而最终完成了毒品生产的"白色化"进程，使"金三角"毒源地从

---

① 根据联合国禁毒署《2006年世界禁毒报告》相关内容整理翻译所得。
② 《亚洲年鉴》，1993年香港版。
③ 于燕京、张义荣等主编：《禁毒学》，群众出版社2005年版，第112—113页。
④ 刘平（云南省副省长、省禁毒委主任）在2007年云南省禁毒工作会议上的报告，2007年2月9日。

"鸦片王国"蜕变为"海洛因王国"。而就在从鸦片到海洛因的传统毒品"白色化"进程中，在国际毒潮的影响下，以"冰毒"为代表的苯丙胺类新型合成毒品又在"金三角"异军突起并迅猛发展，形成与传统毒品平分秋色的毒情态势新格局，由此造成更大的污染和危害①。

总之，作为当今人类社会的一大公害，毒品问题在世界范围内普遍存在，造成了较为严峻的国际毒情形势。近年来在传统毒品屡禁不绝的同时，新型合成毒品的走私贩运和滥用问题又日益凸显出来。以"摇头丸"为例，2001 年"摇头丸"缉获量排前 10 位的国家为荷兰、美国等(占全球缉获量的 91.9%)。其中占全球缉获量 10%以上的前 5 位分别为荷兰、美国、英国、加拿大、德国，中国位居第六，占比为 5.9%(见表 2－7)。

表 2－7　2001 年"摇头丸"缉获量排列前 10 名的国家

名　次	国　家	千　克	占比(%)
1	荷　兰	981	21.6
2	美　国	854	18.8
3	英　国	653	14.4
4	加拿大	506	11.1
5	德　国	458	10.1
6	中　国	270	5.9
7	法　国	150	3.3
8	比利时	119	2.6
9	墨西哥	102	2.2
10	西班牙	86	1.9
合　计		4 179	91.9

资料来源：根据联合国禁毒署《2006 年世界禁毒报告》相关资料翻译整理所得。

而到 2004 年，"摇头丸"缉获量排前 10 位的国家为加拿大、比利时等(占全球缉获量的 89%)，其中占全球缉获量 10%以上的有 4 国，分别为加拿大、比利时、澳大利亚、荷兰，中国位居第七，占比为 4%。可见摇头丸流向形势发生了明显变化，前 10 国总量由 2001 年的 4 179 千克增至 7 452 千克，增长率为 78.3%。

---

① 转引自鲁刚主持的国家社科基金"十五"项目《边疆民族地区构建社会主义和谐社会进程中社会稳定问题调查研究——以云南为例》最终成果中的毒品问题部分，2007 年 8 月。

其中增幅较大的是加拿大、比利时与澳大利亚，增长率达到 200%以上，最高的比利时竟达至 1 000%以上(见表 2-8)。

表 2-8　2004 年"摇头丸"缉获量排列前 10 名的国家

名　次	国　家	千　克	占比(%)
1	加拿大	1 632	19
2	比利时	1 500	18
3	澳大利亚	1 335	16
4	荷　兰	1 073	13
5	英　国	673	8
6	美　国	326	4
7	中　国	300	4
8	法　国	213	3
9	德　国	205	2
10	南　非	195	2
合　计		7 452	89

资料来源：根据联合国禁毒署《2006 年世界禁毒报告》相关资料翻译整理所得。

2.2.5　全球毒品管制模式

鉴于上述严峻形势，全球诸多国家从不同角度和层面对毒品管制进行了实践和探索，取得了一系列的相关成果，形成了三大管制模式。

2.2.5.1　供应管制模式①

美国曾是供应管制模式的主要倡导者。在第二次世界大战后几个主要禁毒公约的制定过程中，美国都尝试着利用自身强大的经济和政治影响力，敦促其他国家限制毒品制贩，从而限制毒品流入美国。然而对毒品来源的围追堵截并没有达到预期效果，反而将美国拖入一场旷日持久、劳民伤财的毒品战争。

哈佛大学肯尼迪政治学院教授马克·H. 摩尔(Mark H. Moore)认为，可以从三个方面评估减少毒品供应策略的实效和可行性，即毒品政策本身、有组织犯罪政策、对外政策②。

---

① 美国的毒品管制策略在全世界具有典型性与代表性，在此，仅以美国为例，阐述毒品管制模式。

② 参见高巍，刘刚：《美国禁毒政策初探》，载于《云南警官学院学报》2006 年第 3 期。

首先，从毒品政策制定的角度来看（The Drug-Policy Perspective），毒品供应减少措施的目标在于减少供应。具体通过提高毒品价格降低毒品流向不法市场的可能性。但是，许多批评者指出，毒品的需求稳定而缺乏弹性，所以试图通过减少供应的措施来实现毒品的控制注定失败。还有学者从减少供应可能带来的负面效应展开批评，认为毒品供应控制策略可能改变现有的毒品获取方式，使毒品使用者陷入一种更为危险和恶劣的毒品获取环境。比如，混合有害杂质的毒品、难以琢磨的毒品剂量。这些都严重威胁吸毒者的生命和安全。此外，毒品供应的控制也可能促使吸毒者进入非法的毒品黑市，铤而走险从事犯罪行为以获取高额的毒资。面对这些批评，有学者针锋相对地进行了反驳。尼科尔森认为，毒品需求并非缺乏弹性，而是依据价格的波动而增加或者减少。至少，声称毒品需求不受价格等供应控制措施影响只是一种假设，缺乏经验的支撑。包括汽油、酒精、烟草在内，几乎所有的商品都会受到价格的影响。因此，批评者认为毒品价格缺乏弹性的观点并不具有科学性或可验证性。实际上，毒品价格的提高对于毒品供应的减少产生了明显的效果，进而也对毒品的需求产生了一定的抑制作用。但是，毒品供应减少政策也带来了一定的负面效应，这是显而易见的。特别是毒品供应减少措施的重要方法——犯罪化手段，更是遭到种种质疑。如有英国学者指出："毒品犯罪引发了一系列的关于扩大的警察权力与机构、警察道德的怀疑（因为使用诱惑侦查和其他监视方法）、刑法国际化等的争论。毒品罪犯在整个监狱系统中所占的比例也非常高。"而且，社会采取其他方法也有可能取得相同的效果，却可以支付更小的成本。所以，以强制性的严厉刑事或行政措施为基础的减少供应策略有待于进一步完善或限制。

其次，有组织犯罪政策（Organized Crime Policy）。有组织犯罪政策与毒品政策两者间存在内在的联系。一般情况下，毒品的有组织犯罪行为集中于毒品制造、加工、贩卖等环节。贩毒集团通过制造、贩卖使毒品流入非法交易市场，影响毒品供应控制政策的实效。此外，贩毒集团还腐蚀、拉拢禁毒官员，削弱禁毒机构的执行力和控制力。而且，贩毒集团通过藐视、违反法律积聚大量的财富，影响社会经济的稳定，破坏社会秩序。正是基于贩毒集团的特性，有组织犯罪政策定位于削弱、摧毁贩毒组织，将参与者绳之以法。并由此减少、降低贩毒集团等犯罪组织的负面影响。在这一点上，摧毁贩毒集团的同时，毒品的供应也得到一定的抑制，二者相辅相成。但是，毒品政策与有组织犯罪政策的核心诉求不尽相同，甚至存在矛盾。一般认为，消除有组织的贩毒集团最有效的方法为毒品的合法化。然而，毒品合法化却可能导致毒品供应的增加，这是禁毒政策所不希望看到的。此为有组织犯罪政策与毒品政策的矛盾之一。打击贩毒集团的措施通常对于势力较小、缺乏反抗能力的贩毒组织更为有效。这样，继续存留的贩毒集团往往更加具有危险性、对抗法律的能力也更强、规模也更大、腐蚀禁毒机构的可能性也大大增加。那么，更容易形成毒品制造、贩卖的跨国寡头，对于社会构成巨大的危险。而面对这样的贩毒组织，那些富有成效的执法机构往往可能变得庞大和严厉。这又对于个人权利和司法公平构成威胁。此为有组织犯罪政策与毒品政策的矛盾之二。因此，毒品政策的有效性与有组织犯罪政策之间的关系有待于协调，两者应处于一种良性的平衡状态。

再次，对外政策角度（The Foreign-Policy Perspective）。美国对外政策的立足点在于实现国内的安全。但是，一些国家虽然与美国保持友好关系，但是官僚群体在其本国的毒品生产、走私方面存在着巨大的利益，纵容或漠视毒品的生产和走私，而美国又是世界上最大的毒品消费国。这就不可避免对美国的毒品供应控制政策造成了负面的影响。而要维持国际或地区的稳定，防止这些在政治上对美国并不构成威胁的国家或政权因美国的毒品政策干预而与美国反目成仇，有必要在毒品供应的政策上予以让步。因此毒品政策与对外政策间也必须协调和折中，片面地强调毒品政策或对外政策均不是明智之举。

建立在宏观协调毒品供应政策与有组织犯罪政策及对外政策三者关系基础上的毒品供应减少路径，作为一种重要的禁毒措施，具体通过打击毒品走私、摧毁贩毒集团、减少毒品流入非法市场的数量以发挥作用。在理论上，通常把这种措施形象地表述为"堵源"。但是，美国理论界对于"源"的界定并不统一，这也影响到毒品供应政策的具体建构和实施。马克・H. 摩尔指出，所谓的"源"，究竟是指生长的毒品原植物呢？还是那些组织生产、贩卖、加工的贩毒者？抑或是全球范围下毒品文化和生活方式催生的毒品吸食者？正是吸食者的大量存在才产生了毒品的生产、贩卖等行为的原动力。此外，从逻辑上，"堵源"这种表述也并不完整。如在他国政府的干预下，往往无法禁绝毒品的源头。与"堵源"内在相通的两种具体的传统措施为：边界控制（stop drugs at the border）、摧毁主要贩毒集团。但是，从美国的禁毒实践来看，这些围绕"堵源"的传统禁毒措施效果并不理想。其一，美国数千千米的边界线无法面面俱到地实现边界对于毒品流入的封堵；其二，摧毁主要贩毒集团的策略更多只是一种理论假设。不仅贩毒集团高层隐蔽性强、难以发现和指控，而且贩毒组织的替代性也非常强，即使逮捕了贩毒集团的首要分子，也会有其他成员或组织乘虚而入，继续贩毒组织的经营。

在美国政府内部，国防部和司法部坚持强调减少毒品供应的政策。我国有学者将其具体概括为司法惩治模式。该模式倡导以司法惩治为主要手段严厉打击毒品供应和毒品使用，尤其重视国内毒品供应的控制和国外毒品流入美国渠道的拦截，甚至不惜出动军事力量奔赴国外铲除毒源国的毒品种植和制造设施。尽管国防部侧重于对于国外毒源的军事干预，而司法部则侧重于施加严峻的刑事惩罚，但是，两者在运用强制性力量威慑遏制毒品供应方面不谋而合。[①] 但是，毒品供应减少政策存在上述的多方面的问题或缺陷，特别是严刑峻罚可能导致个人安定性和基本权利受到侵害，这无疑会影响到美国社会以个人主义为基础的价值体系。当然，毒品供应减少政策对于禁毒还是产生了积极的作用，只是应该予以进一步的修正和完善。

2.2.5.2 需求管制模式

主要是针对毒品消费市场，不仅包括对毒品滥用者的教育、培训和治疗，还包括对毒品滥用潜在人群的宣传、教育和引导。

美国理论界一般认为，减少需求的禁毒策略遵循以下两个方面展开。其一，改变潜在吸食者的心理状态；其二，改变潜在吸食者的客观条件。

首先，改变潜在吸食者的心理状态。具体而言，就是要重视预防毒品的使用，特别是降低年轻人使用毒品的比例。另外，对于已经吸食毒品的人员，要对其加强矫正，减少其继续吸食毒品的可能性或心理需求。关键在于毒品教育和吸毒者的矫治。长期以来，在美国社会中存在一种偏见，认为青少年沾染毒品主要是因为对于毒品的无知。但是有学者指出，这种观点是不正确的。因为，部分青少年在成长期的叛逆心理促使其背弃成人社会所强加的道德和价值标准，特别是那些缺乏自信、学校教育失败、好奇心较强的青少年往往容易选择吸食毒品来显示对于社会和家庭的背离。而少量接触毒品又通常是严重依赖毒品的前奏，兼之烟草、酒精的滥用也促进了毒品的进一步使用并最终形成依赖。那么，对于青少年的心理干预一般从减少烟草、酒精使用开始，同时针对青少年青春期压力的消解对症下药，开展抵制毒品的活动。虽然，迄今为止美国尚缺乏科学的研究结论证明这些心理干预措施对于减少毒品使用的有效性，但是部分研究表明效果是存在的。

除了预防性的教育措施外，对于现实的毒品使用者更为有效的措施是矫正。如短期的药物治疗、低依赖性毒品的替代方法、社区协作的矫正模式等。如果毒品吸食者能够坚持参与这些项目或矫正措施，明显能够减少毒品使用。但是，长效的矫正措施仍然比较困难。因为，上瘾是一种脑部的疾病，不同的毒品对于大脑的作用机制并不相同，自然对于不同毒品的上瘾无法使用简单的同种药物予以矫正。

---

① 参见张勇安：《美国毒品管制战略的调整及启示》，载于《中国药物滥用防治杂志》2004年第3期。

其次，改变潜在吸食者的客观条件。简而言之，改变吸食者的客观条件就是加大吸食者获取毒品的难度，如通过严格的管制措施提高毒品的交易价格。詹姆斯·Q. 威尔逊(James Q. Wilson)引用种族歧视进行类比。在法律规定种族歧视为非法行为后，歧视者的心理状态和态度可能并未改变，但是其歧视行为会大大减少。因为，歧视行为将会带来严重的代价，付出高额的成本。同样，如果吸食者虽然在心理状态上渴望吸食毒品，但高额的价格可能使其无法获取毒品，也能够减少毒品的使用。此外，严格的毒品检测也可能使吸食者放弃毒品的使用。因为，毒品吸食被社会赋予了负面的道德评价，可能影响到公众形象和就业等对于吸食者至关重要的方面。①

2.2.5.3 综合管制模式

21 世纪以来，美国的禁毒策略发生了转向，开始同时关注供应管制和需求管制。诸多学者认为，毒品的管制不单纯是一个经济学问题，也牵涉到社会生活的方方面面，且管制政策本身也可能使毒品问题更趋复杂。如严格毒品供应打击政策下导致的毒品价格攀高可能诱发大量的财产犯罪。有学者在对迈阿密的部分毒品依赖者所做的调查显示：在研究报告中出现的 573 个被调查者在被调查前一年共实施 215 000 起犯罪行为，包括大约 6 000 起抢劫和攻击、6 700 起入室行窃、900 起车辆盗窃、25 000 起商店盗窃、17 起纵火、240 起敲诈、800 起贷款诈骗、超过 46 000 起其他诈骗或盗窃罪。因为毒品价格的高昂很大程度上与毒品管制政策的严厉性相关，而高昂价格则导致一般的毒品使用者无法通过正常收入维持购买毒品的花费，这样就陷入了诱发犯罪的悖论。此外，毒品交易的巨大利润也促生了大量的贩毒组织和暴力团伙，这对于城市的安全、社会的福利、大众的健康等方面也构成了威胁。鉴于传统禁毒政策无法有效地解决毒品问题，并可能诱发更为严峻的社会动荡，很多学者在修正传统理论的基础上，提出了一些新的禁毒措施。

2.2.5.3.1 积极的法律措施

所谓积极的法律措施，就是要建立明确而有效的禁毒法律体系和法律实施机构。具体而言，更多的司法资源应该倾向于毒品的控制，尤其是禁毒警察的规模、权力需要加强。这样可以使大量的毒品犯罪行为得到有效的打击和遏制。克林顿政府在 20 世纪末提出的《21 世纪执法和公共安全条例》法案就体现了积极的法律措施在禁毒中的重要地位，该法案从四个方面对于毒品犯罪的遏制规定了详细的措施。其一，实施“零忍受”的毒品管制政策。法案肯定了设立毒品

---

① 参见高巍，刘刚：《美国禁毒政策初探》载于《云南警官学院学报》2006 年第 3 期。

法院的计划，而且拨出专款帮助各州系统的检测、矫正、处罚毒品相关的罪犯，还增加经费落实矫正监狱中关押的严重毒品依赖者的长期戒毒计划。其二，法案加重了利用未成年人贩卖毒品行为的惩罚，还对在学校周围发生的毒品犯罪规定了更严厉的惩罚。其三，帮助各州打击毒品犯罪。其四，打击毒品犯罪的下游犯罪——洗钱罪，以切断毒品犯罪集团的资金链。此外，积极的法律措施还要求加强美国禁毒专门机构的权威和资源，使其在禁毒中发挥更大的作用。而且，巡逻方式也应该予以普遍运用，有助于查获更多的毒品犯罪。

2.2.5.3.2 突出重点的禁毒策略

因为毒品犯罪中，大型贩毒集团往往支配和影响整个地区的毒品非法市场，在贩毒网络中处于关键和核心的作用。如黑手党、哥伦比亚卡特尔、三合会等。这些组织或集团组织严密，势力范围往往具有国际化的特征。大型贩毒集团通常支配贩毒的所有环节，包括制造、运输、贩卖、洗钱等。对于这样的贩毒集团，应该集中力量打击、摧毁，能够有效遏制毒品的蔓延。具体而言，对付大型的贩毒集团，可使用多种有效的侦查方式。如监听、监视、诱惑侦查、控制下交付等。重点突出地打击大型贩毒组织能够比大量逮捕小型贩毒组织或贩毒者取得更好的效果，特别是在贩毒网络的阻断方面。

2.2.5.3.3 控制暴力团

暴力团(Gang)是一种以暴力为主要手段，对于毒品形成本地垄断的组织。暴力团之间为了控制毒品市场往往使用暴力，导致大量的伤害或凶杀事件。此外，为了开拓市场，暴力团也会对无辜平民构成威胁，特别是那些抵制他们毒品交易的平民。对于暴力团的打击可以从两个方面入手：其一，打击暴力团的成员、骨干及活动场所，削减暴力团活动的空间和范围。其二，把暴力团作为一种有组织犯罪形式，运用电子监听、线人、秘密调查、特别刑事程序等打击、摧毁暴力团的组织、阴谋和其他犯罪活动。

2.2.5.3.4 毒品销售终端控制策略

因为毒品必须通过街头的销售才能最终流入吸食者可支配的范围之内，并进而对于吸食者的身体造成伤害。加强毒品销售终端的打击，可以阻断现有的比较稳定的销售路径和模式，使销售人员和地点在打击下缺乏稳定性，加大了贩卖者和吸食者找到对方的难度，这样也可以有效地遏制毒品的蔓延。

2.2.5.3.5 社区合作

城市社区作为最基础的居住或生活单位，往往不希望社区成为街头贩卖毒品者的势力范围或活动场所。那么，通过与社区的合作，警方可以在信息等方面获得更准确的毒品犯罪情报，联合抵制、打击贩毒活动。一些社区的空置区域通常可能为毒品销售者和吸食者长期占据，而警察则属于巡逻。这样就滋生了贩毒活动进一步扩大、腐蚀社区的可能性。因此，对于社区闲置场所的管制和巡逻及合作，能切断贩毒组织的终端网络和温床。当然，不同的禁毒策略或措施在不同的区域或不同的时期并不能取得相同的效果。像社区人员的组成、宗教信仰、经济状况、受教育程度等因素对于上述禁毒措施都会产生或积极或消极的影响。所以，禁毒措施的实效取得从某种意义上说是一个综合性的结果①。

2.2.5.4 中国的禁毒方针

中国对毒品的管制也是一个逐步深化的过程，其变化主要体现在中国的禁毒方针上。1991年，中国的禁毒方针为“三禁并举、堵源截流、严格执法、标本兼治”；1999年因制造毒品犯罪形势日趋严峻，中国在原来禁种、禁吸、禁贩的基础上提出了禁制，即“四禁并举、堵源截流、严格执法、标本兼治”。上述的两个方针虽然提出了标本兼治，但其主体思想仍以打击毒品犯罪为主，当属于减少毒品供应管制战略。2004年中国的禁毒方针为“四禁并举、预防为本、严格执法、综合治理”，很鲜明地提出了预防为本，表明中国意识到减少毒品需求战略的重要性。2008年《禁毒法》提出当前的禁毒方针为“预防为主、综合治理、禁种、禁制、禁贩、禁吸并举”。根据本款规定，禁毒工作必须坚持预防为主，综合治理，禁种、禁制、禁贩、禁吸并举的方针。《禁毒法》的这一规定，既是对中国禁毒工作实践经验的总结，也是借鉴国际上的有益做法。禁毒工作之所以要坚持预防为主，综合治理，是因为毒品危害特性之一就是能够使人形成瘾癖，使人产生生理和心理的强烈依赖。毒品易沾难戒，一旦沾染上毒瘾，目前还没有有效的方法完全戒除。长期以来，中国政府一直将戒毒工作作为禁毒工作的一项重要内容，投入了大量的人力、物力，但事实证明收效甚微，吸毒人员戒毒治疗以后复吸率居高不下。针对这种情况，除了继续加大对戒毒工作的投入，积极探索新的戒毒方式方法，努力巩固戒毒成果，继续严厉打击毒品制造、贩卖等犯罪活动外，必须转变观念，将预防工作放在禁毒工作重中之重的位置，其中，继续遏制毒品的种植和走私入境，抓好堵源截流工作，并采取有效措施减少吸毒人员，防止出现新增吸毒人员，萎缩毒品市场，都是十分重要的环节。坚持预防为主，是禁毒工作的治本之策。做好毒品预防工作，就能够变被动为主动，大大减轻其他环节的压力。可以说，《禁毒法》提出的禁毒方针是全球禁毒平衡战略即毒品供应管制与需求管制的综合管制模式的创造性运用。

---

① 参见高巍，刘刚：《美国禁毒政策初探》，载于《云南警官学院学报》2006年第3期。

2.3 国内毒情形势与新型合成毒品

2.3.1 我国毒情形势与新型合成毒品

2.3.1.1 国内毒情形势

当前，全球毒品持续泛滥，毒品产量居高不下，毒品制造、走私、滥用活跃，国际毒情的发展变化对我国的影响不断加大。同时，国内滋生、诱发毒品违法犯罪的消极因素仍然不少，我国禁毒形势不容乐观，禁毒工作仍面临严峻挑战。根据《2010 年中国禁毒报告》、2009 年全国缉毒工作会议的相关内容及《2015 年中国禁毒报告》，当前我国毒情形势十分严峻，主要表现为：

一是“金三角”毒品向我国走私渗透进一步加剧。据我国卫星遥感监测和地面踏查显示，2009 年，缅甸北部地区罂粟种植小幅反弹到 36.4 万亩，约产鸦片 250 吨。同时，该地区生产加工的冰毒片剂等新型合成毒品大量增多。受多种因素影响，贩毒团伙大量抛售囤积毒品，向我国大宗贩毒明显增多，贩运路线出现新变化，手段更加诡秘、隐蔽。云南省缴获海洛因、冰毒各 3.2 吨，同比分别增长 11.2%、47%，各占全国缴获量的六成和一半。2014 年，“金三角”缅北、老挝北部地区罂粟种植面积分别为 3.96 万公顷(59.4 万亩)、0.405 万公顷(6.08 万亩)，同比下降 3.09%、3.37%，潜在鸦片产量 600 多吨，共可制海洛因约 60 多吨。

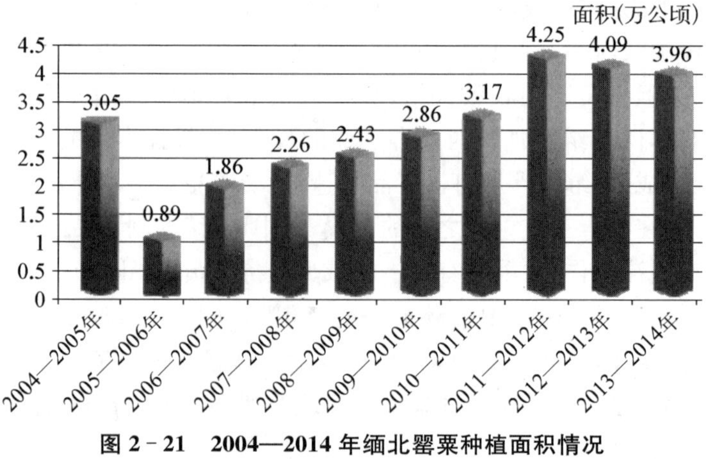

图 2-21 2004—2014 年缅北罂粟种植面积情况

二是“金新月”毒品对我国危害加大。据联合国毒品和犯罪问题办公室通报，2009 年，阿富汗的罂粟种植面积为 12.3 万公顷，鸦片产量为 6 900 吨，居全球首位。近年来，该地区毒品向我国渗透规模、手段明显升级，在航空渠道、人体藏毒、小规模渗透不减的同时，集装箱藏运、开辟海上通道、大宗走私增多，对我国的危害明显加大。2009 年，我国共缴获“金新月”毒品 1.5 吨，超过我国之前 4 年缴获“金新月”海洛因总和的 2 倍；缴获“金新月”海洛因数量占全国缴获海洛因总量的比例由 2008 年的 8.8％上升到 2009 年的 30％。至 2014 年，阿富汗仍是全球罂粟种植和鸦片产量最大的国家，2014 年罂粟种植 22.4 万公顷（336 万亩），同比增加 7％，潜在鸦片产量 6 400 吨，可制海洛因约 640 吨。

三是外国籍人员在华贩毒问题日益突出。近年来，非洲、南亚、中亚、美洲等国际贩毒集团加速向中国渗透，试图通过广东开辟贩毒通道和市场。一些境外不法分子向我国走私海洛因、可卡因、大麻等毒品明显增多。2009 年，我国抓获的外国籍毒品犯罪嫌疑人涉及 50 个国家，同比增长 20％以上①。在广东，2006 年以来，国际毒枭招募非洲、中亚、东南亚等地人员充当“骡子”，导致该省部分地市外国籍人员非法入境、非法居留、非法务工的“三非”人员从事毒品贸易的现象较为严重，这类人群多采取体内藏毒或行李夹带的方式运毒至该省，有些三非人员往往利用国内一些懂点外语的年轻女性对毒品的无知或利用高额运费的诱惑，让她们为其从事的贩毒活动当翻译、做帮手，个别崇洋媚外的女性甚至沦为“三非”外国人的姘妇，心甘情愿充当其贩毒的“马仔”、毒品犯罪的同谋，为“三非”外国人领邮包，藏匿毒品等②。目前，广东非洲籍涉毒人员贩毒问题依然严重。

四是制贩毒品活动依然突出，制毒规模小型化发展趋势明显。境内外不法分子相互勾结制造冰毒、氯胺酮等新型合成毒品问题时有发生，并不断从东南部地区加快向内地渗透。2007 年共查获 268 个制毒窝点，广东、四川较突出。2009 年，全国打掉毒品加工厂和窝点 100 余处。不法分子在难以获得管制原料的情况下，越来越多地寻求非列管化学品，网上传播制毒工艺、销售制毒原料问题日益突出，加剧了制毒活动发展。目前，我国毒品消费市场上的晶体冰毒和氯胺酮几乎都是国内生产，广东部分地区已经成为国内非法制造冰毒、氯胺酮等合成毒品最为严重的地区，2013 年，各地缴获的晶体冰毒总量的 84.6％来源于以陆丰为中心的汕尾、揭阳地区，危害涉及全国所有省份。四川成都及其周边地市制造冰毒等合成毒品的问题较为突出，影响波及多个省份。

在多年的严打之下，制毒分子为逃避打击，不断变更制毒方式，提升制毒技

---

① 参见高巍，刘刚：《美国禁毒政策初探》，载于《云南警官学院学报》2006 年第 3 期。

② 《靓女甘作外国毒贩同谋，又做马仔又当姘妇》，http：//www.jiaodong.net 2008－06－25，《南方日报》。

术，近来选址在民宅、出租屋等地的作坊式制毒开始增多，制毒规模小型化发展趋势明显；制毒分子开始使用体积小、轻便且容易购得的玻璃器皿作为化学反应器皿；制造程序开始逐步细化，特别是分段加工趋势日益明显，把原来在一处可完成的程序分为多处完成，借以逃避打击，遮掩制毒事实。①

五是毒品滥用问题仍在持续蔓延。尽管我国吸食海洛因等传统毒品问题得到有效遏制，但复吸率依然较高，新发现的隐性吸食海洛因人员有所增多。截至2009年年底，全国累计登记吸毒人员133.5万名，其中海洛因成瘾人员97.8万名，占73.2%。2009年新发现滥用海洛因人员9.7万名。同时，滥用新型合成毒品问题更加突出，累计查获登记36万余人，新查获9.7万人，多数是25岁以下青少年。全国有22个省份新型合成毒品缴获量超过海洛因②。至2014年，全国新发现吸毒人员46.3万名，八成滥用合成毒品，35岁以下的青少年占据绝大多数。发现、登记滥用合成毒品人员数量是2008年同期的6.5倍，年均增长速度超过40%③。

六是外流贩毒活动仍然突出，毒品藏匿手段多样，主要表现在：

其一，外流贩毒活动突出，贩毒团伙地域化特征明显。近年来，四川、贵州、湖南、湖北、河南、重庆、新疆、广西、安徽、广东、甘肃、陕西、辽宁、宁夏等地贩毒人员聚集在云南边境地区，与缅北地区贩毒势力相勾结大肆进行活动，并逐步形成了以地缘、家族为纽带，内部组织严密、分工明确的职业贩毒团伙和贩毒网络。涉黑、涉恶、涉枪犯罪增多，暴力对抗增加，执法风险增大。

其二，外流贩毒藏毒方式多种多样，人体藏毒、汽车运毒、邮寄毒品、网络贩毒十分突出。近年来，境内外贩毒集团利用各类交通工具运输、货物夹带、藏匿毒品的情况越来越多。在大宗贩毒活动中，主要利用公路运输进行集散。毒贩多在汽车油箱、水箱、货箱、车头、车顶等处设置暗箱夹层，或使用体积较大的货物作掩护，巧妙伪装。为减少贩毒风险，大宗贩毒中间环节逐渐减少，并改变以往长驱直入的运输路线，采取迂回战术，多站停靠。其中又要注意的是人体藏毒和物流贩毒、邮包藏毒。

——人体藏毒：利用人体携毒"蚂蚁搬家"的方法也是境外毒品对我渗透的一个重要手段。近年来，缅甸勐古、木姐一带已形成专门从事人体藏毒活动的贩毒团伙，这些团伙数量众多，活动频繁，雇佣当地边境居民和在边境地区打工的

---

① 《靓女甘作外国毒贩同谋，又做马仔又当姘妇》，http：//www.jiaodong.net 2008－06－25，《南方日报》。

② 根据《2010年中国禁毒工作报告》与2009年全国缉毒工作会议相关内容整理。

③ 张年亮：《2015中国禁毒论坛：八成新增吸毒者滥用合成毒品》，中国警察网，2015年6月23日。

内地贫困地区农民进行人体藏毒，涉及云南、贵州、四川、湖南、河南、安徽、新疆等地。

——物流贩毒：由于物流运输的安全、快捷性，毒贩多选择将毒品包裹好藏于货物中，以物流托运方式发送，一般5日左右即可到达收货人手中。用来藏毒托运的货物，大多比较轻便，易于提取和搬动，藏毒不易被发现。收货人不填写真实姓名，通过填写的电话进行联络。收货时，毒贩委托马仔提取货物，自己尾随在后，一旦发现异常情况便逃之夭夭。加之我国诸多地区缉毒查缉网络尚未形成，也给犯罪分子利用物流渠道贩卖运输毒品提供了可乘之机，且随着社会转型过程进一步深化与我国现代化进程的加快，商务、交通愈来愈发达，人流、物流、资金流巨大，国际毒枭利用这些便利，从事毒品集散、分销和中转过境，活动活跃。近年来，全国利用物流寄递渠道贩运毒品的案件有所上升，且运输毒品的数量较大，反映出毒品犯罪活动在大环境的影响下，也逐渐向新手段、隐蔽化、大宗化方向蔓延。

如拉萨市公安机关自2010年6月至11月底，公安机关先后破获利用摩托车灯罩内藏毒方式从甘肃发到拉萨的特大贩卖运输毒品案、利用保险箱藏毒方式从甘肃兰州运输至拉萨的特大贩卖运输毒品案、利用摩托车空气滤清器内藏毒的方式从甘肃兰州运输至拉萨的特大贩卖运输毒品案、利用白酒夹层内藏毒的方式从四川南充运输至拉萨的特大贩卖运输毒品案，共抓获犯罪嫌疑人11人（均为外来流动人员），缴获海洛因371.04克、冰毒418.75克、麻古71粒①。

——邮包藏毒：近年来，国内邮包速递公司迅速增多，一些国外公司也纷纷到国内注册，拓展业务。由于对多数邮包公司的邮递、速递业务缺乏有效监督，境内外贩毒分子利用邮政渠道方便、经济、畅通的特点，通过巧妙伪装、包裹夹藏贩运毒品的情况较为突出。北京、上海、重庆、云南、福建、广东、广西、黑龙江、吉林、山东、浙江等地公安机关破获了多起贩毒分子邮寄海洛因、“摇头丸”等毒品的案件。美国、加拿大、澳大利亚等国也向我国通报了多起涉及我国的邮寄毒品案件。

——网络贩毒：随着科技不断发展，互联网在毒品犯罪的各个环节中正在起着越来越大的作用。从制毒（学习制毒方法、购买制毒设备、采购制毒原料）、贩毒，甚至吸毒（聚众视频在线吸毒），互联网的渗透日益深入，打击难度也进一步增加。部分毒品违法犯罪分子大肆利用互联网兜售毒品、制毒原料、设备，甚至公然传授制毒方法，并利用物流寄递行业寄运毒品，一些地市破获的70%的

---

① 《西藏2010年破获4起通过物流寄递贩毒案》，中国日报网，2010年12月30日，转载自《西藏商报》。

贩毒案件是通过寄递渠道运输毒品的。

如被告人伍某某在广东肇庆市端州区风华路一小区内对毒品甲基苯丙胺（冰毒）进行分包，通过网络聊天工具上网联系购买毒品的人员，商定数量、价格后，联系快递公司，以交寄包裹的方式出售毒品。在此过程中，邓某某协助其进行贩卖。2013 年 11 月 1 日 19 时，公安干警将刚交付快递的邓某某抓获，现场缴获准备邮寄的快递包裹 3 个，分别寄往河北、江苏、黑龙江。包裹内有甲基苯丙胺共 4 包，合计净重 94.01 克。随后，公安干警又抓获伍某某，并搜获甲基苯丙胺 1 包，净重 5.83 克①。

其三，犯罪方式更加隐蔽，通过网络、银行、地下钱庄转移资金。境内外贩毒分子的毒资付偿方式已从一手交钱一手交货，发展到对一些长期固定的关系进行赊销，待毒品脱手后再收取毒资；贩毒分子通过银行转移毒资。近年来不少毒资从国内各地汇入云南边境地区然后转移至境外。由广东、广西和西北方向将毒资汇入云南德宏、临沧的情况尤其突出。随着我国银行系统控制资金外流力度的不断加大，一些境内外贩毒分子又通过“地下钱庄”转移和交付毒资。此外，境内外一些毒贩还将贩毒所得巨额利润用于洗钱活动，以亲戚或朋友的名义购置车辆和房产，甚至用来兴办企业或者炒股。

七是制毒原料配剂流失突出。我国是化学品生产大国，大量制毒原料配剂流入国内制毒工厂和境外毒源地。随着禁毒部门监管力度不断加大，麻黄碱类复方制剂被列管、麻黄草管制力度不断加大的情况下，不法分子不断变换制毒原料品种以规避法律管制，以非列管的溴代苯丙酮来合成麻黄碱，国内市场 50% 以上的晶体冰毒使用溴代苯丙酮化学合成。羟亚胺、邻酮流入制造氯胺酮渠道问题严重，形成利用邻酮加工羟亚胺再制造贩卖氯胺酮的地下黑色产业链。

原来我们是一个过境国，现在又成为一个消费国，所以从这个意义上说，我国面临的毒品形势既有过境的问题，也有消费的问题，同时还有生产的问题。

2.3.1.2 国内新型合成毒品犯罪形势

近年来，随着对毒品犯罪打击力度的加大，犯罪分子贩毒、制毒手段不断翻新，反侦查能力也不断增强。当前我国新型合成毒品的违法犯罪活动，主要呈现出五个方面的变化：

——变化一：藏毒手段更趋隐蔽化。暴利的诱惑使存在侥幸心理的犯罪分子在藏毒方式上费尽心机。在人体藏毒方面（即将毒品放置在包装物内，然后吞

① 《广东发布毒品犯罪典型案例，网络贩毒成监管难点》，http：//news.youth.cn/jsxw/201506/t20150621_6775789.htm。

食存放在胃里)，为躲避禁毒、海关、边防等部门的侦查，犯罪嫌疑人在包装物的材质上下足了功夫。从最初用避孕套包装到研制出专门的不会被胃液腐蚀的橡胶做成胶囊以包裹毒品；近期又针对X光检查的特点，将包装物进行改良，使包装物的密度与人体的密度相近，以躲避X光的扫描。

与人体藏毒相比，将普通生活用品转化为藏毒工具则更具有隐蔽性。层出不穷的藏毒工具让人眼花缭乱，有的利用香烟盒、荔枝核、药品袋、箱包进行藏毒；有的利用农具、电脑显示器夹层、电脑机箱进行藏毒……

2008年春节前夕，北京海关查获了一起地毯藏毒案件。犯罪分子将毒品灌装在塑料管内，两头热封，再用与地毯颜色相同的羊毛纤维将塑料管裹覆，混同其他毛线编织到地毯之中。这种藏匿手法极其隐蔽，连海关的X光都很难辨别。海关的缉毒犬对其进行嗅别时，对平铺于地面上的地毯也毫无反应，而只有将地毯卷起后，当地毯表面织纹显露空隙时，缉毒犬才会嗅出毒品。如此刁钻的手段，暴露了近年来毒品走私方式的日趋诡秘。

——变化二：新型合成毒品的制造和加工工艺更加高超，隐蔽手段更加狡猾。有的犯罪分子甚至直接通过麻黄草加工制作麻黄素，再由麻黄素加工制成冰毒片剂。

由于新型合成毒品的出现改变了种植提取毒品的传统方式，转为化学合成，使得作坊化简易生产成为可能。随着新型合成毒品的迅猛发展，其制造技术、制造地点的选取、制造规模、制造原料等都发生了新的变化。在制造技术上，从主要依靠境外，发展到了以境内人员为主并自行研制，而且制造技术也日益成熟，从开始单一的冰毒到现在各式毒品的出现；在制造地点的选取上，从过去多依靠大的厂房发展到现在只需要一个小小的厨房，增加了制毒的隐蔽性。有专家介绍，现在的制毒技术已经发展到仅有高压锅或者家用普通炒菜锅就可以制造毒品的地步。

由于新型合成毒品制作周期短、产量高，不需要投入大型的厂房设备就能制造，且犯罪分子能够通过市场非法采购大宗的制药原料用于制毒，很多新型合成毒品的原材料都可能来源于正规药厂(如果对精神有作用的药物流不到社会，新型合成毒品的来源就会显著减少)，因此，对药厂进行严格、有效的监管就显得十分必要和迫切。

——变化三：运输渠道多样化，物流邮寄贩毒突出。犯罪分子为将毒品运到指定交易地点，在运输途径上同样动足了脑筋，水、陆、空方式都曾采用过，近年来，通过邮寄方式和物流公司进行托运的案例也呈上升趋势。

北京市检察院第二分院办理的全国首例“利用邮递渠道以减肥药名义跨国

走私毒品案”就是一起典型的通过邮寄方式贩毒的案子。这个涉嫌制造、走私和贩卖毒品的团伙是一个由博士生、出国留学生、私企老板等 5 人组建的“团队”。这 5 人非法购买大量原料，自行加工生产成片剂，以减肥药的名义将一种叫“芬氟拉明”的毒品（属于国家《精神药品品种目录》中二类精神药品）邮寄销往国外牟利，共获利 40 多万元。据介绍，2007 年 6 月至 2008 年 4 月，该团伙制造成品药 158 万余片（重 365.58 千克）。

2009 年 3 月，浙江舟山警方经过 4 个多月的缜密侦查，成功破获了浙江首起利用快递方式贩运新型合成毒品大案。2008 年 12 月开始，犯罪嫌疑人王某先后 5 次到四川成都、湖北武汉等地收购毒品麻古。考虑到随身携带毒品极不安全，王某将毒品伪装成普通货品，采用人毒分离的方式，将毒品通过一家快递公司托运回舟山，通过物流托运的方式共运输毒品麻古 4 700 余颗、冰毒 150 余克[①]。

——变化四：贩毒人员集团化，涉毒场所和地区逐步扩大。毒品分放点达 6 个之多、团伙成员间均采取单线联系、组织严密、分工明确……这样一个公司化运营、有着极强反侦查能力的特大跨省贩毒团伙，在广西南宁贩卖新型合成毒品长达半年之久后，终于被南宁市警方彻底摧毁。据了解，该团伙成员各司其职，财务、发货、接头、进货等环节均有专人分管。交易成功后，所得的货款便会全部汇总到“财务”处，再将款汇给“上家”。此外，办案人员还发现，该团伙成员间甚至还会通过特殊的方式“互报平安”，如果拨打对方电话时无人接听，这些人就会十分警惕，甚至迅速转移逃避打击。此案侦破过程中，公安机关共缴获毒品“K 粉”35 千克，摇头丸 15 克。

受国际贩毒集团犯罪形式、手段的影响，集团犯罪成为毒品犯罪嫌疑人制贩毒品的主要形式，其组织越来越趋于复杂。由于毒品集团内部分工明确，且往往单线联系，干运输的可能就不认识制毒的，只要线索一断，整个证据链条都断了，打击起来非常困难，无形中加大了取证、认证的难度。

涉毒场所和地区逐步扩大。滥用摇头丸、氯胺酮（K 粉）等毒品的场所由迪斯科舞厅、KTV 等逐步向茶艺吧、咖啡厅、酒店、宾馆等场所蔓延，甚至出现家庭派对群体吸毒的现象。同时新型合成毒品的滥用正逐渐从经济发达地区向经济相对落后地区扩散。[②] 制贩新型合成毒品犯罪呈现从东南沿海地区向西部地区转移、从国内向国外转移的趋势。随着东南沿海地区打击毒品犯罪力度的加大，

---

① 《新型合成毒品犯罪手法翻新升级，现有法律明显滞后》，《检察日报》，2009 年 6 月 23 日。

② 云南省公安厅禁毒局网站。

国内制贩新型合成毒品犯罪活动由广东、福建等重点地区向内地省区转移并蔓延扩散，涉及江西、安徽、河南、黑龙江、甘肃、河南、广西等省区。此外，新型合成毒品犯罪还有向菲律宾、马来西亚和印度尼西亚等国转移的迹象。

——变化五：滥用新型合成毒品群体低龄化趋势明显。在广东省 2007 年查获的滥用新型合成毒品人员中，年龄最小的仅为 13 岁，在笔者的调查过程中，在瑞丽、腾冲等地也曾碰到 13—16 岁的新型合成毒品滥用者。

社会扫描

知情人揭秘西安新型合成毒品犯罪现状[①]

顺子(化名)是记者经过朋友介绍认识的，高高的个子，看上去很精神，并不像是一个跟毒品打过交道的人。今年 36 岁的他不愿透露自己的身份，只称自己是做生意的。“我从 14 岁就开始接触毒品，在这个圈子里混，我身边很多朋友都是吸毒的，你们找我算是找对人了，夸张一点说，全西安没有比我更了解这些情况的。”听到记者要了解西安市目前新型合成毒品犯罪的现状，顺子这样说。

“希望通过你们对新型合成毒品犯罪情况的报道，能引起社会各界的关注和重视。”昨日在采访过程中，顺子先后反复向记者说道。

现状

吸毒人员中 95%吸的是冰毒

也许是从 14 岁起就在“这个圈子里混”的缘故，顺子谈起有关毒品的情况十分熟悉。同时他称，除了身边的朋友有很多都是吸毒者以外，他平常还很注意上网看报，对这方面的情况都很关注。

记者：听说现在西安新型合成毒品犯罪呈上升趋势，你了解的情况是这样的吗?

顺子：现在在西安，冰毒的普及率超过了海洛因。海洛因早就被淘汰了，包括前几年流行的摇头丸、“K 粉”，跟冰毒比起来都是“小儿科”，也已经被淘汰了，现在西安吸毒人员中 95%吸的都是冰毒。西安的冰毒来源地境内境外都有，主要是成都、武汉、广州、云南这四个地方。

在西安，“溜冰”的人各个行业各个年纪的都有，但以中青年为主。冰毒在黑

---

① 卢华、郭红文：《知情人揭秘西安新型合成毒品犯罪现状》，2009 年 6 月 25 日，《三秦都市报》。

市上价格是每克800元不等，每卖两克中间人可获利近千元。现在黑市上卖的毒品都不纯，海洛因会掺一些骨灰，冰毒会掺一些老鼠药。

隐蔽性强　打击难度大

记者：你说西安吸食冰毒等新型合成毒品的情况严重，到底严重到了什么程度？

顺子：这一两年吸毒者都吸冰毒，越来越多，如果不及时打击的话，一旦失控就太害怕了。现在在社会上你要是打电话联系要买冰毒没有联系不到的，但你要联系买海洛因人家会退避三舍。吸食"K粉"、摇头丸要在娱乐场所，需要音乐。冰毒不需要，看电影、打游戏、上网、打牌时都可以玩。两三个人连开房带玩一次冰毒大约花费1 000多元，它用量大，销路好。而且公安机关对吸食冰毒者的打击难度非常大，因为它到处可以玩，隐蔽性强，就算是抓获了，吸食冰毒的人不像吸食海洛因的人，身体上有明显的反应，一犯瘾就顶不住，都交代了。吸冰毒的人表面上看不出来，心理防线强，很难让其承认。

吸食心理

部分人将其当"时尚"

顺子：冰毒最吸引年轻人的就是它能让人极度兴奋，而且适合群体吸食，很多年轻人把它当成娱乐。顺子一边向记者说一边感叹着：这些人太无知了，等到他们知道就已经晚了。

如果你熟悉这个圈子的话你就应该知道，20世纪80年代，在西安，社会上有一种说法是，吸食海洛因是一种时尚、身份的象征，在很多有钱人中间流行，很多有钱人因为好奇等种种原因尝试，结果毁了自己的一切，当时他们并不知道海洛因的危害有多大。通过这些年的宣传与打击力度的加大，再加上事实的证明，人们已经了解了海洛因的危害。现在西安吸食海洛因的新增人员已经非常少了。

但是现在，很多人对冰毒等新型合成毒品的看法与20世纪80年代人们对海洛因的看法很相似，并不了解它的危害，很多人不认为冰毒是毒品，吸毒甚至成为他们眼中的一种时尚，朋友拉朋友，源源不断地加入到"溜冰"行列，形成了一个个圈子，彼此间互称"冰友"，他们在很多秘密聚会中通宵跳舞，甚至发生集体性行为。大家都认为吸食冰毒不会上瘾。很可笑的是，很多吸食新型合成毒品的人都确信只有海洛因是毒品，"绝对不能沾"。

生意场中的"时尚应酬"

顺子：比如说，现在西安的生意场中流行的一种应酬就是请人吸冰毒，有些十六七岁的年轻娃们过生日，送个礼，有的就送一袋"冰"。前一段时间，我有个朋友从上海回来，我给他打电话，说招呼他吃饭，他说不用吃饭，你给弄点刺激的，弄一袋"冰"。你看，现在招呼人都是这样。

资料链接

“冰毒”危害远远大于海洛因

“冰毒”即甲基苯丙胺，又名甲基安非他明、去氧麻黄碱，是一种无味或微有苦味的透明结晶体，形似冰，故俗称“冰毒”。毒性剧烈并且有很强的成瘾性。服用冰毒后，会有激动、焦虑不安、神经活动增加、阵颤、抽搐、肌肉反复强烈收缩、头颈左右摇摆不止等中枢神经系统高度兴奋的症状；短时间内会出现警觉性增高、精神饱满、注意力集中等虚假现象，但药效过后便开始出现精神反应迟缓、疲劳、乏力、头痛、头昏、心悸气急、全身难受不适等状况，甚至会出现胡言乱语等症状；还会出现如幻听、幻视和幻触等种种妄想症状。长期使用冰毒可造成体重减轻、免疫功能低下、大脑机能破坏、心脏衰竭和偏执性精神病。由于成瘾者往往采用注射方式吸毒，会发生其他滥用感染合并症，包括肝炎、细菌性心内膜炎、败血症和性病、艾滋病等。

吸食人群

大部分“溜冰”者都是白领

现在吸冰毒的，都是在社会上有点地位的人，不像吸海洛因的，处在社会最底层的人也有。

记者：据你所知，西安的“溜冰”者都是一些什么样的人？

顺子：“溜冰”的人各个层次的都有，但大部分都是白领阶层，他们当中有的是一些大公司的管理人员，有的是私企的老板。他们都是互相邀约，聚在一起集体吸食，一次消费常在万元以上。

吸食新型合成毒品的人要细分的话主要有三类，第一类是四五十岁的老板，韶华青春蹉跎，如今事业有成，不服输不服老，想重拾青春的感觉，寻求刺激和精神的放松。“一晚上要花一两万元”。另一类是“80后”一代，一般是第一类人的后代，家境宽裕，百无聊赖，相互请客。第三类就是“打牛的”（黑社会组织）、社会闲杂人员，今朝有酒今朝醉，有了钱大家一起“嗨”，在虚无中寻找寄托。另外，吸食新型合成毒品的主要人群是白领也是有其原因的，一颗维C大小的冰毒片在黑市上少则20元、多则四五十元，没有较好的经济条件，根本无法承受这种昂贵的消费。

吸食之害

“毒中之王”一次即上瘾

说到吸食冰毒的危害，本来还谈笑风生的顺子脸色一下子显得很沉重，不断地感叹“太可怕了”。像是回忆起了什么情景一样，他陷入了沉思之中，与刚刚还健谈的样子判若两人。

记者：吸食冰毒是不是真像人们认为的不会上瘾？它的危害性有多大？

顺子：冰毒吸食一次即能上瘾，并不是像很多人认为的吸了没事，吸一回就在你心里面盖上了一个“章子”。在所有的毒品中，冰毒是最厉害的，号称“毒中之王”。它隐蔽而有强烈的毒性，还有重要的一点，就是它能导致超强心瘾。我身边很多朋友，原来一个月吸一两次，现在天天都在吸，自己没有办法。

吸食冰毒后，人会出现一种精神幻觉。感觉在幻觉的支配下会出现各种暴力行为，总认为别人在背后说他坏话，甚至会看到被人追杀，这种情况下，就会出现杀人、放火等危害社会的行为。严重者可产生中毒性精神病，表现有被害幻想，被称为“疯子的感觉”。

吸食案例

老板败光千万家财　妻离子散

提起顺子身边那些吸毒的朋友，顺子显得越发悲哀，称他那些早年吸毒的朋友大都已经因为吸毒去世，“都死到了厕所里，吸海洛因的都是这下场！”

顺子：我在西安有个做建筑生意的朋友，资产早都上千万了，是没事就去澳门玩的那种。可是因为交友不慎，有一次做生意时去浴场洗澡，碰上朋友玩冰毒，他因为好奇，也不懂冰毒的厉害，结果玩了一次就上瘾，现在生意全扔了，天天把自己关在家里吸冰毒。从他开始吸到现在才过了一年时间，已经完全像变了个人，任何人电话都不接，现在老婆带娃去了银川，不跟他过了，他的生意迟早也会被他败完。他今年 36 岁，跟我一样大，正是大有作为的时候，却沦落成了现在这样。经常吸食冰毒的人，平均寿命只有 8 年。

“我今天又溜了冰……”“走，今晚一起去溜冰……”听到这些话，很多人可能都会想到运动的“溜冰”，但当这些话出自吸毒者之口时，可就大不一样了。吸毒者所说的“溜冰”，是指吸食如今涌现出来的新型合成毒品——“冰毒”。在许多娱乐场所，“溜冰”被有些人视为一种高层次的“消费”，甚至成为一些人吹嘘的谈资。“冰毒”等新型合成毒品，也开始越来越多地成为吸毒者的首选，但很多人并没意识到，这种新型合成毒品潜伏的危险，也使禁毒工作面临新的更大挑战。

从 14 岁起就跟毒品打交道的顺子告诉记者说，提到“溜冰”，还有一点不好说、但是不得不说的是，“溜冰”不光是能让人长时间兴奋，更会让人“性”奋，很多人都是在欲望的诱惑下踏上吸毒路的。

我见过的毒品中，冰毒是最厉害的

由于长时间与毒品打交道，顺子显得对毒品的各种情况都非常熟悉，他称没有他没见过的毒品，但是在他见过的毒品中，冰毒是最厉害的。

记者：能谈谈你对冰毒的感觉吗？

顺子：海洛因在20世纪80年代害了一圈人，现在冰毒比海洛因还害人。一旦你吸一次冰毒，只要你有经济能力，就会欲罢不能，吸不成的那是自己经济能力达不到，没有办法。

现在黑市上卖的冰毒有固体吸食的，有注射的，还有液体的，如果你把冰毒给花里洒一点，过两天花就死掉了。冰毒会在不知不觉中将你的神经系统改造了，海洛因主要是对生理上的危害，它不会导致精神病，冰毒主要是对精神上的危害。任何毒品所带来的危害性，都可以在冰毒上得到体现。

冰毒的制造工艺很简单，主要成分就是麻黄素，自己也可以生产。吸毒的人到最后就会铤而走险，吸完了，考虑问题偏执，就会发生暴力性犯罪。很多正在吸冰毒的人也不知道吸食的危害远比他们想象的要多得多，冰毒会不知不觉把你的灵魂夺走。

危害比任何一种毒品都可怕

吸海洛因的朋友我去劝，有时还能听进去，因为他们有时还有理智，吸冰毒的人没有一个人能耐心听完，完全以自我为中心，思想已经变质了。只能说，咱们国家的禁毒战争会更艰巨。

有时候人也不可理解，比如你感冒了，嗓子发炎了，疼得饭都吃不下去，或者酒喝多了醉得不行了，一吸冰毒，只要半个小时，所有的症状突然就全好了，比正常人都精神，就这么厉害，这么神奇，虽然我并不明白其中的道理，但这是我亲眼所见的事实。

我那天在网上看到，有专家早在20世纪就预言："冰毒一旦被世人所认识、所接受，其危害将比当前任何一种毒品都可怕，到21世纪，毒品世界将是冰毒的天下，它将替代海洛因成为重要的毒品。"专家的预言绝非危言耸听。

"陪溜"

娱乐场所新兴的色情职业

"你有没有听说过现在娱乐场所有一种新兴的色情职业叫'陪溜'，就是说小姐先跟客人一起'溜冰'，然后再进行色情服务。"顺子略有些不好意思地对记者说，这是冰毒等新型合成毒品带来的一种新兴"职业"。

顺子：西安的娱乐场所不管是高档的还是低档的，只要有从事色情服务的小姐，就没有小姐不知道冰毒的，而且很多小姐都参与进来，陪客人吸食冰毒，叫"陪溜"。如果现在还有人以为在娱乐场所吸毒就是指摇头丸、K粉的话，那就太落伍了，现在娱乐场所已经很少有人玩摇头丸和K粉了，现在都是玩冰毒。

顾客去娱乐场所唱歌消费，以前最多是玩小姐，现在玩“溜冰”。陪溜是一种新兴的色情职业，有些娱乐场所的老板为了吸引客人，提供不同服务来满足客人的不同消费，只要客人出够相应的价钱，就会有小姐在其他服务之外还陪你一起吸食冰毒，陪客人一起兴奋，然后再向客人提供性服务。

怎么给你说呢，就是说，溜过冰的小姐与没溜过冰的小姐是绝对不一样的，正常情况下，虽然是做小姐的，但或多或少都有一些羞耻感，即使是向客人提供性服务，也会相对注意隐私性，但是溜过冰的小姐正常的思维会被毒品破坏掉，会在没有正常知觉的情况下，完全沦为供客人取乐的性工具。现在不光娱乐场所有“陪溜”的，就是一些很低档的发廊都有“陪溜”的。

“溜冰”者该在哪里靠岸？

提到戒毒，顺子说了一些要有意志力、要坚持之类的话，但是记者并没有从他的眼睛里看到信心和希望。“其实说实话，现在想要戒冰毒等新型合成毒品，并没有什么好的办法，社会上也没有相关的救治机构，他们那些吸冰毒的人都很绝望。”

记者：你觉得要想戒掉冰毒，最重要的是什么？

顺子：冰毒与海洛因最大的区别就是，海洛因主要是生理上的依赖，而冰毒最主要的是心理上的依赖。想要戒掉冰毒最重要的是要有意志力，分散自己的注意力，丰富自己的生活，彻底从心理上摆脱，但是这说起来很容易，做起来却不简单。很多人刚吸的时候没有意识到危害性，等到意识到危害想戒的时候，自己的精神系统已经被破坏了，思维也不正常了，也不可能有戒毒的意志了。这个没有办法，一旦踏上就一条道走到黑，就只有死路一条。

而且现在就算有人想戒冰毒，也找不到治疗的地方，束手无策。比如说现在西安一些戒毒医院，只要一听是冰毒吸食者，都不愿意收，收的还是海洛因等传统毒品吸食者。政府现在还没有针对冰毒等新型合成毒品所设的救治平台。吸毒者吸了海洛因后还有个依赖的地方，但是吸了冰毒的没有。

2.3.2 港澳台毒情形势与新型合成毒品

2.3.2.1 香港

根据香港禁毒处药物滥用资料中央档案室的资料显示，2006 年首个季度呈报的滥用人数为 4 566 人，较 2005 年同期的 4 992 人下降 8.5%。21 岁及以上的滥用人数比去年同期减少了 13.7%。21 岁以下的青少年滥用人数持续上升，单在 2006 年首个季度便上升了 15%，由 749 人增至 861 人。香港禁毒常务委员会主席蔡元云说，海洛因仍是最普遍被滥用的药物。虽然滥用氯胺酮的人数在

2005 年大幅减少，但在 2006 年首个季度又再次回升，由 693 人增至 820 人，增幅为 18.3%。

另据香港禁毒处委托香港浸会大学开展的“2004 年学生服用药物情况调查”研究(此项研究涵盖 509 100 位学生，抽样访问 95 000 人，包括普通日间中学、国际学校和专业教育学院。但没有包括在职青年及待学、待业青年)表明，当前香港学生滥用毒品的特点主要表现为以下 3 个方面：

其一，滥用精神类药物(即新型合成毒品)的人数较多，形势较严峻。具体情况如表 2-9，从“曾服用人数”看，滥用新型合成毒品的人数比海洛因多 5 600 人，高出 1.1 个百分点。

表 2-9　香港 2004 年学生滥用药物的情况

毒 品 种 类	曾服用人数	30 天曾服用人数
海洛因	1.6%	0.3%
	8 145 名学生	1 527 名学生
精神药物 (新型合成毒品)	2.7%	0.7%
	13 745 名学生	3 563 名学生

资料来源：香港特别行政区保安局禁毒处网站，2006 年 7 月 14 日。

其二，普遍被滥用的精神药物主要为“K 粉”(53.2%)，大麻(50.7%)，摇头丸(46.5%)及止咳药(20.6%)。

其三，青少年滥用药物低龄化趋势明显，有七成为首次滥用药物者，年龄在 15 岁以下。

而在药物滥用者的相关指标上，香港社会服务联会及全港地区青少年外展社会工作队的调查报告《2006 年香港青少年滥用药物概况调查》表明，在访问 1 123名现有/曾滥药的街头青少年中，有三成(31.6%)为学生，三成(29.4%)为失业/待业人员，三成(27.1%)是全职工作人员；滥用最多的三种药物为“K 粉”、摇头丸与大麻，其中“K 粉”、摇头丸上升速度快，增幅较大①。

2.3.2.2　台湾

毒品问题在台湾由来已久。20 世纪 50 年代以前，吸毒者主要为黑社会帮派分子。到了 60 年代，参加越战的美军在进驻台湾的同时，也把当时美国的迷幻叛逆文化带入台湾，毒品便开始在咖啡厅、舞厅等娱乐场所流行起来，从而使

① 香港特别行政区保安局禁毒处网站，2006 年 7 月 14 日。

吸毒范围突破黑社会圈子遍布社会各个领域。当前,毒品不仅在台湾黑社会、色情业、演艺界泛滥,也在劳工、农民、士兵中流行,特别是青少年的吸毒问题更趋严重。如据台湾网 2002 年 1 月 21 日消息:目前台湾许多想赚钱的业者对开摇头店趋之若鹜,仅台北市近来陆续开设的标准摇头店就超过 14 家,加上复合式餐厅及小酒吧摇头店等,至少超过 50 家。

随着吸毒人数的激增,台湾的毒品走私活动也日益猖獗。据相关报道,台湾目前已成为亚太地区最大的毒品市场之一。

2.3.2.3 澳门

从有关统计数据来看,澳门非法滥用和贩卖毒品的个案均有上升的趋势。1998 年个案总量在 150 宗左右,1999 年上升至近 200 宗,2000 年已达 250 宗左右,每年的升幅接近 35%。此外,值得关注的是,一些新型合成毒品,如冰毒、摇头丸和“K 粉”等被滥用的数量及个案均呈大幅飙升。毒品在青少年中的加速蔓延和盛行,正在极大地危害着人们的身心健康和社会的安宁稳定。

2.3.3 重点地区毒情形势与新型合成毒品

2.3.3.1 浙江

浙江新型合成毒品犯罪主要特点有:(1) 毒品来源渠道多样化,先后有广东、上海、云南等地的新型合成毒品流人浙江。(2) 贩运手段日趋狡猾隐蔽,邮寄、托运毒品案件增多。(3) 贩毒人员构成复杂,既有外省籍的,也有本省籍的;既有只贩不吸的,也有以贩养吸的;既有贩毒牟利的,也有无偿提供亲友吸食的。(4) 零售绝大多数发生在歌舞娱乐场所,少数业主或从业人员也参加贩毒,90%以上的吸毒人员在场所内或是向毒贩购买、或是由亲友赠送而获得毒品。

滥用新型合成毒品方面的主要特点,首先表现在滥用人员绝大多数是青少年,文化程度和就业率明显高于海洛因滥用群体,大专以上学历占有较大比例。其次在滥用方式上以群体性吸食为主,少则三五人,多则数十人;混合吸食现象增多,滥用人员为追求更强的快感,常将“摇头丸”与“K 粉”等毒品混合吸食;异地消费增多,有的滥用人员为逃避打击或获取毒品,经常前往异地聚集吸食;出现陪吸现象,一些场所已出现专门陪侍吸食新型合成毒品的坐台小姐“high”妹,助长了吸毒活动,并极易出现淫乱活动。而在滥用地点方面,仍以迪厅、歌厅包厢为主,但少数地区已出现在酒吧、宾馆客房、个人住宅等地滥用的情况。因而在浙江,新型合成毒品滥用问题已呈现严重化态势①。

---

① 参见蒋庆明:《新型合成毒品问题形势分析与对策探讨》,载于《公安学刊》2004 年第 3 期。

在"6·26"国际禁毒日到来之际，2016年6月24日，浙江省高级人民法院召开新闻发布会，介绍全省法院毒品犯罪案件审判工作情况，并公布十大典型案例。浙江法院一年审结毒品犯罪8 330件，其中冰毒等新型合成毒品占绝大多数。2015年，法院审理走私、贩卖、运输、制造、非法持有毒品的案件中，涉及海洛因的案件共计812件，占案件总数的16%；涉及冰毒、"麻古"、氯胺酮等合成型毒品案件共计4 160件，占比达85%以上。浙江高院副院长崔盛钢介绍，甲基苯丙胺(冰毒、"麻古")、氯胺酮("K粉")等新型毒品案件数量占绝对比例，而且增长趋势明显，传统毒品海洛因等逐渐退出主流市场。就地域分布而言，温州、宁波、台州、杭州等地依然是省内涉毒相对集中区域，衢州等地毒品案件均有大幅增加，2010至2015年，衢州、绍兴、湖州、金华的毒品案件数同比平均增长2.3倍，其中衢州地区增长4.87倍，绍兴地区增长3.24倍[①]。

从案例上看有以下特点：

一是大宗毒品案件明显增加，毒品犯罪也出现了团伙化、组织化、集团化的趋势，部分案件还出现武装掩护贩毒的情况。2013年4月和8月，被告人余某某多次开车从广东运输毒品到杭州临安，先后把300克、1 000克、1 991.7克甲基苯丙胺(冰毒)卖给被告人俞某。公安机关抓获余某某的时候，在他住的房间里，还查出了64式手枪1支、子弹10发。2015年，浙江省审理的1 000克(指冰毒、海洛因)以上的毒品案件有128件，最大的有50余千克。"宝塔"型团伙犯罪逐渐增多，处于"塔尖"的毒枭一般控制着一个区域的毒品供应，"塔尖"下面是各级"批发商"，"塔底"则是末端吸毒人员。这类团伙往往有一二十人，带有犯罪集团化性质，并有携带枪支、贩卖弹药、运输毒品的情况，毒品犯罪出现以枪护毒、枪毒同流的趋势。

二是走私、制造毒品案件增加。台州、丽水深山老林出现制造冰毒大型犯罪团伙。2013年12月—2014年1月，被告人刘某某在湖南省东安县家中制造毒品，事发后，刘某某潜逃至杭州，和被告人宋某某继续制造毒品甲基苯丙胺片剂牟利。两人从网上购买了制毒原材料及工具，又租了杭州江干区一房屋用于制造毒品。2014年4月15日，公安人员抓获刘某某时，查获的甲基苯丙胺及其片剂、粉末共计1 588克、含甲基苯丙胺成分的液体18克、氯胺酮1 439克、麻黄碱类毒品144克，以及铁质压片机、干果机、搅拌机各1台、银色塑料质地电子秤1台等制毒机器，宋某某被抓获的时候，又查获了甲基苯丙胺及其片剂共计467

① 《新型毒品案件增长明显　浙江重点打击毒品源头性犯罪》，浙江在线，http://nb.ifeng.com/a/20160624/4682296_0.shtml，2016年6月24日。

克、大麻叶31克、MDMA片剂(摇头丸)62克、氯胺酮24克。针对制毒犯罪在浙的增加趋势,浙江法院加大对非法生产、运输、买卖制毒物品犯罪的打击力度。

随着重点制毒省份整治力度的加大,制毒团伙在不断寻找新的据点,浙江近年来也逐渐出现制造毒品案件,其中台州、丽水的深山老林,成为毒品犯罪分子制造毒品后又迅速销售贩卖的理想场所,近年来,台州、丽水已经出现多个制造冰毒的大型犯罪团伙。

三是浙江逐渐成为贩毒分子的中转地。几年前,浙江主要是毒品犯罪的输入地、消费地,但随着浙江物流业的发展,目前已成为贩毒分子的毒品中转地、过境地,相当一部分毒品犯罪分子将毒品运输至浙江后,再从浙江转运至周边省市,甚至到境外贩卖。2015年1月14日,被告人迈克尔(尼日利亚籍)携带4根藏有毒品甲基苯丙胺(冰毒)的塑料管,从广州乘坐大巴到浙江金华。在金华办理出城登记时,迈克尔因签证过期且携带可疑物品,被移送公安机关。经鉴定,查扣的4包毒品净重2 462.99克,甲基苯丙胺含量均在55%左右①。

2.3.3.2 福建

福建新型合成毒品违法犯罪主要是冰毒走私突出、摇头丸贩卖现象猖獗,滥用新型合成毒品形势严峻。其特点是:

一是冰毒违法犯罪活动持续加剧,已从冰毒制造地逐步转变为冰毒走私过境区。20世纪90年代初中期,台湾籍毒贩将福建省作为制贩冰毒的首选之地,在福建省境内制造大量冰毒。因此,福建曾一度被视为国内的冰毒主要制造地。自90年代中后期以来,随着福建禁毒部门的严厉打击,制毒案件未发生大幅增长,总体上已被有效控制。但由于福建地处东南沿海,海岸线长达3 300多千米,有对外开放的4个空港和20余个海港,对外贸易频繁,为一些境内外贩毒集团走私贩运冰毒提供了便利条件,冰毒走私过境现象日益突出。2004年,大宗走私冰毒案件尽管只占了全年苯丙胺类毒品案件数的34%,但冰毒缴获量所占比例却高达93%。2012年,福建省共破获冰毒案件2 053起,占全部案件的60.2%。

二是犯罪主体呈明显的职业化、地域化、宗族化特征,台湾籍和旅菲泉州籍毒贩成为苯丙胺类毒品犯罪的主要群体(见图2-22),外省籍人员在闽涉毒犯罪区域特征明显。

2012年福建省公安机关共抓获外省籍毒品犯罪嫌疑人782名,约占总数的

---

① 《新型毒品案件增长明显 浙江重点打击毒品源头性犯罪》,浙江在线,http://nb.ifeng.com/a/20160624/4682296_0.shtml,2016年6月24日。

20.1%；主要来自贵州、四川、重庆、江西、湖北和东北三省等省份。其中，贵州、四川、重庆籍毒贩共有354名，占福建省外来毒贩数量的45.3%，是在闽进行涉毒犯罪的主要外来人群。这些外省籍毒贩或以老乡、血缘关系为纽带，或勾结当地不法分子，在福建省福州、厦门、泉州等经济较发达地区聚集形成较大的贩毒团伙，不仅掌握当地的毒品销售网络，而且向周边地区辐射。其中，贵州籍人员主要活跃在泉州晋江市、南安市等地，从事海洛因的二次分销或零星贩卖活动；四川、重庆籍人员则以福州、厦门地区为活动地，大肆贩卖冰毒等合成毒品，有的也贩卖海洛因；东北籍毒贩以厦门为中转站，将毒品或制毒物品伪装、夹藏在茶叶罐、音响等物品中，通过邮寄、快递等渠道贩运至东北。

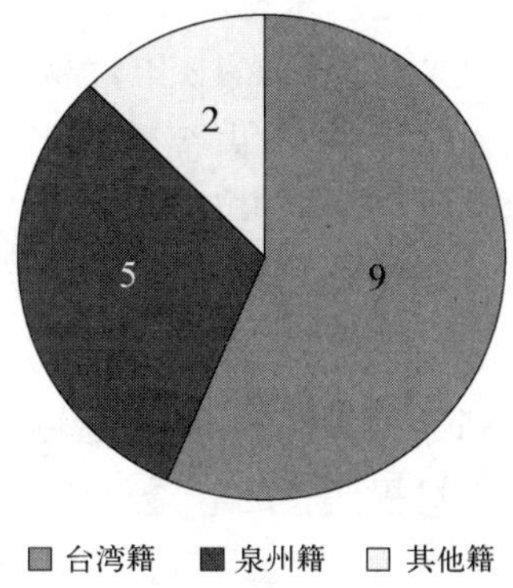

图2-22　2003年福建省抓获的大宗苯丙胺毒品犯罪分子籍贯比较

三是走私氯胺酮往台活动禁而不绝，泉州籍旅外人员涉毒犯罪有回潮迹象。自1997年5月摇头丸首次流入福建后，贩卖摇头丸等新型合成毒品的违法犯罪活动便迅速蔓延开来，不但贩卖的数量越来越大，涉及的范围也由沿海向内地、从城市向乡镇甚至广大农村扩展。从2001—2004年的统计数据看，贩卖摇头丸的案件在苯丙胺类毒品案件中所占比例几乎都在60%以上，呈日益增长趋势。2012年福建省公安机关共破获拟走私往台湾的毒品案件6起，缴获各类毒品共624.4千克，其中氯胺酮592.6千克。2012年7月5日，福建省边防部门破获一起拟走私毒品往台湾的案件，共缴获毒品氯胺酮340.6千克。据不完全统计，台湾警方破获从大陆走私往台湾的毒品案件8起，缴获各类毒品1 400余千克，其中氯胺酮1 359千克。2012年3月30日，台湾法务部调查局在一批以海运方式报关进口的大陆工艺品中查获氯胺酮40千克，嫌疑人吴坤忠供称已用同样方式成功走私10多次共300多千克氯胺酮入台。台湾籍不法分子雇佣“自由行”大陆游客运毒往台案件也时有发生。7月17日，台湾警方在台北松山机场从厦门籍游客黄献根携带的行李箱内查获海洛因156克。经过近几年的大力整治，泉州籍旅外人员涉毒犯罪问题得到有效遏制，但近年来有回潮迹象。2012年福建省共破获泉州籍旅外人员利用邮递渠道、渔船走私毒品案件2起，抓获泉州籍旅外涉毒人员4名，缴获毒品278千克。5月5日，福建省破获部督蔡文选贩卖、走私毒品案，该犯罪集团通过UPS国际快运公司，仅1个月时间成功走私冰毒6次144千克往菲律宾。

四是广东毒品主要通过自驾车方式运入福建省。广东仍然是福建省毒品的主要来源地。2012年，福建省共破获来自广东的毒品案件145起，缴获各类毒品492.1千克，占福建省当年缴毒总量的85.1%；广东省公安机关破获拟运往福建省的各类毒品案件27起共计2千克多。由于闽粤两省之间交通便利快捷，不法分子主要利用自驾车方式将毒品从广东运到福建进行分销。毒源来自广东的145起案件中，有61起是通过自驾车（大多数为租赁车辆）来运输毒品的；在大宗毒品案件中，这种运输方式尤为常见。此外，广西、云南、贵州等省（区）的海洛因对福建省的渗透仍然存在，案件时有发生。其中，缴获来自广西的海洛因数量剧增达6.1千克，占全年缴获海洛因总量近一半，同比上升22倍。

五是长汀籍人员涉麻黄碱类药品违法犯罪回流现象突出。2012年，福建省共破（查）获长汀籍人员参与的涉麻黄碱类违法犯罪案件31起，共抓获长汀籍犯罪嫌疑人102名，缴获麻黄碱类复方制剂3 561.7千克、麻黄碱678.1千克、麻黄碱半成品652千克、麻黄草116.7吨。其中，抓获长汀籍嫌疑人数同比上升191.4%，缴获含麻黄碱药品数量同比上升51.4%。上述数据说明此类违法犯罪活动在迅速回流中呈现新的特征：(1) 外流涉及省份扩大。由原来主要集中在云南、湖北、广西等省份发展到东北三省、陕西、北京、江西、浙江、江苏、山东、西藏、新疆、广东等10多个省市区，甚至东南亚、南亚、中东、我国台湾地区都发现了长汀籍不法人员在当地非法买卖、运输、走私含麻黄碱类药物的犯罪活动。2012年福州海关缉私部门查获从香港走私至福州的麻黄碱类药物93.3千克，同期广州、北京、澳门和拉萨海关缉私部门先后查获长汀籍人员从上述地区采购欲走私入境的含麻黄碱类药物近20吨。(2) 转向加工提炼的趋势明显。2012年省共破获提炼加工麻黄碱案件15起，约占涉麻黄碱类案件的48.4%，捣毁提炼麻黄碱窝点18个。据测算，从含麻黄碱复方制剂中提炼麻黄碱成品获取的利润高达500%，一些长汀籍不法分子转而从事麻黄碱深加工，有的甚至购买麻黄草提炼生产麻黄碱，然后销往广东陆丰地区。2012年11月5日，龙岩市公安机关成功破获一起部督案件，抓获犯罪嫌疑人8名，缴获冰毒972.5克、麻古8.09克、麻黄草8吨以及制毒药水、配剂一批，捣毁设在新罗区铁山镇林美村的提炼麻黄碱窝点一处。(3) 向周边地区辐射蔓延加剧。邻近长汀的上杭、新罗、永安、将乐、清流以及江西的瑞金等县、市、区均破获长汀籍人员利用含麻黄碱复方制剂制贩麻黄碱案件。其中上杭、新罗和瑞金尤其突出，分别破获了3起此类案件。随着龙岩长汀不断加大专项整治的力度，在“气球效应”作用下，此类违法犯罪活动必然将向周边地区转移。

六是新型合成毒品滥用形势严峻，滥用场所相对集中，吸毒人员低龄化现象突出，吸毒引发的社会问题突出。2012 年福建省共查处吸毒人员 13 859 人次，其中滥用冰毒人员（同时滥用多种毒品的，分别计数）9 105 人次，占查处总数的 65.7%，同比上升 44.3%；查处氯胺酮人员为 2 197 人次，占查处总数的 15.6%。全年新增吸毒人员 9 302 名，吸食冰毒、氯胺酮人员分别为 6 344、1 774 人次。从查获的案件看，冰毒滥用场所主要集中在宾馆客房以及出租屋、自己家里，在网吧、游戏机店，吸食冰毒的案件也时有发生；氯胺酮滥用场所集中在娱乐场所。2012 年福建省共查获 35 岁以下滥用合成毒品的人员 8 921 人次，同比上升 28.4%，约占全部滥用合成毒品人员的 85%；查处未成年吸毒人员 815 人次，约占 7.8%，年龄最小的 12 岁。4 月 9 日上午，福清市公安局治安管理大队民警对音西街道“都市港湾商务酒店”开展检查时，在六间客房中共查获吸食冰毒、氯胺酮人员 13 名，其中有女性未成年人 2 名，孕妇 1 名。

与此同时，吸食冰毒人员致幻现象突出。吸毒人员滥用冰毒极易出现精神亢奋、产生幻觉，极具攻击性，扰民、扰警，甚至自杀。据不完全统计，2012 年上半年全省共动用警力 78 次，处理滥用冰毒人员引发的纠纷、事件。8 月 13 日凌晨，福州市公安局鳌峰派出所多次接到一位吸食冰毒产生幻觉的女子报警，声称自己被人强奸。再就是“毒驾”对社会安全的威胁不断显现。据不完全统计，2012 年福建省共查处“毒驾”案件 47 起，同比上升了近 1 倍。因毒驾导致的车祸时有发生，危害不小。11 月 17 日，福安市江某吸毒后驾汽车逆向行驶，撞伤 5 人（其中 1 人重伤），撞毁多部车辆。

七是邮寄毒品出境仍以澳大利亚为主，毒品走私入境出现新变化。2012 年，福建省共查获夹藏毒品欲走私出境的邮包 15 件，同比下降 58.3%；从中破获案件 9 起，抓获犯罪嫌疑人 12 名，缴获毒品 845.3 克。在查获的 15 件涉毒邮包中，有 13 件目的地为澳大利亚，夹藏的均是冰毒。邮寄冰毒出境案件集中发生在福清市，但也出现借道周边县市或绕道、流窜外省邮寄藏毒邮包至澳大利亚的个案。此外，还出现了向美国、日本邮寄氯胺酮的新动态。2012 年 3 月 12 日，福清市局协助苏州警方在该市高山镇抓获走私毒品犯罪嫌疑人施孝才（男，23 岁，福清人），查明其于 3 月 8 日在福清市高山镇通过圆通国际快递公司邮寄藏有 1.8 千克氯胺酮的包裹至日本。2012 年福建省共破获从南美、东南亚、东非通过邮件快递夹藏可卡因、大麻走私入境案件 5 起，呈不断增多态势；这类案件多为非洲毒贩利用厦门、石狮一些企业的女业务员，将毒品走私入境后中转寄往广州。同时，国际毒贩利用民航飞机夹藏可卡因入境活动也时有发生，近 3 年来厦门高畸机场太古飞机修理厂员工先后在进厂维修的荷兰皇家航空公司所属飞机上发现了 4 批次藏匿的可卡因近 20 千克。

八是枪毒交织突出，分布地域较广。据不完全统计，2012 年福建省共破获涉枪毒品违法犯罪案件 75 起，缴获各类枪支 125 支、子弹 1 920 发和各类毒品 220 千克。涉枪毒品案件数和缴获枪支、子弹数量同比分别上升了 41.6%和 86.6%、207%。枪毒交织在大宗毒品案件中尤为明显。福建省共破获百克以上的涉枪毒品案件 35 起，缴获枪支 60 支。甚至出现以枪易毒的情况。在黄某某特大走私、制贩毒品案中，该团伙下家以每支手枪折抵冰毒 200 克的方式换购毒品。涉枪毒案呈“遍地开花”之势，各区市和平潭综合实验区均已破获枪毒交织案件。其中，福州市破获 34 起涉枪毒品案件，缴获 38 支枪支、187 发子弹，案件数、缴获枪支子弹数均居福建省首位；其次是厦门市破获 11 起案件、缴获 20 支枪支。2012 年 3 月 10 日、27 日，福州市公安局禁毒支队相继破获 2 起涉枪贩毒案，分别缴获枪支 5 支和 7 支[①]。

2.3.3.3 广东

作为我国的经济大省，广东每年都有大量的流动人口，又处于我国的沿海地区，对外有着便捷的交通，并且是我国改革开放最前沿的省份之一，政策十分灵活，经济相对发达，有着充足的毒品消费人群。这些特点无疑成为促使广东形成毒品市场的重要条件。同时，广东毗邻香港、澳门，海岸线长，进出口岸多，进出省公路有 20 多条；广东与西南边境的交通十分便捷，接壤我国西南边境的全球著名的毒品产地“金三角”严重地影响着广东省内的毒情，尤其是质量口感上乘的“缅古”在广东毒品市场上更是占据重要地位。境外贩毒分子将从“金三角”产出的毒品从境外偷运入我国云南，再运至广东，部分毒品在广东就地消费，部分毒品从香港、澳门等口岸运至日、韩、美等地分销。[②]

自 1991 年侦破第一宗制贩冰毒案件始至 2004 年 4 月，广东省公安机关共侦破各类制贩新型合成毒品类案件 218 宗（其中制贩冰毒案 94 宗、制贩摇头丸案 124 宗），缴获冰毒 47 余吨、摇头丸 388 余万粒、氯胺酮 1 605 千克、安眠酮近 3 300 千克（氯胺酮和安眠酮数量截至 2003 年 6 月），摧毁制毒工厂、窝点 89 个。尤其是 1998—2001 年制贩冰毒、摇头丸案件频发，毒品缴获量巨大，是广东新型合成毒品犯罪的高峰期。据统计，这一时期公安机关共缴获冰毒 40 吨、摇头丸 211 万粒，冰毒缴获量占全国同期缴获量的 89.4%。

在此期间，新型合成毒品犯罪的主要特点表现为：

---

① 参见朱晓丽：《福建省苯丙胺类毒品犯罪的特点及侦控对策》，载于《福建公安高等专科学校校报》2005 年第 6 期。参见福建省公安网相关资料整理。

② 徐媛媛、曾振华：《当前广东新型合成毒品犯罪的特点、原因和防治对策》，载于《广州市公安管理干部学院学报》2009 年第 1 期。

一是个案毒品缴获量大。如 1999 年 11 月“7·28”制贩冰毒案，共缴获冰毒 12.36 吨，相当于 1998 年全世界冰毒缴获量的总和；摇头丸个案最高缴获量亦达 68 万粒。

二是毒品犯罪形式从贩卖逐渐转变为制造、贩卖，毒品犯罪所涉区域呈蔓延扩散之势。据统计，约有 80%的地市发现制毒工厂，主要集中在广州、东莞、惠州、深圳、佛山、揭阳、肇庆等地；在城乡分布上，既有偏僻的农村山乡，也有经济发达地区的城乡结合部，甚至有一些还出现在城中闹市区内。而在制毒流程上，犯罪分子多采取跨区域、跳跃式的分段加工方法，更体现了分布日益扩散的特点。制毒分子通常把制毒流程分成粗加工、精加工、成品包装等几个阶段，把耗电耗水、污染较大的粗加工程序放在偏远农村、山区或对冰毒认知不足的外省进行，把脱水、烘干、压片、包装等工序放在城乡结合部、闹市区的出租屋、住宅区内进行，既减少被发现的风险，又便于销售毒品。

三是冰毒走私猖獗。由于广东的地缘与区位特点，向中国台湾、日本、韩国、菲律宾、马来西亚等地走私冰毒的犯罪活动十分突出。从公安机关查破的案件看，走私方式主要为用渔船、快艇等直接将冰毒运往公海，交给境外毒枭或利用货物夹藏偷运出境①。

至 2009 年，广东新型合成毒品犯罪的形势日趋严峻，毒品犯罪活动日益猖獗，广东省现已成为我国一个主要的毒品集散地和消费市场。其原因主要表现为：第一，过去广东省只是毒品的消费市场，因为传统毒品(如海洛因)的制造需要特定的毒品原植物(罂粟)，所以广东缺乏制造传统毒品的条件。然而，随着制造毒品技术的不断演变，在全国范围内广东最先发现了新型合成毒品制造。新型合成毒品相对于传统毒品来说，具有不需种植原植物、化学实验室内就能直接合成的特点，使得广东制造新型合成毒品犯罪愈演愈烈而且制毒地点变得越来越隐蔽，从农村推进到城乡结合部再打入人口密集的城区。自 20 世纪 90 年代中期以来，在暴利的驱使下新型合成毒品的制造在广东迅速蔓延。经过禁毒部门的有力打击，广东制造新型合成毒品的犯罪活动得到控制但出现“外移”(向内地省份转移)现象，且广东新型合成毒品的制贩犯罪仍居于全国的前列。加之法律的滞后性、制毒技术简单、制作成本低、对新型合成毒品危害认识不足等原因，广东的新型合成毒品在国际性新型合成毒品泛滥的大背景下在省内迅速蔓延，并向周边省份侵袭。

---

① 参见任克勤等：《广东冰毒等精神类毒品犯罪的犯罪场域分析》，载于《福建高等公安专科学校学报》2005 年第 2 期。

这一时期，广东新型合成毒品犯罪的特点为：

一是广东省的新型合成毒品犯罪呈现组织化、智能化、武装化、国际化等特点。为了追求超高利润，犯罪分子开始寻求更多的办法来对抗越来越严厉的禁毒斗争。有的境外制贩毒品分子主动勾结广东省内制贩毒品分子，成立制贩毒组织，相互分工合作，相互弥补对方毒源、消费市场的不足；有些具有高学历的化学生物专业人员，或从事有关化学、生物、医学研究等具有一定工作经验的人员，受到利益、虚荣心的驱使，转而研究毒品，进而勾结制贩毒分子，从事与毒品有关的犯罪活动。这些运用科学知识研制出制造毒品的新配方或制造出新类型的毒品，由于相对滞后的法律未来得及管制，禁毒工作人员未来得及认识，一度蒙骗过关；有的制贩毒犯罪分子深知毒品犯罪的高风险性，知道一旦被禁毒部门发现并抓获，必然受到法律严厉制裁，于是便通过不法渠道聚集枪械弹药等军火，以武装护毒；有的甚至勾结外国贩毒分子，进行跨国贩毒。

二是广东省新型合成毒品品种不断推陈出新。由于法律的相对滞后性及人们对毒品认识的过程性，刚刚出现不久的新型合成毒品犯罪难以得到有效的打击。如 1991 年在广东省首次发现了当时相对于传统毒品来说比较新的“冰毒”，随着“冰毒”的迅速蔓延，国家制定一系列政策与措施打击“冰毒”犯罪案件，“冰毒”受到抑制，接着又出现摇头丸，打击抑制摇头丸后，“K 粉”(氯胺酮)又相继出现。目前新型合成毒品“麻古”、盐酸二氢埃托菲、安纳咖、三唑仑、硝甲西泮、艾司唑仑、咪达唑仑、“六角”等人们相对陌生的新型合成毒品仍不断出现。这些都给禁毒部门打击新型合成毒品犯罪带来大的压力。

三是广东省新型合成毒品犯罪多利用现代科技信息技术走上毒品犯罪道路。当前，由于网络监管难度大，管理多有缺失之处，网络已逐渐成为制毒、贩毒等毒品犯罪利用的新型工具。由于新型合成毒品的消费对象大多为年轻人，而这些年轻人大多喜欢上网，因此毒贩们以互联网为工具进行远程遥控，采用暗号或密码进行网上交易、网上结账，渐出现方便快捷的网络化特征。有的人还利用网络的现代科技信息，学习新型合成毒品加工方法。如 2010 年 12 月，佛山与茂名警方联手捣毁了一个特大制贩毒品团伙，抓获黄某等团伙成员 10 名，捣毁制毒工厂 2 间，缴获“K 粉”(氯胺酮)75 千克、半成品液体 57 千克。据刑警透露，10 名犯罪嫌疑人中有 8 名成员为“80 后”，属于高智商犯罪，外号“地主”的黄某依靠互联网学得制毒本领成为制毒大王，经过一段时间学习和试验后，制作出来的“K 粉”竟然在工艺和纯度方面均达到专业水平。此外，团伙成员经常上网看美国侦查大片，反侦查能力很强，这体现在制毒工厂的选址和日常运货等几方面。犯罪团伙设在茂名的制毒厂选择在市郊一个比较偏僻的小村子里。周围空间开阔，这样一是便于排放工厂废气，同时，外人如果想进入该范围，隐蔽性差，容易被发现。“团伙成员日常往返于顺德与茂名两地时，十分警惕，一辆车足以运物品，但他们一般会开两辆车，前面一辆为‘扫雷车’负责踩点，发现有可疑情况或警察查车时迅速通知后面的车辆。”团伙成员往往开高档车，“一上高速就开到170—180千米的时速，给民警跟踪和守候都增加了难度”。“团伙成员以家庭成员为主，兄弟或夫妻，这样的成员关系保密性强，不易暴露。”①

至2014年年底，广东全省在册吸毒人数达45.7万，毒品消费需求庞大，零星毒品犯罪在毒品犯罪案件总数中占有较高比重。据统计，2007至2013年广东省法院共审结走私、贩卖、运输、制造及非法持有零星海洛因、甲基苯丙胺、鸦片三类毒品犯罪案件48 984件，占同期全部毒品犯罪案件结案总数的73.38%。2014年，广东全省法院新收一审毒品犯罪案件19 462件23 492人，同比分别增长28.52%和29.07%。2015年1至5月，广东省法院新收一审毒品犯罪案件11 004件13 050人，同比分别增长42.45%和37.66%。

近年来，广东法院依法严惩走私、制造、大宗贩卖毒品等源头性犯罪，毒品犯罪案件数量从2007年以来一直位居全国前列，毒品案件一审收案数连续8年上升。《2014年中国毒品形势报告》指出：根据中国国家毒品实验室检验数据分析，2014年中国执法部门共查缴冰毒晶体13.7吨，其中75%以上源自广东省②，可见广东新型合成毒品形势十分严峻。从毒品犯罪审判角度分析，近年来广东新型合成毒品犯罪呈现以下几大特点：

一是新类型毒品不断出现，价格低，市场大。近年来，除海洛因、甲基苯丙胺(冰毒)等传统毒品外，含有多种成分的新类型、混合型毒品如麻古、氯胺酮、美沙酮、硝甲西泮、艾司唑仑、咪达唑仑也不断出现。新类型毒品获取渠道多、价格相对较低，吸食此类毒品的人员增幅较大，且此类毒品致幻性强，吸食者在吸食后易产生幻觉或者高度兴奋、抑郁等精神病症状，从而行为失控引发抢劫、抢夺、故意伤害、寻衅滋事等次生犯罪。

据统计，2007至2013年广东法院共审结除海洛因、甲基苯丙胺、鸦片以外的其他类型毒品犯罪案件9 799件，占全部毒品犯罪案件总数的14.68%。而2014年1月至2016年5月，广东法院就审结新类型毒品案件5 573件，占比24.07%，比之前高出了近10个百分点。

---

① 参见徐媛媛：《广东制造新型合成毒品犯罪及其侦查对策》，载于《政法学刊》2008年第5期。

② 国家禁毒委员会：《2014年中国毒品形势报告》，国务院新闻办公室网站，www. scio. gov. cn，2015年6月24日。

二是毒品犯罪各个环节网络渗透日益深入。随着科技不断发展，互联网在毒品犯罪的各个环节正在起着越来越大的作用。从制毒(学习制毒方法、购买制毒设备、采购制毒原料)、贩毒，甚至吸毒(聚众视频在线吸毒)，互联网的渗透日益深入。

一些涉毒分子往往使用即时通信工具，通过语音、图片、视频形式进行交流，私密性越来越高，发现、监控、取证的难度越来越大，加之跨区域犯罪落地难等因素，打击难度也进一步增加。

2013 年 7 月至 2014 年 10 月，广东省共捣毁制造甲基苯丙胺、氯胺酮的工厂 401 个，占全国同期的 45%。而网络的参与可能使制毒变得更加分散，从而使形势变得更加严峻。通过一些网页和 QQ 群等，不法分子可以学习和交流制毒技术；通过部分医药、化工类以及电子商务类网站，可以购买到制毒设备和原料；通过涉毒分子的 QQ 群、微信群，甚至可以将部分生产流程分包出去。加大对涉网络毒品犯罪的打击力度，刻不容缓。

2015 年，广东高院首发的 5 起毒品犯罪典型案例中 4 起为新型合成毒品案例，分别如下：

典型案例 1：

杜某某制造、贩卖、运输毒品案。毒贩用微信群分包生产流程。被告人杜某某通过互联网学习掌握了用麻黄素制作甲基苯丙胺(冰毒)的制作方法。2008 年 5 月至 2009 年 7 月，杜某某纠集并组织、指挥沈某某、张某某、杜某某、潘某某、卢某某(均已判刑)等人，从事制造、贩卖、运输甲基苯丙胺的犯罪活动，并逐步形成了以杜某某为组织、领导者，沈某某为主负责制造毒品，潘某某为主负责贩卖毒品，张某某、杜某某为主负责运输、制作制毒原料和收转制成的毒品及毒资，卢某某负责收取、管理毒资的犯罪集团。

在杜某某的指挥、协调下，该犯罪集团以网购的方式从湖北武汉购进大量含有麻黄素成分的药物，将药品研磨后再通过物流公司寄到东莞，交由在网络上结识的“同行”“林某”(另案处理)提炼麻黄素。随后，杜某某等人在清远、韶关等地利用“林某”提炼出的麻黄素进而制造出甲基苯丙胺 78.7 千克，并由潘某某贩运至广州市卖给秦某某、谢某某(均已判刑)等人，得款 312.828 万元。

案发后，公安机关从韶关市曲江区东堤横路中港大厦 14 楼 1403 房及天台、租用的商铺及潘某某住处等地查获固体状甲基苯丙胺 8 682.8 千克、液态甲基苯丙胺 2 千克及大量制毒设备、工具；从沈某某、潘某某等人住处及沈某某的银行保险箱内查获甲基苯丙胺 5 508.4 千克。

典型案例 2：

林某某等大量贩卖毒品案。网络贩毒快递寄毒。2010 年 11 月起，1980 年出生的林某某向广东省海丰县某镇“阿永”和陆丰市某镇“伟兄”(均在逃)购买毒品甲基苯丙胺后进行分装,以每小包0.5克50元的价格向吸毒人员贩卖。其中,8次贩卖给钟某某8小包,共重4克;4次贩卖给黄某某4小包,共重2克;20次贩卖给温某某20小包,共重10克。2012年3月5日因贩卖毒品罪被判处有期徒刑4年11个月,并处罚金人民币1 000元,同年3月19日因患三型肺结核被暂予监外执行。

2012年12月,林某某身患疾病,行动不便,遂以提供毒品吸食作为报酬,由钟某某替林某某向温某某等人贩卖甲基苯丙胺3次,共重2.2克。同月25日下午,公安人员在海丰县某镇某社区林某某家中将林某某、钟某某抓获,当场缴获甲基苯丙胺81包,净重1 403.18克。

典型案例3:

伍某某、邓某某通过网络贩卖、快递寄送毒品案。利用网络贩卖毒品,通过物流渠道寄送毒品,贩卖毒品数量大。

被告人伍某某在肇庆市端州区风华路苹果园17栋1402房对毒品甲基苯丙胺(冰毒)进行分包,通过网络聊天工具上网联系购买毒品的人员,商定数量、价格后,联系快递公司,以交寄包裹的方式出售毒品。在此过程中,邓某某协助其进行贩卖。

2013年11月1日19时许,公安干警将刚交付快递的邓某某抓获,现场缴获准备邮寄的快递包裹3个,分别寄往河北、江苏、黑龙江。包裹内有甲基苯丙胺共4包,合计净重94.01克。随后,公安干警又在肇庆市端州区风华路苹果园17栋1402房抓获伍某某,并在该房内搜获甲基苯丙胺1包,净重5.83克。

伴随着网络经济的火热,物流快递步入了快速发展期,犯罪分子也盯上了这个行业。鱼龙混杂的物流快递市场,客观上为某些犯罪分子实施犯罪行为提供了渠道和便利。近年来,以快递作为网络贩毒渠道的案件屡见不鲜,毒贩往往将毒品藏匿于物品之中,进行快递配送,手段隐蔽,不易察觉。面对经济利益的驱使,加上从业人员门槛偏低,交寄物品时,有时甚至不需要真实姓名,都可以将违禁物品运送出去。可见,尽快完善与落实物流寄递收寄验视实名登记制度实属必要。

典型案例4:

余某某吸冰毒后引发故意杀人、抢劫案。1951年出生的被告人余某某与被害人黄某某相识后,两人在广州市越秀区越华路余某某的出租屋居住。2013年3月30日4时许,余某某在住处吸食冰毒后与张某某(男,殁年53岁)、黄某某(女,殁年42岁)发生争执,并持刀捅刺张某某的头部、胸部、背部及黄某某的胸部、背部,致张某某心脏破裂合并失血性休克死亡;致黄某某心包、肺和肝脏破裂合并急性失血性休克死亡。后余某某到广州市越秀区越华路41号旁治安岗亭，持刀向值班员马某某(被害人，男，时年61岁)索要钱财，并持刀捅刺马某某的左腰部、左臀部、左肩部等处，致马某某受轻伤。之后，余某某逃离现场。次日16时许，余某某在广州市越秀区小东营社区公园凉亭内被公安人员抓获归案[①]。

2.3.3.4 四川

四川省近年来合成毒品滥用蔓延较快，已成为该省毒品违法犯罪的一大特征。统计显示，四川省缴获的合成毒品数量居全国前三，制贩对象以“K粉”为主转以“冰毒”为主。据四川省公安厅统计，截至2014年，全省已登记的吸毒人员有151 914名，其中滥用合成毒品70 422人，年均增幅55.7%。滥用人员已从社会闲散人员、社会地位较低人群，向企业员工、个体老板、演艺人员、公务员等阶层蔓延；滥用场所则向宾馆、公寓、出租房等更隐蔽的地方转移[②]。又根据《2014年中国毒品形势报告》和中国国家毒品实验室检验数据分析，2014年中国执法部门共查缴冰毒晶体13.7吨，其中75%以上源自广东省、近6%源自四川省。[③] 可见四川新型合成毒品形势日趋严峻。

自2013年“6·26”以来，四川省法院一审共受理毒品案件5 878件8 489人，审结5 382件7 455人。其中，受理走私、贩卖、运输、制造毒品案件4 736件7 121人，审结4 313件6 180人；受理非法持有毒品案件396件433人，审结368件402人；受理容留他人吸毒案件691件811人，审结655件770人，受理其他涉毒品案件55件124人，审结46件103人。

从审判情况看，随着毒品犯罪形势的发展，四川省毒品犯罪案件呈现出如下几个特点：

一是大案要案增多，社会危害大。走私、贩卖、运输、制造毒品犯罪涉案毒品数量越来越大。如布尔子米、特久此海等7人贩卖、运输毒品案，涉案海洛因达33千克；练某、谢某等人制造毒品案，涉案冰毒达68.5千克。

二是传统毒品海洛因与新型合成毒品犯罪交织，且合成毒品犯罪呈上升趋势。四川省凉山、攀枝花、宜宾等地涉运输、贩卖海洛因的犯罪案件占有较大比重；成都及周边地区涉制造、贩卖甲基苯丙胺、氯胺酮类合成毒品的案件呈主导类型，且案件数、涉案毒品数量均呈上升趋势；毒品类型呈现出传统毒品与新型毒品交织的复杂局面。如肖某某、李某某、李某、康某贩卖、运输、制造毒品案。

---

① 章宁旦、马远斌、胡静：《广东高院首次发布毒品犯罪典型案例》，法制网，2015年6月21日。
② 任鸿：《合成毒品蔓延快，四川毒品犯罪形势仍严峻》，《四川日报》，2013年6月26日。
③ 国家禁毒委员会：《2014年中国毒品形势报告》，国务院新闻办公室网站，www.scio.gov.cn，2015年6月24日。

2010 年，肖某某为制造冰毒，出资 2 万元租用李某某位于安岳县长河源乡政府街 108 号家中的地下室（以下简称“李某某家”）作为制造毒品地点。2011 年春节前后，在肖某某安排下，李某在成都购买大量制毒原材料。同年 4 月 4 日晚，肖某某伙同李某某、李某、康某制造出大量含甲基苯丙胺的液体后，由康某按肖某某安排将液体从李某某家带到肖某某在成都市锦江区优品尚东的租住房存放。4 月中旬，肖某某和李某又将该液体带到肖某某在成都市锦江区三圣乡锦江城市花园的租住房（以下简称“3306 号租住房”）提炼结晶。同月 22 日晚，肖某某伙同李某某、李某在李某某家，分工协作制造出含甲基苯丙胺的液体并存放于冰箱内。同月 25 日凌晨，肖某某安排李某驾驶现代越野车（川 MA9177），将一瓶制好的液体运往乐至县，当行至乐至县回澜收费站时被挡获，公安人员当场查获含甲基苯丙胺的黄褐色液体 632 克。当日，公安人员在安岳县岳阳镇和长河源乡分别将肖某某、李某某抓获，并在李某某家中查获含甲基苯丙胺的液体及固液混合物 17 597.5 克，白色晶体及粉状冰毒 73 克。同年 5 月 6 日公安人员勘查 3306 号租住房，在厨房冰箱内及卧室查获含甲基苯丙胺的液体及固液混合物 3 628.5 克、黄色固体冰毒 57.5 克。5 月 21 日，康某被抓获。本案是一起典型的涉制造、贩卖、运输毒品的团伙犯罪案件。团伙犯罪、集团犯罪是当前毒品犯罪的主要形式，组成人员主要为同学、朋友，关系较为亲近，人员比较固定，经过长期经营，形成“产、供、销、藏”一条龙的职业犯罪体系。在该类犯罪中，对制造、运输、贩卖都有明确分工，犯罪行为隐蔽，证据收集较为困难。且涉案毒品数量大、社会危害严重，历来是打击的重点。

三是犯罪手段隐蔽性强，人体藏毒现象突出，利用特殊人群犯罪突出。毒品犯罪分子为逃避惩罚，犯罪手段越来越隐蔽化和多样化。在凉山、攀枝花等地，利用人体藏毒案件一直较为突出。四川省法院 2013 年至 2014 年 6 月审结运输毒品案件共 55 件，其中 24 件系通过人体藏毒运输，达 43%。同时，利用特殊人群犯罪的现象也十分突出。例如，利用孕妇等特殊人员运输毒品的案件就有 4 件 10 人，占全部运输毒品犯罪的 7%。

四是涉毒犯罪被告人文化程度偏低，以无业人员为主，毒品再犯占有较大比例，重操旧业的现象在毒品犯罪中比较突出。如色布么子作（女）与吉次木日杂（女）等体内运毒 613 克案是较为典型的利用特殊人群体内运输毒品的案件，运输毒品的妇女多为怀孕期、哺乳期或者带有小孩。被雇用者往往家庭贫困、文化程度低、对实施毒品犯罪的严重危害后果认识不足，容易在毒贩的蛊惑、经济利益利诱下，铤而走险，实施毒品犯罪。这些案件涉案毒品往往数量大，社会影响恶劣，人民法院依法审判这类案件，充分运用刑罚手段达到惩治犯罪的特殊预防和警戒、威慑作用。

五是出现外国毒品犯罪分子指使、雇用我国女性公民走私毒品的案件。如被告人迈克尔走私毒品案。2010 年 7 月 15 日，迈克尔(Michael Ejike Onuoha，尼日利亚籍)多次安排其女友李某某，前往马来西亚吉隆坡。李某某返回时均带一行李箱交给迈克尔。2011 年 7 月 8 日，李某某又在迈克尔的安排下前往吉隆坡，同月 15 日从吉隆坡乘坐亚航 D72626 次航班返回成都。在成都双流机场入境时，成都海关旅检人员从李某某随身携带的旅行箱夹层中，查获两包用锡箔纸包装的淡黄色粉末状物品，净重 2 507.5 克。经鉴定，从中检出海洛因成分，含量58%。李某某在取保候审后回到广州，迈克尔为了拿到箱子，于 2011 年 7 月 21 日前往东莞找李某某时被挡获。本案是一起较为典型的外国毒品犯罪分子指使、雇用我国女性公民走私毒品的案件。近年来，此类案件在四川省发生多起，仅案发当年成都中院就受理了此类案件 10 余起。此类案件的共同特点：(1) 犯罪模式基本相同。都是外国毒犯以谈恋爱为名，指使、雇用我国女性公民，利用箱包藏毒的方式走私毒品入境；(2) 藏毒方式隐蔽，一般需要对箱包采用切割等破坏手段才能发现藏匿的毒品；(3) 外国毒犯反侦查能力强，往往只抓获了携带毒品入境的嫌疑人，此案是为数极少抓获走私毒品雇主的案件；(4) 被雇用人往往打着运送衣物等幌子，对于判断其是否明知携带毒品认定较困难[①]。

典型案例

案例 1　广东陆丰冰毒案

广东制毒“第一大村”覆灭启示录[②]

全国冰毒产量中，来自广东省陆丰市的超过 1/3，而其中相当一部分均产自于陆丰市博社村。在这个有着 1.4 万人的村庄，两成多村民从事冰毒制造，村党支部书记和副书记均涉嫌带头制毒。

海陆空围清剿制毒“第一大村”

2013 年 12 月 29 日凌晨 4 点，随着广东警方“雷霆扫毒”行动指挥部一声令下，3 000 多名公安、武警、边防警力出动，对陆丰市博社村进行清剿。

---

① 刘春华：《四川省高院公布四大毒品典型案例，合成毒品犯罪呈上升趋势》，四川在线，http://sichuan.scol.com.cn/dwzw/content/2014-06/25/content_8152133.htm，2014 年 6 月 25 日。

② 扶庆、詹奕嘉：《广东制毒“第一大村”覆灭启示录》，http://news.xinhuanet.com/local/2014-01/04/c_118829898.htm，2014 年 1 月 4 日。

博社村南面至海边只有2.5千米，村外东南面已发现多个可疑制毒窝点，且海边相关建筑物可能成为涉毒物品进出港中转站，为同步清查该区域制毒窝点、防止村内不法分子闻风南下走水路脱逃，边防警力从陆路进入博社村南部海边区域，对相关建筑、人员控制清查，同时派遣1艘边防大艇拖带2条快艇到博社海湾集结，做好拦截海路接应脱逃准备。

与此同时，两架警用直升机在目标区域上空执勤，进行空中管控，负责执行探照追踪、高音喊话、空中警戒、航拍取证、快速用兵、紧急救援等任务。路面上，对相关路段和重点部位实施交通管制，形成海陆空全方位立体防控网。

扫毒行动持续了12个小时，一举摧毁18个特大制贩毒犯罪团伙，抓捕网络成员128名，捣毁制毒工场77个和1个炸药制造窝点，缴获冰毒2 925千克、氯胺酮260千克、制毒原料过百吨，查处涉毒保护伞人员13名。中央和部领导对清剿博社村行动给予充分肯定。

陆丰是广东东部汕尾市管辖的县级市。2014年1月3日上午，记者刚刚从深汕高速转向通往博社村的S338省道，就看到路边飘扬着一条显眼的红色横幅，上面写着"有毒必肃、贩毒必惩、种毒必究、吸毒必戒"。越接近博社村，这样的横幅和标语就越多，陆丰市公安局还在省道上设置了"全力推进重点整治执勤点"，对来往车辆进行检查。在进入博社村之后，几乎每隔5米就能看到1条关于禁毒的横幅和标语，许多房屋的墙上都贴了《陆丰市公安局关于严厉打击毒品违法犯罪活动的通告》，可见大规模清缴毒品的工作还没有完全结束。

"法外之地"如何会形成?

陆丰涉毒问题由来已久，1999年和2011年两次被国家禁毒委列为涉毒重点整治地区。近三年，陆丰冰毒占全国份额已超过1/3。其中博社村是该地区涉毒严重的"第一大村"，村内有两成以上家庭直接或参股从事制贩毒活动，该村不少民房都用来生产冰毒，一桶桶污浊、褐色的半成品把房间塞得像个酱油作坊，更有甚者，因为家里空间不够，一些人还直接把原材料或半成品放在屋与屋之间不到1米宽的过道上。

记者初步调查发现，其之所以长成"制毒村"主要有两个重要原因：

一是基层组织软弱涣散，执法人员里应外合。广东省公安厅副厅长郭少波介绍说，博社村党支部书记、副书记不但涉嫌直接参与制贩毒，而且还涉嫌行贿协调"捞人"。其中，党支部书记还是陆丰市人大代表、汕尾市人大代表。截至2014年1月，当地查处的10宗涉毒违法违纪案件中，牵涉21名党政工作人员，包括3名派出所所长和部分民警。

"本来都是死罪，按理说是有震慑力的，但却演变成重罪可以轻判，大罪变小罪，再加上巨额利益驱动，导致一些村民纷纷效仿。”广东省公安厅禁毒局政委邱伟说。

二是部分村民暴力抗法，增加执法难度。警方过去进村抓捕毒犯时，多次遭遇不法分子阻碍执法、暴力抗法行为。且不少毒犯不但有强腐蚀性、毒害性的硫酸、盐酸、乙醚等易燃易爆危险物品，而且还藏有枪支弹药、管制刀具甚至手雷等杀伤性武器。

邱伟告诉记者，该村历史上曾经发生过三次大规模警力进村行动，第一次是清剿毒品，第二次是清剿假币，第三次也就是这一次，仍是清剿毒品。

根治毒情决不能止于严厉打击

专家认为，“毒村”的长期存在、发展壮大以及打击后的死灰复燃，和过去地方党政不作为有着直接关系。一方面，持续打击力度不够，对制毒分子刑罚不严，导致全村成为“法外之地”；另一方面，地方经济发展落后，村民无工可做，无钱可赚，纷纷铤而走险。双重因素下，使得当地冰毒制造形成产业化规模。

“治乱须用重典。”当地不少基层干部呼吁，鉴于陆丰地区禁毒工作形势严峻、状况特殊，建议广东省及相关部门加大靠前指挥力度，协调组织多部门“力量下沉”、周边地区联动配合，以便更好地打击和威慑制贩毒行为。如仿效2009年全国公安机关打击假币犯罪“09行动”专项行动在粤东成立“决战前线指挥部”的做法，由省部级政法机关负责人直接策划指挥重大案件的侦办和专项行动的开展。

另一方面，要想使陆丰制毒问题“斩草除根”，仅仅依靠公安机关的打击远远不够。如何重塑当地党风政风，切实加强社会治理，以经济发展和社会建设为治本之策，铲除其滋生的制度和社会根源，仍然任重道远。首先需要当地党委政府机构高度重视制贩毒犯罪问题，着力解决民生问题，想方设法带领群众走正当途径脱贫致富，从根本上杜绝部分人因致富无门、铤而走险的经济社会土壤。

汕尾市委常委、陆丰市委书记郑佳接受记者采访时说，目前已经着手从博社村小学校长、年轻党员、退伍军人中选任党支部成员；同时从公安局、法院、检察院、司法局及甲子镇、甲东镇及甲西镇共抽调500多人，分别进驻6个涉毒重点村进行清理清查，继续开展毒品清剿打击行动，开展清理、清查、基层组织建设、民生、产业及帮扶等方面工作。

案例2　惠东制造氯胺酮案

惠东制造氯胺酮“鼻祖”落网[①]

2013年10月9日凌晨4点，2 000余名公安和边防武警以惠州市为主战场，在

① 严俊伟：《惠东制造氯胺酮“鼻祖”落网》，http：//news. gmw. cn/newspaper/2013－10/11/content_2212457. htm，2013年10月11日。

广东省广州、深圳、东莞、韶关、汕尾市，以及江苏、江西、云南、福建5个省10地市同时开展收网行动，成功侦破公安部督办毒品专案，一举摧毁3个特大制贩毒犯罪团伙，抓获犯罪嫌疑人113名，缴获氯胺酮375千克、可卡因40千克、摇头丸2万粒，捣毁制毒窝点2个、藏毒窝点4个，收缴制毒原料和工具一大批，查扣毒资200万元，打响了广东省“雷霆扫毒”六大集群战役的“第一枪”。

锁定三大制贩毒团伙

惠东县2008年首次发现制造氯胺酮后，发展势头十分迅猛。2011年被广东省综治委挂牌整治，2012年“摘帽”后又反弹，成为广东省乃至全国氯胺酮毒品的重要源头之一，2013年再次被省禁毒委挂牌整治。经过剖析研判，惠州市公安机关找准了主要原因，就是没有彻底摧毁当地制贩毒重大团伙网络。

2013年7月，惠州、惠东两级公安机关从海量涉毒线索入手，循线深挖，掌握了分别以何某某、林某某、陈某某为首的3个成员众多、组织严密、反侦查能力极强的制贩毒团伙，他们长期控制惠东县域内的制贩毒活动，形成原料引进、生产加工、批量贩卖的一体化运作网络，毒品销往中国内地部分省市、港澳台地区，印尼，马来西亚等。摧毁上述团伙网络，铲除多年盘踞当地的大毒枭，成为有效根治惠东制贩毒问题的重要突破口。

5省10地市同时收网

10月9日凌晨，广东省公安厅指挥中心依旧灯火通明——公安厅厅长李春生坐镇指挥，郭少波副厅长、惠州市公安局李敏局长在惠州前线指挥部靠前指挥，组织力量分赴广州、深圳、东莞、韶关、汕尾等地及江苏、云南、江西、福建等5省10地市开展统一收网，2 000多名警力迅速集结到各收网现场，缉捕、取证、审讯等工作在高度保密状态下有条不紊地进行。

惠州的惠城、惠阳、惠东、博罗、龙门、大亚湾、仲恺等县区公安机关，会同省公安边防总队，分72个行动小组同时在主战场展开收网行动，共抓获涉案人员77名，捣毁制毒窝点1个，藏毒窝点4个，缴获氯胺酮375千克、可卡因40千克、摇头丸2万粒；另外，广州、深圳、东莞、韶关、汕尾等地行动组相继抓获涉案人员13名；经公安部指导协调和兄弟省公安机关的支持配合，赴外省收网行动组分别在云南香格里拉县抓获嫌疑人3名，在江苏盐城抓获嫌疑人4名，在福建抓获嫌疑人2名，在江西修水县抓获嫌疑人14名，并捣毁制毒窝点1个，缴获制毒原料一批。此次行动由于准备充分、指挥得力、出警神速，在不发一枪一弹的情况下，1个小时内绝大部分犯罪团伙骨干成员悉数落网，缴获各类毒品420余千克，捣毁制毒窝点2个、藏毒窝点4个，收缴制毒原料和工具一大批，查扣毒资200万元。

制贩“K 仔”犯罪遭毁灭打击

据介绍，此案中的涉案团伙反侦查能力极强，活动十分诡秘。而且涉案人员众多，活动轨迹遍布多个省市。另外，此次行动目标为 3 个相对独立的犯罪团伙，要确保实现 3 个团伙同时具备“人员、制毒场点、毒品”同时到案，这对侦查收网是一次严峻的考验。

该案打掉的 3 个犯罪团伙危害极大，其中“1301”专案头号毒枭何某某 2008 年开始带头制毒，是惠东县制造“K 仔”氯胺酮的“开山鼻祖”；“902”专案头号毒枭林某某是控制惠东山区贩毒网络的主要成员；“913”专案头号毒枭陈某某长期控制惠东沿海地区通往境外的制贩毒活动。上述团伙首脑及骨干的归案落网，使惠东乃至全省制贩氯胺酮犯罪活动遭到毁灭性打击。与此同时，指挥部派出 500 名警力对惠东个别制贩毒问题突出的村进行了针对性清查，起到了很好的震慑效果。

案例 3　非洲籍人员在粤贩毒案

一、广州海关摧毁一非洲籍贩毒团伙①

2014 年 5 月 29 日，经过一个半月的缜密侦查，广州海关缉私部门在公安机关等执法部门的密切配合下，一举摧毁一个盘踞在广东佛山南海黄岐地区，以外籍人员为主的走私贩毒团伙，抓获犯罪嫌疑人 10 人，查获冰毒近 4 000 克。在本案中，广州海关缉私部门首次运用 DNA 检测技术，成功认定走私毒品犯罪嫌疑人，成为依法打击毒品走私犯罪团伙的“杀手锏”。

海关查获速递包裹中毒品

4 月 14 日，在广州航空邮件处理中心，广州海关查验关员盯住了一件寄往菲律宾的速递包裹：该邮包寄递的是低廉的婴儿用品，物品价值远远低于邮递费用和包装所用背包的价值，内中必有蹊跷。经过进一步依法开拆查验发现，背包中夹藏有冰毒 955.8 克。

接案后，办案人员当天夜里赶赴邮包投寄地点——位于南海黄岐镇的一家婴儿用品超市开展调查取证。调查发现，4 月 11 日，有 2 名非洲籍男子，携带事先自己准备好的空背包，来这家超市购物后委托超市联系某快递公司寄递，这两个邮包正是海关 14 日查获的藏毒邮包。

广州海关迅速成立专案组，将其纳入“布网”行动，代号为“BW64”。4 月 25 日、5 月 2 日，这 2 名非洲籍嫌疑人再次出现，通过婴儿用品超市投寄 6 个背包，

① 吴哲等：《广州海关摧毁一非洲籍贩毒团伙》，http：//gd. people. com. cn/n/2014/0625/c123932-21505586. html，2014 年 6 月 25 日。

分别寄往澳大利亚和马来西亚。专案组随即将嫌疑邮包截获,检查发现 6 个邮包均藏有冰毒,共计 2 956.1 克。

一举端掉非洲籍贩毒巢穴

5 月 29 日,酷暑难耐。"BW64"专案组会同南海当地公安机关等执法部门,共出动 60 余名警力,在南海黄岐某出租屋开展抓捕行动。

嫌疑人居住的南海黄岐一带,聚居了大量非洲籍人员,出租屋遍布,楼内房间众多、环境复杂,抓捕难度很大。办案人员经过反复排查,终于锁定重点嫌疑人 Chindu 所在的房间。当天上午 11 时许,行动组当机立断,依法使用破门工具冲进房间。此时,嫌疑人正在卫生间销毁毒品罪证。办案人员及时上前制止,经过一番激烈搏斗后,最终将体格健壮、负隅顽抗的嫌疑人制服。根据 Chindu 当场供述的情况,办案人员紧接着在同一栋楼里抓获其同伙 9 人。

DNA 检测结果成关键物证

由于在办案人员冲入房间抓捕前,嫌疑人已将其所携带的毒品全部销毁,造成关键证据缺失,狡猾的 Chindu 一口咬定自己在做合法的服装生意。

经对前期截获的藏毒邮包进行检查,刑事技术人员从邮包内的包装纸上提取到了嫌疑人的 DNA 样本,连同在抓捕现场提取的多名嫌疑人 DNA 样本,以最快速度送往公安机关 DNA 实验室进行同一性比对检测。检测的结果显示,当天抓获的主要犯罪嫌疑人 Chindu 的 DNA 样本与藏毒邮包内提取到的 DNA 样本具有同一性。这项检测结果,成为认定 Chindu 利用邮包实施走私毒品犯罪事实的关键物证。

二、广州成亚洲最大非洲人聚集地,犯罪情况不容乐观[①]

2014 年调查数据显示,广州已成为亚洲最大的非洲人聚集地。常住我国的外籍人员有 593 832 人,而广东省就有 316 138 人,居全国之首。由非洲人引起的犯罪情况尤其严重,尚未引起关注与重视的强奸、艾滋病与非婚生子等问题都成为广州的不安定因素。

2014 年 8 月 28 日,广州大学广州发展研究院发布《广州外籍流动人口管理现状分析与对策研究》称:由于地理气候、发展商机及城市包容度等因素,广州已成为亚洲最大的非洲人聚集地。

非裔占广州外籍流动人口一半

第六次人口普查数据显示,常住我国的外籍人员 593 832 人,而广东省就有 316 138 人,居全国之首。2010 年从广州各口岸出入境的外国人达 418 万人次,

---

① 刘雪:《广州成亚洲最大非洲人聚集地,犯罪情况不容乐观》,http://gd.qq.com/a/20140829/011350.htm,2014 年 8 月 29 日。

在穗临时居住的外国人达192万人次，常住的外国人达2.8万人。在全国各大城市居于领先地位。

目前广州外籍流动人口中，非洲裔占总数的约1/2。报告提及一组未注明来源的数据，指出广州非籍流动人口目前已高达20多万，其中绝大多数是非法滞留者。非籍人员在广州的分布呈现出散开则少，聚集则多，以小北路、环市路、三元里为中心，往北延伸至机场路、广园路，往西挺进南海，往南扩展到海珠区、番禺区，呈半月形包围广州。

外籍人员犯罪案件不容乐观

报告表示，"三非"外籍人员问题，一直是整个广东地区较为突出的问题。在前几年披露的数据中，2007年，广东省公安机关共查处"三非"外国人7 000余人，其中拘留审查700余人；2008年查处1.3万人，其中涉及刑事犯罪的210人，涉及47个国家26种罪名，非洲籍人员所占比例较高。

除刑事犯罪外，外籍人员聚众闹事引发骚乱事件也时有发生。如2009年7月15日发生的非籍人员围堵广州派出所事件，2012年6月18日发生的非洲人堵塞广园西路示威事件等。这些事件推动了2011年《广东省外国人管理服务暂行规定》的出台。此外，还有尚未引起关注与重视的强奸、艾滋病与非婚生子等问题，影响到广州市民的社会生活和城市的安全稳定。

报告还指出，以外籍人口为主体的犯罪案件，特别是毒品犯罪案件值得引起重视。在穗"三非"外籍人犯罪率急剧上升，其中毒品犯罪案居涉外各类犯罪案件之首，占近6成。2012年12月，公安部门已抓获300多名在广州从事毒品走私犯罪活动的非洲人，打破一个由来自非洲的境外人员与境内人员相互勾结的毒品销售网络。

建议设立外国人收容机构

针对广州外籍人员居住、滞留情况，课题组建议加强立法，建立外籍人管理信息的分享平台。目前，国内包括广州都有一些地下中介，专门靠帮外国人办理工作证明、来华邀请函等手段获利，这些地下中介是非洲人滞留我国的"帮凶"。因此，有关部门对于这类为外国人办理各类工作签证的非法地下中介必须要严查，要坚决取缔，并进行重罚和重判。

目前，广州还没有设立专门用于羁留关押"三非"外籍人员的收容所。课题组认为可借鉴德国等国家的做法和经验，按照国家法律和人道原则，设立专门针对外国人的这一类机构。

同时，目前大多数在穗外籍人都按照自己所在的国籍，自发形成各自的社团，相当于"同乡会"。报告建议，政府部门在加强对外籍人士的管理时，应积极与这些外籍人商会、社团首领进行沟通合作。

第3章　云南毒情形势与新型合成毒品

云南地处祖国西南边疆多民族杂居区，历来是我国内地通往中南半岛和印度次大陆的重要通道，历史上就曾是烟毒重灾区。后至中华人民共和国成立初期，在党和国家的统一部署下，中共云南省委和省人民政府从云南的实际出发，按照不同民族和不同地区的不同情况采取分类指导的原则，充分地发动和依靠各族人民群众，紧密结合当地的实际情况，开展“禁烟禁毒运动”和各种社会改革，在较短的时间内便使烟毒基本禁绝[①]。至20世纪70年代末，因各种因素影响，毒品在边境地区死灰复燃并迅速蔓延扩散。

截至2016年，云南毒品犯罪形势依然十分严峻，更凸显毒品犯罪仍处于高发态势，禁毒工作任重而道远。2011—2015年第三轮禁毒人民战争期间，云南三级法院共新收毒品犯罪案件27 485件，同比上升5.52%；审结27 098件，同比上升5.02%；判处罪犯27 266人，其中被判处五年徒刑以上的罪犯20 519人。最新的数据显示，2016年1—5月，新收毒品犯罪案件2 713件，审结2 381件，判处罪犯1 821人。总体上云南毒品犯罪呈现如下特点：

一是走私、贩卖、运输毒品犯罪多发。从毒品来源看，“金三角”是云南毒品渗透的主要来源地，云南是禁毒人民战争的前沿阵地，毒品犯罪案件数量一直居高不下。近年来，境外制贩毒加剧，对云南进行全线渗透，“西线”德宏州、保山市，“南线”西双版纳州、普洱市，出现多线并行的局面。案件多发于走私、贩卖、运输环节，2011—2015年上述三类型毒品犯罪案件占全部毒品犯罪案件的91.16%。累犯、再犯比例较高，2011—2015年审理的毒品犯罪案件中，具有累犯、毒品再犯情节的被告人占毒品犯罪案件被告人的9.09%。

二是海洛因和甲基苯丙胺(片剂)为涉案毒品主流。从审理的毒品犯罪案件涉毒类型看，海洛因和甲基苯丙胺(片剂)犯罪案件数占94%，其中海洛因占51.84%，甲基苯丙胺(片剂)占42.16%。从近年的情况看，海洛因类犯罪案件

---

① 参见中共云南省委党史研究室：《建国以来云南的禁毒斗争·序言》，云南民族出版社1997年版。

所占比例有所下降，而甲基苯丙胺类毒品犯罪迅速增多。

三是大宗毒品犯罪及武装贩毒日益突出。从查办的案件看，越来越多的“千克级”及以上的大宗毒品犯罪案件破获并提交审判。同时查获枪支、弹药等武器装备，毒品犯罪分子武装对抗查缉、抓捕的现象日益增多，给案件侦破以及公共安全带来严重威胁。比如公布的潘某等人贩卖、运输毒品典型案件。

四是毒品犯罪的新情况不断呈现。毒品犯罪分子在实施毒品犯罪过程中，组织化程度越来越高，分工越来越细化，甚至出现了职业化的运输毒品犯罪团伙；利用科技手段、网络平台逃避侦查，同时也给毒品案件审判工作带来了新的挑战①。

3.1 传统毒品问题的现状和特点②

3.1.1 毒品滥用的现状和特点

3.1.1.1 毒品滥用的现状

云南境内的非法吸毒活动，具有人数多、分布广、结构特殊、情况复杂等特点。就整体而言，由于毗邻毒源地，受国际环境的影响，国际贩毒集团不断将毒品从境外“金三角”等地走私入境，转运我国港澳、日韩、欧美等国际市场；而境内的一些不法分子也与境外毒枭和贩毒分子相互勾结，大肆进行各种类型的贩毒活动，使得云南的吸毒问题发展到了极其严重的地步。截至 2009 年年底，云南在册吸毒人数达 142 585 人，现有吸毒人员 50 776 人，两项数据均居全国前列。其具体分布为：德宏州在册 38 730 人、在吸 13 375 名，昆明市在册 20 063 人、在吸 8 064 名，普洱市在册 10 296 人、在吸 3 325 名，红河州在册 13 905 人、在吸 4 135名，保山市在册 8 245 人、在吸 3 540 名，大理州在册 12 767 人、在吸 3 541 名，临沧市在册 6 036 人、在吸 2 088 名，曲靖市在册 5 374 人、在吸 3 182 名，昭通市在册 6 172 人、在吸 2 623 名，西双版纳州在册 5 736 人、在吸 1 490 名，文山在册 4 075 人、在吸 1 103 名，玉溪在册 4 757 人、在吸 1 487 名，丽江在册 2 583

① 云南省高级人民法院：《云南高院严惩毒品犯罪新闻发布会暨十大典型案例发布》，云南法院网，http：//www. gy. yn. gov. cn/Article/xwgj/xwfb/201606/48471. html，2016 年 6 月 28 日。

② 此章节部分内容来自鲁刚主持的国家社科课题《边疆民族地区构建社会主义和谐社会进程中社会稳定问题调查研究——以云南为例》的子课题《云南边疆民族地区突出社会问题调查研究》（阮惠风执笔，鲁刚修订）与房红主持的国家社科青年项目《云南禁吸戒毒模式》第二章云南毒情形势分析的部分内容（阮惠风撰写）。

人、在吸1 134名,楚雄在册2 921人、在吸1 122名,迪庆在册437人、在吸183名,怒江州在册488人、在吸385名(见表3-1)。

表3-1 2009年第4季度云南省吸毒人数分县情况①

序号	地区	现有人数	在册人数	吸毒人员分布情况
1	德宏	13 375	38 730	潞西2 200、瑞丽2 033、陇川4 302、盈江4 230、梁河610
2	昆明	8 064	20 063	盘龙956、五华区1 308、西山区1 349、官渡区1 205、东川区405、寻甸县310、呈贡县230、晋宁县759、宜良县220、嵩明县200、禄劝县396、安宁市410、富民县28、石林县57、开发区231
3	普洱	3 325	10 296	思茅区200、澜沧县2 029、孟连县868、西盟县145、江城县83、墨江(无)、普洱(无)、景谷(无)、镇源(无)、景东(无)
4	红河	4 135	13 905	个旧1 433、弥勒302、开远925、元阳75、蒙自253、河口118、建水461、红河46、石屏32、金平130、泸西247、绿春113、屏边(无)
5	保山	3 540	8 245	隆阳区1 436、腾冲1 825、龙陵224、施甸55、昌宁(无)
6	大理	3 541	12 767	大理1 422、祥云276、巍山483、云龙64、宾川677、弥渡189、洱源163、南涧88、永平77、鹤庆82、漾濞7、剑川13
7	临沧	2 088	6 036	临翔515、凤庆153、云县411、耿马462、镇康185、沧源214、永德148、双江(无)
8	曲靖	3 182	5 374	麒麟区646、陆良564、会泽507、罗平360、师宗89、沾益116、富源164、宣威736、开发区(无)、马龙(无)
9	昭通	2 623	6 172	昭阳区994、鲁甸292、巧家162、镇雄598、彝良81、威信175、盐津69、大关84、永善158、绥江10、水富(无)
10	西双版纳	1 490	5 736	景洪566、勐海707、勐腊125
11	文山	1 103	4 075	文山283、砚山344、邱北163、广南129、富宁134、马关50、西畴(无)、麻栗坡(无)
12	玉溪	1 487	4 757	红塔区811、易门68、澄江156、元江95、华宁104、通海134、新平77、峨山19、江川23
13	丽江	1 134	2 583	玉龙县110、古城区220、永胜373、宁蒗330、华坪101

① 根据云南省公安厅禁毒局提供的资料整理所得。

续 表

序号	地区	现有人数	在册人数	吸 毒 人 员 分 布 情 况
14	楚雄	1 122	2 921	楚雄市 502、姚安 87、大姚 52、永仁 20、元谋 39、禄丰 280、双柏 9、南华 42、牟定 28、武定 63
15	迪庆	183	437	维西 147、香格里拉 26、开发区 7、德钦(无)
16	怒江	385	488	兰坪 224、泸水 107、福贡 54、贡山(无)
合计		50 776	142 585	

从相关实地调查与表 3 - 1 可以看出，云南省毒品滥用人群主要分布特点为：

一是各地州市登记在册吸毒人员与现有吸毒人员呈明显的正相关关系。云南省 16 地州市按登记在册吸毒人员从多到少为德宏、昆明、红河、大理、普洱、保山、昭通、临沧、西双版纳、曲靖、玉溪、文山、楚雄、丽江、怒江、迪庆。按现有吸毒人员从多至少为德宏、昆明、红河、大理、保山、普洱、曲靖、昭通、临沧、西双版纳、玉溪、丽江、楚雄、文山、怒江、迪庆，分别为 13 375 人、8 064 人、4 135 人、3 541 人、3 540 人、3 325 人、3 182 人、2 623 人、2 088 人、1 490 人、1 487 人、1 134 人、1 122 人、1 103 人、385 人、183 人。可见，一般登记在册吸毒人员多的地州市，其现有吸毒人员多，其排位顺序总体上对应，但也有错位现象：如曲靖的登记在册吸毒人员排第 10 位，现有吸毒人员却跃居第 7 位。

二是就受毒品侵袭的程度而言，总的说来十分严重，表现出 3 个特点。其一，在传统西线重灾区，即德宏、大理、保山，现有吸毒人员以昆明市与中缅边界中下段保山、德宏、临沧、普洱和中、缅、老三国结合部西双版纳 5 州市为最，其次为中越边界云南段中方一侧红河、文山 2 州，再次是中缅边界上段怒江州一带。

3.1.1.2　毒品滥用的原因分析

毒品问题是种植、制作、吸食、贩运毒品一系列过程的综合体，是全方位、立体的，构成了一个“毒品产业”的恶性循环系统，毒品问题本身的复杂性决定着其产生原因的复杂性。毒品犯罪是全球性社会公害，中国更面临严峻的形势。20 世纪 80 年代初期，原已基本禁绝的毒祸又在边境地区泛起，死灰复燃。然后又以极强的辐射能力扩展，从边疆到内地，从农村到城市，由初级品等向海洛因等制品转化的势头方兴未艾。据权威部门透露，经过不断“北上”和“东进”，吸毒局部最严重的地区，已由地处一隅的云南扩散到西北、东北、华北、华南等广大内地，甚至接近国际大都市水准的特大城市北京、广州、上海，吸毒问题也达到了令人不安的程度。其诱因主要表现为：

3.1.1.2.1　历史的视角

鸦片战争是人类文明史上最黑暗的一页，其中以大英帝国为首，美英俄等国步其后尘，大肆向中国倾销鸦片；袁世凯时期与民国政府期间，军阀混战，西南军阀更以贩运烟土作为军饷的一个重要组成部分，这期间虽各政府一些有识之士都主张禁毒，但都只能扼腕长叹，以失败而告终。中华人民共和国成立后，党和政府针对这一痼疾，开展声势浩大的禁烟运动，在全国范围内基本肃清了毒祸，取得了举世瞩目的成绩。但在沿边境民族地区，由于错综复杂的历史原因，有部分染上毒瘾的烟民错过了接受改造的机会，几十年来一直断断续续吸毒，成为烟民中的"钉子"和堡垒。有专家分析，这一特殊的吸毒群体，不仅为数可观，一般占当地吸毒人数的10%—20%左右，而且多为有一定声望和影响的长者，其吸毒活动在群众中有不可低估的示范效应和极坏的影响，成为沿边地带一大极为特殊的历史遗留问题。

另外一个历史事实也不可忽视，原据守滇南的国民党的李弥第八军，面对解放军凌厉的攻势，兵败如山倒，兵团主力数万人被歼于元江河谷东岸，但下属的七零九团逃离国土，直窜"金三角"，后历经沧桑，奠定了毒品"金三角"的基本格局，成为后来毒品在中国泛滥的一个祸根。

3.1.1.2.2　地理环境的视角

毗邻云南境外一侧的"金三角"，是世界有名的毒品生产地之一。在云南西南部境外一带，长期以来对方实际实行的是"以毒养军，以军护毒"的政策。目前，云南境外的"金三角"一带年产鸦片 2 500 至 3 000 吨，这些鸦片及加工品销往哪里去呢？其中一部分是通过海上通道贩往世界各地，而相当一部分最便捷的途径是由贩毒分子非法贩入云南，再贩往全国各地，或经云南再贩往海外。上述毒品的产销格局在短期内是不会改变的，因而毒品对我国的危害在短期内也就不会完全消除。

云南地处祖国西南边疆多民族杂居区，历来是我国内地通往中南半岛和印度次大陆的重要通道，历史上就曾是烟毒重灾区。早在鸦片战争前后，在英法殖民主义者的推动下，烟毒从印缅等周边邻国传入云南边境地区，并不断向内地蔓延扩散。给我国各族人民造成深重的苦难。后至中华人民共和国成立初期，在党和国家的统一部署下，中共云南省委和省人民政府从云南的实际出发，按照不同民族和不同地区的不同情况，采取分类指导的原则，充分地发动和依靠各族人民群众，紧密结合当地的实际情况，开展"禁烟禁毒运动"和各种社会改革，在较短的时间内，便使烟毒基本禁绝。

20 世纪 70 年代末，在我国开始大力贯彻对外开放的方针，积极开展对外交流的同时，云南沿边境一线因毗邻臭名昭著的“金三角”毒源地等诸多因素，致使毒祸又率先在边境地区沉渣泛起，并逐渐向本省靠内地区和省外蔓延扩散，不仅严重危害各族人民身体健康、扰乱社会秩序、干扰经济建设，而且对云南全省乃至全国的毒品问题产生举足轻重的影响。

关于云南境外的毒源，从目前已知的情况看，可以说在整个 4 000 多千米的边境沿线外侧，基本上都是毒源地，区别仅在于种植面积的大小与精加工能力的有无。而最臭名昭著的又是号称世界三大毒窟之一的“金三角”。广义上的“金三角”，包括缅甸东北、老挝西北及泰国北部面积约 20 万平方千米的广大地区，其北缘地带沿中缅、中老边界抵达我国保山、德宏、临沧、思茅、西双版纳 5 州市境外。

“金三角”地区的毒品种植面积和产量，20 世纪 90 年代初最盛时曾经达到种植面积 10 万公顷，年产鸦片 3 000 吨、海洛因近 200 吨，后随着包括我国在内的严厉查缉堵截和替代种植的积极推进，到 2005 年《联合国禁毒报告》显示罂粟种植面积大约近 3 万公顷(有 40 多万亩)，较之 2004 年同比下降 26%。2006 年经云南省公安禁毒部门通过卫星遥感监测等手段测量，种植罂粟的面积约 1.4 万公顷(20 多万亩)，从而降至 100 多年来的最低点。

然而，尽管“金三角”地区以鸦片、海洛因为代表的传统毒品近年来已明显减少，但取而代之的新型合成毒品却在急剧上升，因而仍是对我国危害最大的境外毒源地，毒情形势依然十分严峻。其中尤为突出的是毒品种类增多，新型合成毒品异军突起，与传统毒品形成并驾齐驱的态势，影响恶劣，危害严重。

首先，边境沿线各民族边民吸毒活动加剧。在云南沿边地带，包括汉族在内的大部分世居民族都是跨境而居。自古以来，境内外边民不仅鸡犬相闻、田畴相连、比邻而居，而且多同源共祖、言语相通、密切往来。由于久居毒品原产地，境外边民吸毒现象极为普遍。受此影响，在频繁的交往中，我方边民中不少人也染上毒瘾，然后再通过亲朋、邻里等关系传播扩散，并进而向靠内地区蔓延。境内吸毒人员的大量滋生及其对毒品的特殊依赖，又反过来刺激境外毒品源源不断地渗入，由此形成恶性循环，致使云南沿边地带成为毒祸的重灾区。

其次，因外出打工被引诱而吸食上瘾。如沧源、耿马、孟连、陇川、腾冲、勐海等县的少数民族吸毒者，大部分都是曾经由农村出境打工的青壮年。在外期间，由于环境改变、生活节奏加快产生的各种压力，加之有一定的固定现金收入，外出务工者往往因此成为贩毒分子的目标。据课题组 2007 年 2 月到怒江州福贡县实地调研时得知，该县现有的 36 名本地籍吸毒人中，全部都是外出打工者或有过打工经历的人。

再次，因精神空虚而吸食毒品。一部分物质生活比较富足的人，为了寻找新鲜感、新刺激而误入歧途。如瑞丽市的吸毒者，不少都是改革开放后的致富户。其中有的是自己“挣过大钱”，有的父母做生意，因“赶时髦”染上了毒瘾；也有的因为交往的朋友中有人吸毒，为了保证毒资来源，千方百计将其拉下水。

最后，零星贩毒和以贩养吸。据公安部门统计，在云南境内查获的大宗毒品交易中，香港、广东、广西、湖南、河北、四川、贵州等地的境外贩毒集团占70%，云南省内人员参与大宗贩毒的案件仅占30%，而少数民族参与贩毒的约占10%。但边疆民族地区吸毒贩毒人员中，零星贩毒、以贩养吸的现象非常突出，使毒品在民间广为扩散，青少年、社会闲散人员往往成为受害者。

此外，人口素质的普遍低下，部分群众法制观念淡薄，个别地区基层党政组织软弱涣散，由人、财、物大流动所造成的客观环境，以及伴随着内外交流分别从境外与内地传播而来的种种腐朽意识和丑恶现象助长等等，也都是吸毒问题的诱发原因。

3.1.1.2.3　生理学、心理学的视角

鸦片、海洛因等具有极强的上瘾性，医学上将其称为药物依赖。以海洛因为例，其进入人体后，首先对中枢神经起作用，产生即刻的快感。其导致的感觉是奇妙无比的，能持续几分钟之久，使吸食者全身温暖、感到平静，飘飘然如同做梦一般（根据戒毒人员口述整理）。据专家分析，海洛因极易上瘾，有临床实验表明，第一次吸食海洛因，有少许快感，还常伴有头痛等不适反应；第二次吸食时，只需0.01克便会产生明显快感；而第三次吸食，则要0.02克才能使吸食者满意，并形成瘾癖。因此有专家认为，只要吸毒者克服了最初对海洛因进入身体时产生的恶心感觉，毒瘾便开始染上了。

据生物学研究，人类的脑中存在着一种特殊的荷尔蒙，又称内源性啡肽，或脑内吗啡，当其受到某种外源性物质如药物刺激时，能产生一种强烈的情绪反应，该反应又会强化摄取刺激的行为，药物依赖性是以这种生物反应为基础的。

成瘾后能否戒断？许多专家认为：生理戒断比较容易，心理戒断则很难。对于吸毒成瘾者，只要使其脱离毒源，精心照护，再辅以药物治疗，在很短的时间内（一般为7—15天），就能从生理上脱瘾。毒瘾难以戒除，究其原因就是心理上的依赖性难以解除；吸毒产生的欣快感、从前环境的诱惑及自身意志的薄弱，就很容易使戒毒者走上复吸的道路。据专家对昆明市114例吸毒者的调查统计，70%的吸毒者曾戒过毒，复吸率高达98%以上，如果是四号海洛因的成瘾者，复吸率甚至会达到100%。一个吸毒成瘾者在戒断以后，哪怕是10年、20年，都不能说已经完全戒断不存在复吸的可能性了，社会必须时时刻刻将其置于一定的

环境之中进行有效的监控与帮教。

3.1.1.2.4 经济学的视角

任何一种商品，如果没有人消费就不存在市场需求，人们也就不会生产和贩运它。毒品也一样，如果没有人吸毒，生产者和贩运者就无利可图，世界上也就不存在毒品生产。由于历史和社会的原因，一些人对毒品陷入了一种常人难以理解的渴望和需求之深渊，从而导致全世界形成了一个巨大的毒品消费市场。国外姑且不论，在中国，自鸦片战争以后，英国殖民主义者用毒品鸦片打开了中国的大门，一部分中国人染上了吸食鸦片的恶习，渐渐地，在中国这块净土上，种植和吸食鸦片合法化，鸦片像恶魔一样侵蚀毒害中国民众的肌体和灵魂。中华人民共和国成立之后，我国政府以极大的魄力在短时间内就在中华大地上，荡涤了历史遗留下来的污泥浊水。

但吸毒现象在一些边疆偏僻地区并没有绝迹。改革开放后，国门打开，边境地区与邻国的边境贸易活跃起来，有的人富有起来，但精神贫困空虚，寻求不正当的刺激，老一代烟民复吸毒品，一部分年轻人赶好奇图新鲜，或被境外毒贩引诱而误入陷阱。渐渐地，在云南和内地城乡，特别是城镇，有一部分人染上了吸毒恶习。据公安部的不完全统计，1995 年我国有吸毒者 52 万人，有吸毒问题的县市已占全国县市总数的 70%；目前吸毒人数还在不断增加，例如，1996 年北京市查获的吸毒人数是 1992 年的 24 倍；吸毒者年龄越来越年轻化，现有吸毒者中年轻人占 70%以上。中国境内超百万人的吸毒市场与毒品走私贩运形成了一种相互刺激的恶性循环。

3.1.1.2.5 社会学的视角

我国社会处于转型时期，国家政策全方位的调整变化、观念的改变，导致社会的整合功能、维持模式发生改变。按照帕森斯(Talcott Parsons)的结构功能主义观点、社会系统是由适应(Adaptation)、目标(Goal Attainment)、整合(Integration)与维持(Latency Pattern Maintenance)四个子系统组成，各子系统互相依赖，每个子系统通过相互之间的边界进行交换。帕森斯认为每个子系统产生的力量都以一种“看不见”的方式发挥作用，这种看不见的东西就称为“媒介”。四个子系统的媒介对应如下：适应——金钱，目标——努力，整合——规范、影响，维持——价值观。因为四个子系统之间是相互交换的，所以它们在媒介方面也是交换的、互动的。

我国现在由计划经济向市场经济过渡。在市场经济下，人们更注重自我，强调个人利益与个人价值，与计划经济条件下集体公共利益至高无上有很大区别(整合系统发生变化)。这种个人主义与金钱至上相结合(适应系统发生变化)，就会使人们产生对以往社会规范的漠视，为聚敛财富可以不择手段。市场经济又使竞争更为普遍化、更加激烈。由于上述价值观的变化和社会规范的不良运作，不当竞争大量存在，而不当竞争所带来的是对规划、规则的蔑视，是行为的放纵，而且带来多方面的人际冲突、压力、威胁、敌意和挫折感（维持系统发生变化）。市场经济也是人口流动规模化成为现实，使政府对人们的控制难度增大，也就是说政府的权力相对减弱（权力系统发生变化）。这一系列变化，对毒品犯罪的影响具体表现如下：

一是不择手段，为摄取高额利润铤而走险，种毒、贩毒。

二是流动人口影响了政府管理的难度，客观方面也为贩毒分子的不断转移贩卖提供了条件。

三是价值失范导致有些人内心的空虚、寂寞、烦恼，产生畸形人生观，诱发吸毒。

四是道德、宗教、家庭对社会的约束作用减弱，越轨亚文化群体的聚合作用增大，容易成为吸毒、贩毒的温床。

五是社会变化节奏加快，竞争更激励，很多人都无法把握自己的命运，因而逃避社会，以吸毒寻求解脱。

当然，随着转型时期的逐渐结束，社会的整合和维持功能不断增强，新的价值观念、道德观念得以确立，对毒品的有效控制将会得到加强。

3.1.1.3 吸毒活动的特点

其一，毒品经济规模巨大。据研究，涉及毒品消费量估算的要素主要有三：毒品价格、毒品使用者人数、人均最低维持消费量。① 其中，就毒品的价格而言，云南边境地区毒品的市场价格可分为批发价和零售价。批发价视毒品消费地与来源地的距离呈数倍、数十倍的幅度增长。毒品的价格各地差异较大，在边境一线地区目前每千克四号海洛因的价格一般为1.7万—2.5万元，二线地区为3万—3.5万元。而各地毒品零售价格不仅受批零差价的影响，还受到市场供求状况、毒品本身纯度的影响，因此各地零售价格差距很大。而就毒品消费群体而言，截至2009年年底，云南在册吸毒人数达142 585人，现有吸毒人员50 776人，再加上隐性吸毒群体则可达10万人左右，由此构成了一个不容小视的庞大消费市场。再就是吸毒者每人每天最低毒品消费量，国际上一般认为以四号海洛因为标准，每人每天最低消费量应为1—5克，而我国较一般的标准是每天平均0.3克。

综合以上因素，以2009年公布的数据云南目前实有在吸人员50 776人，吸食海洛因者占吸毒人员总数的占85.8%，以每人每天吸食0.3克计，每年全省直接消

① 徐晓梅、李辉：《我省开展禁毒人民战争综述》，《云南日报》，2005年6月27日。

费海洛因可达 4.71 吨。然后以每克海洛因零售 300 元、每千克 30 万元、每吨 3 亿元人民币计算，合计可值人民币近 14.13 亿元。如果加上隐性海洛因吸食者和鸦片、新型合成毒品等其他吸食者，则每年云南全省毒品消费量至少价值人民币 20 亿—30 亿元。大约相当于年度全省 GDP(2009 年云南省 GDP 为 6 168 亿元)的 0.32%—0.49%，更不用说为了治理毒品问题还需要另外付出的巨大投入。

其二，边境沿线吸毒问题较为突出。按 2009 年的统计数据，在中缅边境沿线 18 个县市内，共有在吸人员 20 368 名，约占云南全省在吸人员总数 50 776 名的 40.11%和中缅边境 6 州市在吸人员 24 203 名的 84.15%。其中，仅以在吸人员计，德宏州陇川、盈江两县超过 4 000 人，芒市、瑞丽两市和普洱市澜沧县超过 2 000 人，保山市腾冲县 1 825 人，合计 16 619 人，约占中缅边境沿线 18 县市在吸人员总数 20 368 名的 81.59%(见表 3-2)。

表 3-2　中缅边境沿线地区吸毒人数一览表(2009 年)

行政区名称	在册人数	在吸人数	占全省在吸人员比重	备注
云南全省	142 585	50 776	100.00%	纳入统计的共有全省 8 个州、8 个市，129 个县(市、区)，以及 3 个县级开发区
中缅边境 6 州市	69 171	24 203	47.67%	合计共 35 个县、市、区
中缅边境 18 县市	—	20 368	40.11%	凡 15 个县、3 个县级市
怒江全州	488	385	0.96%	靠内地区兰坪县 224 人
贡山县	—	2	0.01%	
福贡县	—	52	0.10%	
泸水县	—	107	0.21%	
保山全市	8 245	3 540	6.97%	靠内地区隆阳区 1 436 人、施甸县 55 人、昌宁县(无)
腾冲县	—	1 825	3.59%	
龙陵县	—	224	0.44%	
德宏全州	38 730	13 375	26.34%	靠内地区梁河县 610 人
盈江县	—	4 230	8.33%	
陇川县	—	4 302	8.47%	
瑞丽市	—	2 033	4.00%	
芒市(潞西市)	—	2 200	4.33%	

续　表

行政区名称	在册人数	在吸人数	占全省在吸人员比重	备　注
临沧全市	6 036	2 088	4.11%	靠内地区临翔区 515 人、凤庆县 153 人、云县 411 人、永德县 148 人、双江县(无)
镇康县	—	185	0.36%	
耿马县	—	462	0.92%	
沧源县	—	214	0.42%	
普洱全市	10 296	3 325	6.55%	中越、中老边境江城县 83 人，靠内地区思茅区 200 人，其余墨江、普洱、景谷、景东、镇源等 5 县(无)
澜沧县	—	2 029	4.00%	
西盟县	—	145	0.29%	
孟连县	—	868	1.71%	
西双版纳全州	5 736	1 490	2.93%	
勐海县	—	707	1.39%	
景洪市	—	658	1.30%	
勐腊县	—	125	0.25%	
其他州市合计	73 414	26 573	52.33%	中越边界红河州在册 13 905 人、在吸 4 135 人，文山州在册 4 075 人、在吸 1 103 人；靠内地区昆明市 20 063 人、在吸 8 064 人，玉溪市在册 4 757 人、在吸 1 487 人，曲靖市在册 5 374 人、在吸 3 182 人，昭通市在册 6 172 人、在吸 2 623 人，大理州在册 12 767 人、在吸 3 541 人，楚雄州在册 2 921 人、在吸 1 122 人，丽江市在册 2 583 人、在吸 1 134 人，迪庆州在册 437 人、在吸 183 人

资料来源：据云南省禁毒局《2009 年第 4 季度全省吸毒人数分县情况表》整理。①

其三，少数民族深受其害，其中又以边境沿线地区的傣族、景颇族、阿昌族等少数民族受害最深。如位于中缅边界中段的德宏州陇川县，截至 2006 年 12 月，全县登记在册的吸毒人员 11 491 人，占全县人口的 6.5%和全省在册吸毒人数 8.5 万人的 13.46%，因吸毒死亡 2 126 人，外出或下落不明者 138 人。现有吸

① 鲁刚主持的国家社科基金一般项目《中近期中国社会问题演化的趋势研究》(08BSH012)最终成果报告。

毒人员 6 700 人，其中景颇族 3 378 人，占 50.4%；汉族 1 674 人，占 24.9%；傣族 999 人，占 14.9%；阿昌族 445 人，占 6.6%；傈僳族 151 人，占 2.2%；德昂族 11 人，占 0.2%；其他民族 42 人，占 0.6%。县内赛号乡 10 多个自然村曾连续几年出现人口负增长，其中一个村 58 户 241 人中有 51 人吸毒，吸毒死亡 23 人，艾滋病感染者 21 人，留下孤儿 21 人①。

其四，吸毒人员年龄跨度大，分布区域相对集中。据统计，在现阶段的吸毒人员中，青壮年居多且日趋低龄化。吸毒人员的年龄，最小的仅 8 岁，最大的已 99 岁，相差达 90 余岁，但整体上呈现"两头小，中间大"的纺锤形结构。17—36 岁的吸毒者占吸毒者总数的 50%以上，有的地方则达 70%以上。如 2006 年，在陇川县的在吸人员里，17 岁以下的为 122 人，占 2%；18—25 岁的为 1 614 人，占 24%；26—35 岁的为 2 136 人，占 32%；36—60 岁的为 2 387 人，占 36%；60 岁以上的为 441 人，占 6%。由此可知，17—36 岁（不含 36 岁）的吸毒人员为 3 750 人，占 56%；17—60 岁的吸毒人员为 6 578 人，所占比例为 98.2%②。

此外，在边境一线口岸、城镇周边地区、交通沿线贩毒活动比较猖獗的地区，吸毒人员也较为集中。如澜沧县主要分布在东朗乡、勐朗乡、竹塘乡和县城周边地区，沧源县主要分布在县城勐董镇、永和乡。

其五，毒品种类日趋多样化。20 世纪 80 年代以前，云南边境沿线地区的毒品主要是鸦片。以后随着境外"金三角"毒源地毒品"白色化"进程的推进，海洛因开始大量流行。近年来又出现冰毒、摇头丸等新型合成毒品。但时至今日，毒品种类区域差别依然存在，如中越、中老边界沿线农村的吸毒者以吸食鸦片为主，而中缅边界中下段临沧、德宏的吸毒者以吸食海洛因为主，保山腾冲吸食"卡苦"（又称朵把烟，是以鸦片为原料，辅以芭蕉叶丝、车前草茎等助燃物掺拌煎熬而成的毒品，状如刀烟，其毒性与鸦片同）较为普遍。

3.1.2 毒品犯罪的现状、诱因与特点

3.1.2.1 毒品犯罪的现状

2009 年云南全省共查破毒品违法犯罪案件 14 229 起，缴获毒品 7.84 吨，其中，海洛因 3.28 吨、冰毒 3.19 吨、鸦片 1.11 吨；抓获毒品违法犯罪嫌疑人 16 291 名，同比分别上升 8.1%、20%、8.4%。与《2010 年中国禁毒报告》公布的相关数据相比较，云南查破毒品案件数占全国查破毒品案件数 7.7 万起的

① 根据陇川县禁毒与防治艾滋病工作队进村入社领导小组办公室提供的资料整理。

② 根据陇川县禁毒与防治艾滋病工作队进村入社领导小组办公室提供的资料整理。

18.48%，抓获毒品犯罪嫌疑人数占全国9.1万名的17.90%，全省缴获的海洛因、鸦片、冰毒分别占全国总数的56.3%、85.9%、48.2%（见图3-1、3-2、3-3、3-4）①。由此可见云南毒品违法犯罪活动的猖獗程度及其在云南全省以至全国范围内打击毒品犯罪斗争中的突出地位。

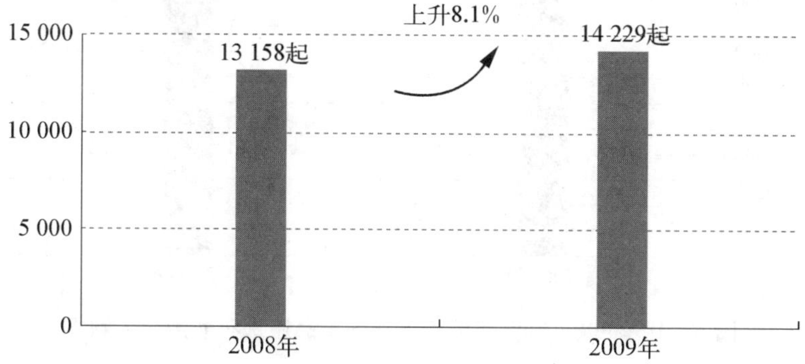

图3-1　2008—2009年云南省查破毒品违法案件

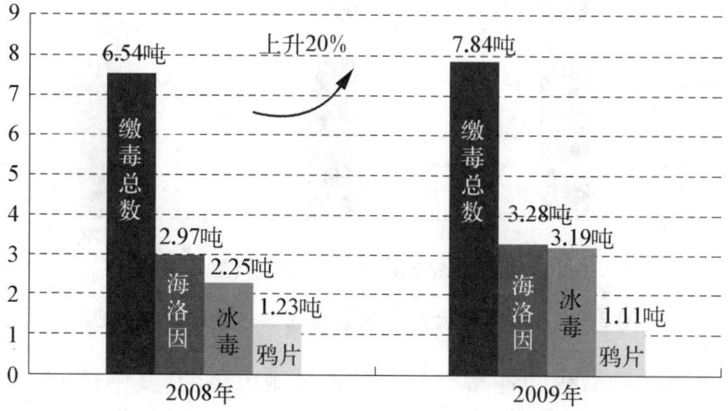

图3-2　2008—2009年云南省缴获毒品数据

在查破毒品违法案件方面，共查破毒品违法犯罪案件14 229起，全省16地州市均有涉及，其中破获案件数上千的为德宏、保山、昆明、临沧、普洱、昆明铁路公安局，破获的案件分别为3 793起、2 264起、2 139起、1 169起、1 033起、1 067起，占全省破获案件总数的26.66%、15.91%、15.03%、8.22%、7.26%、7.50%（见表3-3）。从表中还可以看出，云南毒品问题较为严重的地区仍为与缅甸北

① 罗石文（云南省公安厅副厅长）：《在2010年全省公安禁毒工作会议上的报告》，2010年3月10日。

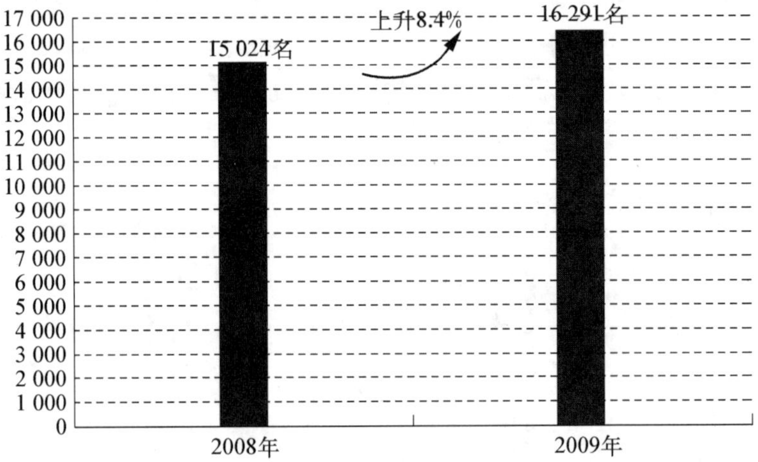

图 3-3 2008—2009 年云南省抓获毒品违法犯罪嫌疑人数据

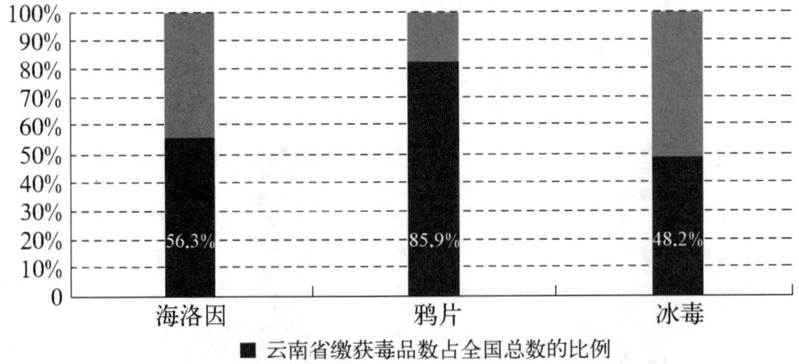

图 3-4 2009 年云南省抓获毒品数占全国总数比例

部、缅甸东北部搭界沿线的各州市及云南省会城市昆明，其中德宏、保山、临沧为云南西线传统重灾区，普洱为云南南线毒品侵袭日益严重的地区，而昆明因其特殊的地理位置与便利的条件，成为云南最大的毒品集散地。上述五州市累计毒品案件数为 10 398 起，占全省的 73.08%。因此，对上述毒品重灾区的治理仍是云南今后禁毒工作的一项重点任务。

表 3-3 2009 年云南全省查破毒品违法犯罪案件一览表

地州市等公安部门	毒品违法犯罪案件数	百分比(%)	累计百分比(%)
德　宏	3 793	26.66	26.66
保　山	2 264	15.91	42.57

续 表

地州市等公安部门	毒品违法犯罪案件数	百分比(%)	累计百分比(%)
昆 明	2 139	15.03	57.60
临 沧	1 169	8.22	65.82
普 洱	1 033	7.26	73.08
西双版纳	573	4.03	77.10
大 理	515	3.62	80.72
玉 溪	420	2.95	83.67
红 河	317	2.23	85.90
曲 靖	282	1.98	87.88
昭 通	250	1.76	89.64
楚 雄	182	1.28	90.92
文 山	127	0.89	91.81
丽 江	60	0.42	92.23
怒 江	21	0.15	92.38
迪 庆	1	0.01	92.39
昆明铁路公安局	1 067	7.50	99.89
民用机场公安局	13	0.09	99.98
边防总队	3	0.02	100.00
合 计	14 229	100.00	

在查破毒品刑事案件方面呈现如下趋势。[①]

一是案件数上升。2009 年全省共破获毒品刑事案件 8 476 起，同比上升 3.8%，其中破获海洛因案 4 517 起、冰毒案 3 287 起、鸦片案 267 起、吗啡案 70 起、咖啡因案 8 起、氯胺酮案 7 起、大麻案 2 起、摇头丸案 1 起、其他毒品案 317 起；同比海洛因案下降 2.8%，冰毒案上升 19.6%，鸦片案下降 1.1%，吗啡案增加 1.3 倍。破获千克至万克毒品案件 1 227 起、万克以上毒品案件 137 起，同比分别上升 7.9%和 59.3%。

二是缴获毒品数上升。2009 年全省共缴获毒品 7 828.4 千克，同比上升

① 此部分内容是根据昆明市禁毒支队公安网站相关资料整理。

19.9%，其中缴获海洛因 3 280.5 千克、冰毒 3 187.9 千克、鸦片 1 114.6 千克、吗啡 79.4 千克、咖啡因 163.1 千克、大麻 1.5 千克、氯胺酮 1.4 千克、摇头丸 0.01 千克；同比海洛因上升 10.6%、冰毒上升 41.7%、鸦片下降 9%、吗啡上升 60.4%。千克至万克案件缴获毒品 3 185 千克、万克以上案件缴获毒品 2 912.1 千克，同比分别上升 7.6%和 46%。

三是抓获毒品犯罪嫌疑人数上升。全省共抓获毒品犯罪嫌疑人 10 409 名，同比上升 2.9%，其中抓获本省籍犯罪嫌疑人 4 312 名，占抓获总数的 41.4%，同比上升 0.5%；抓获外省籍犯罪嫌疑人 5 030 名，占抓获总数的 48.3%，同比下降 0.7%；抓获外国籍犯罪嫌疑人 1 028 名，占抓获总数的 9.9%，同比上升 42.2%；抓获其他不明籍贯犯罪嫌疑人 39 名，占抓获总数的 0.4%，同比上升 77.3%。

四是查破手段与方法多样化。2009 年全省通过公开查缉破获毒品案件 5 905 起，占全省破案总数的 69.7%，同比上升 7.5%。缴获毒品 3 562.7 千克，占全省缴毒总数的 45.5%，同比上升 22.9%，其中缴获海洛因 1 693.1 千克、冰毒 1 434.6 千克、鸦片 381.4 千克、吗啡 38.2 千克，同比分别上升 22.5%、21.7%、27.7%和 280%。全省通过专案侦查破获毒品案件 1 715 起，占全省破案总数的 20.2%，同比上升 103.4%。缴获毒品 3 527.7 千克，占全省缴毒总数的 45.1%，同比上升 54.1%，其中缴获海洛因 1 254.8 千克、冰毒 1 480.6 千克、鸦片 605.9 千克、吗啡 35.8 千克，同比分别上升 41.2%、上升 162.8%、下降 24%、上升 11.2%。全省通过其他方法破获毒品案件 856 起，占全省破案总数的 10.1%，同比下降 53.1%。缴获毒品 738 千克，占全省缴毒总数的 9.4%，同比下降 45%，其中缴获海洛因 332.5 千克、冰毒 272.7 千克、鸦片 127.3 千克、吗啡 5.4 千克，同比分别下降 52.2%、46.4%、1.2%、27%。

五是各警种参与破获贩毒案件。2009 年全省公安禁毒部门破获毒品案件 3 805 起，占全省破案总数的 44.9%，同比上升 3%。缴获毒品 4 855.3 千克，占全省缴毒总数的 62%，同比上升 30.4%，其中缴获海洛因 1 947.1 千克、冰毒 2 081.7 千克、鸦片 602.5 千克、吗啡 59.4 千克，同比分别上升 11.9%、上升 64.6%、下降 9.2%、上升 34.4%。全省公安边防部门破获毒品案件 1 684 起，占全省破案总数的 19.9%，同比下降 0.4%。缴获毒品 1 601.1 千克，占全省缴毒总数的 20.5%，同比下降 1.5%，其中缴获海洛因 725.3 千克、冰毒 505.2 千克、鸦片 356.4 千克、吗啡 14.1 千克，同比分别上升 6.7%、下降 7.8%、下降 4.4%和上升 4.9 倍。全省公安其他机关及有关部门破获毒品案件 2 987 起，占全省破案总数的 35.2%，同比上升 7.5%。缴获毒品 1 372 千克，占全省缴毒总数的 17.5%，同比上升 16.5%，其中缴获海洛因 608.5 千克、冰毒 600.6 千克、鸦片 155.7 千克、吗啡 5.9 千克，同比分别上升 11%、上升 37%、下降 17.3%、上升 103.4%。

在查破万克以上毒品案件方面呈现如下趋势①。

一是查破案件数总体呈上升趋势。云南省查破万克以上毒品犯罪案件 137 起，同比上升 59.3%；抓获毒品犯罪嫌疑人 415 名，同比上升 41.6%；缴获各类毒品 2 917.360 9 千克，占全省缴获毒品总数的 37.2%，同比上升 45.8%。其中查破海洛因案件数略有减少，冰毒案件数和鸦片案件数大幅上升。海洛因 30 起，同比减少 3.2%；冰毒 61 起，同比上升 117.9%；鸦片 44 起，同比上升 76%。缴获鸦片数量减少，海洛因数量有所上升，冰毒数量增幅较大。鸦片 686.398 千克，同比下降 13.8%；海洛因 707.672 7 千克，同比上升 17.2%；冰毒 1 376.651 2 千克，同比上升 138.9%。抓获境内外毒品犯罪嫌疑人数呈上升趋势。内地省区市毒品犯罪嫌疑人 208 名，同比上升 31.6%；省内毒品犯罪嫌疑人 155 名，同比上升 39.6%；外国籍毒品犯罪嫌疑人 52 名，同比上升 108%。同时，查破吗啡、咖啡因案件各 1 起，缴获吗啡 96.639 千克、咖啡因 50 千克。由上可见，2009 年云南查破案件数、抓获犯罪嫌疑人数和缴获毒品数都有明显回升趋势。

二是查获毒品大部分来自缅北“民地武”辖区及缅政府控制区。云南省查破从缅北小勐拉、邦康、果敢、克钦等“民地武”辖区流入的万克以上毒品案件 100 起，缴获毒品 2 153.975 9 千克，占查破万克案件和缴获毒品总数的 72.9%和 73.8%，同比上升 66.7%和 63.7%；查破从缅政府控制区木姐、勐古地区流入的万克以上毒品案件 25 起，缴获毒品 359.198 千克，占查破万克案件和缴获毒品总数的 18.2%和 12.3%，同比上升 56.3%和下降 9%。

三是缅北果敢和克钦毒品流入减少，小勐拉和邦康毒品流入成倍增加。经查明，全省查破来自缅甸掸邦第一特区果敢的案件 15 起，缴获毒品 341.888 6 千克，同比持平和下降 5.2%，查获案件排序由 2008 年第 2 名降至 2009 年第 5 名，缴获毒品排序由 2008 年第 2 名降至 2009 年第 4 名；来自缅甸克钦邦辖区 23 起，缴获毒品 385.701 千克，同比上升 35.3%和下降 13%，查获案件和缴获毒品排序由 2008 年第 1 名降至 2009 年第 3 名；来自缅甸掸邦第四特区小勐拉 36 起，缴获毒品 962.642 6 千克，同比上升 140%和 216%，查获案件排序由 2008 年第 2 名升至 2009 年第 1 名，缴获毒品排序由 2008 年第 3 名升至 2009 年第 1 名；缅甸掸邦第二特区邦康 26 起，缴获毒品 463.743 7 千克，同比上升 100%和

① 此部分内容是根据昆明市禁毒支队公安网站相关资料整理。

124.2%，查获案件排序由2008年第3名升至2009年第2名，缴获毒品排序由2008年第5名升至2009年第2名。此外，缅政府控制区流入的毒品有所增加，全省查破来自缅政府控制区木姐地区20起，缴获毒品277.504千克，同比上升66.7%和17.2%；来自缅政府控制区勐古地区5起，缴获毒品81.694千克，同比上升25%和58%。

四是滇西、滇南仍是贩毒活动最为集中和活跃的地区，且以滇南地区尤为突出。首先从入境地看，经西线流入64起，占查破万克案件总数的46.7%，同比上升28%，其中，瑞丽23起，盈江15起，镇康12起，潞西、腾冲、耿马各3起，泸水2起，陇川、龙陵、沧源各1起；经南线流入60起，占查破万克案件总数的43.8%，同比上升122.2%，其中，勐海34起，孟连22起，澜沧2起，景洪、江城各1起。其次从破案地看，在西线查破66起，占查破万克案件总数的48.2%，同比上升34.7%，其中，瑞丽17起，盈江15起，镇康9起，腾冲6起，龙陵4起，潞西3起，隆阳、大理、楚雄、泸水各2起，耿马、永德、沧源、祥云各1起；在南线查破57起，占查破万克案件总数的41.6%，同比上升111.1%，其中，景洪18起，勐海8起，澜沧7起，孟连5起，墨江4起，宁洱3起，思茅、元江、新平各2起，江城、绿春、景谷、镇沅、富宁、红塔各1起。

五是海洛因流入大多来自缅北邦康、木姐和果敢，新型合成毒品流入大部分源于缅北小勐拉和邦康。经查明，来自邦康、木姐和果敢的海洛因案件23起，缴获海洛因381.1838千克，占同类总数的76.7%和53.9%，主要经孟连、瑞丽和镇康流入。其中，邦康10起，缴获海洛因181.9532千克，同比上升66.7%和100.8%；木姐9起，缴获海洛因130.06千克；果敢4起，缴获海洛因69.1706千克。来自小勐拉、邦康的冰毒案件49起，缴获海洛因1178.517千克，占同类总数的80.3%和85.6%，主要经勐海和孟连流入。其中，小勐拉33起，缴获海洛因897.4265千克，同比上升135.7%和213.2%；邦康16起，缴获海洛因281.0905千克，同比上升166.7%和90.6%。

六是流入的鸦片绝大部分来自滇西境外。2009年云南省查破万克以上鸦片案件及缴获鸦片中，有93.2%的案件和94.4%的鸦片来自德宏（其中，来自德宏境外33起，缴获鸦片532.564千克）、保山、临沧和怒江境外；其中，来自缅北克钦邦辖区23起，缴获鸦片385.504千克；来自缅政府控制区木姐11起，缴获鸦片147.444千克；来自缅政府控制区勐古4起，缴获鸦片64.02千克；来自缅北果敢3起，缴获鸦片51.089千克，主要经盈江、瑞丽、腾冲、镇康和潞西流入，然后流向盈江、瑞丽、龙陵和潞西等地。抓获从事鸦片贩运的犯罪嫌疑人多为被他人雇用的境内外边境地区人员，少数为内地人员，且藏毒、贩运和交接的贩毒手法较为简单。

七是入境毒品部分在边境地区中转，毒品内流数量不减，辐射面不断扩大。2009年，云南省查破万克以上案件及缴获毒品，经省内中转57起，同比上升72.2%，其中，盈江15起，昆明13起，景洪、瑞丽、龙陵各4起，镇康3起，潞西、孟连各2起，腾冲、保山、泸水、耿马、大理、楚雄、勐海、澜沧、景谷各1起。流向内地55起，同比上升27.9%，其中，湖北22起，四川10起，重庆8起，广东4起，湖南、浙江、宁夏各2起，贵州、广西、甘肃、海南、上海各1起，较上年增加3个省区市。其中湖北、四川和重庆查破的案件数同比分别上升69.2%、66.7%和60%。

八是武装贩运大批量毒品的案件急剧减少。全省查破万克以上武装贩毒案件6起，缴获毒品86.941千克，同比下降33.3%和76.9%，缴获各种枪支6支、子弹49发、手榴弹1枚，同比分别下降40%、81.9%和83.3%。

3.1.2.2 毒品犯罪的诱发原因

云南边境民族地区毒品犯罪活动的诱发原因，广泛涉及历史、现实、经济、文化等极为复杂且相互交织的诸多因素，而尤其与所处特定地理环境密切相关。归纳起来，主要是以下几个方面。

一方面是境外毒源的侵袭污染。如上所举，在云南毗邻的境外地区尤其是中缅边界中下段边境沿线外侧“金三角”毒源地，毒品的年产量达数百、数千吨之巨，故尽管境外吸毒活动普遍消耗量大，但绝大部分的毒品仍需向外寻找销路。据有关资料介绍，以往境外毒品的走私外销，主要是取道缅、泰两国南部流往海外。20世纪80年代中期以后，在国际社会的敦促与支持下，缅、泰等国加强了缉查堵截，传统的贩毒通道部分受阻，加之境外民族地方武装山头林立、壁垒重重，于是紧靠中缅边界沿线外侧的大小毒品集团，便相继把目光转向我国，开辟所谓的“中国市场”并打通借道我国向海外走私毒品的“中国通道”。

为了达到这一目的，大约从20世纪80年代后期开始，境外毒品集团在拼命扩大罂粟种植面积并加快毒品“白色化”进程的同时，大肆对我国境内进行有预谋、有组织的毒品渗透。随着祸水的内流，吸毒活动有如瘟疫般地在境内蔓延开来，特别是在中缅边界中下段交通沿线、口岸、城镇等毒品过境之地，更是蔓延成灾。而境内吸毒人员的大量滋生及其对毒品的特殊依赖，又反过来刺激境外毒品源源不断地渗入，由此形成恶性循环，致使云南成为毒雾弥漫的重灾区①。

另一方面是高额利润的驱动诱惑。高额利润的驱动诱惑和经济因素的内在

① 鲁刚：《当前云南边疆民族地区的毒品问题与禁毒斗争》，《中国边疆研究通报》第2集，1998年。

作用，是造成云南边境沿线地区毒品问题的又一重要原因。首先，种植和收获都不需要什么复杂技术，把收获的鸦片再加工成海洛因等，所需设备和技术也很简单，生产成本很低，但利润却非常高。例如，种植一亩罂粟一般可收获鸦片 7 千克左右，经加工可提炼海洛因 5 千克左右，按云南境外价每克海洛因 8 元人民币计算，从种到收仅需要 5 个月时间，每亩产值就是 4 万元(其中生产成本不足 5 000 元)。至于毒品的精加工，据悉，每提炼 1 克高纯度的四号海洛因，约需 10 克左右的优质鸦片(即 10∶1 的提纯率)，则原料成本仅为 4 到 5 元，再加上加工成本至多六七元，但出厂价却高达 20 元左右，利润亦可达到 200%以上。

而在毒品的走私、贩运和销售等流通环节上，各类毒贩更是无不以牟取高额暴利为其原动力。据调查，在云南边境沿线地区，尽管境外烟毒的价格各地不一且波动较大，但一经走私入境，几乎都要暴涨 50%—100%，若再辗转流往内地还可成倍上升。正是这种骇人听闻的高额暴利，驱动着一群群境内外亡命之徒铤而走险。当走私贩将海洛因偷运进入云南西南边境的章凤、瑞丽、畹町、孟定等口岸后，每克价格就是 40 元；贩运到昆明价格就升到 100 元左右；而再贩运到成都、兰州、北京等地卖给吸毒者时，每克价就高达 500 元左右。我们算一笔账，情况就更清楚了，比如说一个毒贩从云南边境以每克 40 元的价格买 1 千克海洛因，用各种办法偷运到成都，又以每克 500 元的价卖给吸毒者，这样他只需投入不到 5 万元却可以至少获纯利 45 万元，利润率是 900%。马克思在《资本论》中曾引用了当时英国评论家托·约·登宁的一段话："一旦有适当的利润，资本就胆大起来，如果有 10%的利润，它就保证到处被使用；有 20%的利润，它就活跃起来；有 50%的利润，它就铤而走险；为了 100%的利润，它就敢践踏一切人间法律；有 300%的利润，它就敢犯任何罪行，甚至冒绞首的危险。"毒枭们进行毒品生产和走私贩运的现实，再次证明了马克思和托·约·登宁上述论断的无比正确性。

目前全世界每年的毒品交易额在 8 000 亿美元以上，相当于世界贸易总额的 13%。正是这种比黄金价格还高几倍的商品所能获得的巨额利润，驱使生产者不轻易放弃毒品生产，而混迹于流动人口中的毒贩们，为了追逐巨额利润，则完全丧失理智，践踏人间一切法律，不顾杀头绞首的风险，丧心病狂地走私贩运毒品，而且批量越来越大，战线越来越宽，走私贩运手段更加狡猾，国际上的一切贩毒手段在国内都被用上。

3.1.2.3 毒品犯罪的特点

据有关资料和实地调查，云南毒品犯罪具有下列较显著的特点。

其一,内外结合,形成持久猛烈的扩散内驱力①。其具体表现,一方面是境外的渗透压力大。最迟从20世纪80年代末以来,以往从"金三角"地区运往泰国后再走私到欧美和世界各地的毒品便多由我国转口。云南边境地区因与缅甸接壤,受境外的渗透压力更大。另一方面就是与毒品犯罪活动形成特殊的"以贩养吸"现象有关。据研究,一名吸毒者只有建成稳定的由其供货的5—6人的销售网络,利润才能够满足其自身的吸毒消费需求。因此,在吸毒人员中,"以贩养吸"是其基本的、主要的生存模式之一②。

其二,贩毒分子和贩毒渠道国际化。据了解,在云南边境地区,大宗毒品走私出入国境的组织者和策划者,大多数是境外的泰、缅等国家和我国港、澳地区的国际贩毒集团或毒枭,这些人,往往本身就是黑社会或具有黑社会性质的犯罪团伙的头目,有着广泛的国际联系。国际贩毒集团或毒枭在境外加工生产毒品,然后从云南边境沿线走私入境,转运至港澳地区再流入欧美等国际市场。

其三,南线毒品渗透压力增大。境外毒品对我国"多头入境、全线渗透"的态势未变,但呈现西线渗透不减,南线渗透增多的特点。2009年,西双版纳、普洱、玉溪、红河、文山等南线州市缴获毒品2.93吨,比上年有较大幅度上升;昆明作为全省最大的毒品中转站,上升也很猛,缴获毒品1 067千克,比上年多51.5%(见图3-5、3-6)③。

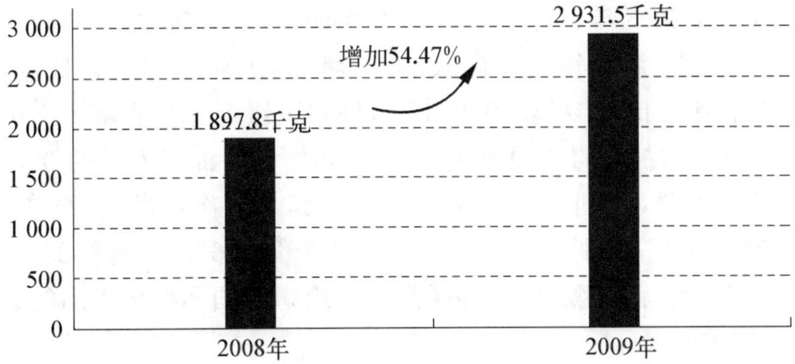

图3-5　2008—2009年南线缴获毒品

其四,境内外毒贩相互勾结,人数众多,成分复杂,外来人员作案突出。活动在云南边境沿线地区的毒贩,按其来源可大致分为三类:

---

① 胡训珉、李晓珊、田硕:《毒品犯罪形势分析》。浙江在线新闻网站,2006年6月10日。
② 人民网,2004年9月15日。
③ 罗石文:《在2010年全省公安禁毒工作会议上的报告》,2010年3月10日。

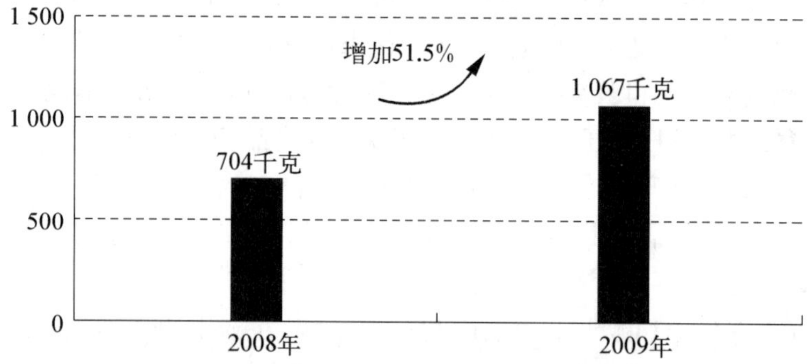

图 3－6　2008—2009 年昆明市缴获毒品

第一类是本地毒贩。其中又多属边境沿线我方边民中的不法分子，其余为靠内地区城乡居民中的歹徒，以农民为主，文化程度大都为初中及以下，民族成分则几乎囊括了沿边各世居民族。

第二类是外地毒贩。其中以来自两广、川黔、湘鄂、江浙、甘陕、新疆等省区的犯罪分子居多；民族成分以汉族为主，间有部分省内外少数民族。2004 年，云南共抓获外省籍毒贩 5 900 多名，同比增加 24.5%。2006 年共抓获外省籍毒贩 6 776 名，占抓获总数的 52.4%，同比上升 5.7%，涉及除西藏以外的各省、区、市，抓获人数首次超过本省毒品犯罪嫌疑人数。2009 年，云南省抓获外省籍毒贩为 5 565 名，较 2008 年上升 1.3%①。其中四川凉山、新疆籍怀孕和哺乳期妇女群体赴云南贩毒，湖北籍人员深入缅北地区组织贩毒等问题日益突出。如 2005—2009 年临沧市全市抓获的 3 217 名外省区籍毒品犯罪嫌疑人中，四川籍人员共 1 038 名，占抓获毒犯总数的 12.1%和外省籍毒犯人数的 32.3%；其次是湖北、贵州籍人员，分别占 14.7%、12.9%；其余依次为湖南、重庆、河南、广西、新疆、广东、江西，分别占 7.7%、6.0%、3.4%、3.3%、3.2%、2.6%、1.8%。另外，还包括港、澳、台毒贩，他们多属黑社会组织或国际贩毒集团的成员，其中香港人所占比重较大。

第三类是境外毒贩。主要为国境沿线外侧缅、老、越三国边民中的不法之徒特别是由我方流出境外滞留下的外流人员，境外毒品集团中的成员以及少量来自泰国、印度和欧美、亚太地区的外籍人员。近年来，外国籍人员入境贩毒人数明显增多，2004 年云南全省共抓获外国籍毒品犯罪嫌疑人 585 名，比上年增加 18%，涉及缅、老、越、韩及印度等 10 多个国家。2006 年共抓获外国籍毒品犯罪

① 罗石文：《在 2010 年全省公安禁毒工作会议上的报告》，2010 年 3 月 10 日。

嫌疑人 692 名，比 2004 年增加 18.3%[①]。2009 年，云南省抓获外国籍毒品犯罪嫌疑人分别为 1 282 名，较 2008 年上升 47.7%；其中特殊人群贩毒尤其是缅甸籍特殊人群贩毒活动愈演愈烈，特殊贩毒人群中，缅甸籍人员占 57.2%[②]。以临沧为例，2005 年抓获缅甸籍犯罪嫌疑人 104 人、2006 年 108 人、2007 年 152 人、2008 年 180 人、2009 年 308 人，合计为 852 人，呈逐年大幅上升的势头。2010 年 1—4 月，又抓获 119 人，较 2009 年同比上升 46.9%。其中尤以缅甸籍怀孕妇女和哺乳期妇女等"特殊人群"最为突出，仅 2010 年一季度，临沧市就破获缅甸籍特殊人群贩毒案件 48 起，抓获犯罪嫌疑人 61 名，缴获毒品 36.11 千克，分别占案件总数的 21.4%、抓获毒贩人数的 22.5%、缴获毒品总数的 20.9%，较 2009 年同比上升 109%、32.6%和 158%[③]。

国内外毒贩大量聚集在云南边境地区，与境外贩毒势力相互勾结，人数众多，致使跨国跨省贩毒活动日趋严重。从云南省看，禁毒压力不减反增，新的挑战不断出现。

综述之，当前云南全省面临的毒情形势仍然十分严峻，境外罂粟种植面积持续增长，毒品生产加工能力日益增强，合成毒品制贩活动加剧，传统毒品与合成毒品共存格局已经形成，全面渗透态势日益突出。从 2005 年开始，云南举全省之力，连续开展了三轮禁毒人民战争。特别是 2011 年以来的第三轮禁毒人民战争，5 年全省共查破 9.5 万起毒品犯罪案件，抓获毒贩 10.2 万人，缴获毒品 94.74 吨，缴获欲走私出境的制毒物品 3 313 吨，缴获海洛因、冰毒片剂分别占全国总数的 80%、90%左右[④]。

3.2 云南的新型合成毒品犯罪[⑤]

笔者曾对 2006 上半年与 2008 年 8 月—2009 年 8 月云南的冰毒等新型合成毒品进行了流向分析，通过对比，认为当前新型合成毒品犯罪的特点主要表现为：

---

① 刘平（云南省副省长、省禁毒委主任）在 2007 年云南省禁毒工作会议上的报告，2007 年 2 月 9 日。

② 罗石文：《在 2010 年全省公安禁毒工作会议上的报告》，2010 年 3 月 10 日。

③ 临沧市公安局禁毒支队：《临沧市禁毒工作形势介绍》，2010 年 4 月 29 日。

④ 《云南合成毒品制贩活动加剧　国际禁毒日销毁毒品 8 吨》，云南网，http://news.163.com/16/0626/14/BQGAVKE400014AEE.html。

⑤ 参见阮惠风：《云南新型毒品违法犯罪形势与对策研究》，载于《云南警官学院学报》2007 年第 1 期。

3.2.1 新型合成毒品缴获量日趋增多，其主要种类仍为冰毒，摇头丸与“K粉”在云南省查获较少

云南省禁毒委提供的数据显示：从1991年在昆明市查获首例冰毒案开始，1999年云南全省缴获的冰毒数量攀升到383千克。2000年以后，新型合成毒品犯罪案件迅猛增长。2005年，全省查获冰毒案938起，缴获冰毒3.15吨，占全省缴毒总量的29.3%；2006年，全省查获冰毒案件1 544起，缴获冰毒3.85吨，占缴获毒品总量的37%；三项指标均创云南历史之最[①]；2007缴获冰毒2.27吨，2008年2.25吨，2009年为3.19吨，新型合成毒品(冰毒、摇头丸等)大有超过传统毒品(海洛因、鸦片等)而呈后来居上之势。其主要原因是云南面临新型合成毒品的内外夹击。一方面，近年来，缅北地区大量生产冰毒，并不断向我国渗透，成为国内冰毒片剂的主要来源，2009年，云南省缴获冰毒3.19吨，比2008年增加了47%，占全国缴获量的一半；另一方面，我国内地省区生产的新型合成毒品已开始进入云南省并试图在云南省加工生产[②]。

就查获的新型合成毒品案件来看，云南省新型合成毒品主要种类仍为冰毒，摇头丸与“K粉”在云南省查获极少，通过毒品流向分析，2005—2007年云南省内仅查获21起“摇头丸”贩卖案件，共405 345.6多粒；查获不到10起“K粉”案件，其他新型合成毒品就更少了。因此，本章阐述新型合成毒品的特点时，主要以冰毒为主[③]。

3.2.2 新型合成毒品蔓延扩散态势使云南靠内地区新型合成毒品犯罪形势日趋严峻

2002年蒋明东在《云南省冰毒违法犯罪情况及对策措施》一文中指出：“在1999年查破的150起冰毒案件、383.973千克冰毒中，属保山、德宏、临沧、普洱、西双版纳5个与缅境接壤的边境地州查破的有132起、380.759 4千克，分别占1999年全省查破案件数和缴获毒品数的88%和99.2%；在2000年1—8月全省查破的140起案件231.881 6千克冰毒中，保山、德宏、临沧、普洱、西双版纳共查破118起，缴获186.077 7千克，分别占全省查破案件数、缴获毒品数的

---

① 刘平(云南省副省长、省禁毒委主任)在2007年云南省禁毒工作会议上的报告，2007年2月9日。

② 云南省公安厅副厅长罗石文：《振奋精神，再接再厉，争取公安禁毒工作更大胜利——在全省公安禁毒工作会议上的报告》，云南省公安厅禁毒局提供，2010年3月10日。

③ 参见阮惠风：《云南新型毒品违法犯罪形势与对策研究》，载于《云南警官学院学报》2007年第1期。

84.3%、80.2%。我边民作案居多。1999 年，全省共抓获冰毒犯罪嫌疑人 240 名，其中云南省边民 172 名，占总数的 71.7%，与 1998 年同期相比增加了 3.1 倍；2000 年 1—6 月，全省抓获的 180 名冰毒犯罪嫌疑人中，云南省边民 156 名，占总数的 86.7%，与 1999 年同期相比增加了 1.8 倍。”由此得出结论：与传统毒品一致，云南的新型合成毒品同样是由境外毒源走私渗透入境企图打开消费市场和通道所致[①]。

2006 年上半年，如表 3－4 所示，云南共查破跨省外流冰毒案件 95 起共计 160 848.6 克，冰毒片剂案件 28 起合计 51 509 片[②]。按查破的案件数量，排在前 4 位的为西双版纳、昆明、德宏、临沧，其中昆明 26 起，占总查破案件的 27.4%，而保山、德宏、临沧、普洱、西双版纳 5 个与缅境接壤的边境地州查破的有 63 起，占总查破案件的 66.3%，与 1999 年这 5 个地区查破的冰毒案件占全省查破冰毒案件 88%相比，比重已明显下降[③]，表明新型合成毒品正呈现由边境沿线向云南靠内地区蔓延扩散的态势。

表 3－4　云南省 2006 年上半年冰毒流出地分析

地　　区	案件数	有效百分比(%)
未　知	1	1.1
保　山	2	2.1
大　理	2	2.1
德　宏	17	17.9
昆　明	26	27.4
临　沧	14	14.7
曲　靖	2	2.1
普　洱	3	3.2
文　山	1	1.1
西双版纳	27	28.4
合　计	95	100.0

数据来源：根据云南省公安厅禁毒局相关资料整理。

① 云南省公安厅禁毒局蒋明东：《云南省冰毒违法犯罪情况及对策措施》，云南省公安厅禁毒局网站，2002 年 10 月 5 日。

② 根据公安专网相关资料整理。数据来源：云南省公安厅禁毒局。

③ 根据公安专网相关资料整理。数据来源：云南省公安厅禁毒局。

2008至2009年，如表3-5所示，云南共查破跨省外流冰毒案件277起，缴获冰毒数量共计160 967.2克，按查破的案件数量，排在前4位的为西双版纳、昆明、昭通、临沧，其中昆明55起，占总查破案件的22.27%，而保山、德宏、临沧、普洱、西双版纳5个与缅境接壤的边境地州查破的有166起，占总查破案件的67.21%，与1999年这5个地区查破的冰毒案件占全省查破冰毒案件的88%相比，呈明显下降趋势，与2006年这5个地区查破的冰毒案件的66.3%相比，基本保持平衡，但流出地毒源分布逐渐扩大至靠内地区如丽江、楚雄、昭通等。因此，新型合成毒品蔓延扩散态势使云南靠内地区新型合成毒品犯罪形势日趋严峻。

更要引起注意的是西双版纳的新型合成毒品案件呈恶性膨胀之势，2008—2009年，西双版纳州共查获冰毒案件131起，为全省同期查获冰毒案件的53.04%；缴获的冰毒为105 684.5克，占全省同期缴获冰毒数量的65.66%（见表3-6所示）。为此，我们可以初步推断，为逃避打击，新型合成毒品犯罪分子不断变化贩毒路线，从传统的滇西一线缴获的毒品数量会明显下降，而滇南一线缴获的毒品数量将大幅攀升。因此，在毒源截流方面，我们要有战略思想，突出重点。

表3-5 云南省2008—2009年冰毒流出地分析

地　区	案件数	百分比(%)
保　山	1	0.40
楚　雄	1	0.40
大　理	2	0.81
德　宏	9	3.64
昆　明	55	22.27
丽　江	2	0.81
临　沧	16	6.48
普　洱	9	3.64
曲　靖	3	1.21
西双版纳	131	53.04
昭　通	18	7.29
合　计	247	100.00

数据来源：根据公安部禁毒局毒品流向相关资料整理。

表 3-6 云南省 2008—2009 年冰毒缴获量分析

地　　区	缴获数(克)	百分比(%)
保　山	140	0.09
德　宏	3 747.69	2.35
大　理	221	0.14
楚　雄	5	0.00
曲　靖	360.27	0.23
昆　明	17 173.67	10.77
普　洱	10 086.38	6.32
昭　通	412.56	0.26
丽　江	30.4	0.02
西双版纳	105 684.5	66.25
临　沧	6 624.2	4.15
其　他①	15 028.67	9.42
合　计	159 514.34	100.00

数据来源：根据公安部禁毒局毒品流向相关资料整理。

3.2.3 新型合成毒品过境走私特征明显，外省与外国籍人员赴滇贩毒问题严重，流入地较之以往呈现出重点地区稍有变化、其他地区呈迅速蔓延扩散的特点

从 2006 年上半年查获冰毒案件中的流入地分析可知(见表 3-7 与图 3-7)②，云南过境贩毒的特征十分明显，主要是流往北京、湖北、四川、广东、重庆、河南、湖南、上海等 12 省市。其中，尤其又以流入湖北、四川、广东三省较为严重，查破的案件分别为 25 起、16 起、15 起，分别占同期全部案件的 26.3%、16.8%、15.8%。

① 指云南查获的毒品，但未注明地区。
② 根据公安专网相关资料整理。数据来源：云南省公安厅禁毒局。

表 3－7　2006 年上半年查获冰毒案件冰毒流入地

省份或地区	案件数	有效百分比(%)
北　京	2	2.1
广　东	15	15.8
河　南	1	1.1
黑龙江	5	5.3
湖　北	6	6.3
武　汉①	19	20
湖　南	4	4.2
吉　林	3	3.2
辽　宁	14	14.7
上　海	4	4.2
四　川	16	16.8
浙　江	2	2.1
重　庆	4	4.2
合　计	95	100.0

数据来源：云南省公安厅禁毒局。

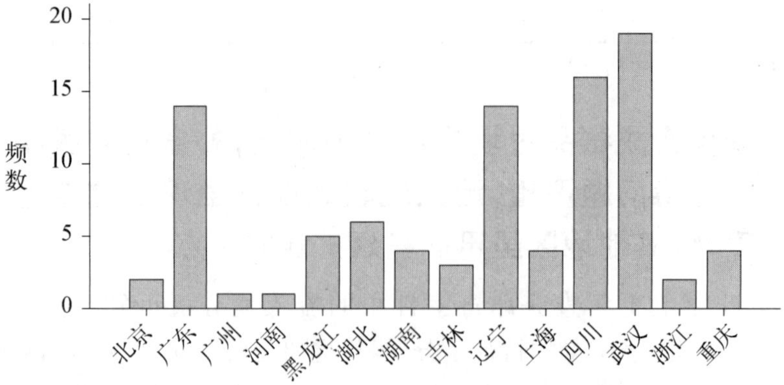

图 3－7　云南 2006 年上半年查获冰毒案件冰毒流入地

2006 年 5 月 29 日，临沧市公安边防支队通过侦查获悉，有几个四川人已在缅甸老街购买了 50 000 粒毒品麻黄素(冰毒)片，约重 5 000 克，短期内将运送至成都贩卖。6 月 10 日，临沧支队侦查员在成都市公安局禁毒工作处的协助下，

① 因武汉案件较多，在此单列出来，统计时列入湖北省。

在双流华都酒店 10 楼，当场从杜某携带的一只蓝色旅行包内查获用塑料布包装的冰毒可疑物 5 条，净重 4 795 克。后据同伙林某交代，同日在缅甸果敢执法处的协助下，抓获同案境外犯罪嫌疑人石某，缴获冰毒 210 克。

2005—2007 年，云南省抓获的外省籍贩毒人员分别占当年抓获总数的 46%、52%和 55%，抓获外国籍毒品犯罪嫌疑人 2 000 余名①。2008—2009 年，从查破的 276 起冰毒案件中，湖北(包括武汉)、广东仍为新型合成毒品流入重点地区，分别为 105 起、34 起，分别占到 38.05%与 12.32%。两者合计已超过 50%。其次是浙江、湖南、重庆、广西等异军突起，分别超过了 5%(见表 3－8)。可见，在着重治理新型合成毒品流向传统重点地区的基础上，要考虑新型合成毒品犯罪新高发地区及其形成的原因，做到早预防、早把控。如浙江人在云南贩卖冰毒的特点主要表现为：大多为浙江嘉兴桐乡市人，贩毒目的是将毒品贩卖到桐乡市梧桐街道，毒源地为昭通，且以零星毒品贩毒活动为入境内流的主要方式。因此了解其犯罪规律，探寻形成原因，对于把握禁毒斗争的主动权是非常必要的。

表 3－8　云南省 2008—2009 年查获冰毒案件冰毒流入地

省份或地区	案件数	百分比(%)
武　汉②	93	33.70
广　东	34	12.32
浙　江	27	9.78
湖　南	20	7.25
重　庆	15	5.43
湖　北	12	4.35
广　西	15	5.43
辽　宁	10	3.62
吉　林	7	2.54
广　州	5	1.81
四　川	6	2.17
福　建	3	1.09
上　海	4	1.45

① 根据公安厅禁毒局提供的资料整理。
② 因武汉案件较多，在此单列出来，统计时列入湖北省。

续 表

省份或地区	案件数	百分比(%)
贵 州	2	0.72
海 南	2	0.72
河 南	2	0.72
黑龙江	2	0.72
江 苏	2	0.72
其 他	15	5.43
合 计	276	100.00

数据来源：根据公安部禁毒局网站整理。

在重点地区稍有变化的同时，云南新型合成毒品蔓延，从原来的12省市扩展到18个省市，基本涉及全国各省份。因此，近年来新型合成毒品过境走私特征明显，流入地较之以往呈现出重点地区稍有变化、其他地区呈迅速蔓延扩散的特点①。

3.2.4 大宗案件持续增长，边境渗透与内地流入并行

以2000年为例，查获的140起冰毒案件中，万克以上的4起，缴获冰毒63 089克，分别占案件数的4.1%和缴获数的40.9%；千克以上的26起，缴获冰毒77 377.5克，分别占26.8%、50.1%；百克以上的23起，缴获冰毒12 922.5克，分别占23.7%、8.4%。另外，在查获的大宗案件中，团伙犯罪案件有23起，缴获冰毒105 192.3克，抓获94名犯罪嫌疑人，分别占23.7%、68%、52%②。

以2008年、2009年为例，查获的276起冰毒案件中，万克以上的4起，缴获冰毒50 179克，分别占案件数的1.4%和缴获数的31.17%；千克以上的27起，缴获冰毒115 453.12克，分别占9.8%、71.72%；百克以上的190起，缴获冰毒158 153.76克，分别占68.8%、98.3%。另外，根据2006年的相关数据，在查获的大宗案件中，团伙犯罪案件有23起，缴获冰毒105 192.3克，抓获94名犯罪嫌疑人，分别占23.7%、68%、52%③。

---

① 阮惠风等：《2008—2009年云南新型合成毒品流向分析及犯罪特点》，载于《云南警官学院学报》2009年第6期。

② 云南省公安厅禁毒局蒋明东：《云南省冰毒违法犯罪情况及对策措施》，云南省公安厅禁毒局网站，2002年10月5日。

③ 阮惠风等：《2008—2009年云南新型合成毒品流向分析及犯罪特点》，载于《云南警官学院学报》2009年第6期。

云南的新型合成毒品，时至今日仍主要由缅甸北部“金三角”入境，从内地流入的尽管不多，但同样构成了潜在的威胁。云南第一、二起冰毒案皆从省外流入，分别来源于北京、广州。至今已查破多起内地流入的冰毒案，致使云南面临着边境渗透与内地流入的双重压力，双向查缉工作将被赋予更为广泛的内容，查缉工作的任务也更加艰巨。

其中，仅就摇头丸、“K 粉”等毒品犯罪而言，2005 年 10 月 24 日—2006 年 10 月 24 日 1 年内，云南共查破“摇头丸”案件 3 起，其流向分别为湖南、贵州、广西三省区。同期内查破的跨省流动的“K 粉”案件 4 起，其流向主要为江苏、湖南、贵阳等地。值得注意的是，一方面云南摇头丸、“K 粉”由境外渗透，然后经云南昆明等地流向其他各省；但另一方面，也出现由广东、四川、福建等省向云南渗透摇头丸、“K 粉”等现象。由缅境走私冰毒入境云南省已广为人知、早已成为云南省禁毒工作的重要内容之一。从内地流入云南省的冰毒尽管不多，但对云南省已构成了潜在的威胁。可见，随着毒品市场结构的变化，加大新型合成毒品双向查缉力度，已显得十分必要。

3.2.5 易制毒化学品走私出境问题突出

毒枭们从国内将制毒原料偷运到“金三角”地区，经加工后再将制成的新型合成毒品走私到国内。2006 上半年云南共缴获易制毒化学品 20 740.3 千克，其中醋酸酐 2 270 千克，麻黄素 367.5 千克，麻黄素粗品 383 千克，黄樟脑 12 786 千克，丙酮 2 100 千克，盐酸 1 854 千克，三氯甲烷 979.8 千克。

2008 年，全省查获拟走私出境用于制毒的易制毒化学品为 138.7 吨，2009 年为 155.62 吨，同期增长 12.2%（见图 3 - 8），其中麻黄素类复方药品 35 吨。易制毒化学品主要来自内蒙古、湖北、江苏、福建、广东等地。

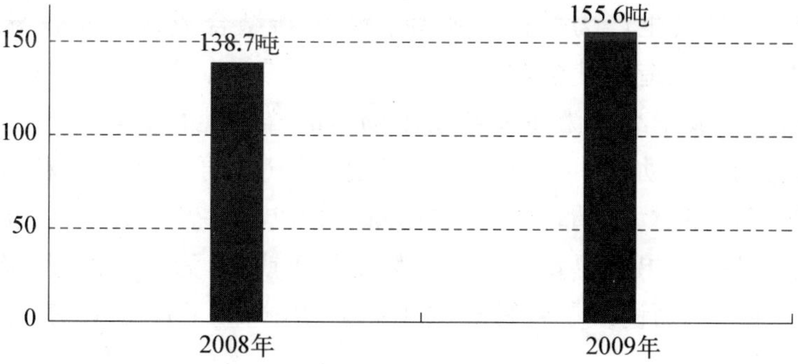

图 3 - 8 云南省缴获易制毒化学品

3.3 新型合成毒品滥用的危害

3.3.1 新型合成毒品滥用对个人的危害

如前所述，新型合成毒品的危害一方面是对吸毒者而言，滥用后不仅会严重损害组织器官功能，形成难以逆转的病变，而且由于过度兴奋，体力严重透支，会造成抵抗力下降，体质减弱，甚至引发心血管疾病而猝死。另一方面是由于强烈的中枢神经兴奋作用，吸毒人员常会产生群体淫乱，过量吸食者极易出现精神混乱而引发暴力攻击甚至行凶杀人行为。而集体淫乱和性侵害，现已成为艾滋病传播的主要途径之一。

3.3.2 新型合成毒品滥用对家庭的危害

家庭中一旦出现了新型合成毒品滥用者，便往往陷入深重的危机之中。对于尚未结婚的新型合成毒品滥用者来说，在娱乐场所消费与吸毒本身就是常人难以承受的巨大开支(尤其是吸食“K 粉”)，而一旦吸毒狂欢后，第二天就会嗜睡不醒，影响工作、学习，给家庭带来沉重的精神和物质负担，往往导致父母与子女产生矛盾；而已婚吸食者因吸毒通宵狂欢不回家睡觉和脾气暴躁、对人冷漠等，会伤害夫妻双方的感情，甚至导致家庭暴力和离异等问题。因此新型合成毒品滥用者在自我毁灭的同时，也破坏了自己的家庭，使家庭陷入经济破产、亲属离散甚至家破人亡的困难境地。

3.3.3 新型合成毒品滥用对社会的危害

首先是对社会生产力的巨大破坏。滥用新型合成毒品不仅导致身体疾病，影响工作，而且造成社会财富的巨大损失与浪费。其次是严重败坏社会风气，滥用新型合成毒品多为在公共娱乐场所的群体性行为，青少年占大多数，具有很大的诱导带动作用，严重败坏了社会风气。再就是会引发其他违法犯罪行为，尤其是侵财型犯罪行为。滥用新型合成毒品者购买毒品、支付门票或包厢费、消耗饮料、男性要女性陪吸等都需大笔钱财，为获取毒资，吸食者常会走上犯罪道路，从而诱发了各种违法犯罪活动，扰乱了社会治安，给社会稳定带来巨大威胁。

3.4 新型合成毒品滥用与艾滋病传播

3.4.1 艾滋病的病理

艾滋病全称“获得性免疫缺陷综合征”,英文缩写为“AIDS”。特点是传播速度快,流行范围广,发病率、死亡率高。病理上主要是使人体的免疫系统产生缺陷,机体对疾病的抵抗力显著下降,易受到多种细菌病毒感染。一旦发病,人体免疫系统会因衰竭而丧失抵抗能力,最终导致病人很快死亡。据研究,艾滋病的主要传播途径为性接触传播、血液传播、母婴传播。艾滋病的潜伏期短的只有6个月,长的可达10年,通常为5—7年。潜伏期的感染者有很强的传染性,可以通过性交和血液传播等途径将病毒传染给他人①。

3.4.2 云南的艾滋病问题

云南地处我国与东南亚、南亚的结合部,受周边国家艾滋病流行的影响,边境地区艾滋病蔓延扩散十分严重。近年来,云南艾滋病问题传播和蔓延的特点主要为:一是由边境向内地蔓延,疫区不断扩大;二是在传播途径上,吸毒感染呈下降趋势,性传播比例逐年升高;三是感染者中女性比例大幅上升,根据监测,目前云南艾滋病的传播和感染,已从20世纪90年代初的男女感染者比例9∶1上升为现在的3∶1;四是在扩散趋势上,正从高危人群向普通人群扩散。

3.4.3 新型合成毒品滥用与艾滋病

据联合国禁毒署颁布的资料,1998—2003年,全球注射吸毒者中艾滋病的流行率见图3-9。

按流行程度从高到低排列,如表3-9。

从中可见全球注射吸毒者中艾滋病的流行率是相当高的,大部分地区都达到50%以上,南亚与东南亚、东亚与太平洋地区、南美超过80%,其中南亚与东南亚达到92.3%。上述数据充分证明吸食毒品与艾滋病的流行是息息相关的,尤其是在南亚与东南亚,吸毒引发艾滋病的现象更为突出。

---

① 周帆:《云南艾滋病态势调查》,载于《新西部》2006年第3期。

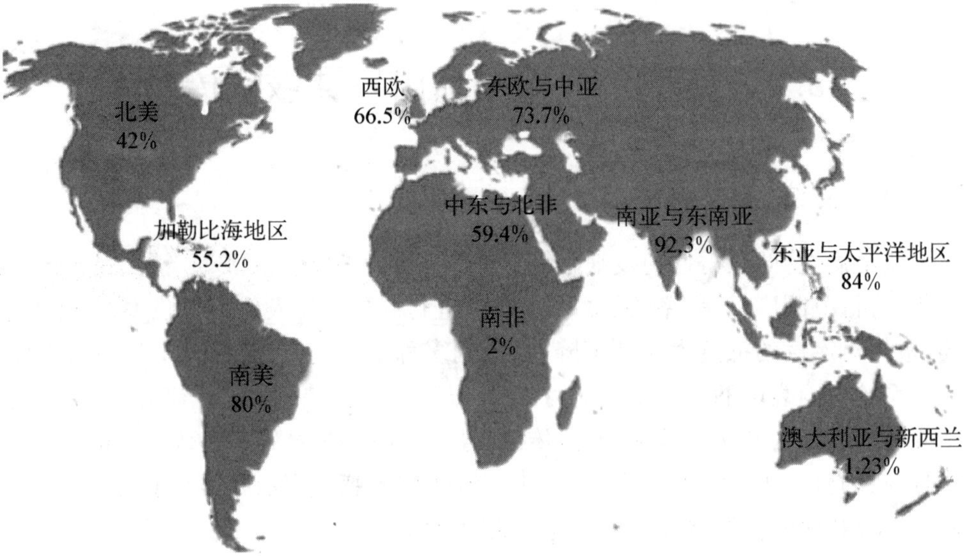

图 3－9　1998—2003 年注射吸毒者中艾滋病病毒/艾滋病流行率

资料来源：联合国禁毒署网站。

表 3－9　全球注射吸毒者中艾滋病的流行率一览表

地　　区	流行率(%)
南亚与东南亚	92.3
东亚与太平洋地区	84.0
南　美	80.0
东欧与中亚	73.7
西　欧	66.5
中东与北非	59.4
加勒比海地区	55.2
北　美	42.0
南　非	2.0
澳大利亚与新西兰	1.23

在新型合成毒品滥用与艾滋病传播方面，滥用新型合成毒品极易引发聚众淫乱。因滥用新型合成毒品后人的自我约束力下降，特别是青少年，滥用冰毒后情绪亢奋，控制不住，很容易出现暴力倾向。特别是滥用“麻古”(苯丙胺类兴奋

剂)后,常引发性暴力犯罪,甚至侵害到无辜者。中国药物依赖性研究所受国家禁毒委办公室和国家药品监督管理局的委托,于2001—2002年在上海等10个省市区组织进行了苯丙胺类中枢兴奋剂滥用的调查,结果表明:被调查的冰毒、摇头丸滥用者有30.4%出现过性冲动,5.4%发生过性暴力行为。正是因为这种特性,人在滥用新型合成毒品后极易发生聚众淫乱等危害社会安全的行为,从而不断扩大艾滋病的传播范围。

而新型合成毒品中,“K粉”更是被称为“迷奸药”“强奸药”。其原因就是服食“K粉”后,极易产生性冲动与性行为。有关专家认为,刚使用“K粉”时,由于其刺激了人大脑中的一种叫作“5-羟色胺”的递质,从而使人的情绪高昂,性功能亢奋。近年来在一些歌厅、舞厅等娱乐场所滥用“K粉”现象严重,主要表现:一是年轻化,滥用药物者的平均年龄不断下降;二是男女平均化,女性滥用者的比例一直上升;三是用药多元化,即用“K粉”的同时滥用摇头丸、冰毒等。在昆明、西双版纳的实地调查中,有很多女性滥用者承认:吸食“K粉”后,有强烈的性冲动,这时即使是陌生人提出性要求,也不会拒绝。这种失控的性行为无疑加速了艾滋病的传播。

新型合成毒品犯罪典型案例[①]

案例1:潘文、晓打、廖发能、伍刚贩卖、运输毒品案

——贩卖、运输毒品数量巨大,且公然开枪拒捕,致公安民警死亡,罪行极其严重

一、基本案情

被告人潘文,曾用名潘玉虎,男,汉族,1986年12月11日出生,农民。2006年4月28日因犯抢劫罪被判处有期徒刑6年,并处罚金人民币6 000元,2010年7月4日刑满释放。

被告人晓打,男,哈尼族,1973年7月4日出生,农民。

被告人廖发能,男,汉族,1978年1月18日出生,无业。

被告人伍刚,男,汉族,1984年12月23日出生,无业。2007年6月18日因犯聚众斗殴罪被判处有期徒刑4年,2010年2月7日释放。

---

① 云南省高级人民法院:《云南高院严惩毒品犯罪新闻发布会暨十大典型案例发布》,云南法院网,http://www.gy.yn.gov.cn/Article/xwgj/xwfb/201606/48471.html,2016年6月28日。

2012年1月间，被告人潘文与邓双军（持枪拒捕，被击毙）合谋筹集资金从云南省购买毒品与枪支等，将毒品运往湖北省贩卖。潘文纠集被告人伍刚等人参与出资贩卖毒品。邓双军与被告人晓打、廖发能商定，由廖发能将资金转交给晓打，晓打与境外毒贩联系购买毒品与枪支等，并将毒品、枪支等再通过廖发能送给邓双军与潘文。2012年2月20日，廖发能将潘文、邓双军等人筹集的资金转交给晓打后，晓打将购得的毒品甲基苯丙胺片剂60包、手机1支及子弹若干交给廖发能，廖发能将接到的毒品、手枪及子弹运往景洪市大曼么小区11栋3单元601室交给邓双军等人。同年2月22日，廖发能再次将潘文、邓双军等人筹集的资金交给晓打。次日17时许，晓打安排他人将净重10 998克的毒品甲基苯丙胺片剂20包送交廖发能。廖发能骑摩托车准备将毒品交给潘文、邓双军的途中发现有人跟踪，遂将毒品丢弃在路边逃离。公安民警将廖发能丢弃的毒品查获，并随即对藏匿在景洪市大曼么小区11栋3单元601室的潘文、邓双军等实施抓捕。民警柯占军（被害人，殁年31岁）进入601室对邓双军、潘文实施抓捕，潘文持购买的手枪向柯占军的胸部开枪射击，邓双军抢过柯占军的公务手枪，向柯占军头部开枪射击，致柯占军肝脏破裂并颅脑损伤而牺牲。潘文、邓双军持枪先后翻窗逃离。邓双军在逃跑途中持所抢公务手枪拦截车辆，并开枪致一人重伤，后被当场击毙。公安民警在601室查获毒品甲基苯丙胺片剂32 217克、制式手枪子弹23发。本案共计查获毒品甲基苯丙胺片剂43 215克。2012年2月24日1时许至20时许，公安民警分别将驾车接应潘文的伍刚及潘文、廖发能、晓打等人抓获归案。

二、裁判结果

本案由云南省西双版纳傣族自治州中级人民法院一审，云南省高级人民法院二审。最高人民法院对本案进行了死刑复核。

法院认为，被告人潘文、晓打、廖发能、伍刚非法买卖、运输毒品甲基苯丙胺片剂，其行为均已构成贩卖、运输毒品罪。潘文无视国法，向公安民警开枪拒捕，故意非法剥夺他人生命，其行为已构成故意杀人罪，应依法数罪并罚。潘文起组织、指挥作用，系罪责最重的主犯，且开枪拒捕，属于武装掩护毒品犯罪，又系累犯，应依法从重处罚。晓打、廖发能在犯罪中均起主要作用，均系主犯。伍刚参与出资，并在潘文与邓双军开枪将民警打死后，驾车接应潘文，系主犯，且属累犯，应当依法从重处罚。本案贩卖、运输毒品数量巨大，且在进行毒品犯罪中公然开枪拒捕，致一名公安民警死亡，犯罪情节特别恶劣，社会危害极大，后果极其严重，潘文、晓打、廖发能、伍刚所犯罪行均极其严重。据此，依法对被告人潘文、晓打、廖发能、伍刚判处死刑。

案例2：廖田生等3人运输毒品案

——指使他人运输毒品的主犯且具有武装掩护运输毒品情节

一、基本案情

被告人廖田生，别名刘军，男，汉族，1982年8月18日出生，无业。2001年因犯盗窃罪被判处有期徒刑1年；2002年12月20日因犯抢夺罪被判处有期徒刑2年6个月；2006年9月6日因犯盗窃罪被判处有期徒刑4年6个月。

被告人彭伦武，男，汉族，1984年10月21日出生，农民。2002年10月22日因犯抢劫罪被判处有期徒刑3年；2006年9月6日因犯盗窃罪被判处有期徒刑3年6个月。

被告人岩伍，男，傣族，1987年7月10日出生，农民。

2011年10月，被告人廖田生邀约被告人彭伦武、岩伍将一批毒品从云南省勐海县运往四川省成都市，许诺事成后给予高额报酬。为实施犯罪，被告人廖田生等3人事先探查运毒路线，一同练习使用枪械。同年10月23日凌晨，廖田生将海洛因6 240克、甲基苯丙胺片剂（俗称"麻古"）11 500克，以及手枪1支、弹夹2个，子弹60发交给彭伦武、岩伍，安排2人驾驶摩托车将毒品从勐海县打洛镇运输至成都市。23日14时30分许，公安边防干警抓获驾驶摩托车运输毒品的彭伦武、岩伍，并查获枪弹。2012年10月4日，缅甸警方抓获廖田生后依法移交中国警方。

二、裁判结果

本案由云南省西双版纳傣族自治州中级人民法院一审，云南省高级人民法院二审。最高人民法院对本案进行了死刑复核。

法院认为，被告人廖田生、彭伦武、岩伍无视国法，为牟取非法利益，共同运输毒品海洛因及甲基苯丙胺的行为均已构成运输毒品罪，应依法予以惩处。在共同犯罪中，廖田生纠集他人参与，购买运毒工具和用于押运毒品的枪支弹药，安排探查运毒路线，支付运毒费用等，起主要作用，系主犯。廖田生运输毒品数量大，并有武装掩护运毒的情节，社会危害性大，所犯罪行极其严重，且系累犯，应依法从重处罚。彭伦武、岩伍受廖田生邀约参与运输毒品。本案全部毒品及枪弹均在岩伍携带的背包内查获，彭伦武系累犯，依法应从重处罚。据此，依法对被告人廖田生判处死刑，对被告人彭伦武、岩伍判处死刑，缓期2年执行。

案例3：李少军走私、贩卖、运输毒品，赵品宏、李杰贩卖毒品，金逵走私、运输毒品案

——走私、贩卖、运输甲基苯丙胺片剂，数量巨大，罪行极其严重

一、基本案情

被告人李少军，男，汉族，1968年2月20日出生，农民。

被告人赵品宏，男，汉族，1977年3月20日出生，农民。

被告人李杰，男，汉族，1979年3月22日出生，农民。

被告人金逵，曾用名金伟，男，汉族，1985年11月5日出生，农民。

2013年3月，李少军、赵品宏和李杰在老挝共谋毒品犯罪。同年4月20日左右，李少军将赵品宏、李杰等人筹集的290万元人民币用于购买毒品。同月29日，李少军将购买的毒品交由金逵从老挝运至国内。5月1日，金逵驾车运输毒品入境至西双版纳州勐腊县后，将毒品托运至昆明。同月3日，民警在元江县青龙厂路段查获金逵托运的毒品甲基苯丙胺片剂(俗称“麻古”)净重39 635.75克。随后，民警在昆明某物流城将前来接货的金逵抓获，并于湖南省邵阳市某酒店将李少军、赵品宏、李杰抓获。

二、裁判结果

本案由玉溪市中级人民法院一审，云南省高级人民法院二审。最高人民法院对本案进行了死刑复核。

法院认为李少军和赵品宏、李杰明知是毒品而以贩卖为目的进行购买，3人均构成贩卖毒品罪；李少军和金逵明知是毒品而非法走私入境并进行运输，2人均构成走私、运输毒品罪。在共同犯罪中，李少军、赵品宏、李杰起主要作用，系主犯，金逵起次要作用，系从犯。本案毒品数量巨大，且涉及走私、贩卖、运输等多个环节，危害性大，罪行极其严重。据此，依法对李少军判处死刑，对赵品宏、李杰分别判处死刑，缓期2年执行，对金逵判处有期徒刑15年。

案例4：刘芳冰、武红宇等5人贩卖、运输毒品、赵如翻走私毒品案

——依法打击通过物流寄递的方式贩卖、运输毒品

一、基本案情

被告人刘芳冰，男，汉族，1987年3月15日出生，农民。

被告人武红宇，男，汉族，1977年4月7日出生，无业。

被告人马武爽，男，汉族，1990年7月14日出生，农民。

被告人赵如翻，男，汉族，1987年11月8日出生，无业。

被告人朱红军,男,汉族,1978 年 2 月 24 日出生,农民。2004 年 10 月 22 日因犯抢夺罪、盗窃罪被判处有期徒刑 5 年 6 个月。

被告人李涛,男,汉族,1974 年 2 月 23 日出生,无业。

2013 年 3 月,被告人刘芳冰将从被告人武红宇处购买的甲基苯丙胺片剂(俗称"麻古")24 000 粒,从云南省景洪市通过某速递托运至广东省东莞市,同月 25 日,刘芳冰将该批毒品贩卖给他人。同年 4 月,刘芳冰指使被告人马武爽、李涛以 25.2 万元的价格从武红宇处购得甲基苯丙胺片剂 24 000 粒,后分别于 4—5 月,从云南省景洪市通过某速递,分别托运至广东省东莞市和河南省洛阳市进行贩卖。刘芳冰指使被告人朱红军在河南省洛阳市进行毒品贩卖。同年 4 月 8 日、5 月 23 日,公安人员分别在东莞市、洛阳市查获刘芳冰托运的毒品甲基苯丙胺片剂共计 1 491 克。2013 年 7 月初,武红宇在中缅边境处从赵如翻处拿到其购买的 7 包甲基苯丙胺片剂,后将其中 4 包、净重 2 242 克贩卖给刘芳冰,在刘芳冰的安排下,马武爽将该批毒品通过某速递从云南省景洪市托运至河南省洛阳市,刘芳冰指使朱红军接取该批毒品。

二、裁判结果

本案由昆明铁路运输中级法院一审,云南省高级人民法院二审。最高人民法院对本案进行了死刑复核。

法院认为,被告人刘芳冰无视国家法律,为牟取非法利益,指使马武爽、李涛、朱红军将大量甲基苯丙胺片剂以邮寄的方式发往异地进行贩卖,其行为均已构成贩卖、运输毒品罪。被告人武红宇将大量甲基苯丙胺片剂从边境运至景洪市贩卖给刘芳冰,其行为已构成贩卖、运输毒品罪。赵如翻将大量甲基苯丙胺片剂从缅甸带至中缅边境交给武红宇,其行为已构成走私毒品罪,均应依法惩处。刘芳冰多次贩卖、运输毒品,数量大,并在共同犯罪中起组织指挥作用,系罪责最为严重的主犯。据此,依法对被告人刘芳冰判处死刑,对其余被告人根据在本案中的地位、作用,分别判处死刑,缓期 2 年执行、无期徒刑到有期徒刑 15 年。

案例 5: 张勇故意杀人、抢劫、以危险方法危害公共安全案

——吸毒后引发系列治安案件,罪行严重

一、基本案情

被告人张勇,男,汉族,1974 年 11 月 6 日出生,农民。1995 年 10 月 23 日因犯盗窃罪被判处有期徒刑 9 年。

2014 年 6 月 1 日 19 时许,被告人张勇在家中注射毒品后,怀疑徐某与其女友有不正当男女关系,产生杀死徐某的想法。当日 22 时许,被告人张勇携带匕

首一把，无证驾驶借用的云 D5427A 号力帆轿车到蚕种站路口处，将徐某骗上车，拉至陆良县城鑫城国际小区红绿灯路口处，在车内用匕首刺伤徐某，徐某下车躲避，张勇欲驾车碾压徐某，徐躲避后车辆冲入公路中间的绿化带。随后，被告人张勇持匕首抢劫了李某驾驶的云 DT6077 号起亚出租车，并驾驶该车沿陆良县城同乐大道向西桥方向快速行驶先后撞倒左某驾驶的二轮摩托车，魏某、李某夫妇驾乘的二轮摩托车，李某某父子驾乘的二轮摩托车，以及民警何伟驾驶的本田越野车，后被何伟驾车赶上逼停，张勇下车持匕首刺伤何伟额头、腹部等部位，后被何伟扑倒压住，接警赶来的民警共同将其制服抓获。被告人张勇的行为共致 1 人轻伤、多人轻微伤，5 辆车受损共计人民币 29 720 元。

二、裁判结果

本案由云南省曲靖市中级人民法院一审，云南省高级人民法院二审。

法院认为，被告人张勇故意杀人致 1 人轻伤、多人轻微伤，其行为已经构成故意杀人罪；采用暴力抢劫他人财物价值人民币 62 201 元，数额巨大，其行为已构成抢劫罪；吸毒后无证驾驶车辆在城区道路上任意、连续冲撞正常行驶的车辆，致不特定的多人人身损伤，其中 1 人轻伤二级，3 人轻微伤；财产损失共计人民币 24 599 元，人身损害导致经济损失 7 273.89 元，其行为构成以危险方法危害公共安全罪；被告人张勇犯三罪，应当数罪并罚。被告人张勇实施刺伤、驾车冲撞徐某，以及持刀刺伤民警何伟的行为，具有杀人的动机和主观故意，其行为符合故意杀人罪的构成要件；被告人张勇抢劫他人财物的数额巨大；被告人张勇长期吸食毒品，对吸食毒品后会出现兴奋、自控力下降、行为鲁莽以及幻觉等精神障碍具有较深的认识，但其仍然在吸食毒品后，驾车在城区道路上任意冲撞正常行驶的车辆，全然不顾可能出现的危害结果，直至被警察开车逼停，应认定其对危害社会的结果持放任态度，应当定性为以危险方法危害公共安全。被告人张勇具有犯罪前科，应酌情从重处罚。据此，依法分别以故意杀人罪判处被告人张勇有期徒刑 3 年；以抢劫罪，判处有期徒刑 10 年；以危险方法危害公共安全罪，判处有期徒刑 4 年；数罪并罚，决定执行有期徒刑 16 年。

案例 6：岩问丙贩卖毒品案

——吸毒人员零包贩毒，社会危害性不容忽视

一、基本案情

被告人岩问丙，男，傣族，1975 年 6 月 3 日出生，农民。

自 2015 年 1 月以来，被告人岩问丙多次向勐海县勐遮镇广门村及周边村寨的吸毒人员贩卖毒品。同年 2 月 11 日 22 时许，公安民警在广门村路口公厕旁

将被告人岩问丙抓获，并当场从其左、右侧裤包内查获毒品甲基苯丙胺片剂 142 粒，净重 14 克；从其驾驶的摩托车座垫和摩托车龙头下方储物箱内查获毒品甲基苯丙胺片剂 456 粒，净重 44 克。综上，被告人岩问丙共计贩卖甲基苯丙胺片剂 58 克。

二、裁判结果

本案由云南省西双版纳傣族自治州中级人民法院一审，云南省高级人民法院二审。

法院认为，被告人岩问丙违反国家对毒品的管制规定，贩卖甲基苯丙胺片剂，其行为已构成贩卖毒品罪。现场从被告人岩问丙身上及所驾摩托车上查获的 58 克毒品，根据相关法律规定，贩毒人员被抓获后，对于从其住所、车辆等处查获的毒品，一般均应认定为其贩卖的毒品；对于有吸毒情节的贩毒人员，一般应当按照其购买的毒品数量认定其贩卖毒品的数量，量刑时酌情考虑其吸食毒品的情节，但被告人岩问丙多次向多人零星贩卖毒品，情节严重。据此，依法以贩卖毒品罪对被告人岩问丙判处有期徒刑 15 年，并处没收个人财产人民币 10 000 元。

第4章　云南新型合成毒品滥用的实证分析

4.1　对滥用危害的评估

对于当前新型合成毒品滥用的危害，上文中已根据相关资料从对个人、家庭、社会的危害方面进行了初步的分析，但具体的影响过程及影响程度往往难以做定量分析。为此，此次调查特设计家庭破裂、体质下降、记忆力下降、感染疾病、导致事故、对家庭成员的伤害、家庭的财产受到损失、诱发其他犯罪等11个指标来评估新型毒滥用的危害。采用的方法是因子分析方法。

4.1.1　基本原理与计算方法

在社会、政治、经济等领域的研究中，往往需要对多个变量进行观察，而在大多数的情况下，许多变量之间存在一定的相关关系，因而有可能用较少的综合指标分析存在于各变量中的各类信息，而各综合指标之间是彼此不相关的，代表各类信息的综合指标称为因子。因子分析法就是用少量几个因子来描述许多指标或因素之间的联系，以较少的几个因子反映原资料的大部分信息的统计学方法。

4.1.2　因子分析的特点

因子变量的数量远少于原有的指标变量的数量，对因子变量的分析能够减少分析中的计算工作量；因子变量不是对原始变量的取舍，而是根据原始变量等信息进行重新组构，能够反映原始变量大部分的信息；因子变量之间不存在线性相关关系，对变量的分析比较方便；因子变量具有命名解释性，即该变量是对某些原始变量信息的综合和反映。

其中，对多变量的平面数据进行最佳综合和简化，即在保证数据信息丢失最少的原则下，对高维变量空间进行降维处理。显然，在一个低维空间解释系统，要比在一个高维系统空间容易得多。英国统计学家摩瑟尔·斯格特1961年对英国157个城镇发展水平进行调查时，原始策略的变量有57个，而通过因子分析发现,只需要 5 个新的综合变量,就可以解释 95%的原始信息。对问题的研究从 57 个维度降低到 5 个维度,因此可以进行更容易的分析。

最著名的因子分析研究,是美国统计学家斯通在 1947 年关于国民经济的研究,根据美国 1927—1938 年的数据,得到 17 个反映国民收入与支出的变量要素,经过因子分析,得到了 3 个新的变量,可以解释 17 个变量 97.4%的信息。斯通将 3 个变量命名为总收入、总收入率、经济发展或衰退的趋势,对当代经济学的发展做出了卓越的贡献。

4.1.3 因子分析的应用

借助目前流行的统计软件 SPSS,我们对各样本的 11 个指标进行主成分分析,通过主成分分析把指标之间的重叠信息过滤掉,具体计算过程如下:

第一步:采集数据。通过问卷调查,获得 169 个有效样本,经过数据录入与整理,得到新型合成毒品滥用后 11 个指标的数据。

第二步:对样本进行检验,看是否适合做主成分分析。这里我们采用 KMO 和巴特利球度检验(Bartlett's Test of Sphericity)检验法。检验结果如下:

表 4-1 KMO 和巴特利球度检验

KMO 取样适切性量数		0.725
巴特利球度检验	近似卡方分配	356.648
	自由度	96
	显著性(P 值)	0.000

由表 4-1 得知,样本的 KMO 检验结果为 0.725,超过 0.7;巴特利球度检验的结果为 356.648,值较大,应该拒绝零假设。综上可以看出,原样本适合做主成分分析。

第三步:构造因子变量,选取因子个数。我们运用 SPSS,根据特征值的大小决定因子的取舍,这里把标准定为特征值大于 1,即特征值大于 1 所对应的单位特征向量即为我们所提取的主因子。SPSS 输出的结果如下:首先看碎石(图 4-1):

在图 4-1 中,横坐标为因子数目,纵坐标为特征值。可以看到:第一个因子的特征值很高,对解释原有变量的贡献最大;第二个以后的因子特征值都较小,对解释原有变量的贡献很小,已经成为可以忽略的“高山脚下的碎石”,因此提取 2 个因子是合适的。其次再来看下面的因子载荷矩阵表:

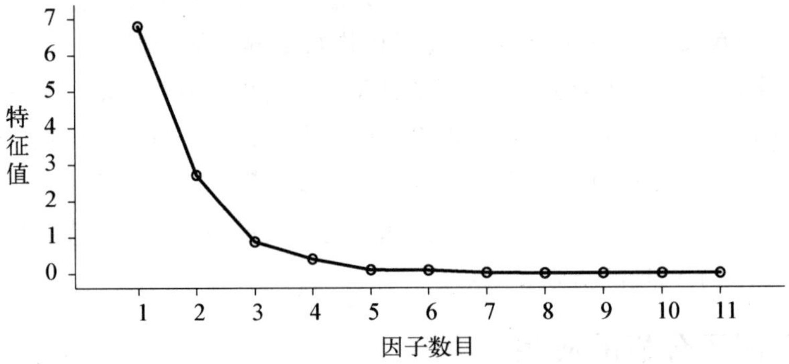

图 4-1 因子的碎石图

表 4-2 因子载荷矩阵总方差解释

因子	初始特征值			未经旋转的因子载荷平方和			旋转后的因子载荷平方和		
	方差贡献（特征值）	方差贡献率	累计方差贡献率	方差贡献（特征值）	方差贡献率	累计方差贡献率	方差贡献（特征值）	方差贡献率	累计方差贡献率
1	6.795	61.774	61.774	6.795	61.774	61.774	6.735	61.228	61.228
2	2.716	24.690	86.464	2.716	24.690	86.464	2.776	25.236	86.464
3	0.877	7.977	94.441						
4	0.401	3.643	98.084						
5	0.103	0.940	99.024						
6	0.090	0.820	99.845						
7	0.017	0.155	100.000						
8	3.10E−016	2.82E−015	100.000						
9	1.22E−016	1.11E−015	100.000						
10	2.83E−019	2.58E−018	100.000						
11	−5.72E−017	−5.20E−016	100.000						

提取方法：主成分分析。

由表 4-2 可知，根据特征值大于 1 的标准，提取了 2 个主因子，累积方差达 86.5%，即所提取的 5 个主成分能解释原 11 个变量的 86.5%的信息。

第四步：旋转因子变量，使其更具有可解释性。旋转后的因子载荷矩阵如下：

表 4-3 旋转后因子载荷矩阵

指　　标	主 因 子	
	1	2
记忆力严重下降	0.962	0.184
能够忘掉一切烦恼	0.200	0.882
心情非常愉快	−0.090	0.841
自己的家庭破裂	0.397	0.777
自己流落社会	0.663	−0.704
自己体质下降	0.962	0.184
自己感染疾病	0.949	0.034
导致事故	0.962	0.184
家庭财产受到重大损失	0.962	0.184
家庭成员身心受到严重伤害	0.934	−0.006
其他违法犯罪	0.185	−0.235

提取方法：主成分分析法。旋转方法：Kaiser 正常化的方差最大旋转。转轴收敛于 3 个迭代。

由表 4-3 可知，在第一个因子上载荷超过 0.7 的有记忆力下降、体质下降、感染疾病、导致事故、财产损失、家庭成员受到伤害、其他违法犯罪共 7 个指标，所以这个因子表征了新型合成毒品滥用者个人身体与生产能力的诸多方面，在此将其命名为“个人身体与生产能力损害因子”；第二个因子上载荷超过 0.7 的有忘掉烦恼、心情愉快、家庭破裂、流落社会共 4 个指标，所以第二个因子表征了新型合成毒品滥用者心理、心情等受到的损伤，在此称为“心理能力损害因子”。

第五步：计算因子变量的得分。因子得分矩阵如下：

表 4-4 因子得分矩阵

指　　标	主 因 子	
	1	2
记忆力严重下降	0.140	0.041
能够忘掉一切烦恼	0.007	0.316
心情非常愉快	−0.036	0.309
自己的家庭破裂	0.039	0.273
自己流落社会	0.118	−0.274

续 表

指　　标	主 因 子	
	1	2
自己体质下降	0.140	0.041
自己感染疾病	0.142	−0.013
导致事故	0.140	0.041
家庭财产受到重大损失	0.140	0.041
家庭成员身心受到严重伤害	0.141	−0.027
其他违法犯罪	0.124	−0.107

提取方法：主成分分析法。旋转方法：Kaiser 正常化的方差最大旋转。因子得分。

根据因子得分矩阵表，可以得到如下因子得分模型：

$$\begin{cases} F_1 = 0.14X_1 + 0.007X_2 + \cdots + 0.124X_{11} \\ F_2 = 0.041X_1 + 0.316X_2 + \cdots - 0.107X_{11} \end{cases}$$

第六步：利用主成分计算各新型合成毒品对其滥用者的危害综合值。计算模型如下：

$$E_i = F_{i1} \times W_1 + F_{i2} \times W_2 (i = 1, 2, \cdots, 169)$$

其中 E_i 为新型合成毒品滥用危害程度；

$W_j (j = 1, 2)$ 为各因子的权重，这里我们取各因子的方差贡献率作权重。

$F_{ij} (i = 1, 2, \cdots, 169; j = 1, 2)$ 为各滥用者各因子的值。

计算过程如下表：

表 4－5　各样本受新型合成毒品危害综合值排序表

问卷号	因子 1 得分	因子 2 得分	综 合 分	排　名
1	6.901 49	0.444 78	4.321 104	2
2	6.703 1	2.155 11	4.627 669	1
3	−0.113 68	−0.876 5	−0.288 47	7
4	−0.014 48	−1.731 67	−0.441 75	8
5	0.283 63	−1.081 41	−0.097 34	6
6	1.281 92	−2.062 71	0.266 294	3
7	1.281 92	−2.062 71	0.266 294	4
8	−0.245 66	0.478 99	−0.030 11	5

具体举例如计算问卷 1 这个样本的伤害程度则为：$E_1 = F_1 \times W_1 + F_2 \times W_2 = 0.61 \times 6.90149 + 0.25 \times 0.44478 \approx 4.321104$。在上述所举 8 个样本中，问卷号为 2 的样本受新型合成毒品的伤害程度最深，综合值为 4.627 669。为此，我们可以对每一个滥用新型合成毒品者的受危害程度进行综合评估，并借此采取有针对性的措施对相关个案进行剖析，对滥用者本人进行正确的帮教。

由上可知滥用新型合成毒品的危害主要表现在两个方面，其一是对滥用者身体能力、生产能力的危害；其二是对滥用者心理能力的危害。至于其对家庭、对社会的危害，都是从上述两种危害中衍生出来的。

因此，在对其进行预防教育或进行帮教时，不能因为新型合成毒品滥用者有偷盗、抢劫、故意伤害等行为，就认为其法律意识不强，因而要对其加强法律教育以期达到帮教的目的。而应该考虑到这一滥用者是否因身体已遭到严重损害而无法自我维持生存、心理上是否处于正常状态等，帮教的重点首先是想办法让滥用者身体与心理得到充分的调整与恢复。

可见，发现主因子对相关部门确定预防新型合成毒品滥用的重点方面及积极采取有针对性的措施救治或帮教新型合成毒品滥用者都起到十分重要的作用。一方面是在评估新型合成毒品滥用的危害时，最重要的两个评估指标就是滥用者身体生产能力、心理能力的损害程度，并可利用其计算新型合成毒品对滥用者的危害综合值。为此，我们可以对每一个滥用新型合成毒品者的受危害程度进行较为客观的综合评估。另一方面是要高度重视滥用者身体的康复治疗、心理治疗，相对而言，新型合成毒品滥用者心理的矫正更为关键，难度也更大；同时，培养滥用者专业技能是滥用者回归社会的重要手段。

4.2 对滥用群体的分析

4.2.1 滥用群体的人口学相关指标分析

4.2.1.1 性别构成

根据对 169 份问卷进行的分析，新型合成毒品滥用群体中男性为 111 人，占 65.7%，女性为 58 人，占 34.3%。且自 2002 年始，女性新型合成毒品滥用者所占比例总体上呈逐年增长趋势，但每隔一年又有一个较大的回落。从表 4－6 可知，2002 年女性新型合成毒品滥用者比例为 36%。2003 年，女性比例达 38.1%，2004 年又下降到 19%左右，2005 年突然增加到 48.6%。截至 2006 年 3

月，女性滥用者比例为20%，呈现出一种奇怪的螺旋式上升趋势。除了因为偶遇抽样可能存在着较大的误差外，其他原因有待进一步做调查分析研究，但从总体上看，女性滥用新型合成毒品现象值得注意，其原因后文将做具体阐述，在此不赘述。从滥用者总人数①上看，自1999年始，增幅十分明显，截至2005年(2006年因时间关系只调查到3月份，因而缺乏可比性)，6年间平均发展速度与平均增长速度②分别为164%与64%。新型合成毒品滥用者的这种迅猛的递增势头，显示了治理和控制新型合成毒品滥用的严峻性和紧迫性。

表4-6 滥用者性别与初次滥用新型合成毒品的年份交互类表

年份(年)	性别		
	男(人)	女(人)	合计
1999	0	1	1
2000	2	0	2
2001	4	0	4
2002	9	2	11
2003	13	8	21
2004	27	6	33
2005	38	36	74
2006	16	4	20
合计	109	57	166

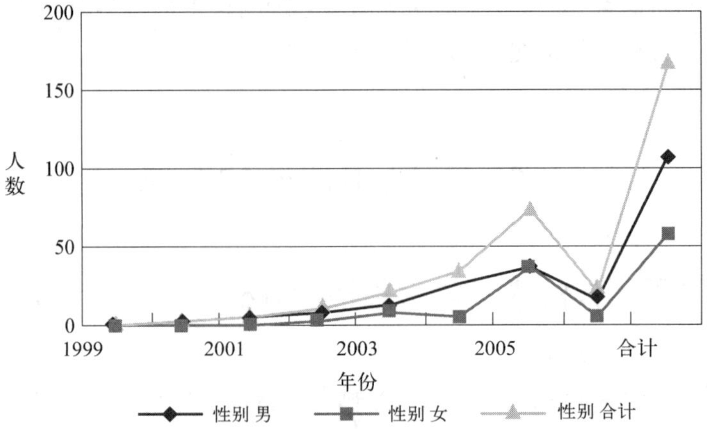

图4-2 新型合成毒品滥用者性别与初次服用年份交互类表折线图

① 在交互类表处理中，因为缺失值原因，丢失了3个样本。

② 平均发展速度是表明研究现象在一定的发展阶段内逐年平均发展的变化程度。平均增长速度是按照发展速度与增长速度的关系计算，即平均增长速度=平均发展速度-1。

4.2.1.2 年龄构成

在年龄构成方面，新型合成毒品滥用群体的情况与吸食传统毒品的情况呈现出明显不同的趋势。首先从整体上来看，新型合成毒品滥用群体年龄平均值为 24.51±0.258，中位数为 25 岁，众数为 25，最大年龄 41 岁，最小 17 岁，全距为 24（见表 4-7）。其中 20 岁以下者为 27 人，占全部调查样本的 16%，21—25 岁者为 87 人，占 51%。26—30 岁的为 50 人，占 30%。31 岁以上者 5 人，占 3%（见图 4-3）。可见新型合成毒品滥用群体的年龄仍然主要分布在 20—30 岁之间，约占 80%。而传统毒品滥用群体从年龄跨度上来看，最大的九十几岁，最小的不到 10 岁，两者相差 80 余岁，远远大于新型合成毒品滥用群体的跨度。

表 4-7　年龄基本情况一栏表

有效样本	169	标准差	3.36
缺失样本	0	方　差	11.28
平均值	24.51	全　距	24
平均值标准误差	0.26	最小值	17
中位数	25	最大值	41
众　数	25	求　和	4 142

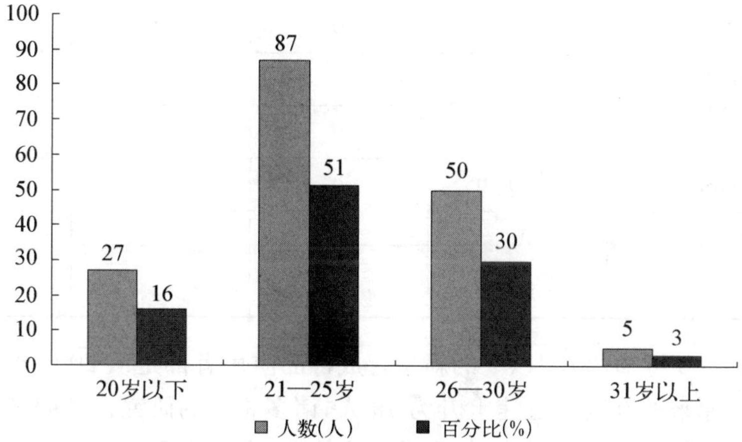

图 4-3　云南新型合成毒品滥用群体年龄分布

再从分布密度上来看，新型合成毒品滥用群体比传统毒品更为集中，主体介于 20—30 岁之间，约占所获全部样本的 80%左右。而就传统毒品而言，分布年龄更为宽泛。国家权威部门公布的相关数据表明，我国登记在册的吸毒人员中，35 岁以下的一直约占 80%，25 岁以下的约占 65%，而初次吸毒的年龄已经降低到 9 岁。《公安研究》发表的一篇对北京市公安局强制戒毒所强制戒毒人员的研究文章说，研究者对近年来 42 131 例强制戒毒者进行了跟踪调查，被调查者中，年龄最小的只有 11 岁。滥用毒品的年龄结构分析显示：小于 18 岁的有 727 例，占 18.26%；19—35 岁之间的有 3 299 例，占 78.31%。两者对比可知新型合成毒品滥用者的集中程度更高，且 30 岁以上的滥用者远没有传统毒品多；同样，小于 20 岁的新型合成毒品滥用者的比例为 16%，也明显低于传统毒品 18 岁以下的比例为 18.26%，但不能因此得出 20 岁以下滥用新型合成毒品者泛滥形势尚不严峻的结论。此次调查就发现，当前滥用新型合成毒品低龄化趋势十分明显，20 岁以下滥用新型合成毒品者呈明显上升趋势（见表 4-8）。

表 4-8　20 岁以下第一次服食新型合成毒品年份与年龄交互类表

第一次服用年份	年　龄			
	17 岁	18 岁	19 岁	20 岁
1999 年	0	0	0	0
2000 年	0	0	0	0
2001 年	0	0	0	0
2002 年	0	0	0	0
2003 年	0	0	0	0
2004 年	0	0	0	0
2005 年	1 人	0	2 人	19 人
2006 年	0	1 人	3 人	0
合　计	1 人	1 人	5 人	19 人

由表 4-8 可知，20 岁以下的新型合成毒品滥用者都是从 2005 年才开始吸食的，并由原来的 0 人已迅速上升为 19 人，诸多相关的研究也证明了新型合成毒品滥用呈现出低龄化趋势。如香港中文大学刘德辉（Joseph T. F. Lau）教授通过实证研究在《香港青少年趋轨物质滥用问题研究报告》（*Research Report on Cross-Boundary Substance Abuse Problem among Youths in Hong Kong*）中阐述：女性滥用 PDC 者比男性年轻。大约有 36%的男性滥用 PDC 者介于 18—20

岁之间,而女性滥用 PDC 者则为 61%,且有日趋增长的趋势[①]。

另外,滥用新型合成毒品的"25 岁现象"特别突出。此次调查中,年龄一项填写为 25 岁的新型合成毒品滥用者有 40 人,约占全部样本的 24%。这个数据说明新型合成毒品滥用群体颇为集中,25 岁的青年已成为当前吸食新型合成毒品的主流人群。

为此,特将年龄为 25 岁的新型合成毒品滥用者与初次服食时间进行交互分类,相关数据如表 4－9 所示。

表 4－9　25 岁新型合成毒品滥用者与第一次服用新型合成毒品年份交互分类

	第一次服用新型合成毒品年份						合　计
年　份	2001	2002	2003	2004	2005	2006	
人　数	1	3	9	9	15	3	40
百分比(%)	2.5	7.5	22.5	22.5	37.5	7.5	100

从表 4－9 可见,在已满 25 周岁的新型合成毒品滥用者中,有 1 人于 2001 年(约 20 岁)开始吸食,有 3 人于 2002 年(约 21 岁)开始吸食,9 人于 2003 年(约 22 岁)开始吸食,9 人于 2004 年(约 23 岁)开始吸食,15 人于 2005 年(约 24 岁)开始吸食;3 人于 2006 年[②](约 25 岁)开始吸食。因此,"25 岁现象"主体中的主要部分还是 22—25 岁之间的青年。而这一年龄正好是大学毕业时的主体年龄段,两者有没有一定的关系呢?为此,笔者又将 25 岁新型合成毒品滥用者与文化程度组成交互表,数据如表 4－10。

表 4－10　25 岁新型合成毒品滥用者文化程度

	文 化 程 度			合　计
	初中	高中及中专	大学专科	
人　数	8	22	10	40
百分比(%)	20	55	25	100

从表 4－10 可知,25 岁新型合成毒品滥用者文化程度为大学毕业的竟有 10 人,占 25%。也就是说,这些人大多是刚毕业后才开始吸食新型合成毒品的。这又给禁毒领域亮了一盏新的红灯:警惕大学毕业生成为新型合成毒品滥用者与社

① 香港特别行政区政府保安局禁毒处网站。

② 截至 2006 年 3 月。

会不稳定因素，毒品预防教育特别是新型合成毒品预防教育亟须进入大学校园。

4.2.1.3 出生地、户口及生活地等指标

表 4-11 新型合成毒品滥用群体户口

户 口	频 数	百分比(%)
农业户口	42	24.9
非农业户口	127	75.1
合 计	169	100.0

从户口上看(见表 4-11)，新型合成毒品滥用者多为非农业户口，为 127 人，占 75.1%，为调查样本的 3/4。农业户口为 42 人，占 24.9%。从家庭居住地来看(见表 4-12)，住在县级以上(包含县级)城市者为 107 人，占 63.3%；小镇为 17 人，占 10.1%。两者合计即住在城镇的为 124 人，累计百分比 73.4%。而住在农村及城郊结合部的分别为 32 人和 13 人，两项累计也只有 26.6%，可见新型合成毒品滥用者多为住在城镇的非农业人口。这与传统毒品滥用者有显著不同，据以往的相关研究，在云南吸食传统毒品者约有 80%以上为农业人口。

表 4-12 新型合成毒品滥用群体家庭居住地

家庭居住地	频 数	百分比(%)
县级以上城市	107	63.3
小 镇	17	10.1
农 村	32	18.9
城郊结合部	13	7.7
合 计	169	100.0

4.2.2 滥用群体的经济学相关指标分析

4.2.2.1 个人职业

本次调查中对个人职业、父母职业、个人收入、家庭收入都采用开放式的问题，以弥补主观分类的不足。调查完毕后，再统一编码与分类，进行数据录入。

从个人职业上看(见表 4-13)，新型合成毒品滥用者服食新型毒品前的主要职业按比例从高到低为无业、公司职员、个体户、运输司机，分别为 105 人、31 人、10 人、9 人，所占有效百分比为 62.5%、18.5%、6%与 5.4%。与传统毒品吸

食者相比较，新型合成毒品滥用者职业分布更为广泛，从一般的个体户到公司职员乃至大学教师都有涉及。

表 4－13　服食新型合成毒品前职业

服食新型合成毒品前职业	频　数	百分比(%)	有效百分比(%)
其　他	1	0.6	0.6
个体户	10	5.9	6
工　人	1	0.6	0.6
公司职员	31	18.3	18.5
大学教师	3	1.8	1.8
经　商	4	2.4	2.4
文　员	3	1.8	1.8
无　业	105	62.1	62.5
演　员	1	0.6	0.6
运输司机	9	5.3	5.4
小　计	168	99.4	100.0
拒绝回答	1	0.6	—
合　计	169	100.0	—

4.2.2.2　个人收入

为更好地反映新型合成毒品滥用者的经济状况，以进一步确定此指标与新型合成毒品的相关关系，我们将其具体转化为“个人年收入”“家庭年收入”“家庭人均收入”等几个二级指标。

表 4－14　滥用新型合成毒品者经济状况相关指标　　(单位：元)

统计值	人均年收入	服食新型合成毒品前积蓄	服食新型合成毒品前收入	服食新型合成毒品后收入
平均值	23 210	15 000	14 953	12 867
最小值	3 000	0	0	0
最大值	100 000	500 000	100 000	100 000

从个人收入看(见表 4－14)，因为新型合成毒品滥用者仍以无业为主，所以相当一部分人没有稳定的收入，毒品消费的来源主要为家人、朋友与亲戚，但个

人年收入与家庭年平均收入在20 000—50 000元之间的新型合成毒品滥用群体呈明显上升趋势，而按照2005年国家统计局发布的数字（因为调查对象多为2006年3月前服食新型合成毒品，为了更好地进行对比，没有采取2006年的最新数字），我国农村居民家庭月人均收入为272.2元，城镇居民平均每人每月可支配收入为854.9元。将其转化为农村居民家庭、城镇居民年平均收入则分别为3 266元、10 258元。由此可知，相当一部分新型合成毒品滥用群收入较高，且呈明显攀升趋势，而这正是有关研究者所说的“新型合成毒品已渗入白领精英阶层并逐步蔓延开来”。

4.2.2.3 父母职业

表4-15 父母亲职业

父亲职业	频　数	百分比(%)	母亲职业	频　数	百分比(%)
个体户	45	26.63	待　业	1	0.59
工　人	42	24.85	个体户	42	24.85
公务员	18	10.65	工　人	46	27.22
教　师	9	5.33	公务员	17	10.06
军　人	6	3.55	教　师	8	4.73
农　民	29	17.16	农　民	31	18.34
商　人	12	7.10	商　人	11	6.51
退　休	5	2.96	退　休	9	5.33
医　生	3	1.77	医　生	4	2.37
合　计	169	100.00	合　计	169	100.00

从表4-15可知，新型合成毒品滥用者父母职业以个体户、工人、农民、公务员、商人为主，教师、退休工人与军人也占有一定比例。其具体百分比分布从父亲的职业上看，已分散为9个职业（因为设计时为避免主观性，没有人为地对父亲职业进行分类，而是由调查对象依据自身理解进行填写，然后进行集中、概括、编码，确定为10个职业），其具体分布为：个体户45人，占26.63%；工人42人，占24.85%；农民29人，占17.16%；公务员18人，占10.65%；商人12人，占7.10%；其他包括：教师9人、军人6人、退休5人、医生3人。母亲职业分布较之父亲差别不是很大。因此，从目前形势上讲，新型合成毒品滥用群体已由社会的工农家庭向精英家庭扩散，继而扩散至一般家庭；而从发展趋势看，今后的新

型合成毒品的滥用随着空间与时间的蔓延，滥用者父母亲的职业分布上将更为广泛，在公务员、高校教师等职业方面，所占比例还将不断攀升。

4.2.3 滥用群体的社会学相关指标分析

4.2.3.1 民族成分

表 4-16 滥用群体的民族成分

民族成分	频　数	百分比(%)
白　族	8	4.7
傣　族	3	1.8
汉　族	124	73.4
回　族	14	8.3
景颇族	6	3.6
傈僳族	1	0.6
满　族	1	0.6
苗　族	2	1.2
佤　族	3	1.8
彝　族	7	4.1
合　计	169	100

从民族成分上看(见表 4-16)，新型合成毒品滥用群体中汉族为 124 人，占 73.4%；其他少数民族 45 人，占 26.6%。在 45 位少数民族新型合成毒品滥用者中，各民族分布示意图(图 4-4)如下：

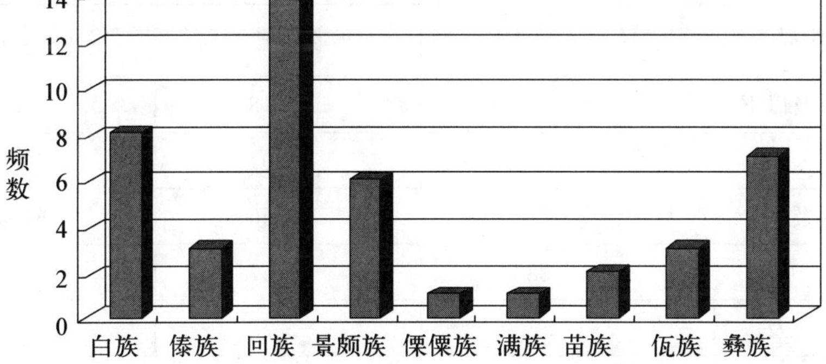

图 4-4 45 位少数民族滥用新型合成毒品者分布

4.2.3.2 婚姻状况

表 4－17 新型合成毒品滥用群体婚姻状况

婚姻状况	频　数	百分比(%)
单　身	141	83.4
离异有子女	1	0.6
离异无子女	3	1.8
已婚有子女	7	4.1
已婚无子女	17	10.1
合　计	169	100

新型合成毒品滥用群体中未婚为 141 人，占 83.4%；已婚或离异的为 28 人，占 16.6%(见表 4－17)。从上述百分比可以看出：新型合成毒品滥用群体中离异有子女与离异无子女的比例为 1∶3；而已婚有子女与已婚无子女的比例为 7∶17。至于子女在降低新型合成毒品滥用概率方面能否起到一定的相关作用，有待进一步研究，毕竟两项指标中的影响因素太多。

4.2.3.3 个人文化程度

在个人文化程度方面(见表 4－18)，被调查对象中小学及以下 2 人，有效百分比为 1.18%；初中 59 人，有效百分比为 34.91%；高中与中专 77 人，有效百分比为 45.56%；大专 28 人，有效百分比为 16.57%；大学本科及以上 3 人，占 1.78%。可见，高中及以上文化程度累计百分比为 64%，与传统毒品滥用人群中，中低文化程度占绝大多数形成巨大反差。

表 4－18 新型合成毒品滥用群体个人文化程度

文化程度	频　数	有效百分比(%)	累计百分比(%)
小学及以下	2	1.18	1.18
初　中	59	34.91	36.09
高中及中专	77	45.56	81.65
大学专科	28	16.57	98.22
大学本科及以上	3	1.78	100
合　计	169	100	—

4.2.3.4 父母文化程度

表 4－19 新型合成毒品滥用群体其父亲文化程度

父亲文化程度	频 数	有效百分比(%)	累计百分比(%)
文 盲	1	0.60	0.60
小 学	36	21.30	21.90
初 中	32	18.93	40.83
高中及中专	59	34.91	75.74
大学专科	35	20.71	96.45
大学本科	6	3.55	100
合 计	169	100	—

表 4－20 新型合成毒品滥用群体其母亲文化程度

母亲文化程度	频 数	有效百分比(%)	累计百分比(%)
文 盲	14	8.28	8.28
小 学	36	21.30	29.58
初 中	35	20.71	50.29
高中及中专	69	40.83	91.13
大学专科	13	7.69	98.82
大学本科	2	1.18	100
合 计	169	100	—

从新型合成毒品滥用者父母亲的文化程度来看(见表 4－19、4－20)，高中及中专学历的最多，分别为 59 人、69 人，所占百分比分别为 35%、41%。父亲为大专及以上文化程度的比例为 24%，远远高于母亲为大专及以上文化程度比例 9%。

4.2.4 滥用群体的分类及特征

在研究新型合成毒品滥用时，对这一群体进行恰当的分类，以便寻找其中相同与不同的特征，有着十分重要的意义。由于新型合成毒品群体滥用时出现的各种现象与特征十分复杂，依目前的实际情况很难确定一个明确的标准以进行分类，而聚类分析便是一种探索性的分析方法。在分类的过程中，人们不必事先给出一个分类的标准，而只要根据样本的数据出发自动进行分类。由于本次调查的样本数量大，根据实际情况采取快速聚类分析方法。

快速聚类分析计算过程如下：首先需要指定聚类成多少类，然后通过 SPSS 分析软件确定几个类别的初始类中心点。最后计算所有样本分派到各中心点的欧氏距离，按照距离最短原则，把所有样本分派到各中心点所在的类中，形成一个新的类别，完成一次迭代过程。

为此，按性别、现居住地、户口、年龄、文化程度、婚姻状况、父亲文化程度、母亲文化程度 8 个方面的内容，将 169 个个案按照各自的特点试分成 5 种类型，经过 SPSS 的自动处理得到以下表格 4－21：

表 4－21 初始聚类中心

变量	聚类点				
	1	2	3	4	5
性别	2	1	1	1	1
现居住地	3	1	1	1	1
户口	1	2	2	2	2
年龄	29	17	33	41	24
文化程度	3	4	5	4	4
婚姻状况	5	1	1	4	1
父亲文化程度	1	2	6	4	4
母亲文化程度	1	1	4	4	6

表格 4－21 是 SPSS 指定的初始类中心点，由于需要快速聚类成 5 类，因此指定了 5 个初始类中心点。

表 4－22 迭代进程表

迭代次数	改类聚类中心				
	1	2	3	4	5
1	3.504	3.635	3.307	0.000	2.600
2	0.710	0.947	0.733	0.000	0.392
3	0.607	0.276	0.387	0.000	0.275
4	0.697	0.100	0.238	0.000	0.116
5	0.382	0.071	0.179	0.000	0.098
6	0.000	0.000	0.000	0.000	0.000

注：迭代分析结束的原因是类中心点没有发生变化或变化很小，初始中心点之间的距离为 8.718。

表格 4-22,是快速聚类分析的迭代历史过程表,可以看出总共进行了 6 次迭代,最后 1 次迭代后类中心点没有发生变化或变化很小,距离为 0.000。快速聚类分析经过 6 次迭代即完成。

表 4-23 最终类中心

变量	聚类点				
	1	2	3	4	5
性别	1	1	1	1	1
现居住地	2	2	1	1	2
户口	2	2	2	2	2
年龄	26	21	30	41	25
文化程度	4	3	5	4	4
婚姻状况	5	1	3	4	1
父亲文化程度	3	3	4	4	4
母亲文化程度	3	3	4	4	3

表 4-23 是指快速聚类分析最终的类中心点位置。该表格和前面输出的第一个表格相比,中心的位置有了一些变化,表明迭代过程中,中心点位置有了转移。

表 4-24 最终类中心点之间的距离

聚类点	1	2	3	4	5
1		6.942	4.103	14.764	4.087
2	6.942		9.595	20.765	4.680
3	4.103	9.595		11.400	5.151
4	14.764	20.765	11.400		16.250
5	4.087	4.680	5.151	16.250	

表 4-24 是最终的类中心点之间的欧氏距离,从中可以看出第二类中心点和第四类中心点之间的距离最大,为 20.765,第一类中心点和第五类中心点之间的距离最小,为 4.087。

表 4-25　分 5 类的单因素方差分析表

变　量	组　群		误　差		F 值	相伴概率值
	均方差	自由度	均方误差	自由度		
性　别	0.358	4	0.224	164	1.601	0.176
现居住地	4.163	4	0.976	164	4.264	0.003
户　口	0.676	4	0.176	164	3.839	0.005
年　龄	416.018	4	1.403	164	296.426	0.000
文化程度	4.806	4	0.505	164	9.519	0.000
婚姻状况	54.794	4	0.453	164	120.957	0.000
父亲文化程度	7.533	4	1.174	164	6.416	0.000
母亲文化程度	5.605	4	1.222	164	4.585	0.002

注：F 检验仅用于描述性的目的，因为集群已将不同集群中各观察值之间的差异最大化。基于这个原因，观察值的显著性标准尚未更正，因而无法解释群体平均数为相等的假设检定。

表 4-25 是快速聚类分析后形成的各类样本之间的单因素方差分析(ANOVA)结果。表格每一行对应相应变量的分析结果。

对于性别变量，其平均组间平方和为 0.358，平均组内平方和为 0.224，F 统计量为 1.601，F 统计量的相伴概率为 0.176。相伴概率大于显著性水平 0.01，因此可以认为对于性别变量，5 个类的新型合成毒品滥用群体之间不存在显著的差异。

对于其他 7 个变量，F 统计量的相伴概率都小于显著性水平，因而这 7 个变量在 5 类新型合成毒品滥用者方面存在着显著的差异。这说明从 5 个类的单因素方差分析看，将样本分成 5 类的快速聚类分析不是十分理想，需重新尝试其他分类方法。

因此又尝试分成 4 类，操作方法如上所述，但从单因素方差分析看，仍不是十分理想，4 个类的新型合成毒品滥用群体之间对于性别变量依然不存在显著的差异(性别变量 F 统计量的相伴概率为 0.127，大于 0.01)。见表 4-26：

表 4-26　分 4 类的单因素方差分析表

变　量	组　群		误　差		F 值	相伴概率值
	均方差	自由度	均方误差	自由度		
性　别	0.430	3	0.223	165	1.930	0.127
现居住地	5.396	3	0.973	165	5.544	0.001

续 表

变 量	组 群		误 差		F 值	相伴概率值
	均方差	自由度	均方误差	自由度		
户 口	0.775	3	0.177	165	4.374	0.005
年 龄	544.510	3	1.580	165	344.618	0.000
文化程度	5.582	3	0.517	165	10.801	0.000
婚姻状况	47.132	3	0.922	165	51.140	0.000
父亲文化程度	8.196	3	1.201	165	6.826	0.000
母亲文化程度	5.754	3	1.246	165	4.617	0.004

注：F 检验仅用于描述性的目的，因为集群已将不同集群中各观察值之间的差异最大化。基于这个原因，观察值的显著性标准尚未更正，因而无法解释群体平均数为相等的假设检定。

最后又尝试将新型合成毒品滥用群体分成 3 类，从单因素方差分析看，对于 8 个变量，F 统计量的相伴概率都小于显著性水平，因而此 8 个变量在 3 类新型合成毒品滥用者方面存在着显著的差异。

从 3 个类的单因素方差分析看，将样本分成 3 类的快速聚类分析基本上是成功的，聚类效果比较理想。见表 4－27：

表 4－27 分 3 类的单因素方差分析表

变 量	组 群		误 差		F 值	相伴概率值
	均方差	自由度	均方误差	自由度		
性 别	1.060	2	0.217	166	4.891	0.009
现居住地	7.097	2	0.980	166	7.245	0.001
户 口	1.053	2	0.177	166	5.936	0.003
年 龄	648.107	2	3.603	166	179.902	0.000
文化程度	10.594	2	0.487	166	21.754	0.000
婚姻状况	15.440	2	1.582	166	9.761	0.000
父亲文化程度	18.424	2	1.120	166	16.456	0.000
母亲文化程度	11.450	2	1.205	166	9.503	0.000

注：F 检验仅用于描述性的目的，因为集群已将不同集群中各观察值之间的差异最大化。基于这个原因，观察值的显著性标准尚未更正，因而无法解释群体平均数为相等的假设检定。

表 4－28 则列出了 3 个类中分别包括的样本数。第一类包括样本最少，为 24 个，问卷号分别为 15、17、24、26、27、41、42 等；第二类为 58 个，问卷号分别为

1、3、5、6、8、12 等；第三类包括样本最多，为 87 个，分别为 2、4、7、9、10、11 等。

表 4－28 每类群体包含的个案数

群　体	第一类	24 个
	第二类	58 个
	第三类	87 个
合　计		169 个

后经对个案进行对比综合分析，以探索新型合成毒品滥用群体分出的 3 类究竟是什么，结果发现第一类为陪客人服食新型合成毒品的“high”妹，即陪客人吸食新型合成毒品的女性，其工作性质类似于歌厅陪歌小姐陪客人唱歌。其主体性特征主要表现为女性、出生地与当前生活地不一致、父母职业多为农民、父母文化程度不高、户口为农村户口等。第二类为公司职员、个体户、长途运输司机、出租车司机、赌博者、边境农民、大学生（25 岁左右）①、初高中辍学学生、演艺圈人员等滥用新型合成毒品群体，其特征主要表现为有较为稳定的工作和固定的收入。第三类为无业者滥用新型合成毒品群体，其特征主要表现为无稳定的工作和固定的收入。可见，三类新型合成毒品滥用群体的边界是十分明晰的。

4.3 对滥用行为相关指标的分析

4.3.1 毒品种类、服用原因、滥用时间

4.3.1.1 毒品的种类

对于第一次服用新型合成毒品的种类我们采用开放式提问，由调查对象填写，填写的名称多种多样，除传统名称外，还有如“亚当”“绿色蝴蝶”“郁金香”等五花八门的名字，为了分析方便的需要，在此都将其归入新型合成毒品的规范名称中（见表 4－29）。第一次服用毒品的种类以“K 粉”最多，共 83 人，有效百分比 49.4%，约占全部种类的一半左右；其次为摇头丸，共 67 人，有效百分比 39.9%；再次为冰毒，共 17 人，有效百分比 10.1%。

① 后经个案分析，此类大学生多为快要毕业或毕业后工作 1 年左右两种情况，快要毕业的大学生因找工作家里一般会提供经费支持，故将此类群体归之为有薪者群体。

表 4-29 第一次服用新型合成毒品种类

第一次服用新型合成毒品种类		频　数	百分比(%)	有效百分比(%)	累计百分比(%)
有效值	其　他	1	0.6	0.6	0.6
	"K 粉"	83	49.1	49.4	50.0
	冰　毒	17	10.1	10.1	60.1
	摇头丸	67	39.6	39.9	100
	小　计	168	99.4	100	
无效值	不回答	1	0.6		
合　计		169	100		

表 4-30 你用过哪些新型合成毒品

你用过哪些新型合成毒品	频　数	百分比(%)	有效百分比(%)	累计百分比(%)
其　他	21	12.4	12.4	12.4
不适用	3	1.8	1.8	14.2
不回答	5	3.0	3.0	17.1
"K 粉"	27	16.0	16.0	33.1
冰　毒	10	5.9	5.9	39.0
冰毒、摇头丸、"K 粉"	3	1.8	1.8	40.8
冰毒、摇头丸等	84	49.7	49.7	90.5
摇头丸	10	5.9	5.9	96.4
摇头丸、"K 粉"	6	3.6	3.6	100
合　计	169	100	100	

从服用过毒品的种类来看(见表 4-30),用过冰毒、"K 粉"、摇头丸三种的人数为 87 人(包括"冰毒、摇头丸等"项人数),有效百分比 51.5%;用过"K 粉"、摇头丸的 6 人,有效百分比 3.6%;单用"K 粉"的 27 人,有效百分比 16%;单用摇头丸的共 10 人,有效百分比 5.9%;单用冰毒的也为 10 人,有效百分比 5.9%。可见,整个新型合成毒品消费市场的 3 种主要毒品,滥用者大多正在或曾经使用过。

表 4－31　你现在最常用的新型合成毒品种类

你现在最常用的新型合成毒品种类	频　数	百分比（%）	有效百分比（%）	累计百分比（%）
其　他	20	11.8	11.8	11.8
不适用	5	3.0	3.0	14.8
不回答	8	4.7	4.7	19.5
“K 粉”、摇头丸	26	15.4	15.4	34.9
“K 粉”	4	2.4	2.4	37.2
冰　毒	11	6.5	6.5	43.8
冰毒、摇头丸、“K 粉”	1	0.6	0.6	44.3
冰毒、摇头丸等	1	0.6	0.6	44.9
三种混合物	80	47.3	47.3	92.3
摇头丸	13	7.7	7.7	100
合　计	169	100	100	

就“你现在最常用的新型合成毒品种类”而言（见表 4－31），三种混吸的有 81 人，有效百分比 47.9%；摇头丸、“K 粉”混用的为 26 人，有效百分比 15.4%；单吸“K 粉”、冰毒、摇头丸的共 28 人，累积有效百分比 16.6%。

4.3.1.2　第一次服用原因与感受

这一问题也是由调查对象自己填写，分析内容相似的合为一类。数据显示（见表 4－32），因为面子关系的为 3 人，有效百分比 1.8%；因为受骗上当和被人下药的为 27 人（其中有 2 人被男朋友下药），有效百分比为 16%；无知好奇、好玩的为 36 人，有效百分比 21.3%；追求刺激的为 83 人，有效百分比 49.1%。当然好奇与追求刺激很难人为地分开，中间互有包含交叉之处。

表 4－32　为什么要服用新型合成毒品（第一次服用）

第一次服用新型合成毒品原因	频　数	百分比（%）	有效百分比（%）	累计百分比（%）
其　他	15	8.9	8.9	8.9
不回答	4	2.4	2.4	11.2
爱面子	1	0.6	0.6	11.8
碍于面子	1	0.6	0.6	12.4

续 表

第一次服用新型合成毒品原因	频 数	百分比（%）	有效百分比（%）	累计百分比（%）
碍于情面好奇	1	0.6	0.6	13.0
被男朋友下药	2	1.2	1.2	14.2
被人下药	24	14.2	14.2	28.4
好 奇	11	6.5	6.5	34.9
好 玩	3	1.8	1.8	36.7
受骗上当	1	0.6	0.6	37.3
谈生意	1	0.6	0.6	37.9
无知好奇	22	13.0	13.0	50.9
追求刺激	82	48.5	48.5	99.4
追求刺激开心	1	0.6	0.6	100
合 计	169	100	100	

从第一次服用新型合成毒品是否自愿上看（见表 4－33），一共获取有效样本 151 份，自愿吸的为 123 人，有效百分比 81.5%；受骗上当的为 28 人，有效百分比 18.5%；拒绝回答的为 3 人。可见新型合成毒品滥用者在吸食新型合成毒品的主观心态上多是自愿主动的。而受骗上当的人也不少，尤其是年轻的女性服用新型合成毒品多为被人下药。

表 4－33 第一次服用新型合成毒品是否自愿

第一次服用新型合成毒品是否自愿		频 数	百分比（%）	有效百分比（%）	累计百分比（%）
有效值	自 愿	123	72.8	81.5	81.5
	受 骗	28	16.6	18.5	100
	小 计	151	89.3	100	
无效值	不回答	3	1.8		
	系统缺失	15	8.9		
	小 计	18	10.7		
合 计		169	100		

从“第一次服用新型合成毒品的感觉如何”来分析（见表 4－34），得出的数据有点奇怪，初次服用新型合成毒品感觉不好的仅为 7 人，有效百分比仅为

4.6%；没感觉的为29人，有效百分比为19.1%；而感觉好的竟然高达116人，有效百分比为76.3%。经与有关专家讨论分析，其原因可能一方面是现在的新型合成毒品对人的刺激作用确实很大，尤其是摇头丸等毒品混在一起滥用，既有致幻作用，又能使人兴奋。另一方面可能是样本中包含了一大部分由传统毒品吸食转为新型合成毒品吸食的样本，其第一次吸食新型合成毒品的感觉应该与新吸食者不同，大多不会出现恶心、呕吐、心理不适等感觉。

表4-34 第一次服用新型合成毒品的感觉

第一次服用新型合成毒品的感觉		频数	百分比(%)	有效百分比(%)	累计百分比(%)
有效值	好	116	68.6	76.3	76.3
	不好	7	4.1	4.6	80.9
	没感觉	29	17.2	19.1	100
	小计	152	89.9	100	
无效值	不回答	2	1.2		
	系统缺失	15	8.9		
	小计	17	10.1		
合计		169	100		

4.3.1.3 滥用时间

为进一步了解这一问题，本节共设计了3个指标，分别为“第一次服用新型合成毒品月份”“通常使用毒品的时间”“第一次滥用新型合成毒品的年份”，下面根据相关数据略作说明。

对于“第一次服用新型合成毒品月份”(见表4-35)，一年12个月都有涉及，而服用频数较高、接近或超过20人的为10月，共29人，有效百分比为17.6%；2月，共26人，有效百分比为15.8%；7月，共24人，有效百分比为14.5%；8月，共20人，有效百分比为12.1%；5月，共19人，有效百分比为11.5%。为此我们将上述月份称为“云南新型合成毒品滥用重点月份”，其形成原因现在尚不够明晰，有待进一步研究，但明显与“国庆黄金周”(10月)、“五一黄金周”(5月)、“春节黄金周”(2月)和各级各类学校的寒暑假(2月及7月、8月)不无一定的内在联系。滥用新型合成毒品重点月份的发现，为公安机关查处、管理、打击新型合成毒品滥用违法行为与破获新型合成毒品走私贩运提供了时间上的参考。

表 4-35　第一次服用新型合成毒品月份

第一次服用新型合成毒品月份		频　数	百分比（%）	有效百分比（%）	累计百分比（%）
有效值	1	8	4.7	4.8	4.8
	2	26	15.4	15.8	20.6
	3	8	4.7	4.8	25.5
	4	3	1.8	1.8	27.3
	5	19	11.2	11.5	38.8
	6	3	1.8	1.8	40.6
	7	24	14.2	14.5	55.2
	8	20	11.8	12.1	67.3
	9	11	6.5	6.7	73.9
	10	29	17.2	17.6	91.5
	11	12	7.1	7.3	98.8
	12	2	1.2	1.2	100
	小计	165	97.6	100	
无效值	不回答	3	1.8		
	系统缺失	1	0.6		
	小　计	4	2.4		
合　计		169	100		

再看新型合成毒品滥用者通常服食的时间（见表 4-36），相关数据与以往研究相似，大部分滥用者服食时间为晚上和深夜，样本数分别为 93 人、30 人，二者合计 123 人，有效百分比为 93.2%。不定时服食的为 9 人，有效百分比 6.8%。

表 4-36　通常服食新型合成毒品的时间

通常服食新型合成毒品的时间		频　数	百分比（%）	有效百分比（%）	累计百分比（%）
有效值	晚　上	93	55.0	70.5	70.5
	深　夜	30	17.8	22.7	93.2
	不定时	9	5.3	6.8	100
	小　计	132	78.1	100	

续 表

通常服食新型合成毒品的时间		频 数	百分比(%)	有效百分比(%)	累计百分比(%)
无效值	不适用	5	3.0		
	不回答	8	4.7		
	系统缺失	24	14.2		
	小 计	37	21.9		
合 计		169	100		

第一次服用新型合成毒品的年份，上文已有讨论，这里着重分析年龄与服用新型合成毒品的年份之间的关系。两个指标交互后的相关数据如表 4－37：

表 4－37 年龄与第一次服用新型合成毒品年份交互类表

	第一次服用新型合成毒品年份(年)								合 计
年龄(岁)	1999	2000	2001	2002	2003	2004	2005	2006	
17	0	0	0	0	0	0	1	0	1
18	0	0	0	0	0	0	0	1	1
19	0	0	0	0	0	0	2	3	5
20	0	0	0	0	0	0	19	0	19
21	0	0	0	0	0	1	7	1	9
22	0	0	0	0	0	2	5	2	9
23	0	0	0	0	1	2	6	0	9
24	1	0	0	0	1	5	10	2	19
25	0	0	1	3	9	9	15	3	40
26	0	0	1	4	3	6	2	2	18
27	0	0	0	2	3	3	1	2	11
28	0	1	0	1	0	1	2	0	5
29	0	1	1	1	2	2	2	0	9
30	0	0	1	0	1	0	1	3	6
31	0	0	0	0	0	1	0	1	2
32	0	0	0	0	0	0	1	0	1
33	0	0	0	0	1	0	0	0	1
41	0	0	0	0	0	1	0	0	1
合计	1	2	4	11	21	33	74	20	166

为了准确地定位两者间的相互关系，运用相关系数来表示，并看能否通过检验。因新型合成毒品滥用年龄是定序指标，服用年份为定类指标，这里用Lambda系数来分析两个变量的关系。检验方法为卡方检验(见表4-38)。当然，卡方检验的一个原则要求是随机抽样，但由于此次调查的有关数据与随机抽样所得结果吻合较好，在此，姑且将其视为随机抽样。

表4-38 卡方检验[a]

卡方检验	值	自由度	相伴概率值(双尾)
皮尔逊卡方	155.219(a)	119	0.014
似然比	138.727	119	0.104
线性相关卡方	19.927	1	0.000
有效样本	166		

a：138个单元格(95.8%)预期数小于5。最低预期计算小于0.01。

表4-39 对称测量

对称测量		值	渐进标准误差(a)	近似T值(b)	相伴概率
等序	伽马相关系数	-0.412	0.071	-5.761	0.000
	斯皮尔曼等级相关系数	-0.405	0.073	-5.677	0.000(c)
等距	皮尔逊相关系数	-0.348	0.064	-4.746	0.000(c)
有效样本		166			

1. 不假定为零假设。
2. 使用零假设的渐近标准误差。
3. 基于正态近似。

可见，通过双尾检验，卡方检验的相伴概率小于0.01(见表4-39)，伽马相关系数值为-0.412。这说明两个变量呈负相关关系。也就是说，年纪越轻的，吸食的年份越晚；年纪越大的，吸食的年份越早。

4.3.2 吸食毒品的方式和感觉

4.3.2.1 方式

对于吸食新型合成毒品的方式的调查，共获138个有效样本。吸食新型合成毒品的方式主要为鼻吸、兑酒(包括饮料)、口服、用烟枪等(见表4-40)。

表 4-40 吸食新型合成毒品的方式

吸食新型合成毒品的方式	频数	百分比(%)	有效百分比(%)	累计百分比(%)
其他	21	12.4	12.4	12.4
不适用	2	1.2	1.2	13.6
拒绝回答	8	4.7	4.7	18.3
鼻吸	7	4.1	4.1	22.5
鼻吸兑酒	25	14.8	14.8	37.3
鼻吸口服兑酒	1	0.6	0.6	37.9
鼻吸吞服兑酒	1	0.6	0.6	38.5
兑酒	7	4.1	4.1	42.6
口服	24	14.2	14.2	56.8
口服兑酒	1	0.6	0.6	57.4
口服兑酒烟枪	71	42	42	99.4
吞服鼻吸	1	0.6	0.6	100
合计	169	100	100	

4.3.2.2 毒品来源的稳定性

从毒品来源的稳定性看(见表 4-41),有 104 人的新型合成毒品来源比较固定,有效百分比为 77.6%。来源不太固定的为 30 人,有效百分比为 22.4%。

表 4-41 你吸的新型合成毒品有无固定的来源

你吸的新型合成毒品有无固定的来源		频数	百分比(%)	有效百分比(%)	累计百分比(%)
有效值	来源比较固定	104	61.5	77.6	77.6
	来源不太固定	30	17.8	22.4	100
	小计	134	79.3	100	
无效值	不适用	5	3		
	不回答	8	4.7		
	系统缺失	22	13		
	小计	35	20.7		
合计		169	100		

从主被动购买新型合成毒品的次数来看，新型合成毒品滥用者主动购买的情况较多，为 108 人，有效百分比 80.6%(见表 4－42)。再从毒品的来源上来讲，有 94 人是从黑市上购买，有效百分比为 68.1%(见表 4－43)。这充分说明云南的新型合成毒品交易市场比较稳定，且具有一定规模。

表 4－42　主被动购买新型合成毒品的次数

主被动购买新型合成毒品的次数		频　数	百分比(%)	有效百分比(%)	累计百分比(%)
有效值	自己主动购买多	108	63.9	80.6	80.6
	被动接受的次数多	26	15.4	19.4	100
	小　计	134	79.3	100	
无效值	不适用	5	3.0		
	不回答	8	4.7		
	系统缺失	22	13.0		
	小　计	35	20.7		
合　计		169	100		

表 4－43　你服食新型合成毒品的主要来源

你服食新型合成毒品的主要来源		频　数	百分比(%)	有效百分比(%)	累计百分比(%)
有效值	黑　市	94	55.6	68.1	68.1
	亲戚/朋友/同学	15	8.9	10.9	79.0
	其他熟人	2	1.2	1.4	80.4
	迪厅等娱乐场所陌生人	26	15.4	18.8	99.3
	其　他	1	0.6	0.7	100
	小　计	138	81.7	100	
无效值	不适用	3	1.8		
	不回答	6	3.6		
	系统缺失	22	13.0		
	小　计	31	18.3		
合　计		169	100		

4.3.3 滥用新型合成毒品成瘾相关指标

关于新型合成毒品成瘾问题，现在争论较多，界定也较为困难。本章中主要是指滥用新型合成毒品者“想”的感觉。

这一问题主要涉及“你服食新型合成毒品几次上瘾?”“第一次服食到上瘾大概多少天?”“上瘾后一周一般服食多少次?”等指标。

从上瘾情况来看(见表4－44)，大多数人选择了2、3、4、6次，共为131人，说明新型合成毒品的成瘾性极大，有效百分比达96.3%。在调查中有很多调查对象开始认为自己未成瘾，但当被问到是否有“记忆力下降”“经常出现幻觉”“很想去娱乐场所玩”等新型合成毒品滥用成瘾症状时，绝大多数滥用者都承认其有一定的成瘾性。但也有个别案例吸食新型合成毒品达4年之久，仍未上瘾，其原因有待进一步研究。在“第一次服食到上瘾大概多少天”问题中(见表4－45)，选择4天的有78人，有效百分比为56.9%。其次为12天，有26人，有效百分比为19%。

表4－44 你服食新型合成毒品几次上瘾

服用次数		频数	百分比(%)	有效百分比(%)	累计百分比(%)
有效值	2	79	46.7	58.1	58.1
	3	26	15.4	19.1	77.2
	4	15	8.9	11.0	88.2
	5	2	1.2	1.5	89.7
	6	11	6.5	8.1	97.8
	7	1	0.6	0.7	98.5
	8	1	0.6	0.7	99.3
	10	1	0.6	0.7	100
	小计	136	80.5	100	
无效值	不适用	5	3.0		
	不回答	8	4.7		
	系统缺失	20	11.8		
	小计	33	19.5		
合计		169	100		

表 4－45　第一次服食到上瘾大概多少天

第一次服食到上瘾时间	天　数	频　数	百分比（%）	有效百分比（%）	累计百分比（%）
有效值	3	2	1.2	1.5	1.5
	4	78	46.2	56.9	58.4
	8	9	5.3	6.6	65.0
	10	1	0.6	0.7	65.7
	12	26	15.4	19.0	84.7
	15	2	1.2	1.5	86.1
	18	1	0.6	0.7	86.9
	20	12	7.1	8.8	95.6
	25	1	0.6	0.7	96.4
	30	2	1.2	1.5	97.8
	40	1	0.6	0.7	98.5
	50	1	0.6	0.7	99.3
	60	1	0.6	0.7	100
	小　计	137	81.1	100	
无效值	不适用	5	3.0		
	不回答	7	4.1		
	系统缺失	20	11.8		
	小　计	32	18.9		
合　计		169	100		

“一般服食几次上瘾”（见表 4－46），大部分滥用者选择了 3 次，有效百分比为 64.0%，最多的有 6 次，共有 9 人，有效百分比 6.6%。

表 4－46　上瘾后一般服食几次

上瘾后一般服食几次		频　数	百分比（%）	有效百分比（%）	累计百分比（%）
有效值	2	14	8.3	10.3	10.3
	3	87	51.5	64.0	74.3
	4	25	14.8	18.4	92.6

续 表

上瘾后一般服食几次		频 数	百分比（%）	有效百分比（%）	累计百分比（%）
有效值	5	1	0.6	0.7	93.4
	6	9	5.3	6.6	100.0
	小 计	136	80.5	100.0	
无效值	不适用	5	3.0		
	不回答	7	4.1		
	系统缺失	21	12.4		
	小 计	33	19.5		
合 计		169	100.0		

综上所述，当前云南新型合成毒品滥用特点主要表现为：

其一是滥用人群结构特异性，吸食新型合成毒品群体的低龄化加快。根据中国国家药物依赖性研究所和国家药物滥用监测中心发布的2001年监测和研究数据，我国摇头丸的滥用人群主要集中在16—25岁，占总数的73%。初次服吸的平均年龄是22.5岁，比阿片类初吸者年龄低4岁。而云南滥用新型合成毒品的“低龄化”现象更是十分明显，主要表现是云南边境地区受境外冰毒影响较早、危害较大，青少年滥用新型合成毒品年龄更小、人数更多。如潞西市芒海镇芒海村2002年就有8名青少年染上冰毒。其中，未满20岁的有4人，年龄最小的仅14岁。德宏州张华等人对110名新型合成毒品滥用者的调查结果显示：初吸年龄最小的为14岁，最大的为43岁，平均年龄为25岁。其中，35岁以下的占87.2%，25岁以下的占53.6%，未满20岁的占30%，远高于海洛因吸食者的年龄比例。在1998年对传统毒品滥用人员的统计中，35岁以下的仅为48%。截至2005年底，我国现有吸毒人员78.5万名，吸食海洛因成瘾人员70万名，其中35岁以下的占69%。

这次对169名新型合成毒品滥用者的问卷调查结果，在某种程度上说明云南新型合成毒品滥用在上述各指标上又有新的变化，云南新型合成毒品的滥用人群主要集中在20—30岁，占总数的80%以上；初次服吸的平均年龄是22岁，比阿片类初吸者年龄低4岁；初吸年龄最小的为14岁，最大的为41岁，平均年龄为25岁。

在职业结构和文化程度方面，无业人员和个体工商户占多数，与吸食海洛因人群基本一致。不同点是新型合成毒品滥用人群的文化程度偏高，甚至有相当一部分是“白领”，经济条件较好。在昆明、玉溪等地，还有“富男靓女”嗜吸摇头丸的特点。可见，滥用新型合成毒品的群体正由过去以社会无业青年为主，逐步向公司职员、演员、大学生、公务员和高校教师等其他社会阶层扩散。

在滥用新型合成毒品具体人群及滥用行为方面，主要呈现出以下特点：(1) 部分少数民族人员吸食。云南边境地区少数民族传统节日较多，每年的农闲时节赶摆，一赶就是几天，还有赕佛，3天一小赕，5天一大赕，为保持长时间兴奋而吸食①；(2) 娱乐场所服务人员吸食，即歌舞厅坐台小姐陪吸，在所选调查点昆明、大理、保山、德宏、临沧都有专门的陪“high”现象；(3) 驾驶员吸食。西双版纳州公安机关在得到景洪市有驾驶员吸食冰毒的举报后，经摸底调查抓获一冰毒零售贩子，并据其供出的向某些夜班客车驾驶员供应冰毒的线索，查出167名驾驶员吸食冰毒。

另据张华等对德宏州110名新型合成毒品滥用者的调查结果显示，公司职员占1.8%，驾驶员占6.3%，打工者占12.7%，娱乐场所从业者与消费者占22.7%，无业人员占20%。因此，德宏州新型合成毒品滥用群体的职业性特点非常明显。

而此次调查针对的169名新型合成毒品滥用者，职业群体主要为无业、个体、公司职员等。其中客车驾驶员为9人，所占有效百分比5.4%。可见在云南，驾驶员服食新型合成毒品现象有一定的规模和代表性。由于吸食冰毒对大脑与人的行为产生不可逆的损伤等原因，会对驾驶员驾车造成隐患。尤其是那些吸食冰毒的长途客车司机，极易导致恶性交通事故，严重影响公共安全。

其二是毒品获取渠道单一性。据中国国家药物依赖性研究所和国家药物滥用监测中心的监测数据，摇头丸滥用人群获取摇头丸的渠道，通过娱乐消遣时亲戚朋友“请客”的占58%，从歌舞娱乐场所现场购买的占32%，其余是从街道等处的毒品贩子手中购买，占10%。可见，在娱乐场所获得摇头丸的，合计占到了90%，毒品获取渠道的单一性特点十分明显。

此次调查则在诸多学者前期研究的基础上，多增设了几个指标以期进一步加深研究。增设的指标有“第一次服用新型合成毒品渠道”“第一次服用新型合成毒品自己花钱情况”“常用新型合成毒品的主要渠道”“有无固定来源”“主动购买及被动接受比例”等，相关基本数据如下：

一是第一次服用时，新型合成毒品的来源渠道首先仍为亲戚、同学、朋友，占70.4%；其次为同事，占16.0%；再次为男/女朋友，占3%(见表4－47)。这里要

---

① 访谈时，思茅、西双版纳宗教局相关人士提供。

注意的是，在新型合成毒品的传播过程中，同事已成为整个滥用新型合成毒品流通环节中的重要角色，这是否与新型合成毒品滥用有一定程度的公开化有相关关系，尚待进一步研究。

表 4-47　第一次服用新型合成毒品渠道

第一次服用新型合成毒品渠道		频　数	百分比(%)	有效百分比(%)	累计百分比(%)
有效值	男/女朋友	5	3.0	3.3	3.3
	亲戚/朋友/同学	119	70.4	77.8	81.0
	同　事	27	16.0	17.6	98.7
	其他熟人	2	1.2	1.3	100
	小　计	153	90.5	100	
缺失值	不适用	1	0.6		
	不回答	2	1.2		
	系统缺失	13	7.7		
	合　计	16	9.5		
合　计		169	100		

二是初次服食新型合成毒品时，自己花钱的为 40.8%，别人"请客"为 58.6%(见表 4-48)。而根据相关研究，首次服用新型合成毒品时，一般是其他人提供，自己花钱的较少。而此次调查自己花钱的比例为何如此之高？后经聚类分析法对其进行分类研究，发现这些第一次吸食新型合成毒品且又花了钱的滥用者有一个最显著的特征：大多为吸食新型合成毒品前已经是海洛因吸食者，且在吸食传统毒品方面已经有一定的成瘾性。这种情况，在实地暗访座谈中得到了证实。

表 4-48　第一次服食时是否花钱

第一次服食新型合成毒品是否花钱		频　　数	百分比(%)
有效值	花　钱	69	40.8
	不花钱	99	58.6
	小　计	168	99.4
缺失值	不回答	1	0.6
合　计		169	100.0

而在第一次服用新型合成毒品情景方面(见表4-49),获有效样本153份。其中,选择与亲戚/朋友/同学在一起的为116人,有效百分比为75.8%;选择与自己不认识的人在一起的为25人,有效百分比为16.3%;另有4人选择了与男/女朋友在一起,与同事、邻居在一起的也分别为4人。在此选项中,值得注意的是选择了与自己不认识的人在一起的有25人,似乎不合常理,谁愿意与不认识的人在一起吸食新型合成毒品呢?后来经进一步核实,原来这25人当中有24人属于陪"high"的小姐。

表4-49 第一次服用新型合成毒品情景

服用情景		频数	百分比(%)	有效百分比(%)	累计百分比(%)
有效值	男/女朋友	4	2.4	2.6	2.6
	亲戚/朋友/同学	116	68.6	75.8	78.4
	邻居	4	2.4	2.6	81.0
	同事	4	2.4	2.6	83.7
	与自己不认识的人在一起	25	14.8	16.3	100
	小计	153	90.5	100	
缺失值	不回答	2	1.2		
	系统缺失	14	8.3		
	小计	16	9.5		
合计		169	100		

三是涉及新型合成毒品的场所日趋增多。在调查过程中,我们设计了"最初三次服食新型合成毒品的地点""通常服用新型合成毒品的地点"两个指标来考察吸食新型合成毒品的场所。

根据问卷,新型合成毒品滥用者最初三次服食新型合成毒品的地点(见表4-50),主要还是在歌厅、迪厅等娱乐场所。在145份有效问卷里,有122人最初的地点是在歌厅、迪厅里,有效百分比为84.1%。其次为工作场所,有9人,有效百分比为6.2%。在朋友或自己家里的为1人。

表4-50 最初三次服食新型合成毒品的地点

服用地点		频数	百分比(%)	有效百分比(%)	累计百分比(%)
有效值	朋友/自己家里	1	0.6	0.7	0.7
	工作场所	9	5.3	6.2	6.9

续 表

服用地点		频数	百分比(%)	有效百分比(%)	累计百分比(%)
有效值	歌厅/迪厅	122	72.2	84.1	91.0
	其他	1	0.6	0.7	91.7
	不适用	5	3.0	3.4	95.2
	不回答	7	4.1	4.8	100.0
	小计	145	85.8	100.0	
无效值	系统缺失	24	14.2		
合计		169	100.0		

就通常服食新型合成毒品的场所(见表4-51)而言,歌舞厅、迪厅等仍是服食新型合成毒品的主要场所,有114人,有效百分比为86.4%。但在工作场所吸食新型合成毒品现象有所增加,为18人,有效百分比为13.6%。可见吸食新型合成毒品摇头丸、K粉等毒品的场所,已由迪厅、KTV等逐渐向茶艺吧、咖啡厅、酒店、宾馆等场所蔓延,甚至出现了家庭派对、工作场所派对群体吸毒的现象。其主要原因之一是由于新型合成毒品滥用现象日趋严重,各相关娱乐场所已满足不了滥用群体的吸食需求;原因之二是由于近几年公安机关及相关职能部门对歌厅、迪厅等娱乐场所的管理与监控力度加大,导致了吸食人员滥用毒品场所的转移。在暗访过程中,对于打击新型合成毒品滥用的力度与吸食新型合成毒品的行为与场所的相关关系,笔者有着很深刻的体会。在打击之前,在部分娱乐场所,滥用新型合成毒品已是一种公开或半公开的行为。进包厢之后,滥用者用卫生纸点上火把送上来的大盘烤干后,就把摇头丸、K粉等毒品粉末放在盘子里,分成若干线形或条状的小块,准备鼻吸或兑酒,基本上无需遮掩,所有购买、准备、吸食新型合成毒品的过程都在迪厅、歌厅包厢里完成。而随着禁毒等相关部门的管理与打击力度加大,这一过程日趋隐蔽,购买、准备、吸食的过程由同一时间段、同一空间转化为不同时间段、不同地点进行。如在黑市购买毒品后,要回家或到其他地方进行处理,将毒品放入事先准备好的小瓶或烟枪(一种十分精致的吸食新型合成毒品的工具)里,等到晚上带到歌厅、迪厅等娱乐场所吸食。由于娱乐场所光线迷离、人又多,用来吸食的烟枪又十分小,偷偷吸上一口很难被人发现。

表 4-51 通常服食新型合成毒品的场所

服用地点		频数	百分比(%)	有效百分比(%)	累计百分比(%)
有效值	工作地方	18	10.7	13.6	13.6
	歌舞厅/迪厅等	114	67.5	86.4	100.0
	小计	132	78.1	100.0	
无效值	不适用	5	3.0		
	不回答	8	4.7		
	系统缺失	24	14.2		
	小计	37	21.9		
合计		169	100.0		

——滥用毒品的群体性特征明显。在第一次服用新型合成毒品人数方面，几乎是清一色的群吸方式(见表 4-52)。在调查的 169 名对象中，扣除拒绝回答与系统缺失的，有 153 个有效个案。主要又集中在 4—8 人之间，累计百分比 80%以上。其中 4 人有效百分比为 58.8%、6 人为 17.6%。可见与海洛因吸食人员不同，新型合成毒品滥用人员往往不是个人单独吸食，而是具有“群体吸毒”的特点。吸食人员往往相互间熟悉(除无固定服务对象的“high”妹外。其实，在暗访过程中获悉，大多数“high”妹也都是有相对固定的服务对象，甚至是非常熟悉)，人员之间关系较固定，通常在特定的社交圈内进行，外人不易插入。人数少则五六人，多则数十人成群吸食，由已染毒者向其他人传播，而且第 1 次一般都是免费提供(除一些已吸食传统毒品成瘾后再来吸食新型合成毒品的人)；多数吸毒者一开始就落入了“以贩养吸”的圈套。吸食新型合成毒品很少采用 AA 制的埋单方式，起初是熟人请客，待吸食上瘾后又如法炮制，再拉拢下一个，渐渐形成一个链条式的吸食群体，具有很强的扩散性。

表 4-52 第一次服用新型合成毒品人数

服用人数		频数	百分比(%)	有效百分比(%)	累计百分比(%)
有效值	2	2	1.2	1.3	1.3
	3	2	1.2	1.3	2.6
	4	90	53.3	58.8	61.4
	5	7	4.1	4.6	66.0

续 表

服用人数		频数	百分比（%）	有效百分比（%）	累计百分比（%）
有效值	6	27	16.0	17.6	83.7
	7	6	3.6	3.9	87.6
	8	5	3.0	3.3	90.8
	9	1	0.6	0.7	91.5
	10	11	6.5	7.2	98.7
	11	1	0.6	0.7	99.3
	13	1	0.6	0.7	100.0
	小计	153	90.5	100.0	
缺失值	不回答	2	1.2		
	系统缺失	14	8.3		
	小计	16	9.5		
合计		169	100.0		

——群体的“转换化”。有许多海洛因滥用者开始转而吸食新型合成毒品，有人称之为“白转冰”。如在张华等人的调查中，混吸或曾经吸食过传统毒品的有 81 人，占 73.6%。其中，有 13.6%的人已转为完全吸食新型合成毒品，说明传统毒品滥用群体是新型合成毒品滥用的主要“转换”群体。

调查中，我们在“吸食新型合成毒品后是否还吸食传统毒品”这一选项中共获得有效样本 134 个(见表 4－53)，属于混吸的有 81 人，有效百分比为 60.4%。其中吸食传统毒品后又转而吸食新型合成毒品的为 80 人，而吸食新型合成毒品后再去吸食传统毒品的仅 1 人。可见，这种转换具有不对称与非均衡性，即传统毒品滥用群体向新型合成毒品转换快、人数多，而新型合成毒品滥用群体向传统毒品转化的案例极少。但 2014 年后，在笔者的调查中发现很多滥用新型合成毒品者，由于极其亢奋，很难睡觉，又反过来滥用海洛因、安定等，并将其称之为“解毒”。

表 4－53 混吸情况

混吸情况		频数	百分比（%）	有效百分比（%）	累计百分比（%）
有效值	无混吸	53	31.4	39.6	39.6
	吸食传统毒品后吸食	80	47.3	59.7	99.3

续 表

混 吸 情 况		频 数	百分比(%)	有效百分比(%)	累计百分比(%)
有效值	吸食传统毒品前吸食	1	0.6	0.7	100
	小 计	134	79.3	100	
无效值	不适用	5	3.0		
	不回答	6	3.6		
	系统缺失	24	14.2		
	小 计	35	20.7		
合 计		169	100		

据有关资料，截至2006年年底，云南省海洛因成瘾人员47 786人，比2005年末下降3.8%，海洛因等传统毒品的危害有所减轻，原因除了相关执法职能部门的大力打击取得良好效果外，传统毒品吸食人员向滥用新型合成毒品方面的转化也是一个重要的原因，对此各禁毒相关部门要有明确的认识并引起足够的重视。

4.4 对滥用原因的分析

从宏观层面来分析新型合成毒品滥用的原因，主要为：

首先是境外毒源的侵袭。由于特殊的地理位置与区位，云南一直是毒祸的重灾区和禁毒斗争的前沿阵地。近年来，在国际及我国的高压政策下，“金三角”地区以鸦片为原料的传统毒品明显减少，但毒品市场的需求却没有因传统毒品减少而减小，相反却因新型合成毒品的猛增而有所扩大。具体说来，境外毒源的侵袭与污染，首先表现为对边境沿线各民族边民滥用新型合成毒品活动的诱发与传播。在云南边境地区，包括汉族在内的大部分世居民族都是跨境而居。自古以来，境内外边民不仅鸡犬相闻、田畴相连、比邻而居，而且多同源共祖、言语相通、密切往来。由于境外新型合成毒品的生产渗透日益猖獗，严重刺激了省内尤其是云南边境地区新型合成毒品的消费，致使滥用新型合成毒品现象逐步抬头，吸食人数逐年增加。而境内滥用新型合成毒品人员的大量滋生及其对毒品的特殊依赖，又反过来刺激境外新型合成毒品源源不断地渗入，由此形成恶性循环，致使云南沿边地带的新型合成毒品问题日益突出。如2002年，德宏州吸食新型合成毒品的人数仅有 1 人；2005 年，全州吸食新型合成毒品的人数已发展到了 55 人。而截至 2006 年年底，云南全省“在册吸食冰毒等新型合成毒品人数已达 1 325 名，占全省吸毒人员总数的 2.77%，比 2005 年增加 33.7%。滥用新型合成毒品人员主要集中在边境地区，并由边境地区、交通沿线和中心城市向周边辐射”①。不难预见，随着境外海洛因渗透的相对减少和新型合成毒品渗透的不断增加，新型合成毒品滥用的趋势将日显突出。

其次是因外出打工时对新型合成毒品无知好奇而吸食上瘾。如德宏、保山、临沧、西双版纳等地的少数民族吸毒者，大部分都是曾经由农村外出务工特别是出境打工的青壮年。在外期间，由于环境的改变、生活节奏的加快而产生的各种压力以及对新型合成毒品危害认识的不充分，加之有一定固定现金收入，往往极易成为新型合成毒品滥用者。

其三是因精神空虚而滥用新型合成毒品。一部分物质生活比较富足的人，为了寻找新鲜感、新刺激而误入歧途。这部分人以个体或私营工商企业主和白领为主，生活的富裕、年轻人的精力充沛与精神上的迷茫与无所寄托产生的矛盾冲突等，使其非常乐于去歌舞厅、迪吧等娱乐场所，从而容易受新型合成毒品的诱惑并成为俘虏。如德宏州的新型合成毒品滥用者，不少都是改革开放后的致富户。其中有的是自己“挣了大钱”，有的是父母做生意，最后都因为精神空虚而落入新型合成毒品的陷阱。

其四是社会压力过大，使得人们多方寻求解决烦恼的途径，来宣泄自己内心的郁闷，从而选择了吸食毒品的方式，虽然大部分人知道毒品的危害，却依然选择了这样的方式来减轻生活的压力。尤其是白领，一般都面对着巨大的工作压力和生活压力，许多人内心渴望释放，渴望寻求刺激，但又不善于自我调节，寻找健康、合理的释放和发泄方式，最终选择吸食新型合成毒品以寻求刺激。据昆明市禁毒支队的统计，目前，朋友相约狂欢、同学聚会已成为不少人沾染新型合成毒品的重要机会，而有的人是出于无知，有的人是碍于面子，在他人的鼓动下染毒成瘾。有的则是贪慕虚荣、误将吸毒视为时髦、气派的象征，主动吸食上瘾的。

与此同时，同辈的影响或压力，也是造成新型合成毒品滥用的重要原因之一。在一些亚文化群体中，吸食海洛因等传统毒品已被认为是“老土”，而对滥用冰毒、摇头丸、“K 粉”等推崇备至。在此类群体亚文化的影响下，更加剧了新型合成毒品的蔓延。而更令人担忧的是这一观念甚至还影响到了处于社会中上层的部分白领及演艺界。

---

① 刘平（云南省副省长、省禁毒委主任）在 2007 年云南省禁毒工作会议上的报告，2007 年 2 月 9 日。

其五是新型合成毒品的毒性虽然强烈，但其效果好，且容易合成，价格便宜。如麻古、迷幻蘑菇等能直接作用于人体的中枢神经系统，在几秒钟内就产生飘飘欲仙、健谈、亢奋等身体症状，对于处在高度紧张、快节奏社会生活的人们来说，这样的效果格外重要，这也是造成新型合成毒品流行的重要原因之一。在调查过程中，当问及第一次服食新型合成毒品的感觉时，有 116 人认为感觉好，有效百分比为 76.3%。感觉不好的仅 7 人，有效百分比 4.6%；没感觉的 29 人，有效百分比 19.1%。可见，大部分人第一次服食新型合成毒品感觉都非常好。且冰毒、摇头丸等兴奋剂类毒品合成简单，原料价格便宜而极易获取，所以也是造成该类毒品快速蔓延的主要原因，有关专家预测，21 世纪，苯丙胺类毒品将成为许多新型合成毒品滥用者的主要成瘾物质。

由此可见，从宏观层面上看，滥用新型合成毒品的诱发原因很多，但就滥用群体中的个体而言，其吸食的主要原因何在？下面根据问卷调查，从家庭、朋辈、信念等因素和方面去探寻滥用新型合成毒品的微观因素。

4.4.1 家庭因素分析

家庭是建立在婚姻、血缘关系或收养关系基础上的亲密合作、共同生活的小型群体，是人类社会生活的基本单位和细胞。而家庭关系就是生活在同一个家庭内成员之间的人际关系，如夫妻关系、父母与子女关系、兄弟姐妹关系、婆媳关系等。在家庭中，婚姻、血缘或抚养关系是形成家庭的基本关系。除了家庭关系之外，每个人又会与其他人建立亲属关系。这种亲属关系是家庭关系的延伸，大体包括父族亲属关系、母族亲属关系和妻族亲属关系等，这些亲属关系对家庭关系都会产生不同程度的影响。

家庭对人的影响是深远的，由于人出生就在家庭中生活，而且一生中的大部分时间通常也是在家庭中度过的，因而可以说家庭是人类社会生活中最普遍的群体。无论什么人，都与家庭发生着一定的关系。为此，探求新型合成毒品滥用群体与其家庭的关系，有着十分重要的意义。

为了获得尽量多的信息、避免新型合成毒品滥用者因滥用而形成的信息不完整以致撒谎等情况，笔者设计了 45 个变量来反映新型合成毒品对家庭的归依关系。后通过对问卷的分析整理，一是删掉了三类群体识别程度不高的一些指标，如“我父母有违法犯罪现象”三类群体 165 人全部填“从不”，因而识别率极低，类似的还有“我父亲或母亲谈论过自杀”“我父母常抱怨社会不公平”等指标。二是删掉了 2 个变量相关系数特别高、近似雷同指标中的 1 个（见表 4 - 54）。

表 4-54 家庭有关指标的相关性

两种类型	指标	相关性	1	2	3	4
肯德尔系数	1	相关系数	1	−0.605(**)	−0.502(*)	−0.275
		双尾检验概率	—	0.003	0.011	0.154
		个案数	24	24	24	24
	2	相关系数	−0.605(**)	1	0.198	0.491(*)
		双尾检验概率	0.003	—	0.315	0.011
		个案数	24	24	24	24
	3	相关系数	−0.502(*)	0.198	1	0.141
		双尾检验概率	0.011	0.315	—	0.457
		个案数	24	24	24	24
	4	相关系数	−0.275	0.491(*)	0.141	1
		双尾检验概率	0.154	0.011	0.457	—
		个案数	24	24	24	24
斯皮尔曼系数	1	相关系数	1	−0.626(**)	−0.538(**)	−0.299
		双尾检验概率	—	0.001	0.007	0.156
		个案数	24	24	24	24
	2	相关系数	−0.626(**)	1	0.199	0.532(**)
		双尾检验概率	0.001	—	0.351	0.007
		个案数	24	24	24	24
	3	相关系数	−0.538(**)	0.199	1	0.153
		双尾检验概率	0.007	0.351	—	0.475
		个案数	24	24	24	24
	4	相关系数	−0.299	0.532(**)	0.153	1
		双尾检验概率	0.156	0.007	0.475	—
		个案数	24	24	24	24

* 显著度为 0.05 时的变量显著相关关系(双尾)。
** 显著度为 0.01 时的变量显著相关关系(双尾)。

在表 4-54 中,各类指标的高强度相关关系较为明显,在此基础上再着重分析问卷,就会发现两两之间指标内容的高度相似。因而在选择变量时,只选择其中较为典型的一个。如上表中的“我们只喜欢同家人在一起”与“我们家人喜欢在闲暇时间聚在一起”在显著度为 0.01 时,两个变量显著相关(斯皮尔曼等级相关系数达 0.532)。再仔细核查问卷内容时,选项雷同较多,因此两者选其一进入下一阶段分析。最后经认真筛选,从 45 个变量中选择了 9 个变量来考察家庭因素影响与 3 类新型合成毒品滥用群体的关系。其中,“家人互相帮助”变量,体现了家庭的凝聚力;“容易与父母讨论问题”,反映父母与小孩的沟通能力;“我父母知道我干什么”,反映父母对小孩的关心、了解程度;“即使不统一,我也服从父母”,反映小孩对家庭的服从程度;“我父母给我好的建议”,反映小孩对父母水平的认可程度;“我父母伤我的感情”,反映父母的教育方式是否妥当;“看书、酗酒、打牌”3 个变量主要反映父母的日常行为对小孩的影响。

为了测量新型合成毒品滥用者家庭因素与吸毒行为的关系,首先设计了五级量表来量化、评价新型合成毒品滥用者家庭各指标(见表 4-55)。

表 4-55 测量新型合成毒品滥用者家庭因素与吸毒行为五级量表

项　　目	1	2	3	4	5
我的家人互相帮助	从不	偶尔	一般	经常	总是
我感到很容易与父母讨论问题	从不	偶尔	一般	经常	总是
我父母知道我经常干什么	从不	偶尔	一般	经常	总是
我父母给我很好的建议	从不	偶尔	一般	经常	总是
即使不同意,我也服从父母	从不	偶尔	一般	经常	总是
我父母伤我的感情	从不	偶尔	一般	经常	总是
我父母读书	从不	偶尔	一般	经常	总是
我父母酗酒	从不	偶尔	一般	经常	总是
我父母打牌搓麻将	从不	偶尔	一般	经常	总是

然后,给量表赋值(见表 4-56),总值及平均值越大,表示家庭对个人的正面影响越多;总值及平均值越小,表示家庭对个人的正面影响越小。平均值 1—5 分别表示不健康家庭、较不健康家庭、中性家庭、较健康家庭、健康家庭。

表 4-56 测量新型合成毒品滥用者家庭因素与吸毒行为五级量表赋值表

项　　目	从不	偶尔	一般	经常	总是
我的家人互相帮助	1	2	3	4	5
我感到很容易与父母讨论问题	1	2	3	4	5
我父母知道我经常干什么	1	2	3	4	5

续 表

项　　目	从不	偶尔	一般	经常	总是
我父母给我很好的建议	1	2	3	4	5
即使不同意，我也服从父母	1	2	3	4	5
我父母伤我的感情	5	4	3	2	1
我父母读书	1	2	3	4	5
我父母酗酒	5	4	3	2	1
我父母打牌搓麻将	5	4	3	2	1

4.4.1.1 “high”妹群体家庭因素分析

表 4－57 “high”妹群体家庭因素相关指标值

N=24	家人互相帮助	容易与父母讨论问题	父母知道我经常干什么	父母给我好的建议	即使不同意，我也服从父母	我父母伤我的感情	我父母读书	我父母酗酒	我父母打牌搓麻将
平均值	4.21	3.25	2.67	2.83	3.25	2.75	1.58	2.75	2.33
中位数	4	3	3	3	3	2	1	2.5	2
众　数	4	3	3	3	3	2	1	2	2
总　和	101	78	64	68	78	66	38	66	56

由表 4－57 可知，“high”妹群体家庭在“家人互相帮助”上平均值较高，为 4.21，介于较健康与健康之间，偏向于较健康①；觉得“容易与父母讨论”变量平均值为 3.25，介于中性家庭与较健康家庭之间，偏向于中性家庭；“父母知道我经常干什么”变量平均值为 2.67，介于较不健康家庭与中性家庭之间，偏向于中性家庭；“父母给我好的建议”变量平均值为 2.83，介于较不健康家庭与中性家庭之间，偏向于中性家庭；“即使不同意，我也服从父母”变量平均值为 3.25，介于中性家庭与较健康家庭之间，偏向于中性家庭；“我父母伤我的感情”变量平均值为 2.75，介于较不健康家庭与中性家庭之间，偏向于中性家庭；“我父母读书”变量平均值为 1.58，介于不健康家庭与较不健康家庭之间，偏向于较不健康家庭；“我父母酗酒”变量平均值为 2.75，介于较不健康家庭与中性家庭之间，偏向于中性家庭；“我父母打牌搓麻将”变量平均值为 2.33，介于较不健康家庭与中

① 笔者将平均值为 1、2、3、4、5 分别表示为不健康、较不健康、中性、较健康、健康家庭。下同。

性家庭之间，偏向于较不健康家庭。

4.4.1.2　个体、公司职员等群体家庭因素分析

表 4－58　个体、公司职员等群体家庭因素相关指标值

N=58	家人互相帮助	容易与父母讨论问题	父母知道我经常干什么	父母给我好的建议	即使不同意，我也服从父母	我父母伤我的感情	我父母读书	我父母酗酒	我父母打牌搓麻将
平均值	4.57	4.09	3.55	3.36	3.29	2.09	3.17	1.76	2.12
中位数	5	4	4	3	3	2	3	2	2
众　数	5	4	4	3	3	2	3	2	2
总　和	265	237	206	195	191	121	184	102	123

由表 4－58 可知，个体、公司职员毒品滥用群体家庭在“家人互相帮助”上平均值较高，为 4.57，介于较健康与健康之间，偏向于健康；觉得“容易与父母讨论”变量平均值为 4.09，介于较健康家庭与健康家庭之间，偏向于较健康家庭；“父母知道我经常干什么”变量平均值为 3.55，介于中性家庭与较健康家庭之间，偏向于较健康家庭；“父母给我好的建议”变量平均值为 3.36，介于中性家庭与较健康家庭之间，偏向于中性家庭；“即使不同意，我也服从父母”变量平均值为 3.29，介于中性家庭与较健康家庭之间，偏向于中性家庭；“我父母伤我的感情”变量平均值为 2.09，介于较不健康家庭与中性家庭之间，偏向于较不健康家庭；“我父母读书”的变量平均值为 3.17，介于中性家庭与较健康家庭之间，偏向于中性家庭；“我父母酗酒”变量平均值为 1.76，介于不健康家庭与较不健康家庭之间，偏向于较不健康家庭；“我父母打牌搓麻将”变量平均值为 2.12，介于较不健康家庭与中性家庭之间，偏向于较不健康家庭。

4.4.1.3　无业者群体家庭因素分析

表 4－59　无业者群体家庭因素相关指标值

N=81	家人互相帮助	容易与父母讨论问题	父母知道我经常干什么	父母给我好的建议	即使不同意，我也服从父母	我父母伤我的感情	我父母读书	我父母酗酒	我父母打牌搓麻将
平均值	4.05	2.99	3.12	3.10	2.56	1.23	2.11	1.99	2.02
中位数	4	3	3	3	3	2	3	2	2
众　数	4	3	3	3	3	2	3	2	2
总　和	328	242	253	251	207	100	171	161	164

由表 4 - 59 可知，无业者毒品滥用群体家庭在“家人互相帮助”上平均值较高，为 4.05，介于较健康家庭与健康家庭之间，偏向于较健康；觉得“容易与父母讨论”变量平均值为 2.99，介于较不健康家庭与中性家庭之间，偏向于中性家庭；“父母知道我经常干什么”变量平均值为 3.12，介于中性家庭与较健康家庭之间，偏向于中性家庭；“父母给我好的建议”变量平均值为 3.10，介于中性家庭与较健康家庭之间，偏向于中性家庭；“即使不同意，我也服从父母”变量平均值为 2.56，介于较不健康家庭与中性家庭之间，偏向于中性家庭；“我父母伤我的感情”变量平均值为 1.23，介于不健康家庭与较不健康家庭之间，偏向于不健康家庭；“我父母读书”的变量平均值为 2.11，介于较不健康家庭与中性家庭之间，偏向于较不健康家庭；“我父母酗酒”变量平均值为 1.99，介于不健康家庭与较不健康家庭之间，偏向于较不健康家庭；“我父母打牌搓麻将”变量平均值为 2.02，介于较不健康家庭与中性家庭之间，偏向于较不健康家庭。

4.4.1.4 新型合成毒品滥用者家庭因素对比分析

为了更好地进行对比，特将“high”妹、公司职员等、无业者的家庭相关指标的平均值列图表如下：

表 4 - 60 三类群体家庭相关指标平均值

家庭 群体	家人互相帮助	容易与父母讨论问题	父母知道我经常干什么	父母给我好的建议	即使不同意，我也服从父母	我父母伤我的感情	我父母读书	我父母酗酒	我父母打牌搓麻将
“high”妹滥用群体	4.21	3.25	2.67	2.83	3.25	2.75	1.58	2.75	2.33
公司职员等滥用群体	4.57	4.09	3.55	3.36	3.29	2.09	3.17	1.76	2.12
无业者滥用群体	4.05	2.99	3.12	3.10	2.56	1.23	2.11	1.99	2.02

变成折线图，如图 4 - 5 所示。

可见，三类新型合成毒品滥用者基本上体现一定的层次性特征。公司职员类滥用群体除了“我父母伤我感情”与“我父母酗酒”“我父母打牌搓麻将”3 个指标处于较不健康状态之中，其他指标都比较正常，且由于此类群体在信念与朋辈群体等因素方面大都处于正常状态，那么家庭的“我父母伤我感情”“我父母酗酒”“我父母打牌搓麻将”这 3 个指标就对此类群体滥用新型合成毒品产生着直接性的影响。因此，针对此类滥用群体开展新型合成毒品预防教育，就要从这 3

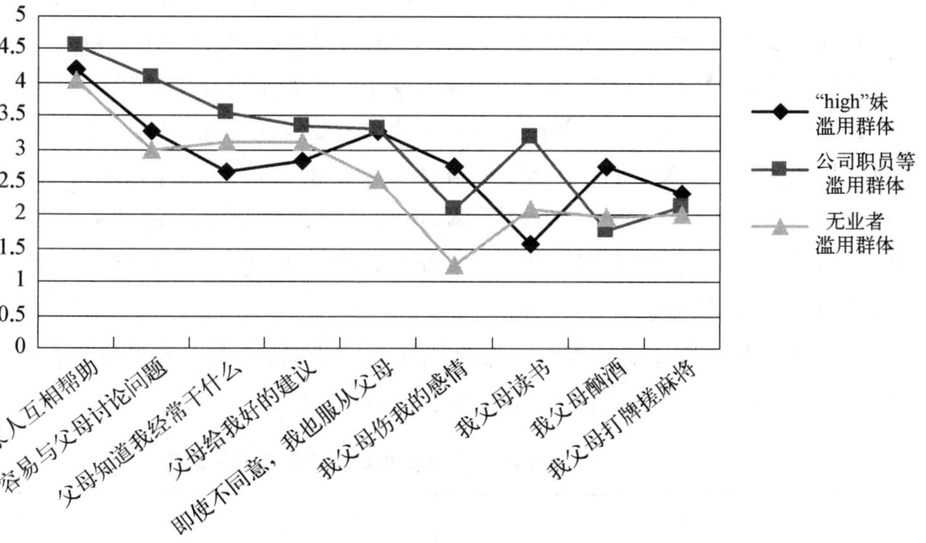

图 4－5　新型合成毒品滥用者家庭因素对比

个主要指标着眼，设计相关的预防方案与内容。

"high"妹滥用群体的家庭健康程度次之，除"我的家人互相帮助"变量处于较为健康的状态外，其他指标均处与一种中性或不健康状态中，尤其是在"我父母读书"方面平均值仅为 1.58，比无业人员滥用者同类指标低 0.53，接近半个健康状态；比公司职员类低 1.59，接近于一个半健康状态。在"我父母伤我的感情方面"，程度也较深，处于一种较不健康状态中，这也可以用来解释诸多"high"妹盲目出来打工的原因。

无业者新型合成毒品滥用群体家庭健康状况最差，其折线图反映的各值总体上都比前两类低。除"我的家人互相帮助"处于一种较为健康的状态外，其他都处于中性状态与较不健康状态中，尤其是在"我父母伤我感情"方面，其值仅为 1.23，处于一种非常不健康的状态之中。这也足以说明为什么无业者心理压力大，为什么其宁愿在外面无目的地玩耍也不愿待在家里、为什么其信念与主流的文化格格不入、为什么其愿意在外面胡乱交坏朋友等。而上述各因素又是造成无业者滥用新型合成毒品的主要原因。

4.4.2　朋辈因素分析

朋辈群体是指同龄或相近年龄组成的群体。在众多朋辈群体中，青少年受朋辈群体的影响最突出，对朋辈群体的依赖也最明显。相关调查结果表明，19%

的学生认为逆反行为是受朋辈影响。这是因为在青少年朋辈群体中，不仅有共同的心理感受和需求，而且有相近的爱好、兴趣和共同的行为倾向，相互之间较容易认同，同时也易相互转化与感染。其中，青少年朋辈群体中积极的价值观念及行为倾向与家庭、学校、社会的教育目的大体一致，置身其中的个体青少年的心理就较为正常、合理；而青少年朋辈群体中不良的价值观和行为倾向，则对置身其中的一些青少年心理产生不良影响，再加上青少年自身心理的不稳定和模仿性，容易使其形成逆反心理。为此，在青少年逆反心理的形成过程中，朋辈群体的影响是不可忽视的。

为了测量朋辈群体对新型合成毒品滥用者的影响，特设了五级量表来量化、评价新型合成毒品滥用者朋辈群体的不良行为，如表 4－61：

表 4－61　新型合成毒品滥用者朋辈群体因素五级量表

项　　目	1	2	3	4	5
抽　烟	从不	偶尔	一般	经常	总是
喝　酒	从不	偶尔	一般	经常	总是
服用毒品	从不	偶尔	一般	经常	总是
旷　课	从不	偶尔	一般	经常	总是
同其他年轻人打斗	从不	偶尔	一般	经常	总是
与父母打斗	从不	偶尔	一般	经常	总是
谈论过自杀	从不	偶尔	一般	经常	总是
尝试过自杀	从不	偶尔	一般	经常	总是
偷　盗	从不	偶尔	一般	经常	总是
与人发生非婚性关系	从不	偶尔	一般	经常	总是

量表的赋值按“从不”“偶尔”“一般”“经常”“总是”从低到高依次为 1 分、2 分、3 分、4 分、5 分。每一指标值如吸烟、喝酒，分数值越低的，表示朋辈的不良行为越少；分数值越高的，表示朋辈的不良行为越多。

在朋辈群体的确定方面，因为人的一生有不同阶段，每一阶段又有每一阶段的朋友，且朋友因感情深浅、距离远近、交往多少又会形成朋辈的不同层次。为了很好地了解新型合成毒品滥用群体与其朋辈群体的关系，就需对朋辈进行重新的界定。问卷中需填写的朋辈主要是指调查对象吸食新型合成毒品前那一段时间比较亲密的朋辈。不容置疑，这段时间的朋辈对新型合成毒品滥用者的行为、心态等影响最大。

4.4.2.1 “high”妹朋辈因素分析

首先确定“high”妹这一群体每一朋友的平均值、中位数、众数及总和。经数据处理、分析如下[①](见表4-62、表4-63、表4-64、表4-65、表4-66):

表4-62 “high”妹群体第一个朋友的平均值、中位数、众数及总和

朋辈1	抽烟	喝酒	服用毒品	同其他年轻人打斗	与父母打斗	谈论过自杀	尝试过自杀	偷盗	与人发生非婚性关系
平均值	2.1	5	1.6	2.04	1.04	2	2	1	1.4
中位数	2	5	1	2	1	2	2	1	1
众　数	2	5	1	2	1	2	2	1	1
总　和	50	120	38	49	25	48	48	24	33

表4-63 “high”妹群体第二个朋友的平均值、中位数、众数及总和

朋辈2	抽烟	喝酒	服用毒品	同其他年轻人打斗	与父母打斗	谈论过自杀	尝试过自杀	偷盗	与人发生非婚性关系
平均值	3	4	1.6	2	1	2	2	1	1.88
中位数	3	4	1	2	1	2	2	1	1
众　数	3	4	1	2	1	2	2	1	1
总　和	72	96	39	48	24	48	48	24	45

表4-64 “high”妹群体第三个朋友的平均值、中位数、众数及总和

朋辈3	抽烟	喝酒	服用毒品	同其他年轻人打斗	与父母打斗	谈论过自杀	尝试过自杀	偷盗	与人发生非婚性关系
平均值	1	2.9	1	1	1	1.04	1	1	2.88
中位数	1	3	1	1	1	1	1	1	4
众　数	1	3	1	1	1	1	1	1	4
总　和	24	70	24	24	24	25	24	24	69

① N=24。

表 4-65 "high"妹群体第四个朋友的平均值、中位数、众数及总和

朋辈 4	抽烟	喝酒	服用毒品	同其他年轻人打斗	与父母打斗	谈论过自杀	尝试过自杀	偷盗	与人发生非婚性关系
平均值	2	5	1.17	2	1	2	1	2	1.17
中位数	2	5	1	2	1	2	1	2	1
众　数	2	5	1	2	1	2	1	2	1
总　和	46	115	28	46	23	46	23	46	27

表 4-66 "high"妹群体第五个朋友的平均值、中位数、众数及总和

朋辈 5	抽烟	喝酒	服用毒品	同其他年轻人打斗	与父母打斗	谈论过自杀	尝试过自杀	偷盗	与人发生非婚性关系
平均值	2	4	1	1	1	1	1	1	1
中位数	2	4	1	1	1	1	1	1	1
众　数	2	4	1	1	1	1	1	1	1
总　和	46	92	23	23	23	23	23	23	23

为了便于对比分析，特将指标值进行求和，再计算其平均数，以与量表中正常行为的平均值(其值为 1)进行对比。见表 4-67：

表 4-67 "high"妹群体五个朋友日常行为量表平均值

朋友	抽烟	喝酒	服用毒品	同其他年轻人打斗	与父母打斗	谈论过自杀	尝试过自杀	偷盗	与人发生非婚性关系
朋辈 1	50	120	38	49	25	48	48	24	33
朋辈 2	72	96	39	48	24	48	48	24	45
朋辈 3	24	70	24	24	24	25	24	24	69
朋辈 4	46	115	28	46	23	46	23	46	27
朋辈 5	46	92	23	23	23	23	23	23	23
合计值	238	493	152	190	119	190	166	141	197
合计人数	118	118	118	118	118	118	118	118	118
平均值	2.02	4.18	1.29	1.61	1.01	1.61	1.40	1.19	1.67

现在来分析“high”妹群体五位朋友的相关行为，除与“父母打斗”(因为此值为 1.01，几乎等于 1，即表示在此项目上朋友都没有偏常行为，可以不做分析)一项外，总体上都高于正常行为平均值 1，具体分布为：“抽烟”的平均值为 2.02，介于偶尔与一般之间，偏向于偶尔；“喝酒”的平均值为 4.18，介于经常与总是之间，偏向于经常；“服用毒品”的平均值为 1.29，介于从不与偶尔之间，偏向于从不；“同年轻人打斗”的平均值为 1.61，介于从不与偶尔之间，偏向于偶尔；“谈论自杀”的平均值为 1.61，介于从不与偶尔之间，偏向于偶尔；“尝试过自杀”的平均值为 1.40，介于从不与偶尔之间，偏向于从不；“偷盗”的平均值为 1.19，介于从不与偶尔之间，偏向于从不；“发生非婚性关系”的平均值为 1.67，介于从不与偶尔之间，偏向于偶尔。可见此群体的朋友在“喝酒”行为上，偏常最多；在“吸烟”“打架”“谈论自杀”“发生非婚性关系”等行为的偏常上也较为明显。

4.4.2.2 个体、公司职员等朋辈因素分析①

方法如上，首先确定个体、公司职员等这一群体每一朋友的平均值、中位数、众数及总和。经数据处理、分析如下(见表 4－68、表 4－69、表 4－70、表 4－71、表 4－72)：

表 4－68 个体、公司职员等群体第一个朋友的平均值、中位数、众数及总和

朋辈 1	抽烟	喝酒	服用毒品	同其他年轻人打斗	与父母打斗	谈论过自杀	尝试过自杀	偷盗	与人发生非婚性关系
平均值	2.26	2.13	1.33	1.00	1.00	1.61	1.00	1.00	1.22
中位数	2	2	1	1	1	2	1	1	1
众　数	2	2	1	1	1	2	1	1	1
总　和	104	98	61	46	46	74	46	46	55

表 4－69 个体、公司职员等群体第二个朋友的平均值、中位数、众数及总和

朋辈 2	抽烟	喝酒	服用毒品	同其他年轻人打斗	与父母打斗	谈论过自杀	尝试过自杀	偷盗	与人发生非婚性关系
平均值	2.37	2.26	1.13	1.13	1.07	1.65	1.00	1.20	1.18
中位数	2	2	1	1	1	2	1	1	1

① N=59。

续 表

朋辈 2	抽烟	喝酒	服用毒品	同其他年轻人打斗	与父母打斗	谈论过自杀	尝试过自杀	偷盗	与人发生非婚性关系
众　数	2	2	1	1	1	2	1	1	1
总　和	109	104	51	51	48	76	46	54	53

表 4－70　个体、公司职员等群体第三个朋友的平均值、中位数、众数及总和

朋辈 3	抽烟	喝酒	服用毒品	同其他年轻人打斗	与父母打斗	谈论过自杀	尝试过自杀	偷盗	与人发生非婚性关系
平均值	2.83	9.80	1.02	1.16	1.07	1.02	1.02	1.24	1.27
中位数	3	3	1	1	1	1	1	1	1
众　数	3	22	1	1	1	1	1	1	1
总　和	68	451	46	52	48	46	46	56	57

表 4－71　个体、公司职员等群体第四个朋友的平均值、中位数、众数及总和

朋辈 4	抽烟	喝酒	服用毒品	同其他年轻人打斗	与父母打斗	谈论过自杀	尝试过自杀	偷盗	与人发生非婚性关系
平均值	3.11	3.05	1.10	1.21	1.11	1.21	1.16	1.47	1.05
中位数	3	3	1	1	1	1	1	1	1
众　数	3	3	1	1	1	1	1	1	1
总　和	59	58	22	23	21	23	22	28	20

表 4－72　个体、公司职员等群体第五个朋友的平均值、中位数、众数及总和

朋辈 5	抽烟	喝酒	服用毒品	同其他年轻人打斗	与父母打斗	谈论过自杀	尝试过自杀	偷盗	与人发生非婚性关系
平均值	2.32	2.42	1.32	1.32	1.11	1.21	1.21	1.21	1.05
中位数	2	2	1	1	1	1	1	1	1
众　数	2	2	1	1	1	1	1	1	1
总　和	44	46	25	25	21	23	23	23	20

在上述各种数据的基础上，计算五位朋友在每一行为上的平均值。

接下来就是分析个体、公司职员等新型合成毒品滥用群体五位朋友的相关行为(见表4-73)，除“与父母打斗”“尝试过自杀”(因为两个变量的平均值为1.06、1.05，几乎等于1，即表示在这些项目上朋友都没有偏常行为，就可以不做分析)外，总体上都略高于平均值1，具体分布为：“抽烟”的平均值为2.49，介于偶尔与一般之间，偏向于偶尔；“喝酒”的平均值为4.30，介于经常与总是之间，偏向于经常；“服用毒品”的平均值为1.17，介于从不与偶尔之间，偏向于从不；“同年轻人打斗”的平均值为1.13，介于从不与偶尔之间，偏向于从不；“谈论自杀”的平均值为1.38，介于从不与偶尔之间，偏向于从不；“偷盗”的平均值为1.19，介于从不与偶尔之间，偏向于从不；“发生非婚性关系”的平均值为1.18，介于从不与偶尔之间，偏向于从不。可见此群体的朋友在喝酒行为上，偏常最多；在吸烟行为上偏常也较为明显，但其他行为上几乎都接近1，偏常行为很不明显。

表4-73　个体、公司职员等群体五个朋友日常行为量表平均值

朋友	抽烟	喝酒	服用毒品	同其他年轻人打斗	与父母打斗	谈论过自杀	尝试过自杀	偷盗	与人发生非婚性关系
朋辈1	104	98	61	46	46	74	46	46	55
朋辈2	109	104	51	51	48	76	46	54	53
朋辈3	68	451	46	52	48	46	46	56	57
朋辈4	59	58	22	23	21	23	22	28	20
朋辈5	44	46	25	25	21	23	23	23	20
合计值	384	757	205	197	184	242	183	207	205
合计人数	154	176	175	174	174	175	175	174	173
平均值	2.49	4.30	1.17	1.13	1.06	1.38	1.05	1.19	1.18

4.4.2.3　无业者朋辈因素分析①

先计算无业者这一群体每一位朋友在每一行为上的平均值、中位数、众数及总和(见表4-74、表4-75、表4-76、表4-77、表4-78)。

---

①　N=81。

表 4-74　无业者群体第一个朋友的平均值、中位数、众数及总和

朋辈 1	抽烟	喝酒	服用毒品	同其他年轻人打斗	与父母打斗	谈论过自杀	尝试过自杀	偷盗	与人发生非婚性关系
平均值	2.02	2.01	1.00	1.02	1.00	1.94	1.00	1.00	1.16
中位数	2	2	1	1	1	2	1	1	1
众　数	2	2	1	1	1	2	1	1	1
总　和	164	163	81	83	81	157	81	81	94

表 4-75　无业者群体第二个朋友的平均值、中位数、众数及总和

朋辈 2	抽烟	喝酒	服用毒品	同其他年轻人打斗	与父母打斗	谈论过自杀	尝试过自杀	偷盗	与人发生非婚性关系
平均值	1.99	2.01	1.98	3.85	1.94	1.94	1.00	3.81	1.70
中位数	2	2	1	4	2	2	1	4	1
众　数	2	2	1	4	2	2	1	4	1
总　和	161	163	160	312	157	157	81	309	138

表 4-76　无业者群体第三个朋友的平均值、中位数、众数及总和

朋辈 3	抽烟	喝酒	服用毒品	同其他年轻人打斗	与父母打斗	谈论过自杀	尝试过自杀	偷盗	与人发生非婚性关系
平均值	4.79	4.80	1.73	3.84	1.94	1.00	1.00	4.75	1.38
中位数	5	5	1	4	2	1	1	5	1
众　数	5	5	1	4	2	1	1	5	1
总　和	388	389	140	311	157	81	81	385	112

表 4-77　无业者群体第四个朋友的平均值、中位数、众数及总和

朋辈 4	抽烟	喝酒	服用毒品	同其他年轻人打斗	与父母打斗	谈论过自杀	尝试过自杀	偷盗	与人发生非婚性关系
平均值	3.89	3.90	1.28	1.95	1.00	1.95	1.95	3.85	1.35
中位数	4	4	1	2	1	2	2	4	1
众　数	4	4	1	2	1	2	2	4	1
总　和	311	312	102	156	80	156	156	308	108

表 4－78　无业者群体第五个朋友的平均值、中位数、众数及总和

朋辈 5	抽烟	喝酒	服用毒品	同其他年轻人打斗	与父母打斗	谈论过自杀	尝试过自杀	偷盗	与人发生非婚性关系
平均值	3.95	4.90	2.94	3.81	1.95	2.90	2.90	2.90	1.46
中位数	4	5	1	4	2	3	3	3	1
众　数	4	5	1	4	2	3	3	3	1
总　和	316	392	235	305	156	232	232	232	117

同样为了便于对比分析，特将指标值进行求和，再计算其平均数，以与量表的平均值进行对比（见表 4－79）。

表 4－79　无业者群体五个朋友日常行为量表平均值

朋友	抽烟	喝酒	服用毒品	同其他年轻人打斗	与父母打斗	谈论过自杀	尝试过自杀	偷盗	与人发生非婚性关系
朋辈 1	164	163	81	83	81	157	81	81	94
朋辈 2	161	163	160	312	157	157	81	309	138
朋辈 3	388	389	140	311	157	81	81	385	112
朋辈 4	311	312	102	156	80	156	156	308	108
朋辈 5	316	392	235	305	156	232	232	232	117
合计值	164	163	81	83	81	157	81	81	94
合计人数	403	403	403	403	403	403	403	403	403
平均值	3.33	3.52	1.78	2.90	1.57	1.94	1.57	3.26	1.41

最后是分析无业人员新型合成毒品滥用群体五位朋友的相关行为（见表 4－79），总体上都高于平均值 1，具体分布为："抽烟"的平均值为 3.33，介于一般与经常之间，偏向于一般；"喝酒"的平均值为 3.52，介于一般与经常之间，偏向于经常；"服用毒品"的平均值为 1.78，介于从不与偶尔之间，偏向于偶尔；"同其他年轻人打斗"的平均值为 2.90，介于偶尔与一般之间，偏向于一般；"与父母打斗"的平均值为 1.57，介于从不与偶尔之间，偏向于偶尔；"谈论自杀"的平均值为 1.94，介于从不与偶尔之间，偏向于偶尔；"尝试过自杀"的平均值为 1.57，介于从不与偶尔之间，偏向于偶尔；"偷盗"的平均值为 3.26，介于一般与经常之间，偏向于一般；"与人发生非婚性关系"的平均值为 1.41，介于从不与偶尔之

间，偏向于从不。可见无业人员新型合成毒品滥用群体的朋友在上述各种行为中都有偏常。较之前两类，无业人员滥用新型合成毒品者的朋友群体在“抽烟”“喝酒”两种行为上没有多大区别；但反差比较大、偏常表现较为突出的是“服用毒品”“偷盗”“尝试过自杀”“打斗”等行为。

4.4.2.4 新型合成毒品滥用者朋辈群体偏常行为分析

为了更好地进行对比，特将“high”妹、公司职员等、无业者的每一偏常行为平均值如表 4-80 所示。

表 4-80 三类群体五个朋友日常行为量表平均值

行为 群体	抽烟	喝酒	服用毒品	同其他年轻人打斗	与父母打斗	谈论过自杀	尝试过自杀	偷盗	与人发生非婚性关系
“high”妹朋辈群体	2.02	4.18	1.29	1.61	1.01	1.61	1.40	1.19	1.67
公司职员等朋辈群体	2.49	4.30	1.17	1.13	1.06	1.38	1.05	1.19	1.18
无业者朋辈群体	3.33	3.52	1.78	2.90	1.57	1.94	1.57	3.26	1.41

将其转化为折线图如图 4-6 所示。

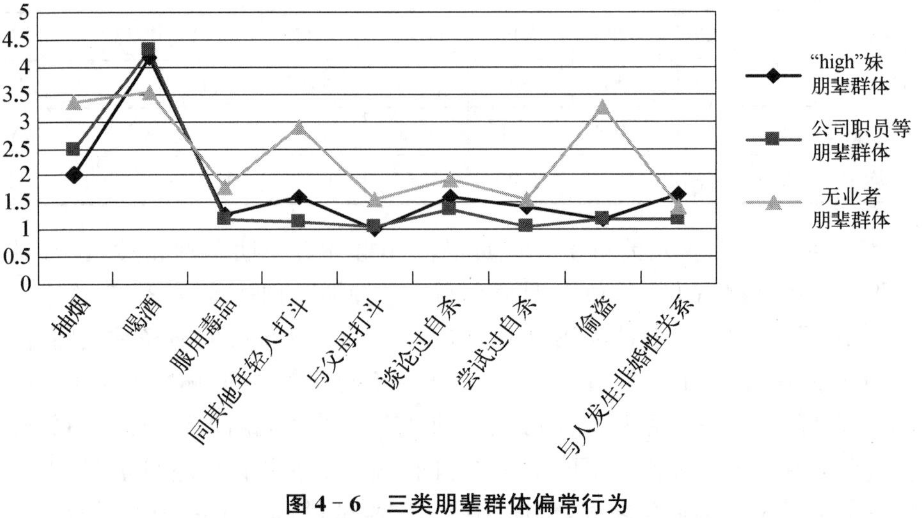

图 4-6 三类朋辈群体偏常行为

由图 4-6 可知，除“抽烟”“喝酒”外，其他几项偏常行为在“high”妹同辈群体、公司职员等同辈群体、无业人员同辈群体中表现出明显的层次性特征：以无业人员同辈群体偏常行为最为突出，“high”妹同辈群体次之，公司职员等同辈群体的偏常行为很不明显。

4.4.3 信念因素分析

为了测量新型合成毒品滥用者信念因素与吸毒行为的关系，设了四级量表来量化、评价新型合成毒品滥用者信念程度，如表 4-81：

表 4-81 新型合成毒品滥用者信念因素四级量表

观　　点	1	2	3	4
我努力干活会有所回报的	完全同意	比较同意	不太同意	很不同意
教育对个人很重要	完全同意	比较同意	不太同意	很不同意
只要努力，每个人都会有前途的	完全同意	比较同意	不太同意	很不同意
在这个社会上，金钱至上	完全同意	比较同意	不太同意	很不同意
人都是自私的，人的一切活动都是为了个人利益的满足	完全同意	比较同意	不太同意	很不同意
人生在世，吃穿二字	完全同意	比较同意	不太同意	很不同意
人生毫无意义，人生就是痛苦、悲剧	完全同意	比较同意	不太同意	很不同意
权力是衡量一个人人生价值的标准	完全同意	比较同意	不太同意	很不同意

再将观点转化为 8 大信念，即个人信任、教育作用、个人机会、金钱评价、价值取向、人生目的、人生意义、权力评价，并给四级量表赋值（见表 4-82）。

表 4-82 新型合成毒品滥用者八大信念因素四级量表赋值

观　　点	完全同意	比较同意	不太同意	很不同意
个人信任	1	2	3	4
教育作用	1	2	3	4
个人机会	1	2	3	4
金钱评价	4	3	2	1
价值取向	4	3	2	1
人生目的	4	3	2	1
人生意义	4	3	2	1
权力评价	4	3	2	1

然后计算三类群体的平均值、中位数、众数及总和，并进行对比。平均值、总和越高，该群体的社会信念度越差；平均值、总和越低，该群体的社会信念度越好。为了更好地比较三类群体与当前主流社会认同的信念，特将后者分成健康、较健康、较不健康、不健康四类，并分别赋予其平均值为 1、2、3、4，这样就可以直接与三类滥用新型合成毒品群体进行比较。

4.4.3.1 "high"妹群体信念因素分析

首先计算此类群体的 8 大信念的平均值等(见表 4-83)。

表 4-83 "high"妹群体信念各指标值

	个人信任	教育作用	个人机会	金钱评价	价值取向	人生目的	人生意义	权力评价
样本数	24	24	24	24	24	24	24	24
平均值	1.08	1.29	2.79	2.38	2.13	2.17	3.00	2.29
中位数	1	1	3	2	2	2	3	2
众　数	1	1	3	2	2	2	2	2
总　和	26	31	67	57	51	52	72	55

由表 4-83 可知，此类群体的"个人信任"变量的平均值为 1.08，是健康的；"教育作用"的平均值为 1.29，介于健康与较健康间，偏向于健康[①]；"个人机会"的平均值为 2.79，介于较健康与较不健康间，偏向于较不健康；"金钱评价"的平均值为 2.38，介于较健康与较不健康间，偏向于较健康；"价值取向"的平均值为 2.13，介于较健康与较不健康间，偏向于较健康；"人生目的"的平均值为 2.17，介于较健康与较不健康间，偏向于较健康；"人生意义"的平均值为 3.00，介于较健康与较不健康间，偏向于较不健康；"权力评价"的平均值为 2.29，介于较健康与较不健康间，偏向于较健康。

4.4.3.2 个体、公司职员等信念因素分析

表 4-84 个体、公司职员等群体信念各指标值

	个人信任	教育作用	个人机会	金钱评价	价值取向	人生目的	人生意义	权力评价
样本数	59	59	59	59	59	59	59	59
平均值	1.41	1.10	1.76	2.07	1.97	1.80	1.88	2.03

① 笔者将平均值为 1、2、3、4 分别表示健康、较健康、较不健康、不健康信念。下同。

续 表

	个人信任	教育作用	个人机会	金钱评价	价值取向	人生目的	人生意义	权力评价
中位数	1	1	2	2	2	2	2	2
众　数	1	1	2	2	1	2	2	2
总　和	83	65	104	122	116	106	111	120

由表 4-84 可知，此类群体的“个人信任”变量的平均值为 1.41，介于健康与较健康间，偏向于健康；“教育作用”的平均值为 1.10，介于健康与较健康间，偏向于健康；“个人机会”的平均值为 1.76，介于健康与较健康间，偏向于较健康；“金钱评价”的平均值为 2.07，介于较健康与较不健康间，偏向于较健康；“价值取向”的平均值为 1.97，介于健康与较健康间，偏向于较健康；“人生目的”的平均值为 1.80，介于健康与较健康间，偏向于较健康；“人生意义”的平均值为 1.88，介于健康与较健康间，偏向于较健康；“权力评价”的平均值为 2.03，介于较健康与较不健康间，偏向于较健康。

4.4.3.3　无业者信念因素分析

表 4-85　无业者群体信念各指标值

	个人信任	教育作用	个人机会	金钱评价	价值取向	人生目的	人生意义	权力评价
样本数	81	81	81	81	81	81	81	81
平均值	1.75	1.43	2.21	2.56	2.90	2.52	3.15	2.33
中位数	2	1	2	2	3	2	3	2
众　数	2	1	2	2	3	2	3	2
总　和	142	116	179	207	235	204	255	189

由表 4-85 可知，此类群体的“个人信任”变量的平均值为 1.75，介于健康与较健康间，偏向于较健康；“教育作用”的平均值为 1.43，介于健康与较健康间，偏向于健康；“个人机会”的平均值为 2.21，介于较健康与较不健康间，偏向于较健康；“金钱评价”的平均值为 2.56，介于较健康与较不健康间，偏向于较不健康；“价值取向”的平均值为 2.90，介于较健康与较不健康间，偏向于较不健康；“人生目的”的平均值为 2.52，介于较健康与较不健康间，偏向于较不健康；“人生意义”的平均值为 3.15，介于较不健康与不健康间，偏向于较不健康；“权力评价”的平均值为 2.33，介于较健康与较不健康间，偏向于较健康。此类群体的信

念在总体上与主流信念存在着诸多差别,偏常行为较为突出。尤其在“价值取向”与“人生意义”上几乎是与主流信念完全相对立。

4.4.3.4 新型合成毒品滥用者信念偏常分析

为了更好地进行对比,特将“high”妹、公司职员等、无业者的每一偏常信念平均值列表如下:

表 4-86 三类群体信念平均值

群体＼信念	个人信任	教育作用	个人机会	金钱评价	价值取向	人生目的	人生意义	权力评价
“high”妹滥用群体	1.08	1.29	2.79	2.38	2.13	2.17	3.00	2.29
公司职员等滥用群体	1.41	1.10	1.76	2.07	1.97	1.80	1.88	2.03
无业者滥用群体	1.75	1.43	2.21	2.56	2.90	2.52	3.15	2.33

变成折线图为:

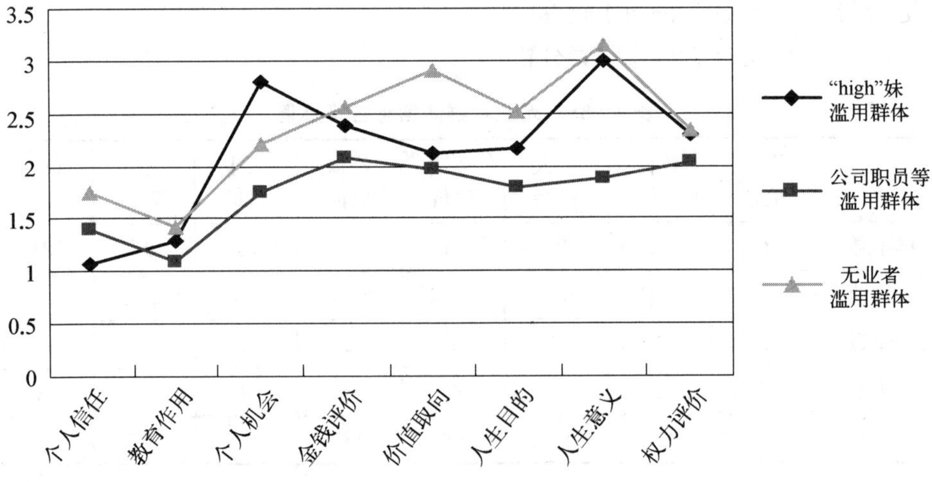

图 4-7 三类新型合成毒品滥用者偏常信念

由表 4-86、图 4-7 可知,三类新型合成毒品滥用者群体信念除“high”妹群体在“个人信任”、公司职员等群体在“教育作用”这两个项目上属正常外,大部分都存在偏差。其中,公司职员等滥用群体的信念基本上处于一种健康与较健康的状况中,与主流文化信念、价值等基本相一致。

“high”妹滥用群体主要是在“个人机会”“人生意义”两个项目上与主流文化冲突较大,即对“只要努力,每个人都会有前途的”的认同程度非常低,而对“人生毫无意义,人生就是痛苦、悲剧”的认同程度较高。究其原因,一是此类群体多为农村女性弱势群体，长期的城乡二元格局、地区发展不平衡等因素的影响，使其经常处于一种没有机会或机会缺失、发展十分困难的状态，从而导致对个人机会的不认同。二是此类群体大都来自较为偏僻、生产发展较为落后的地区，文化教育水平落后，家庭经济十分困难，且长期处于一种封闭或半封闭的生存环境，适应社会的能力极差，来到城镇后，无法适应社会，也无法把握较好的机会。在访谈中，一个“high”妹说：“我打心里不想干这个，可又不知道我到底能干什么，外面又需要我去干什么？我想办法去找机会，但都没有机会，来这里似乎是我唯一的机会。”三是此类群体长期处于灯红酒绿、纸醉金迷的环境中，那种一掷千金、极度奢靡的生活与先前农村的那种艰辛、贫困形成巨大的反差。加之与顾客之间处于一种互不信任、逢场作戏的状态，过多的谎言与欺骗使其往往是“看破红尘”，将人生理解为不是痛苦就是悲剧。

无业者滥用新型合成毒品群体的信念除“个人信任”“教育作用”“个人机会”“权力评价”4 个变量处于一种较为健康状态外，其他 4 个变量即“金钱评价”“价值取向”“人生目的”“人生意义”都处于一种较不健康的状态中，此类群体的信念在总体上与主流信念存在着诸多差别，偏常行为较为突出。尤其在价值取向与人生意义上几乎是与主流信念完全相对立，与社会的主流信念极不协调。且群体规模较大，样本数 81 份，约占总样本 169 份的一半，尤其应值得重视。

第 5 章　新型合成毒品违法犯罪问题对策研究

通过对新型合成毒品滥用危害的评估与滥用群体的分类，在总结云南治理新型合成毒品已取得成功经验但仍存在诸多问题的基础上，将云南禁毒实际与新型合成毒品滥用群体特征结合起来，提出了一系列行之有效的治理措施。

5.1　治理新型合成毒品的成效

5.1.1　党中央、国务院高度重视禁毒工作

禁毒工作关系国家安危、民族兴衰和人民福祉，厉行禁毒是党和政府的一贯立场和坚决主张。近年来，在党中央的高度重视和坚强领导下，各地区、各有关部门按照国家禁毒委员会的统一部署，深入开展禁毒人民战争，全面落实综合治理措施，有效遏制了毒品问题快速发展蔓延的势头，禁毒工作取得了阶段性成效。2014 年 6 月，中央政治局常委会议、国务院常务会议分别听取禁毒工作专题汇报，习近平总书记、李克强总理分别对禁毒工作作出重要指示批示。中共中央、国务院首次印发了《关于加强禁毒工作的意见》，并下发了贯彻落实分工方案。国家禁毒委员会制定了《禁毒工作责任制》，并召开全国禁毒工作会议对全面加强禁毒工作作出部署。

依法治理毒品问题，积极参与禁毒工作是各级肩负的一项重要职责任务。长期以来，各级政府认真贯彻落实中央和国家禁毒委员会的决策部署，扎实履行职责，坚持依法从严惩处毒品犯罪，大力加强禁毒法制建设，积极参与禁毒综合治理，各项工作均取得显著成效，为全面、深入推进禁毒工作提供了有力的组织保障。同时，应当清醒地看到，受国际毒潮持续泛滥和国内多种因素影响，当前和今后一个时期，我国仍将处于毒品问题加速蔓延期、毒品犯罪高发多发期、毒品治理集中攻坚期，禁毒斗争形势严峻复杂，禁毒工作任务十分艰巨。加强禁毒工作，治理毒品问题，对深入推进平安中国、法治中国建设，维护国家长治久安，

保障人民群众幸福安康,实现“两个一百年”奋斗目标和中华民族伟大复兴的中国梦,具有重要意义。各级政府要从维护重要战略机遇期国家安全和社会稳定的政治高度,充分认识毒品问题的严峻性、长期性和禁毒工作的艰巨性、复杂性,切实增强做好禁毒工作的责任感、使命感和紧迫感。要认真学习领会、坚决贯彻落实党中央对禁毒工作的一系列重大决策部署和全国禁毒工作会议精神,切实采取有力措施,进一步加强禁毒工作。

5.1.2 在治理过程中总结经验

5.1.2.1 昆明禁毒支队从“调出来”到“打进去”的经验

在打击新型合成毒品方面,昆明警方尚无经验可循,只能自己摸索。在打击之初,警方曾想直接渗入娱乐场所,结果因缺乏经验无法打入新型合成毒品滥用群体的圈子。不得已只得采用“调出来”(将娱乐场所的吸食人员调出来)的方式进行打击,但一段时间下来效果并不明显,更不足以震慑毒品贩子和吸毒人员。经过几年的摸索后,昆明警方重拾“打进去”的战略,直接深入到娱乐场所进行“精确打击”“致命打击”。

所谓“精确打击”,就是公安机关打击新型合成毒品违法犯罪时注重抓现行,提取充分的证据。而“致命打击”,就是依据《云南省禁毒管理条例》,对娱乐场所进行“致命打击”。第一次发现有吸毒人员,就对营业场所进行黄牌警告;第二次发现,便责令不得开门营业,并规定两年内不得转租,这对业主来说显然是致命的,属“一次性死亡法”。对于多次吸食新型合成毒品的白领来说,多依据《治安管理处罚法》的上限进行处罚,不仅罚款,还拘留,很多人为此失去工作,因而也被视为“致命打击”。昆明警方对新型合成毒品所采用的“精确打击”和“致命打击”,在不自律的营业场所中发挥了巨大的震慑作用。如某宾馆夜总会,在第二次涉毒被警方查获后,意识到已无出路,次日就自己关门倒闭了;而某家夜总会,在被警方第一次查获涉毒后,主动拆除了里面的“high 房”,改为普通的 KTV 包房。

5.1.2.2 德宏州遏制新型合成毒品蔓延的专项整治工作

作为云南“禁毒人民战争”的主阵地之一,德宏州公安局提出必须提高对新型合成毒品危害性的认识,吸取海洛因取代鸦片时认识不到位的教训,把新型合成毒品危害宣传教育的重点放在学校和公共娱乐场所,严格依法对公共娱乐场所违法行为进行处罚,千方百计堵住新型合成毒品入境渠道,下大气力打击境外制贩新型合成毒品的毒枭、毒贩,严惩违反易制毒化学品管理规定的行为,将新型合成毒品滥用人员全部收入戒毒所进行 1 年以上戒断,戒断出所后定人定责跟踪帮教,防止其教唆他人吸食。为此,德宏州公安局抓住新型合成毒品生产、流通、消费三个环节，以摸清滥用新型合成毒品的场所、人员底数为重点，以专项打击和综合整治为手段，全面展开遏制新型合成毒品发展蔓延的治理工作，取得了较好的效果。

5.1.2.3 临沧市大力开展歌舞娱乐场所防范新型合成毒品宣传教育活动

自 2005 年始，临沧市按照相关要求，结合实际统一部署，在全市范围内开展了歌舞娱乐场所防范新型合成毒品宣传教育活动。为了保证活动的长期有效，临沧市成立了“组织开展歌舞娱乐场所防范新型合成毒品宣传教育活动工作领导小组”，下设办公室在各县(区)禁毒办，切实加强组织领导。同时，认真研究并结合全市的实际，对工作任务进行分解细化，明确各自职责，具体由县(区)公安局禁毒大队牵头，在治安大队、各派出所的配合下开展了歌舞娱乐场所防范新型合成毒品宣传教育活动工作。仅 2005 年 9 至 11 月，全市共清理摸排娱乐场所 474 家，对歌舞娱乐场所业主和从业人员进行新型合成毒品预防教育培训 61 次，在歌舞娱乐场所开展宣传教育活动 87 场(次)，播放禁毒宣传教育片 64 场(次)，张贴禁毒标志和警示语 672 条(幅)，发放禁毒宣传资料 3 498 份，受教育人员达 2 137 人，督促歌舞娱乐场所建立禁毒自律管理制度并签订了有关责任书 387 份[①]。

5.1.3 治理新型合成毒品的初步成效

首先是云南省各级党委、政府和有关部门对新型合成毒品问题十分重视，积极着手解决对新型合成毒品的危害认识不到位、工作措施不到位的问题，坚决从严从重打击新型合成毒品犯罪。2005 年，云南全省共查获冰毒案件 938 起，缴获冰毒 3.15 吨，占同年缴获毒品总量的 29.3%。2006 年，共查获冰毒案件 1 544 起，缴获冰毒 3.85 吨，占缴获毒品总数的 37%，缴获量同比上升 22.2%，冰毒案件数和缴获数再创历史新高。2011 年，云南开展第三轮禁毒人民战争，禁毒工作取得了历史性的突破，近 5 年全省共查破 9.5 万起毒品犯罪案件，抓获毒贩 10.2 万人，缴毒 94.74 吨，缴获欲走私出境的制毒物品 3 313 吨，缴获的海洛因、冰毒片剂分别占全国总数的 80%、90%左右。2016 年以来，截至 5 月，全省破毒品刑事案件 9 632 起、抓获涉毒违法犯罪嫌疑人 9 448 名、缴获毒品 9.6 吨，缴获易制毒化学品 156.4 吨[②]。

---

① 临沧市公安局提供。

② 《云南合成毒品制贩活动加剧，国际禁毒日销毁毒品 8 吨》，云南网，http://news.163.com/16/0626/14/BQGAVKE400014AEE.html。

其次是确立了新型合成毒品预防教育相关目标，加大了对易制毒化学品相关人员的管理。云南省根据实际情况，确定了新型合成毒品预防教育的目标：使新型合成毒品预防教育的知晓率在城镇达到80%、农村达到50%、学校达到100%。同时，对3 000家1万名生产、经营、使用易制毒化学品的相关人员进行培训。对有涉毒行为，特别是向消费者提供、出售毒品的公共娱乐服务场所要严厉处罚，并严格依法追究其业主的法律责任。

再次是强调要抓好六个方面的工作，全力预防和阻击当前新型合成毒品的蔓延趋势。将新型合成毒品危害的宣传与建设社会主义新农村相结合，特别是要加强对靠近毒源地的边疆少数民族地区的禁毒宣传教育，防止少数农民在无知的情况下，成为贩运毒品的“马仔”；以实施新修订的《娱乐场所管理条例》为契机，集中开展整治娱乐场所吸贩毒问题专项行动；落实《易制毒化学品管理条例》，切实加强对易制毒化学品的管理；增强发现和打击新型合成毒品犯罪活动的能力，严厉打击境内外的制贩毒集团，及时发现并摧毁境内的新型合成毒品加工厂；不断完善治理新型合成毒品的法律法规；坚持除源为上，积极开展与有关国家和地区在打击新型合成毒品犯罪案件方面的区域性禁毒执法合作①。

此外，云南省2011—2015年，共收戒吸毒人员22.9万人次，吸毒人员管控率达90%；累计建成“无毒县”27个，创建“无毒乡镇先进县”45个、“无毒社区”754个，为减轻境外毒品对云南省乃至全国的危害做出了积极贡献②。

5.1.4 健全完善地方性禁毒法规、规章与单行条例

2007年12月29日，十届全国人大常委会第三十一次会议审议通过了《禁毒法》，并于2008年6月1日起施行。这是为应对毒品违法犯罪形势、适应禁毒工作发展需要，在总结多年来禁毒斗争实践经验、吸收国内外已有法律规定、广泛听取各方意见的基础上，制定的第一部全面规范中国禁毒工作的重要法律，是指导中国禁毒工作的基本法。它的颁布实施，进一步彰显了中国政府厉行禁毒的一贯立场和坚定决心，完善了中国预防和惩治毒品违法犯罪的法律体系，对于依法全面推进中国禁毒事业具有重要意义，是中国禁毒史上的重要里程碑。2011年6月26日，国务院发布实施《戒毒条例》，至此，在我国已基本形成以国际禁毒法律为先导，以《禁毒法》为核心，以禁毒行政法规为主体，以地方性禁毒

---

① 云南省公安厅禁毒局网站。

② 《云南合成毒品制贩活动加剧，国际禁毒日销毁毒品8吨》，云南网，http://news.163.com/16/0626/14/BQGAVKE400014AEE.html。

法律法规、单行条例为补充的禁毒法律体系[①]。

在云南，面对日趋严峻的禁毒形势和层出不穷的新情况、新问题，云南省修订了相关法律法规，先后出台了地方性禁毒法规《云南省禁毒条例》、禁毒规章《云南省戒毒规定》及禁毒单行条例《云南省大理白族自治州禁毒条例》《云南省德宏傣族景颇族自治州禁毒条例》《云南省西双版纳傣族自治州禁毒条例》《云南省澜沧拉祜族自治县禁毒条例》等，明确将氯胺酮、苯丙胺类兴奋剂（冰毒、摇头丸）等列为毒品。要求从事娱乐、餐饮、旅馆、房屋出租等服务业的经营者，应当采取有效措施防止在经营场所发生贩毒、吸毒、注射毒品等违法犯罪活动，发现毒品违法犯罪活动时应当及时报告公安机关。若放任不管、不向公安机关报告的，由公安机关对单位处 5 000 元以上 5 万元以下罚款，对直接负责的主管人员和其他直接责任人员处 1 000 元以上 5 000 元以下罚款；情节严重的，责令限期停业整顿；处罚后再次发生上述行为之一的，由有关部门吊销许可证。企业法定代表人对企业因违反本条例被吊销许可证负有个人责任的，自许可证被吊销之日起，3 年内不得担任企业法定代表人。从而在确定摇头丸、“K 粉”的归属性以及打击娱乐场所滥用新型毒品方面提供法律依据，推动了打击新型合成毒品犯罪的进程。

5.1.5 进一步加强区域性国际禁毒合作

随着“金三角”地区罂粟种植量反弹和生产加工冰毒片剂等新型合成毒品数量的增加，贩毒团伙向中国贩卖的大宗毒品日渐增多，贩运路线出现新变化，手段更加诡秘、隐蔽，毒品走私渗透活动进一步加剧。与此同时，“金新月”毒品对我国的危害也在加大，在利用航空渠道、人体藏毒、小规模渗透不减的同时，利用集装箱藏运、开辟海上通道、大宗走私增多，尤其表现在渗透规模、手段的升级上。也成为该地区向我国贩运毒品的新形式；此外，外籍人员在华贩毒问题日益突出，试图通过广东开辟贩毒通道和市场。2009 年，我国抓获的外籍毒品犯罪嫌疑人涉及 50 多个国家，同比增长 20%以上。

鉴于近年来境外毒源对我境内的侵袭渗透，呈现为传统毒品渗透压力有所缓解，但新型合成毒品又造成新一轮冲击的新态势，在继续推进替代种植、打击传统毒品犯罪、扩大传统毒品禁毒除源战果的同时，开辟新型合成毒品除源战场。根据目前的情况，开辟新型合成毒品除源的战场应以加强国际合作，即加强区域禁毒执法合作为主，这样既有利于调查生产走私毒品的动向，又有利于截获

① 参见莫关耀等编著：《禁毒法学》，中国人民公安大学出版社 2014 年版。

及没收贩运毒品等所获非法收益,还有利于降低执法成本。基于毒品问题长期困扰"金三角"地区及周边国家,成为影响这一地区经济社会发展的一大障碍,铲除毒源已成为各国政府共同的迫切要求,但由于毒品问题牵涉历史、现实的诸多复杂因素,因而要在根除毒源上取得成效,需要整个地区达成共识,协调一致采取行动。近年来,通过努力,区域国际禁毒合作有了较好的开端,缅甸、泰国、老挝、中国等国家之间在防止毒品扩散、减少毒品危害方面,达成了一系列协议,合作禁毒意识有所加强,禁毒协作关系初步建立并取得了一定的实质性进展。从而为打击境外毒品犯罪活动、缓解毒品对我方境内渗透的冲击和压力,提供了合作平台。其中,在新型合成毒品方面,区域合作的重点是在采取联合行动打击生产、贩运苯丙胺类毒品跨国犯罪的同时,有效阻止易制毒化学品流出境外和健全国内监管及国际核查机制。

2005 年 10 月,在外交部的协助下,中国政府、联合国毒品和犯罪问题办公室、东盟在北京成功举办"第二届东盟和中国禁毒合作国际会议"。会议通过了《北京宣言》和修改后的《东盟和中国禁毒合作行动计划》,以及《东盟和中国关于2006 年开展打击苯丙胺类毒品犯罪联合行动的倡议》,进一步确定了开展区域国际禁毒合作的战略和措施,扩大和深化了我国在东盟和国际禁毒事务中的影响。同年 12 月,国家禁毒委员会与联合国毒品和犯罪问题办公室还在广州共同举办了"东盟和中国开展打击苯丙胺类毒品犯罪联合行动启动会议"。

2013 年,我国利用内地同港澳、大陆与台湾执法合作不断深入的有利契机,促进大陆与港澳台禁毒合作迈上新台阶。首次促成公安部禁毒局主要负责人访问香港、台湾;利用第二届内地与港澳禁毒执法合作研讨会之机理顺中央、广东、香港执法合作关系,增进了大陆与港澳台对证据标准和采集程序等问题的相互理解;促成香港警方大幅增加专门针对内地禁毒部门的培训课程[①]。

2014 年我国将大陆与港澳台合作作为禁毒执法合作重中之重予以推进,在人力、物力资源上给予政策倾斜,从发展合作机制、丰富合作内容、创新合作模式等角度入手,促进大陆与港澳台禁毒合作迈上新台阶。时任国家禁毒办常务副主任、公安部禁毒局局长刘跃进首次率团赴澳门出席第三届内地与港澳禁毒执法合作研讨会,推动内地和港澳在涉毒反洗钱、情报和办案上取得务实效果;促成大陆减少毒品需求代表团首访台湾,实现大陆和台湾禁毒合作执法领域以外的新突破;推动香港警务处毒品调查科总警司陈健雄、台湾"法务部"调查局毒品防制处处长苏中山上任伊始即访问北京,有力推动了双方禁毒执法合作。2014

① 根据国家禁毒委员会:《2014 年中国禁毒报告》整理。

年，大陆与港澳台合作案件缴毒量即达 2.6 吨，易制毒化学品 2.77 吨，占跨境合作案件缴毒总量的 89.6%，有效遏制台湾、香港贩毒人员，特别是通缉人员利用大陆逃避打击，从事贩毒活动的态势①。

近几年来，国家禁毒委员会紧密结合国际国内毒情形势，积极推进禁毒国际合作向多层次、宽领域发展，维护和发展双边及多边合作机制，服务和支持禁毒执法案件合作，促进和丰富对外交流和人员培训，为维护国家安全和社会稳定营造了良好的禁毒国际环境。

5.1.5.1 深化和完善双边禁毒合作

巩固与老挝、缅甸、泰国、越南、柬埔寨等国家既有双边合作机制，2013 年，在 3 月、5 月、10 月、11 月分别与老、泰、缅、柬、越召开禁毒合作双边会议，签署中老《关于推进罂粟替代种植工作的谅解备忘录》。巩固、深化与俄罗斯、哈萨克斯坦、塔吉克斯坦等周边国家禁毒部门的传统合作关系，赴俄出席第九届中俄禁毒合作部长级会议，签署《中华人民共和国公安部与俄罗斯联邦麻醉品监管总局关于开展控制下交付行动的意向书》；推动中美、中澳、中新禁毒合作稳中有进，签署中澳《关于毒品案件控制下交付的意向声明》，首次派禁毒高级别代表团访问巴基斯坦和伊朗，精心构建堵截“金新月”毒品和易制毒化学品贩运的严密防线。和澳大利亚联邦警察首次共同举办中澳“中国华南地区跨国毒品犯罪研讨会”。举办中美执法合作联合联络小组禁毒工作组第 11 次会议，与澳大利亚、新西兰两国签订易制毒化学品管制合作协议，在协议框架下开展案件深度合作。

2014 年，持续巩固发展与俄罗斯、巴基斯坦、澳大利亚、美国、加拿大等周边和重点国家禁毒执法部门的双边合作。12 月 15 日，成功举办第十届中俄禁毒合作部长级会议，国务委员、国家禁毒委员会主任、公安部部长郭声琨与俄罗斯联邦麻醉品监管总局局长伊万诺夫首次就双多边禁毒领域重大问题广泛深入交换意见，决定建立两国禁毒部门高官级合作机制。7 月，巴基斯坦禁毒部队司令哈瓦尔·汉尼夫少将访华，双方就更新两国政府间禁毒协议、重新确定直接联络渠道、深化双边禁毒执法合作、人员培训、物资援助和进行控制下交付合作达成一系列共识，有效促进两国禁毒合作的务实开展。10 月，时任国家禁毒办常务副主任、公安部禁毒局局长刘跃进访问韩国、蒙古；同月，国家禁毒办副主任、公安部禁毒情报技术中心主任陈绪富访问菲律宾、印度尼西亚；9 月 22 至 25 日，公安部禁毒局副局长韩旭光率团赴美参加“中美执法合作联合联络小组禁毒工作组第十二次会议”和“第五届中美禁毒情报交流会议”；11 月 20 至 21 日，公安

① 根据国家禁毒委员会：《2014 年中国禁毒报告》整理。

部禁毒局与澳大利亚联邦警察在中国广州联合举办“第二届中国华南地区毒品问题研讨会”，为双边合作机制注入新活力。

全力与周边国家开展打击毒品犯罪联合行动，与越南、塔吉克斯坦开展打击跨国毒品犯罪联合查缉行动，积极参与集体安全条约组织框架下“通道—谷地”行动，取得丰硕战果。积极发挥情报侦查优势，加大对跨境毒品案件打击力度，大力推进与周边国家案侦合作，逐步建立完善跨国缉毒执法合作新模式，全年会同有关国家和地区共同交流情报800余条，破获跨国、跨境毒品案件42起，缴获各类毒品约4.4吨、易制毒化学品2.77吨。

5.1.5.2　深化国际和区域禁毒合作

2013年，继续深化与“金三角”地区国家禁毒合作，创造性倡导开展中老缅泰“平安航道”联合扫毒行动。精心构建堵截“金新月”毒品走私和易制毒化学品流失防线，禁毒高访团首次访问巴基斯坦、伊朗。完善上合组织三级禁毒合作机制，4月，公安部郭声琨部长出席上合组织成员国禁毒部门领导人第42次会议，推动会议批准《〈2011—2016年上合组织成员国禁毒战略落实行动计划〉2013—2014年措施计划》，推动各领域禁毒合作务实开展。探索发展“金砖国家”禁毒合作新平台，6月，刘彦平副部长赴俄罗斯莫斯科出席金砖国家禁毒部门领导人首次会议，启动金砖国家禁毒合作机制。

针对东亚次区域禁毒合作遭遇凝聚力、资金等瓶颈问题，充分利用第10届东亚次区域禁毒合作谅解备忘录(MOU)签约国部长级会议暨高官会、第56届联合国麻醉品委员会会议、第18届亚太缉毒执法会议、第23届国际缉毒联络官会议、第8届东盟加中日韩禁毒工作组会议(10+3会议)暨首届东盟和中国禁毒协调会议(10+1会议)、第37届亚太地区禁毒执法机构负责人会议(HONLEA)、第56届麻醉品委员会续会之机，向国际社会宣传东亚次区域面临的毒品形势及合作的不懈努力，呼吁各方携手共同应对困境，为降低“金三角”毒品危害做出积极努力。

开创性运用国际合作手段服务国内禁毒工作，展示我国禁毒工作成果。2013年1月，在京召开外国驻华执法联络官专项禁毒工作座谈会；5月，首次组织驻华警联24名执法联络官赴广东考察；在贵州举办联合国“毒品预防战略和政策制定者地区研讨会”。推动边境禁毒执法合作三级机制和联络官办公室建设，同月，云南腾冲边境联络官办公室正式揭牌，为遏制边境地区毒品贩运完善了机制框架。

2014年，公安部、外交部持续推动赋予上合组织地区反恐怖机构禁毒职能，国家主席习近平，国务委员、国家禁毒委员会主任、公安部部长郭声琨在出席上合组织成员国杜尚别峰会及安秘会期间明确阐述中方立场。3月，时任国家禁毒委员会常务副秘书长、公安部禁毒局局长刘跃进率团参加联合国麻醉品委员会高级别会议及第57届常会，详细介绍中方近年来各项综合禁毒措施和工作成效，阐述中方对当前国际禁毒重大问题的看法，首次就大湄公河次区域禁毒合作与泰国、缅甸等国家共提决议、共同举办双边会和禁毒合作成就展览，在会场外首次举办"中国禁毒工作"图片展，受到与会各方高度重视。5月，国家禁毒委员会副主任兼国家禁毒办主任、公安部副部长李伟率团出席在莫斯科召开的首届国际禁毒合作部长级会议，背靠背召开金砖国家禁毒部门第二次负责人会议，清晰阐述我国推动新兴国家禁毒合作的倡议主张。

承办东亚次区域禁毒谅解备忘录签约方第一届缉毒执法会议，为柬、中、老、缅、泰、越六国搭建中长期全方位跨国执法合作的新平台，11月22日，中越公安机关利用该平台首次合作抓获中方通缉的重大涉毒逃犯梁亚上；承办支持东亚次区域禁毒合作谅解备忘录伙伴关系项目联络员会议和高官会议，讨论新形势下《次区域行动计划》发展方向、伙伴关系定位等重要事项。

积极与港澳共同推动将氯胺酮纳入国际禁毒公约管制，促使世界卫生组织重新评估氯胺酮的危害，3月，正式照会联合国秘书长，另附中方氯胺酮滥用危害调查报告等翔实资料，申请将氯胺酮纳入《1971年精神药物公约》进行管制，并通过联合国麻醉品委员会大会、世卫组织专家评估会议积极呼吁中方立场，得到美国、加拿大、英国等国的积极响应和支持。积极推动联合国毒品和犯罪问题办公室在华设立"联络和伙伴关系办公室"，在向其资助的100万美元捐款中指定5万美元用于联络办开展项目活动。利用国际场合主动、正面回应国际社会普遍关注的非列管制毒原料流失、新精神活性物质蔓延等问题，加大和各国联合打击走私贩卖新精神活性物质的力度。

5.1.5.3 加强情报交流和案件合作

重点加强与周边国家情报交流，继续深化典型个案合作，跨国跨地区执法合作能力进一步加强。仅在"平安航道"行动期间，向联合行动指挥部提供涉毒情报线索102条、涉毒人员109名、贩毒嫌疑人电话号码102个。

与越南、新西兰、斐济警方利用国际合作渠道成功押解外逃毒品犯罪嫌疑人，与阿富汗、塔吉克斯坦成功实施跨国禁毒"控制下交付"行动。与巴基斯坦强化热线联络机制，有力促进未来情报交流和案件合作。

加强与南美重点国家的禁毒执法合作关系，与厄瓜多尔国家警察反毒总局就"70614H"案开展情报交流和调查取证工作并进行深入会谈，进一步提升跨国执法合作能力。

5.1.5.4 开展对外交流和执法培训

充分利用国内国外资源，促进各级禁毒部门加强能力建设，有针对性地加大外警培训力度，不断提高培训实效。首次选派业务干部赴德国研修“欧盟禁毒法律法规”，组织各地禁毒部门人员参加美国联邦国税局金融调查培训、英国布莱姆希尔警察学院“禁毒与策划药管制”培训。针对中外禁毒机构设置、刑事司法制度、调查取证程序的差异，与外国驻华执法联络官联谊会（FLECC）协商，邀请相关国家执法/禁毒部门驻华联络官举行系列专题讲座，有力促进双方在禁毒相关领域的相互了解。委托云南警官学院、福建警察学院、新疆警官高等专科学校、中国刑事警察学院、广西禁毒总队为周边亚洲国家提供双边、多边外警培训项目 11 个，参训国外禁毒官员 220 名。

云南各级公安、边防部门近年来不断拓展对外警务交流合作领域，积极开展区域性国际禁毒合作，形成了固定的情报交流和个案协作合作机制。云南公安部门与缅甸、老挝等邻国禁毒执法部门及时交流信息，在调查取证、抓捕、遣返犯罪嫌疑人等方面密切配合，共同打击跨境毒品犯罪。同时充分利用边防代表、联络官制度、边境会谈会晤制度等优势，大力加强国际禁毒合作。从 2005 年起至 2007 年 3 月，云南公安边防在毒品案件侦查中积极与越、老、缅警方开展警务合作，组织了中缅联合扫毒行动 21 次，摧毁吸毒窝点 77 个，抓获境内外吸毒人员 460 名。[①]

2012 年 11 月 23 日，中缅边境禁毒执法合作月例会在云南瑞丽召开，会晤机制的建立和实施，为中缅双方的禁毒执法合作提供了良好平台。

2013 年 5 月 9 日，中国云南腾冲边境禁毒联络官办公室在腾冲正式挂牌成立，标志着保山对外禁毒执法工作向国际化、规范化迈出了坚实的一步。

2014 年 7 月，保山市公安局与缅甸克钦邦警察厅在保山举行警务合作会谈，进一步深化中缅双方在反恐怖、打击跨境犯罪、禁毒、禁赌、边境管理等方面的警务执法合作。尤其是在禁毒方面，积极推动禁毒联络官办公室活动实体化，通过情报交流、犯罪团伙组织情况互通、违法人员抓捕等方面的深度合作，使禁毒合作机制更加紧密、更加完善。

近年来，中缅两国禁毒领域合作保持良好发展态势，在情报交流、联合办案、人员培训、边境协作、罂粟种植遥感监测、实地踏查等方面开展了卓有成效的务实合作，建立了腾冲—密支那、南伞—果敢、瑞丽—木姐 3 个边境联络官办公室，共同开展了“平安航道”、昆曼公路考察等一系列联合行动，破获了一大批涉两国

---

① 新华网重庆 2007 年 3 月 22 日。

的毒品案件，并且在联合国麻醉品委员会、东亚次区域禁毒合作谅解备忘录、东盟等多边机制下相互支持、紧密配合，为努力解决本地区乃至全球毒品问题做出了贡献。

2015 年 12 月 11 日，第十三届中缅禁毒合作双边会在云南昆明举行。国家禁毒委员会常务副秘书长、公安部禁毒局局长胡明朗率领公安部禁毒局有关业务处负责人和云南省公安厅有关同志参加了会议。缅甸中央肃毒委秘书长兼警察总监佐温率团来华与会。

会议期间，双方交流分析了当前面临的区域毒品形势和互涉毒品情况，就边境执法合作、易制毒化学品管制、替代发展、人员培训等议题进行了探讨，就开展边境联合扫毒、制定两国省邦级别合作规范、协调解决缅籍特殊涉毒人群接收问题、加强边境联络官办公室建设、毒品样品交换、设备援助等合作达成广泛共识，并议定将继续巩固和加强既有机制，切实改善两国和本地区毒品形势，共同推动两国禁毒合作关系不断向前发展①。

5.2 治理新型合成毒品滥用工作中存在的问题

5.2.1 在打击新型合成毒品违法犯罪方面存在的问题

面对新型合成毒品违法犯罪的严峻形势，相关禁毒执法部门不断修改相关法规，为探索打击新型合成毒品犯罪新路子，做出了突出贡献，但鉴于新型合成毒品发展的迅速化与种类的多样化等因素的影响，仍存在诸多问题。

5.2.1.1 法律适用上存在的问题

新型合成毒品违法犯罪法律适用在实践工作中存在的问题主要表现为：

第一，禁吸戒毒。

一是新型合成毒品的成瘾标准确定仍然不是十分科学，直接影响了对新型合成毒品滥用者的处理、收戒与矫治。按照《禁毒法》第四章第三十一条第三款的规定：吸毒成瘾的认定办法，由国务院卫生行政部门、药品监督管理部门、公安部门规定。2010 年 11 月 19 日公安部部长办公会通过，并经卫生部同意，颁布了《吸毒成瘾认定办法》，并已于 2011 年 4 月 1 日开始实行，该项规章的出台

① 《第十三届中缅禁毒合作双边会在华举行》，《法制日报》，2015 年 12 月 11 日。

确定了吸毒成瘾、吸毒成瘾严重等标准，但在实践中，仍然存在诸多问题。如：吸毒成瘾认定取证较为困难。《吸毒成瘾认定办法》对吸毒成瘾的认定需同时具备三个条件：经人体生物样本检测证明其体内含有毒品成分；有证据证明其有使用毒品行为；有戒断症状或者有证据证明吸毒史，包括曾经因使用毒品被公安机关查处或者曾经进行自愿戒毒等情形。前两个条件是对吸毒的界定，后一个条件的立法目的主要是区别吸毒与吸毒成瘾，可以有效保护那些初次吸毒或吸毒未成瘾人员的合法权益，即所谓“尚未成瘾，何戒之有”。

但是在实际工作中，要同时收集上述三个方面的证据存在着工作量大幅增加、收集十分困难的情况。工作量大容易导致基层民警不愿意去抓吸毒者；证据收集困难有其客观原因：一是滥用新型合成毒品行为十分隐蔽，且很多情况是个人独自进行，很难有旁证认定其有使用毒品行为。二是吸食新型合成毒品时间短、毒品吸食后导致物证缺失。三是吸食新型合成毒品戒断症状难以发现，公安机关若不采取强制措施是很难发现的，但显然没有证据认定其有违法等行为，公安机关也不能采取强制措施，这就陷入了取证工作中的“两难困境”。

较之以往，公安机关处理吸毒人员较为容易，只要发现吸毒或尿检呈阳性，就可以采取相应的措施对吸毒人员进行收治，社会面吸毒人员脱失情况较少，因而其危害社会的可能性也少了许多，群众的满意度相对较高。而今，因为上述证据收集困难等原因，造成了社会上有不少的吸毒人员脱失，其引发的骗、偷、抢等一系列社会问题日益凸显，群众对当前吸毒人员管理认同程度低，对公安机关的意见也较大。在腾冲一些地方，甚至出现了以下情形：家里人把吸食新型合成毒品的家庭成员绑到公安机关来，要求戒毒，但由于吸毒者不承认，取证十分困难，公安机关只好放人。为此，群众很难理解。

《吸毒成瘾认定办法》偏重于对吸食传统毒品成瘾的认定，但对于新型合成毒品的成瘾性没有明晰，禁毒执法部门也很难做到对新型合成毒品滥用者的依法与有效处理，从而直接影响了对新型合成毒品滥用者的收戒与矫治。在实地调查过程中，有些地方只要发现滥用新型合成毒品者就将其直接进行强制隔离戒毒(因为有些地方社区戒毒模式尚未完全建立起来)；有些地方则规定第二次发现就送强制隔离戒毒；有些地方只是对其进行治安处罚；有些地方甚至以不好管、没法律依据、无法查缉等原因为借口对新型合成毒品滥用人群干脆不管。同样的行为，不同的司法标准，无疑带来了处理的随意性，且都没有法律的依据，也不符合《禁毒法》“保护公民身心健康、维护社会秩序”的立法目的。在一次与一位新型合成毒品滥用者的面谈中，有一位仅 14 岁的初中生，因无知初次吸食摇头丸，就被送进了强制隔离戒毒所，被迫辍学。显然，这种做法是不合法、不合理且不道德的。产生这种现象的根本原因就是新型合成毒品的成瘾标准没有确定，让相关职能部门无法可依，从而直接影响对新型合成毒品滥用者的收戒与矫治。

吸毒成瘾严重的标准对于新型合成毒品而言也不十分科学。《吸毒成瘾认定办法》规定吸毒成瘾人员具有下列情形之一的，公安机关认定其吸毒成瘾严重：

(1) 曾经被责令社区戒毒、强制隔离戒毒(含《禁毒法》实施以前被强制戒毒或者劳教戒毒)、社区康复或者参加过戒毒药物维持治疗，再次吸食、注射毒品的；

(2) 有证据证明其采取注射方式使用毒品或者多次使用两类以上毒品的；

(3) 有证据证明其使用毒品后伴有聚众淫乱、自伤自残或者暴力侵犯他人人身、财产安全等行为的。

上述三项标准对于传统毒品海洛因滥用界定较为科学，但对于新型合成毒品而言仍有不科学的地方，主要表现为：新型合成毒品滥用者不适用美沙酮等药物维持治疗；新型合成毒品滥用者采用注射方式吸毒的特别少；现在新型合成毒品种类较多，混合使用比较普遍，按多次使用两类以上毒品将滥用者界定为严重，过于严厉；新型合成毒品本身特性决定过量使用易产生聚众淫乱、自伤自残或者暴力侵犯他人人身、财产安全等行为(就是初次使用也会出现上述情况)，若不分情形将其界定为成瘾严重也有失偏颇。

二是依现有技术还很难对新型合成毒品滥用者进行准确的检测。对于传统毒品滥用群体的检测，多年的探索与实践已积累了丰富的经验，检测技术也较为成熟，且滥用者有明显的身体依赖或戒断症状，检测有效时段长。而滥用新型合成毒品人员不像滥用海洛因等传统毒品那样有明显的身体戒断症状，在对其尿检时，检测有效时段仅为几个小时，早 1—2 个小时不行，吸食药效过后检测也不行，都呈阴性；且公安机关由于缺乏必要的检测设备和方法，所以对滥用新型合成毒品的检测来说存在较大难度，从而也影响了对新型合成毒品滥用者的发现与收戒等。如公安部《关于对吸食、注射毒品人员成瘾标准界定问题的批复》(公复字〔1998〕3 号)只对麻醉药品和甲基苯丙胺类毒品和使用甲基苯丙胺检测试剂的结果有规定，而对吸食摇头丸人员没有效果；容易出现只要不是当场抓获、本人拒不承认、即使有旁证也难以认定；摇头丸往往与啤酒混合服用或者有人误服他人置入的摇头丸或出现检测结果“假阳性”，难以认定或者送强制隔离戒毒缺乏依据，容易出现处理上的“显失公平”或执法失误。

第二，新型合成毒品犯罪。

鉴于《刑法》《关于禁毒的决定》等法律法规对新型合成毒品的量刑标准没有

确定,各地在办理新型合成毒品案件上遇到一些突出的法律适用问题。

2006 年 8 月,最高人民法院刑一庭下发了《关于审理若干新型合成毒品案件定罪量刑的指导意见》的通知,明确规定了对涉及氯胺酮等新型合成毒品的犯罪行为,要做含量鉴定,不能作出重新鉴定或补充鉴定的,应按有利于被告人的原则进行处理,判处重刑及死刑应特别慎重;确定了十类新型合成毒品的定罪量刑数量标准与海洛因的折算,如:1 克海洛因=20 克氯胺酮(K 粉),1 克海洛因=20 克美沙酮,1 克海洛因=10 克亚甲基二氧甲基苯丙胺(摇头丸、迷魂药)等。

2007 年 11 月 8 日,最高人民法院、最高人民检察院、公安部根据有关法律和司法解释的规定,结合侦查、批捕、起诉、审判工作实践,制定了《办理毒品犯罪案件适用法律若干问题的意见》,其中对氯胺酮、二亚甲基双氧苯丙胺、三唑仑等九种新型合成毒品的量刑标准进行了确定。

2008 年 12 月《全国部分法院审理毒品犯罪案件工作座谈会纪要》(简称《毒品大连会议纪要》)明确规定:对于刑法、司法解释等已规定了量刑数量标准的毒品,按照刑法、司法解释等规定适用刑罚;对于刑法、司法解释等没有规定量刑数量标准的毒品,有条件折算为海洛因的,参照国家食品药品监督管理局制定的《非法药物折算表》,折算成海洛因的数量后适用刑罚。对于国家管制的精神药品和麻醉药品,刑法、司法解释等尚未明确规定量刑数量标准,也不具备折算条件的,应由有关专业部门确定涉案毒品毒效的大小、有毒成分的多少、吸毒者对该毒品的依赖程度,综合考虑其致瘾癖性、戒断性、社会危害性等依法量刑。因条件限制不能确定的,可以参考涉案毒品非法交易的价格因素等。

2015 年《毒品武汉会议纪要》在"新类型、混合型毒品犯罪的死刑适用"条款中规定:氯胺酮的死刑数量标准一般可以按照海洛因的 10 倍掌握。对比《关于审理若干新型合成毒品案件定罪量刑的指导意见》中的 1 克海洛因=20 克氯胺酮,死刑数量标准折算标准已变为 1∶10,其原因主要基于以下几点考虑:一是近年来氯胺酮在我国的滥用人数不断增长,已上升至第三位,仅次于甲基苯丙胺和海洛因。二是滥用氯胺酮造成的现实危害不断加大,因其兼具麻醉和致幻的双重效果,实践中大量的自伤自残、暴力犯罪及"毒驾"案件多系吸食氯胺酮引发。三是制贩氯胺酮案件近年来呈迅速增长之势,有必要加大对此类犯罪的打击力度。四是《非法药物折算表》规定氯胺酮与海洛因的折算比例是 10∶1,可作为参考。可以看出,国家对于氯胺酮的打击日趋严格。

上述相关的法律法规与司法解释为坚决打击和有效遏制这类毒品犯罪的发展蔓延势头,统一了司法标准,确定了折算办法与思路,有力地推动了全国各地打击新型合成毒品犯罪的力度，取得了一系列丰硕的战果。但由于新型合成毒品犯罪不断增加的客观环境与法律的滞后性普遍存在，我国的新型合成毒品立法仍然没有跟上涉毒犯罪新形势的发展。在处理新型合成毒品犯罪时，相关标准的模糊不清，让办案人员深感困惑。

对摇头丸等新型合成毒品法律定义至今仍未统一，给打击工作带来了难题。对于摇头丸至今没有一个准确的定义。没有区别摇头丸和冰毒片的不同。对摇头丸的主要成分，没有列入法律所规定的精神药品和麻醉药品的目录内，使得对于运输和贩卖多种或者复杂成分和不存在 MDMA 型摇头丸的犯罪活动打击、定罪缺乏法律依据。又如对组织摇头丸狂欢专场并免费提供摇头丸的行为是否构成引诱、教唆和欺骗他人吸食毒品罪或者容留他人吸食毒品罪等没有规定。

对于最高人民法院刑一庭《关于审理若干新型合成毒品案件定罪量刑的指导意见》规定的“对新型混合毒品的量刑应以其主要毒品成分为依据。将危害较大的主要几类毒品成分按其比例折算成海洛因后再确定数量量刑”，以其中主要成分来认定毒品数量并不完全合理。从查获的摇头丸的成分分析，大致分为两种类型。一种是标准型，主要是含有纯度较高的 MDMA、MDA 等若干种苯丙胺类毒品、苯丙胺类衍生物以及其他化学物质相混合制成的片剂。另一种是混杂型，含有海洛因、大麻、麻黄素等。刑事审判中遇到这类毒品，一方面是对“主要毒品成分”这个概念很难操作化，易受主观心理等因素影响，不好进行科学鉴定。不进行含量鉴定，就不能正确判断涉案毒品的类型与危害性，就难以准确合理量刑。另一方面易产生同种类新型合成毒品之间的刑罚失衡，新型合成毒品林林总总，差异很大，无视这些差异，而对不同种类的毒品适用同一量刑标准显然有违罪刑相适应原则。因此，执法者面临不同种类的新型合成毒品时，不仅要考虑该毒品的成分含量，还应当充分考虑该药品所处的管制等级、该药品在医疗和社会生活中的适用状况、公众对该管制药品的接受程度以此解决不同种类的新型合成毒品之间所存在的罪刑失衡问题。

新型毒品数量认定和折算缺乏法律规定。《刑法》仅明确规定了鸦片、海洛因、甲基苯丙胺这三种毒品的量刑标准，最高人民法院 2000 年制定的《关于审理毒品案件定罪量刑标准有关问题的解释》对苯丙胺类毒品（除甲基苯丙胺外）等 8 种毒品明确了毒品犯罪处罚的数量和量刑幅度。2009 年最新通过的《办理毒品犯罪案件适用法律若干问题的意见》和《关于审理若干新型毒品案件定罪量刑的指导意见》才对部分新型毒品规定了不同的数量认定标准。但是，对于大量的新型毒品，司法解释尚未规定量刑的数量标准和换算方法，对于其他毒品只模糊地以“数量大”概要地进行了规定，鉴定部门无法进行毒品数量的折算，司法部门拿到鉴定意见后，由于没有准确的数量依据，在司法实践中对毒品数量认定标准不一，同罪不同判，造成了混乱[①]。

毒品掺假给司法实践带来新挑战。随着制毒技术的不断发展，毒品掺假问题也正日益突出，给司法实践带来了难题。法院系统出于量刑公正和判案准确考虑，希望公安机关能够对缴获的毒品进行鉴定；而公安机关受技术设备等诸多方面的限制，远没有达到可以进行逐案鉴定的条件。因此，我国现行刑法规定不再以毒品的纯度作为定罪量刑的标准，除特别重大的案件外，公安机关对查获的毒品一般只作定性分析，不进行含量多少和成分分析，鉴定结论均表述为“含有毒品成分”或“是毒品”。对毒品是否应该做含量鉴定，国外做法也不统一，在同一法系的英国和美国，英国要求做含量鉴定，美国不要求做含量鉴定。而当前国内的毒品状况是海洛因随着贩毒路线的延长层层掺假；苯丙胺及摇头丸类毒品成分相当混乱，掺杂物及稀释剂五花八门，多药滥用普遍存在。同时，新型毒品如氯胺酮、LSD、美沙酮、甲喹酮、三唑仑、盐酸丁丙诺啡（又名舒美啡）、普鲁卡因、苯巴比妥等滥用的出现也是目前毒品滥用的新情况。对这些新型毒品的贩卖、制造及非法持有等，《刑法》和司法解释没有明确规定定罪量刑数量标准和明确的折算公式。从司法公正考量，刑事审判中没有含量鉴定的结果就不能正确判断涉案毒品的类型与危害性，多种成分的毒品数量的后期的折算也无从谈起，就难以准确合理量刑。从毒品对人体健康危害性大小来考量，高纯度新型合成毒品更容易使人成瘾，对吸毒人员个体的人身健康危害较低浓度毒品严重；而掺假稀释后的低浓度毒品因其扩散范围的扩大，对社会面的危害性也会加大，量刑时也需要考虑这样的因素。而且在死刑的问题上，毒品纯度的问题显得更加突出，例如两个案件中，毒品数量相同，均达到死刑量刑标准，但一个案件的毒品含量仅为10%，折算后远低于死刑标准，另一个案件毒品含量为94%，如果不考虑纯度，仅按照数量，两个案件均量刑为死刑就明显有失法律公平。《全国部分法院审理毒品犯罪案件工作座谈会纪要》中对掺假毒品在量刑时的规定同样体现了毒品纯度对毒品犯罪量刑的影响，由此看来，在司法实践中，毒品的含量仍是案件审理中确定刑罚时应当考虑的重要依据。司法的公正、公平、严谨三方面都要求毒品检验必须进行毒品的含量鉴定。尤其是判处死刑的案件要慎重，鉴定一下含量，就会显得更公正，同时鉴定毒品含量也是司法制度进步的体现[②]。

---

① 文云波：《毒品定性定量中存在的问题及立法建议》，载于《云南警官学院学报》2013年第1期。

② 文云波：《毒品定性定量中存在的问题及立法建议》，载于《云南警官学院学报》2013年第1期。

5.2.1.2 执法上存在的问题

与海洛因等传统毒品相比，新型合成毒品体积小，无味，种类多，伪装性好，便于隐藏运输，不易发现，由此给查缉带来很大的难度。由于被查处的概率远低于传统毒品，风险相对较小，从而诱发一部分从事传统毒品犯罪的团伙开始转而从事新型合成毒品制贩活动。犯罪分子往往采取分步骤制毒的方法，即在甲地对原材料进行初步加工后，迅速转移到乙地进行下一步的后续加工，再转移到丙地提炼成品，给禁毒执法部门查控、取证带来诸多困难。在吸食方面，由于吸食新型合成毒品不需任何工具，可直接吞服，而且其吸食成瘾的生理机理反应不明显，发现困难。加之有的文化娱乐场所的业主一味追求利润，放纵甚至直接参与新型合成毒品违法犯罪活动，更增加了当前禁毒执法部门控制新型合成毒品的难度。

另一方面，当前禁毒执法等部门对新型合成毒品流行态势与规律的认识与治理不足，执法的主动性与目的性不强，发现、控制和打击新型合成毒品犯罪活动的能力尚待提高。2007 年 1 月，笔者到德宏、保山等地州市进行调研，部分禁毒相关部门对新型合成毒品的思想准备不足，对本地区新型合成毒品泛滥的基本情况缺乏了解，加之人手紧张，客观上也加大了对新型合成毒品的查控难度。

从总体上讲，新型合成毒品发展迅猛，形势相当严峻，但由于自身特殊性与有关立法的滞后性，致使公安部门在实际工作中对新型合成毒品违法犯罪的及时打击存在一定的难度与盲点。因此，在对抓获的新型合成毒品滥用人员的处理上，目前主要以罚款、教育为主，送强戒、劳教戒毒的极少，处罚的力度远远轻于吸食海洛因的人员。由于新型合成毒品滥用人员一般都有一定的经济基础(要么自己收入高，要么家庭收入高，正如笔者问卷调查结果所示，个人年收入与家庭年平均收入在 20 000—50 000 元之间的新型合成毒品滥用群体呈明显上升趋势)，仅处罚款难以达到惩戒的目的，这些也都给遏制新型合成毒品的泛滥带来一定的困难。

5.2.2 新型合成毒品滥用教育预防上存在的问题

5.2.2.1 对新型合成毒品滥用缺乏足够的认识

新型合成毒品违法犯罪出现晚、发展快，从禁毒执法部门到普通群众再到新型合成毒品滥用者，都还没有对其危害引起足够的重视。从新型合成毒品滥用主体中的青少年来说，相当一部分人对其危害认识不清，普遍认为海洛因是“硬性毒品”，危害性大，而摇头丸是“软性毒品”，不仅不会上瘾，而且还会带来不可言传的兴奋与快感。更有甚者，将吸食新型合成毒品看成是一种前卫时髦的消闲方式，是青春、富裕、悠闲、享受生活的代名词。因此容易在“朋友”教唆下，出于好奇而染毒。

就普通群众来说，传统毒品生理成瘾依赖性症状十分明显，而新型合成毒品几乎没有，吞服摇头丸只是“兴奋一把而已”，似乎并无大碍。因此他们也误认为滥用新型合成毒品不会上瘾，对周围滥用新型合成毒品现象视而不见，抱一种容忍的态度，甚至对自己的子女滥用新型合成毒品的行为听之任之。

就禁毒执法部门而言，因为对新型合成毒品的认识、防范与处理，还处于一种认识逐渐深化的过程当中，同时尚无现成模式可遵照，加之在人力、物力、财力上的投入不足，缺乏治理与控制新型合成毒品的主动性与积极性，未能发挥出应有作用，综合治理毒品问题的长效机制尚未有效形成，在一定程度上也影响了对新型合成毒品滥用的治理控制力度。

5.2.2.2　预防教育的方式有待改进

云南是毒祸重灾区，也是禁毒斗争的前沿阵地，多年来在探索传统毒品预防教育的方式方法上做了大量的努力，摸索出了一套行之有效的禁毒预防教育的方法并建立起了长效机制。如以中小学在校学生为主体，开设毒品预防教育课程，在全省范围内开展毒品预防教育，在毒品重灾区开展政府官员、广大群众的预防教育，以有效遏制新生传统毒品吸食者的产生等等。但在新型合成毒品预防教育方面，由于缺乏较充分的调查研究，对新型合成毒品滥用群体的结构特征、重点分布、滥用行为等认识不足，因而预防教育缺乏针对性，重点不突出，效果不明显。尤其是相关部门尚未注意到大学毕业生群体的滥用问题，还未意识到在大学生毕业时进行预防教育的重要性。再就是尚未对新型合成毒品滥用群体进行科学的分类，致使在对新型合成毒品预防重点人群的确定、预防内容的设计方面缺乏科学性，同时，预防的广度与深度也有待加强。

5.2.2.3　对新型合成毒品滥用的五大误区没有宣传到位

在长期的调研过程中先后对500余人的新型合成毒品滥用者进行访谈，访谈中发现对新型合成毒品滥用的认识有五大误区：

第一大误区是“滥用不成瘾”。如保山隆阳区一戒毒人员，毕业于某师范大学外语系，在保山市某中学任教，后在聚会中因认为滥用新型合成毒品不成瘾而吸食。与其访谈时，他已吸食12年。问其是否成瘾，他说不成瘾。后经过进一步了解，他已患苯丙胺精神疾病，每天需服用精神病药物进行维持治疗。最可怕的是他戒毒前每天都服用20—30颗“小红豆”（冰毒片），已经产生明显的耐受性与成瘾性，但还认为自己不成瘾；与此同时，他也不知道自己患精神疾病是服用冰毒的结果（经了解，他家没有遗传精神病史，他自己的工作、生活也较为顺利，没有遇到过重大挫折)。

第二大误区是"干活不累"。如云南边境地区诸多百姓在割胶或"双抢"农忙季节时,因时间紧或缺乏劳动力等原因,需长时间进行劳作,于是很多人就服用冰毒片,感觉精力充沛、极其兴奋,干活也不累了。

第三大误区是"熬夜不困"。许多长途运输司机、出租车司机、赌博者、玩网络游戏者等需经常熬夜,服用冰毒后,极其亢奋,一点也没有睡意,晚上开车、赌博、玩游戏一点都不困。

第四大误区是"喝酒不醉"。边境诸多地区酒文化氛围浓厚,许多人发现服用冰毒后,酒量大增,怎么也喝不醉。还有人发现酒醉后,服用冰毒片,可以解酒。本来已是醉醺醺,开始丧失意识了,但服用冰毒片后,思维开始慢慢清晰起来了,甚至感觉开车都没有问题。曾有一滥用者在访谈中说到,自己先前喝酒酒量不好,喝 1—2 瓶啤酒就醉,服用冰毒后喝 20—30 瓶啤酒,都感觉没有醉。

第五大误区是"性事不倒"。很多滥用者认为服用冰毒后,性功能亢奋,持久性强,感觉有"伟哥"的作用,为此很多年轻人喜欢服用。

针对上述五大误区,我们的新型合成毒品预防存在着要么认识不到位不知道怎么预防宣传,要么担心出现负面后果等问题而不敢宣传,从而导致宣传不接地气、不敢直面问题,从而导致宣传效果不甚理想。

5.3 治理云南新型合成毒品违法犯罪对策建议

5.3.1 在打击毒品犯罪方面,要树立毒品短时间内禁不绝,只能有效遏制的理念①

从毒品发展态势来看,当前毒品犯罪指标总体上呈现出稳定增长态势,在客观上形成了一种"越打越多、打不胜打"的局面。

5.3.1.1 从宏观上来看我国毒品犯罪态势

1999—2012 年的 14 年,我国毒品犯罪整体上仍然呈上升态势。历年《中国禁毒报告》数据显示,在 1999 至 2002 年的 4 年间,全国破获的毒品犯罪案件数

① 参见王建伟:《从毒品态势看中国禁毒工作的长期性》,载于《云南警官学院学报》2014 年第 3 期。

量和抓获的毒品犯罪嫌疑人人数上升趋势是明显的。2003—2005 年，我国毒品犯罪逐年递减，2005 年毒品犯罪案件数量和抓获犯罪嫌疑人人数（分别为 45 400、58 000）甚至比 1999 年还低（分别为 64 900、58 100）。但从 2005 年开始直至 2012 年，毒品犯罪持续上升的趋势再度出现（见图 5 - 1、图 5 - 2）。根据这些数据事实可见，14 年间，我国毒品犯罪曾一度出现下降情况，但其下降趋势只是出现于 2003—2005 年 3 年间，其余时间仍是增长的，因此，我国毒品犯罪整体上仍然呈上升态势。从近 3 年来看，2010 年，全国共破获毒品犯罪案件 89 000 起，抓获毒品犯罪嫌疑人 101 000 名，同比分别上升 14.5%和 10.8%；2011 年，全国公安机关共破获毒品刑事案件 101 700 起，抓获毒品犯罪嫌疑人 112 406 名，同比分别上升 14%、10.5%；2012 年，全国共破获毒品刑事案件 122 000 起，抓获毒品犯罪嫌疑人 133 000 名，同比分别上升 19.8%和 18.1%。可见，2010—

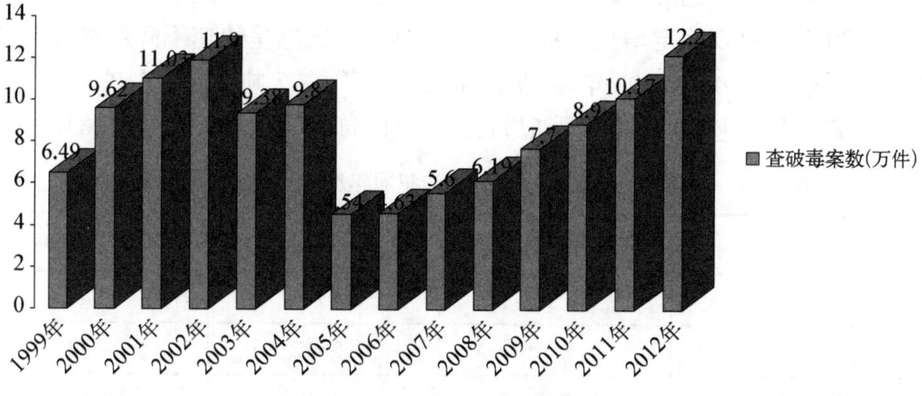

图 5 - 1　1999—2012 年全国破获的毒品犯罪案件数量(单位：万件)

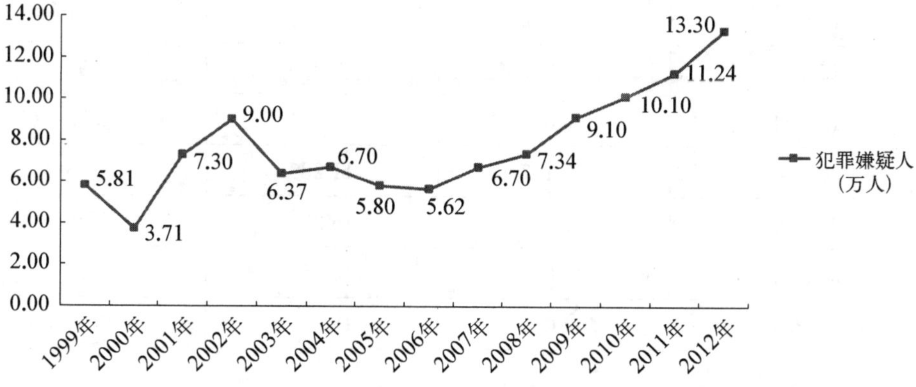

图 5 - 2　1999—2012 年全国抓获的毒品犯罪嫌疑人人数(单位：万人)

2012 年，全国毒品犯罪两项指标均呈现出持续增长态势，且增幅均在 10% 以上[①]。

5.3.1.2 从中观上来看云南毒品犯罪态势

从云南省历年来打击毒品违法犯罪年度统计表中的各项指标来看，在查破毒品案件数、抓获毒品犯罪嫌疑人人数两项指标呈现出高度的相关性，1993—2000 年呈缓慢增长趋势；2000—2005 年，除 2003 年略有回落外，两项指标均呈快速增长趋势，增长幅度每年皆在 5 000 左右，2005 年达到最高点 25 000 左右；2005—2006 年，两项指标突然急剧下降，从 25 000 左右急剧回落至 10 000 略过一点的位置；下降幅度为 15 000 左右，接近于 2001 年查破的毒品案件与抓获犯罪嫌疑人水平；2005—2012 年又呈现出持续稳定增长态势，但尚未超过 2005 年的最高水平。从缴获毒品数量指标来看，1993—1997 年增长较为缓慢，1998—2000 年呈缓慢下降趋势；2000—2001 年呈快速增长趋势，同期增加约 3 吨左右；2001—2005 年呈现稳定增长趋势；2005—2006 年，突然呈快速下降趋势，同期减少约 3 吨左右；2007—2009 年，缴获毒品数量持平，在 7 吨左右；2010—2012 年，又突然呈现为快速增长态势，同期增长约 2—4.5 吨（见表 5-1、图 5-3）。

表 5-1 云南省历年来打击毒品违法犯罪年度统计（1993—2012 年）

年　份	查破毒案数（起）	抓获毒贩数（人）	缴获毒品（吨）
1993 年	4 177	6 192	3.45
1994 年	4 716	6 632	3.72
1995 年	4 898	7 320	3.85
1996 年	5 912	8 067	4.54
1997 年	6 852	8 743	5.21
1998 年	7 360	9 280	4.98
1999 年	8 005	10 200	4.73
2000 年	8 107	11 280	4.53
2001 年	10 909	15 203	7.62
2002 年	15 000	18 950	8.73
2003 年	14 081	18 127	9.47

① 根据历年《中国禁毒报告》整理所得。

续 表

年　份	查破毒案数(起)	抓获毒贩数(人)	缴获毒品(吨)
2004 年	18 024	22 133	10.68
2005 年	22 900	25 700	10.75
2006 年	10 792	12 926	10.15
2007 年	14 271	16 881	7.18
2008 年	13 158	15 058	6.54
2009 年	14 229	16 291	7.84
2010 年	13 911	15 611	9.31
2011 年	16 800	17 600	13.54
2012 年	17 000	17 800	15.88
2013 年(1—8 月)	12 800	14 200	13.73
2013 年 (根据月平均数预测)	19 200	21 300	20.595
合　计	263 102	315 494	187.03
年　均	12 529	15 024	8.91

资料来源：据中国宏观统计数据挖掘系统“云南全省范围贩毒案件”，2005—2013 年全省禁毒工作会议工作报告，以及省禁毒委《云南省三年禁毒人民战争情况报告》(2007 年 11 月 29 日)、《在新一轮禁毒和防治艾滋病人民战争电视电话会议上的工作报告》(2008 年 6 月 25 日)和 2008—2013 年中每年《全省毒品刑事案件相关数据分析》及公安内网等相关资料整理而成。大约是因统计方法和范围不尽一致，表中所列数据与上文之间有一定差异，于此特作说明。2013 年的各项指标根据 1—8 月的平均值折算而得出。

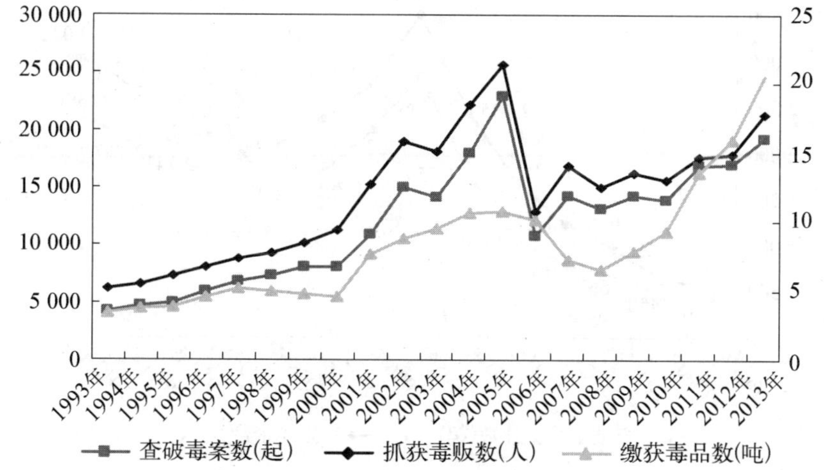

图 5-3　云南省 1993—2012 年打击毒品违法犯罪年度统计

纵观三项指标发展态势，各项指标均在某一特定阶段有一些回落的趋势，但总体上看毒品犯罪仍呈现出增长的趋势。其中查破毒品案件数从 1993 年的 4 177 起增至 2012 年的 17 000 起，增长了 4.07 倍；抓获毒品犯罪嫌疑人数从 1993 年的 6 192 人增至 2012 年的 17 800 人，增长了 2.87 倍；查破毒品数从 1993 年的 3.45 吨增至 2012 年的 15.88 吨，增长了 4.60 倍。从三项指标平均值来看，查破毒品案件数、抓获毒品犯罪嫌疑人数、查破毒品数分别为 12 529 起、15 024 人、8.91 吨，均处于较高运行状态，可见，云南毒品犯罪的形势还是十分严峻的。

5.3.1.3　从微观上来看，以云南省保山市毒品犯罪态势为例

在 1999—2012 年的 14 年间，保山市毒品犯罪整体上仍然呈上升态势。根据历年保山禁毒资料显示，在 1999—2005 年的 7 年间，全市破获的毒品犯罪案件数量和抓获的毒品犯罪嫌疑人人数上升趋势是明显的。2005—2008 年、2009—2010 年，全市毒品犯罪逐年递减，2008 年毒品犯罪案件数量和抓获犯罪嫌疑人人数(分别为 1 566 起和 2 072 人)甚至比 2004 年还低(分别为 1 759 起和 2 445 人)。2010—2012 年，毒品犯罪呈较为明显的上升趋势(见图 5-4)。根据这些数据可见，保山禁毒 14 年间，曾两度出现毒品犯罪下降情况，分别为 2006—2008 年、2010 年，其余时间仍是增长的。从近年来看，2011 年，全市公安机关共破获毒品刑事案件 2 167 起，抓获毒品犯罪嫌疑人 2 755 名，同比分别上升 1.21%、6.25%；2012 年，全市共破获毒品刑事案件 2 390 起，抓获毒品犯罪

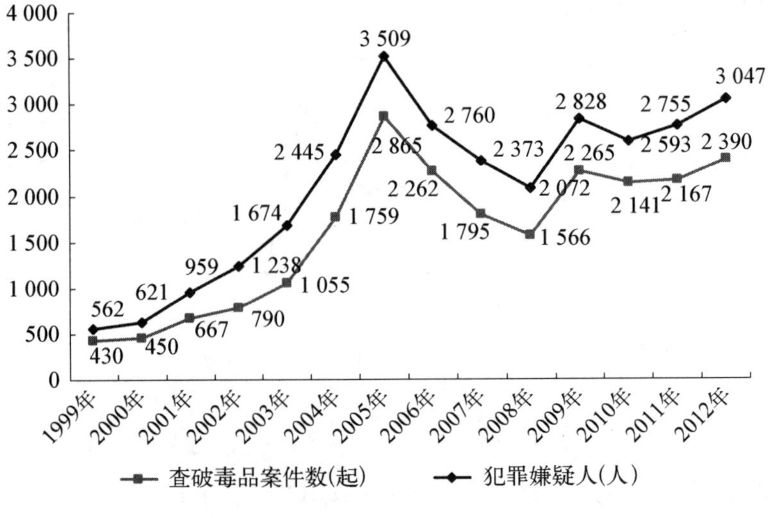

图 5-4　保山市 1999—2012 年打击毒品违法犯罪年度统计示意图

嫌疑人 3 047 名，同比分别上升 10.29%和 10.60%（见图 5－4）[①]。

从横向比较分析，全国、云南省、保山市的毒品犯罪态势除总体上呈上升趋势的共同特点外，还有诸多不同特点。

一是最高点的不同。全国打击毒品犯罪破获案件数、抓获犯罪嫌疑人人数指标的最高点为 2012 年，次高点为 2002 年；云南、保山打击毒品犯罪破获案件数、抓获犯罪嫌疑人人数指标的最高点为 2005 年（见图 5－2、图 5－3、图 5－4）。云南、保山的最高点很好解释，因为从 2005 年开始，全国范围内开展了声势浩大的第一轮禁毒人民战争，作为禁毒斗争的前沿阵地与主战场，云南各级领导高度重视，各州、市开展禁毒工作急需的人、财、物得到了加强，形成了齐抓共管、综合治理的良好禁毒氛围，从而取得了骄人的战绩，有效打击了日益猖獗的毒品犯罪，起到很好的震慑作用。全国的最高点也好解释，因为这两年全国毒品犯罪呈明显上升趋势。而全国的次高点为 2002 年，其原因值得思考与研究。笔者认为可能与“为确保十六大的召开，全国开展了禁毒严打整治专项斗争”有关[②]。

二是从最高点回落的周期不同。全国达到次高点、保山达到最高点后都有 3 年的回落周期，而云南回落 1 年后即呈上升趋势。其原因有待进一步研究。

三是全国、云南 2009—2012 年破获案件数、抓获犯罪嫌疑人人数指标均呈上升趋势，而保山在总体上升趋势的基础上，2010 年却出现了下降。总体上升趋势的诸多原因后文有详细分析，在此不赘。在这里只特别强调：新型合成毒品的崛起是其中最重要的原因。就保山禁毒工作 2010 年出现的回落而言，笔者认为是因为当时禁毒工作激励机制设计不合理，出现了“干多干少一个样，干好干坏一个样”的被动局面。为此，2011 年，保山市局党委主动应对，不断创新，整合资源，强化激励机制，确立了捆绑考核、协作配合、以奖代补等工作机制，形成了刑侦、技侦、禁毒、网侦、情报五位一体、“上下联动、警种协作”等良好工作格局，禁毒民警工作的积极主动性和创新活力得到了充分激发，禁毒成效十分明显。

综合上述内容，笔者认为面对毒品犯罪的发展态势，我们必须树立起毒品短时间内禁不绝，只能有效遏制的理念。

---

① 根据保山市历年禁毒资料整理所得。

② 2002 年是我们党和国家历史上具有重大意义的一年。特别是我们党成功地召开了第十六次全国代表大会，制定了全面建设小康社会的宏伟蓝图和行动纲领，对于党和国家事业的发展产生了重大而深远的影响。在这一年里，我国禁毒工作同样取得了新的进展，迈出了新的步伐，为确保党的十六大胜利召开、维护社会治安稳定、保障人民群众安居乐业做出了重要贡献！一年来，全国禁毒严打整治专项斗争取得了可喜成绩。堵源截流和缉毒侦查办案工作进一步深化，“集中收戒吸毒人员”和“整治歌舞娱乐场所吸贩摇头丸”统一行动取得明显成效，毒品问题严重地区的重点整治工作进一步加强，有效遏制了毒品违法犯罪的蔓延发展。（引自《2002 年中国禁毒报告》）

5.3.2 确定重点，严厉打击新型合成毒品违法犯罪活动

5.3.2.1 根据新型合成毒品发展态势，树立起重点打击新型合成毒品的理念

在世界毒潮冲击下，从 20 世纪 80 年代起，以“金三角”为代表的境外毒源对我国的渗透不断加剧。近年来，随着形势的发展和我国对毒品违法犯罪打击力度的不断加大，国际毒情和毒品供求关系已发生了明显变化，以鸦片、海洛因为主的传统毒品在生产、加工上正逐年递减和萎缩，其吸食比例呈逐年下降趋势。由 2002 年的 87.6%下降为 2012 年的 60.6%，传统毒品蔓延的势头得到了有效的遏制(见图 5－5)。

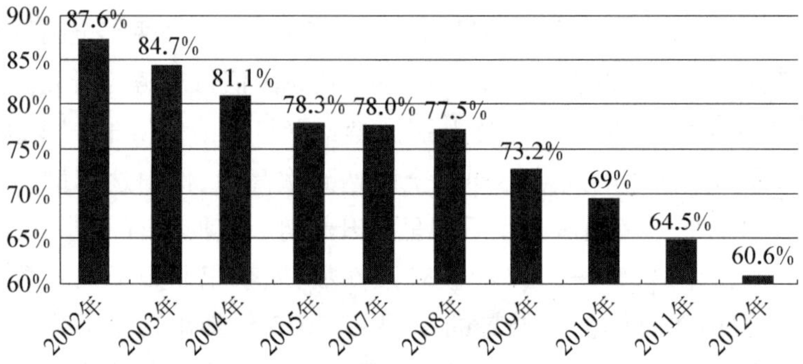

图 5－5 2002—2012 年全国登记滥用海洛因人员所占比例[①]

但与此同时，以化学合成的兴奋剂、致幻剂类为代表的新型合成毒品迅猛增长，对我国构成巨大威胁，成为毒品发展的一个新动向。

2005 年全国新型合成毒品滥用人员 59 541 名，占 6.7%；2007 年为 154 781 名，占 16.1%；2008 年为 240 902 名，占 21.3%；2009 年为 360 057 名，占 27.0%；2010 年为 432 205 名，占 27.9%；2011 年为 587 188 名，占 32.7%；2012 年为 797 649 名，占 38.0%(见图 5－6)。

截至 2011 年年底，全国共发现、登记吸毒人员 179.4 万人，其中滥用合成毒品人员 58.7 万人，占全国吸毒人员总数的 32.7%，同比上升 35.9%；全国新增滥用合成毒品人员 14.6 万人，同比上升 22%。滥用合成毒品人员中，35 岁以下青少年占 67.8%，低龄化趋势明显。同时，合成毒品问题进一步呈现向中小城市、农村发展蔓延的趋势[②]。

① 国家禁毒委员会：《2013 年中国禁毒工作报告》。
② 国家禁毒委员会：《2012 年中国禁毒工作报告》。

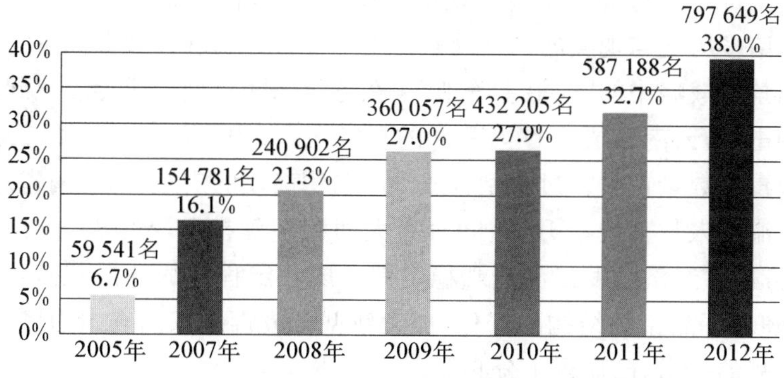

图 5-6　2005—2012 年全国登记滥用合成毒品(新型合成毒品)人数及占全部吸毒人数比例[①]

截至 2012 年年底,全国累计登记吸毒人员 209.8 万名,其中滥用合成毒品人员 79.8 万名,占 38%,比 2011 年底上升 35.9%;因吸食合成毒品引发的自伤自残、伤害他人的恶性伤害案件,以及吸毒后驾车引发肇事肇祸案件等社会危害逐步显现[②]。

截至 2014 年年底,全国累计发现、登记吸毒人员 295.5 万名,其中滥用合成毒品人员 145.9 万名,占登记在册吸毒人员总数的 49.4%,滥用冰毒人员 119 万名,与上一年同比增加 40.5%;滥用氯胺酮人员 22.2 万名,与上一年同比增加 15%。在 2014 年新发现的 48 万名吸毒人员中,滥用合成毒品人员占 79.1%。全国滥用合成毒品人员占在册吸毒人员总数的比例逐年增长,分别为 2010 年占 28%、2011 年占 32.7%、2012 年占 38%、2013 年占 42.6%、2014 年占 49.4%。合成毒品滥用群体比例首次超过海洛因滥用群体比例[③]。

截至 2015 年年底,全国共有吸毒人员 234.5 万名(不含戒断三年未发现复吸人数、死亡人数和离境人数),其中,滥用海洛因等阿片类毒品人员 98 万名,占 41.8%;滥用合成毒品人员 134 万名,占 57.1%;滥用其他毒品人员 2.5 万名,占 1.1%;被查获一次且无戒毒史的偶吸人员 106.9 万名,复吸(成瘾)人员 127.6 万名,分别占 45.6%和 54.4%;男性 200.7 万名,女性 33.8 万名,分别占 85.6%和 14.4%。合成毒品滥用群体比例远远超过海洛因滥用群体比例,反映出中国毒品滥用结构发生深刻变化[④]。

---

① 国家禁毒委员会:《2013 年中国禁毒工作报告》。
② 国家禁毒委员会:《2013 年中国禁毒工作报告》。
③ 国家禁毒委员会:《2014 年中国毒品形势报告》。
④ 国家禁毒委员会:《2015 年中国毒品形势报告》。

云南南部中缅边界中下段沿线地区在地理上毗邻“金三角”北缘地带，受此影响并在诸多历史与现实的内外因素作用下，历来是我国的“毒祸重灾区”，同时也是全国禁毒战略中的“前沿主阵地”。在近年来随新型合成毒品兴起而造成的新一轮冲击中，云南又成为首当其冲的重灾区。2005 年 1—11 月，云南查获的新型合成毒品数量首次超过新型合成毒品滥用高发的广东、福建两省总和，新型合成毒品滥用人数直线上升，空间分布大面积蔓延扩散，导致了极其严重的后果，对地方民族经济的发展和边疆稳定都造成一定程度的冲击与破坏。尤其是近年来，随着毒品市场结构的变化，加大新型合成毒品双向查缉力度，加大对新型合成毒品的打击，已显得十分必要。

根据云南全省近年来缴获毒品分类情况表(2005—2012 年)来看，2005 年缴获冰毒等新型合成毒品 3.15 吨，占 29.30%；2006 年为 3.85 吨，占 37.93%；2007 年为 2.27 吨，占 31.62%；2008 年为 2.25 吨，占 34.40%；2009 年为 3.19 吨，占 40.69%；2010 年为 4.75 吨，占 51.08%；2011 年为 7.69 吨，占 56.84%；2012 年为 9.45 吨，占 59.51%(见表 5-2)。

表 5-2 云南全省近年来缴获毒品分类情况表(2005—2012 年)

年份	海洛因		冰毒等新型合成毒品		鸦片等其他毒品		合计	
	数量(吨)	占比(%)	数量(吨)	占比(%)	数量(吨)	占比(%)	数量(吨)	占比(%)
2005 年	5.34	49.67	3.15	29.30	2.26	21.02	10.75	100
2006 年	4.20	41.38	3.85	37.93	2.10	20.69	10.15	100
2007 年	3.35	46.66	2.27	31.62	1.56	21.73	7.18	100
2008 年	2.97	45.41	2.25	34.40	1.12	17.13	6.54	100
2009 年	3.28	41.84	3.19	40.69	1.37	17.47	7.84	100
2010 年	3.43	36.88	4.75	51.08	1.12	12.04	9.30	100
2011 年	4.93	36.44	7.69	56.84	0.91	6.72	13.53	100
2012 年	5.60	35.26	9.45	59.51	0.83	5.22	15.88	100

资料来源：据中国宏观统计数据挖掘系统“云南全省范围贩毒案件”，2005—2012 年全省禁毒工作会议工作报告。

从表 5-2、图 5-7、图 5-8 中不难看出，在 2005—2012 年 8 年间云南全省缴获的各类毒品中，海洛因、冰毒等新型合成毒品、鸦片等其他毒品的结构比，2005 年大致为 5∶3∶2，到 2012 年转变为 3.5∶6∶0.5。其中，海洛因从占比

50%左右下降到 35.26%,冰毒等新型合成毒品从 30%上升到 59.51%,远远超过海洛因;鸦片等其他毒品则大体上保持在 20%上下。而按绝对数量和相对比例计算,仅以 2005 年、2012 年前后两个年度的统计数据而论,绝对数量 2012 年的海洛因 5.60 吨仅略高于 2005 年 5.34 吨,相对比例仅上升 4.87%;绝对数量 2012 年的冰毒等新型合成毒品 9.45 吨远多于 2005 年 3.15 吨,相对比例上升 200%,翻了 2 番;鸦片等其他毒品 2009 年、2005 年则分别为 0.83 吨和 2.26 吨,绝对数量减少 1.43 吨,相对比例下降 36.73%。由此可见所贩毒品的种类正在发生较明显的结构性变化。传统毒品在整个结构中呈下降趋势,新型合成毒品呈迅猛增长趋势。因此,我们必须树立起重点打击新型合成毒品的理念。

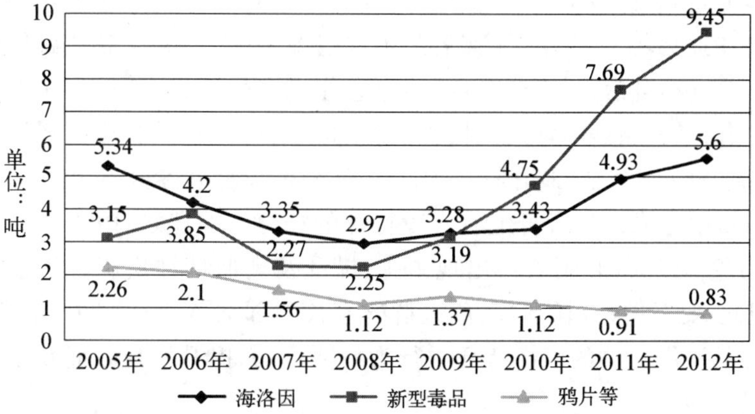

图 5-7　云南全省 2005—2012 年来缴获各类毒品数量

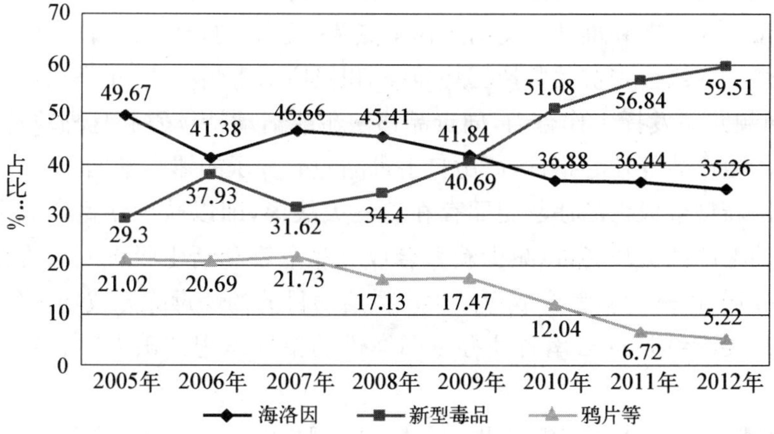

图 5-8　云南全省 2005—2012 年来缴获各类毒品所占比例

5.3.2.2 要不断提升发现收戒新型合成毒品滥用人员的能力，依法严厉打击新型合成毒品违法犯罪

5.3.2.2.1 不断提升发现收戒新型合成毒品滥用人员的能力

由于新型合成毒品滥用较之海洛因等传统毒品而言，无明显的身体戒断依赖症状，加之尿检的时效性很强等，因此很难发现并收戒新型合成毒品滥用人员。此次调查中，通过与吸毒人员、基层民警、乡镇干部等座谈，整理发现新型合成毒品滥用人群的面部特征与行为特征主要为：(1) 脸色发青、发黄、发紫等，刚开始服用时面部容易出现不同于青春痘、风疹的怪异小疹子。(2) 眼神犹豫、飘忽不定，看见警察显得十分紧张、慌乱。(3) 面部表情动作突然增多，喜欢舔嘴皮、咀嚼牙齿、吸口水等。(4) 说话时语无伦次，不清晰(比如大舌头)，思维跳跃性大但没有逻辑性。(5) 在一个地方坐的时间稍长点，就坐立不安，坐不住，无缘无故会中途离场。要是坐下来容易出现抱脚、脱鞋子袜子、抠脚趾甲或手指甲等行为。(6) 不自信，不喜欢合群，不愿意往人多的地方去，喜欢往人少的地方走。(7) 自我安全感弱，怀疑性极强，时刻担心自己被监控，感觉到处都是摄像头，因此到每一个地方，哪怕是自己的家，都要东张西望、翻箱倒柜、拆东拆西等。(8) 滥用新型合成毒品者身上有一股特殊的味道。综述之，由于新型合成毒品对大脑的危害极大，滥用者易出现紧张、慌乱及类似精神疾病者的各种怪异行为[①]。因此，要对警察、教师、高危人群的家长与邻居等进行宣传、培训，了解新型合成毒品滥用人群的面部特征与行为特征，不断提升发现收戒新型合成毒品滥用人员的能力。

5.3.2.2.2 严厉打击新型合成毒品违法犯罪活动

各级公安机关切实增强做好禁毒工作的责任感、使命感，将禁毒工作置于突出重要位置来思考和推动。突出工作重点和问题导向，坚持以打开路，形成有力打击震慑。各级公安机关坚持因势而谋，积极应对毒情变化，重拳出击采取强力措施，同频共振发挥工作合力，向毒品违法犯罪活动持续发起猛烈攻势，抓住破案、抓人、缴毒数等核心指标，严厉打击毒品犯罪分子的嚣张气焰。

打击新型合成毒品违法犯罪存在着三大战场，即以减少新型合成毒品流通为目的的堵源截流战场，以减少新型合成毒品危害和新生吸毒人员为目的的毒品防治战场，以减少新型合成毒品生产供给为目的的禁毒除源战场。分述如下：

一是要继续贯彻云南省侦办毒品案件的指导思想："破大案、打团伙、摧网

---

① 阮惠风：《新型合成毒品滥用原因、主要人群及治理对策——以云南省保山市为例》，载于《政法学刊》2015年第5期。

络、抓毒枭、缴毒品、收财产”，有效提高侦办毒品案件的层次、质量和打击的力度，对涉及制贩冰毒、摇头丸、氯胺酮犯罪集团的线索要紧盯不放，精心经营，要按照上述指导思想的基本要求，实施“抓大放小”“一查到底”的侦查对策，给新型合成毒品制贩毒集团以致命打击。要以“5・14”机制为主线①，强化堵源截流，提升全警参战、共同打击毒品犯罪的效能，竭尽全力将毒品堵在境外、截在省内、查在出省之前。各地要进一步统一认识，做到打击力度不减、高压势态不松、缉毒战果不降、执法效果明显。要根据当前新型合成毒品犯罪出现的物流化、网络化的特点，采取有针对性的对策，形成水、陆、空、邮、网立体化查缉防控体系，严格落实物流寄递行业实名制登记、收寄验视和公安机关抽检制度。

二是要加强区域和部门间的情报交流与协作。就云南省抓获的冰毒犯罪嫌疑人来说，尽管本省边民仍占有很大比例，但省外贩毒分子比例正呈明显上升趋势。在高额暴利的驱使下，省外贩毒分子潜来边境地区或直接出境购买冰毒后，借道云南贩运出省以牟取暴利。2008—2009 年，从查破的 276 起冰毒案件中可知，湖北(包括武汉)、广东仍为新型合成毒品流入重点地区，分别为 105 起、34 起，分别占到 38.05%与 12.32%。就云南省保山市抓获的冰毒犯罪嫌疑人来说，近年来，四川、重庆、贵州、湖南、湖北等籍人员来保山或借道保山从事新型合成毒品违法犯罪的人数日趋增多，跨省市作案特点十分明显。因此，必须加强各地区的协作，强化情报交流和侦破经验共享，建立“全省乃至全国禁毒一盘棋”的思想，以有效打击新型合成毒品违法犯罪。

三是要加强区域国际合作，扩大禁毒除源战果。鉴于近年来境外新型合成毒品毒源地对我境内的侵袭渗透与冲击的新态势及缅甸籍境外人员夹带毒品混入我国靠内地区芒市、保山、大理、昆明等大中城市暗中倒卖的特点，开辟新型合成毒品除源战场，加强区域国际合作已显得尤为必要。基于毒品问题长期困扰“金三角”地区及周边国家，成为影响这一地区经济社会发展的一大障碍，铲除毒源已成为各国政府共同的迫切要求，但由于毒品问题牵涉历史、现实等诸多复杂因素，因而要在根除毒源上取得成效，需要整个地区达成共识，协调一致采取行动。近年来，通过努力，区域国际禁毒合作有了较好开端，缅甸、泰国、老挝、中国等国家之间在防止毒品扩散，减少毒品危害，达成了一系列协议，合作禁毒意识有所加强，禁毒协作关系初步建立并取得了一定的实质性进展。从而为打击境外毒品犯罪活动、缓解毒品对我方境内渗透的冲击和压力，提供了合作平台。其中，在新型合成毒品方面，区域合作的重点是在采取联合行动打击生产、贩运苯

① “5・14”机制为公安部确定的堵源截流机制。

丙胺类毒品跨国犯罪的同时，有效阻止易制毒化学品流出境外和健全国内监管及国际核查机制。保山市公安机关近年来也与缅甸密支那省公安厅进行了有效磋商与协调，签订了联合打击毒品犯罪等相关协议，此类区域国际合作需进一步加强，不断扩大禁毒除源战果。

四是针对吸食、贩卖新型合成毒品隐蔽性强、查控难的特点，完善群众举报奖励制度。为了奖励举报人，动员全社会力量发现新型合成毒品滥用人员及打击新型合成毒品犯罪，云南省根据《云南省禁毒人民战争实施方案(2005—2007年)》和《云南省禁毒专项资金管理暂行办法》，制定了《云南省举报毒品违法犯罪奖励暂行办法》，对动员全省全社会力量参与禁毒人民战争、遏制毒品犯罪都起着积极的促进与推动作用。但在保护举报人的措施方面，仍有诸多有待完善之处。如《暂行办法》第十二条规定："举报人领取奖金，应当在《举报毒品违法犯罪奖励付款专用凭证》上签名，并注明身份证或者其他有效证件及填发单位"。"也可写出委托书委托他人代领；也可提供本人或其委托人开户银行账号，由公安机关将奖金划入指定账号。"可见，在公安机关，付款专用凭证要求签实名，开户银行的账号现也实行实名制，虽然《暂行办法》第十三条规定了《付款专用凭证》的保密制度和领取财物凭证的相关内容制作等若干制度，但毕竟在实名制这一点上，往往使不少举报人放心不下，加之举报的是毒品与新型合成毒品违法犯罪，犯罪分子报复十分猖狂，一旦暴露，后果不堪设想。为此，建议有关部门采用密码制、打卡制或将奖励费用直接打进手机充当话费等多种方式奖励举报人，以有效地促进人们举报新型合成毒品违法犯罪的积极性与安全性。

五是加强新型合成毒品查缉队伍建设，充分发挥专业队伍的作用，对冰毒、"K粉"、摇头丸等新型合成毒品的来源、渠道、流入地、犯罪团伙的组织特点等要加强研究，掌握当前新型合成毒品流行态势与规律，提高禁毒执法的主动性、目的性和发现、打击新型合成毒品吸贩毒活动的能力。针对云南部分州市新型合成毒品泛滥较为严重而警力又十分缺乏的情况，要统筹安排、加大投入，以加强对新型合成毒品的查控。此外还要采取多种形式，加强禁毒业务培训，使广大禁毒民警尽快掌握摇头丸、氯胺酮等新型合成毒品的相关知识，提高对新型合成毒品的认识、发现和查禁能力。

5.3.2.2.3 建立健全娱乐场所管理的长效机制

对于新型合成毒品滥用滋生的各类娱乐场所，要在管理上探索建立多部门协作机制，形成管理合力。各级公安机关的治安部门要按照《娱乐场所管理条例》的规定，积极会同文化、工商等部门认真落实娱乐场所从设立到经营以及监督管理等各个环节的工作措施，充分发挥各部门的职能优势，形成管理工作合力。公安机关内部应以治安部门为主，禁毒部门予以积极主动的配合，并充分发挥基层派出所的作用。在制定娱乐场所管理方面，要清晰目标，明确职责分工，层层落实责任，确保禁毒管理的各项措施落到实处。

5.3.2.3　坚持从严打击，尽快出台有关法律法规

第一，由国务院卫生行政部门、药品监督管理部门、公安部门加强调研，尽快修订《吸毒成瘾认定办法》，建议从“精神受损程度”和“想念程度”等指标更好地科学界定新型合成毒品吸毒成瘾的认定办法及吸毒成瘾严重标准。在取证方面：一是提高公安民警吸毒成瘾认定取证意识。二是加强人员培训，提高科学认定能力。三是加强群众工作，积极引导群众尤其是吸毒者家里人认同、支持认定工作，积极收集旁证。四是着力打击零星贩毒，从审讯毒贩过程中收集吸毒者证据。五是提高询问技巧，从吸毒违法嫌疑人的笔录中收集证据。六是在认定吸毒的基础上，巧用公安机关行使治安拘留的决定权、执行权，拘留期限可以为1—2天，从拘留所的监控中收集吸毒者戒断症状的证据。七是在立法上，建议将吸毒成瘾的认定改为需同时具备两个条件：经人体生物样本检测证明其体内含有毒品成分，本人又不能提供合理申辩理由的或有证据证明其有使用毒品行为的；有戒断症状或者有证据证明吸毒史的。

第二，完善对新型合成毒品相关概念的界定，明确新型合成毒品的界定及量刑标准。针对摇头丸没有准确的定义、没有区别摇头丸和冰毒片的不同、没有将摇头丸主要成分列入法律所规定的精神药品和麻醉药品的目录内等影响摇头丸毒品犯罪活动打击的问题，要在有关部门进行专门的科学研究的基础上，尽快完善对摇头丸主要成分的界定。为此，有关研究者提出，可借鉴国外的做法，采取列表的形式将发现的新型合成毒品的种类、名称等逐一列出并适时增添。此外，对易制毒化学品的管制范围也应扩大，目前的司法解释仅对几种易制毒化学品做了明确的规定，而在实际中，毒犯用来制造新型合成毒品的易制毒化学品种类众多，因而也应予以尽快补充。对于某些娱乐场所组织摇头丸狂欢专场并免费提供摇头丸的行为是否构成引诱、教唆和欺骗他人吸食毒品罪或者容留他人吸食毒品罪等，法律要有明确的规定。

第三，制定统一的新型合成毒品折算表并出台新型合成毒品刑罚数量认定相关法规。我国法律对毒品的界定与1988年《联合国禁止非法贩运麻醉药品和精神药物公约》中的规定相一致。不同种类毒品的数量可参照国际上对不同的毒品已有的换算标准进行折算（如国际上常见的是将各种毒品换算成海洛因，而《美国量刑指南（1987年）》中列出的《毒品数量表》和《毒品换算表》中则是将各类毒品换算成大麻，虽然换算的参照对象不同，但实质相同），结合我国毒品犯罪

形势，由最高人民法院和相关专业机构按照《毒品大连会议纪要》的要求，即“应由有关专业部门确定涉案毒品毒效的大小、有毒成分的多少、吸毒者对该毒品的依赖程度，综合考虑其致瘾癖性、戒断性、社会危害性等”，共同制定相应的毒品折算表，作为司法解释颁布执行。在制订新型合成毒品刑罚数量认定相关法规方面，对于没有明确的起刑点和相应量刑标准的，可根据该毒品与海洛因的相当值，换算成以海洛因为单位的数量，依此确定适用的刑罚。对于多成分毒品中各成分均为法律和司法解释中有明确的起刑点和量刑标准的，可以根据同档次的数量规定换算为海洛因的相当值，依此确定使用刑罚。对于多成分毒品各成分均为无明确的起刑点和量刑标准的，可根据各毒品与海洛因的相当值，将各种毒品数量统一换算成以海洛因为单位的数量，根据所得相加总数依照海洛因的刑罚标准确定适用的刑罚。对于多成分毒品中既有明确规定起刑点和量刑标准的成分，又有无明确的起刑点和量刑准的成分的，可分别将各成分数量按照上述方法分别折算出海洛因的相当值，然后再累计相加来确定适用的刑罚。

第四，适当加强对新型合成毒品犯罪的惩罚力度。对于氯胺酮、摇头丸等新型合成毒品犯罪的定罪量刑标准，2007 年 11 月 8 日，最高人民法院、最高人民检察院、公安部根据有关法律和司法解释的规定，结合侦查、批捕、起诉、审判工作实践，制定了《办理毒品犯罪案件适用法律若干问题的意见》，其中对氯胺酮、二亚甲基双氧苯丙胺、三唑仑等九种新型合成毒品的量刑标准进行了确定。2006 年 8 月，最高人民法院刑一庭下发了《关于审理若干新型合成毒品案件定罪量刑的指导意见》的通知，明确规定了对涉及氯胺酮等新型合成毒品的案件，要做含量鉴定，不能做出重新鉴定或补充鉴定的，应按有利于被告人的原则进行处理，判处重刑及死刑的应特别慎重；确定了十类新型合成毒品的定罪量刑数量标准与海洛因的折算（如 1 克海洛因＝20 克氯胺酮）；为坚决打击和有效遏制这类毒品犯罪的发展蔓延势头，统一了司法标准，有力地推动了全国各地打击新型合成毒品犯罪的力度，取得了一系列丰硕的战果。但其存在的最大问题是对于氯胺酮等新型合成毒品定罪量刑偏轻（《毒品武汉会议纪要》规定了其死刑数量标准可以按照 1 克海洛因＝20 克氯胺酮折算，但没有推广一般案件的折算），导致诸多传统毒品犯罪嫌疑人向新型合成毒品犯罪转化。再加之《刑法》《办理毒品犯罪案件适用法律若干问题的意见》对新型合成毒品刑事案件立案标准定得过高，如贩卖氯胺酮、美沙酮要达到 200 克以上，这对控制当前新型合成毒品泛滥严峻形势、有效打击新型合成毒品犯罪是不利的，因此，在今后的法律实践中，要降低新型合成毒品的刑事立案标准，加大对新型合成毒品刑事案件的惩罚力度。

5.3.2.4 坚持与时俱进，大力打击网络新型合成毒品违法犯罪

随着近年来互联网科技的发展与理念的革新，我国的网络迅猛发展，加之禁毒人民战争的深入，各级缉毒部门的打击力度逐年加大，不断挤压着毒品犯罪在现实生活中的空间，为避免公安机关打击，网络贩毒模式已成为毒品犯罪分子谋求发展的新途径。联合国麻醉品管制局在2001年年度报告中就向大众发出警告：目前毒品正通过互联网销售，私人聊天室正被毒品商利用，人们在网上正面临毒品的威胁。当前，我国网络贩毒也由早期的通过QQ、电邮等网络通信方式单线联系或银行汇款发展到直接在大型的电子商务网站上开设网店，使用暗号、黑话等在网站上进行宣传洽谈，通过支付宝等第三方支付工具进行付款、收款操作的高级阶段，网络贩毒正成为毒品违法犯罪活动的新动态。在“8·31”案件中，全国公安机关共查获涉毒违法犯罪嫌疑人12 125名，其中以18至35岁的青少年为主，占到了65%以上，年龄最小的仅有15岁。与此同时，因受众群体为年轻人和较传统毒品容易伪装等特点，以冰毒、氯胺酮为主的新型合成毒品、精麻药品和易制毒化学品原料已成为网络贩毒的主流。

5.3.2.4.1 当前新型合成毒品网络吸毒贩毒的主要方式

一是利用互联网平台学习制造新型合成毒品工艺，获取制毒配方和原料。由于网络信息监管的缺位，虚拟空间中的信息鱼龙混杂、良莠不齐，大量涉毒信息存在于各式各样的网站中。其中有相当一部分是毒品犯罪分子出于盈利的目的，将自己掌握的制毒配方和制毒工艺通过网络以文字、图片或视频的形式传授给购买者，为了安全起见，毒品犯罪分子会根据购买者交纳的金额分步骤传授制毒工艺，这些购买者获得制毒工艺后就会进行相关的制毒犯罪。2011年6月22日，乌鲁木齐市高新区(新市区)公安分局禁毒大队捣毁一制造冰毒窝点，从房间内搜缴大量新康泰克“复方盐酸伪麻黄碱缓释胶囊”的空胶囊、无水乙醇以及玻璃器皿等制作冰毒的化学原料和设备。如2012年6月，重庆警方破获的杨某制毒案中，杨某就是从网上学习制毒技术从感冒药中提炼“麻黄碱”的。

二是利用网络平台开设虚拟房间聚众吸贩新型合成毒品。近年来，各地均发现一些不法分子利用互联网视频聊天网站进行吸贩毒活动，在虚拟“房间”里，大批青年男女伴随着网站播放的音乐节奏，呈现出吸食新型合成毒品特有的亢奋状态，大量吸毒人员在网站设立的虚拟“十人房”“百人房”从事吸毒活动，表演吸毒行为，交流吸毒感受，甚至在网上进行毒品交易。2011年3月，陕西省西安市公安局接到群众举报，有人利用网络平台聚众吸毒，这引起了公安部门的注意。随后，甘肃兰州、陕西西安又查处了几起涉嫌网络吸毒的案件，公安部也不断接到来自各地的网络涉毒的案情汇报。涉嫌吸毒人员上的都是同一个视频交

友网站，网站内的社区以房间为单位，有共同兴趣爱好的人可以聚集在一个房间里聊天。这些房间分为十人房、百人房、三百人房和五百人房。根据公安机关的调查，吸毒人员一般会选择十人房聚众吸毒，每个人通过自己电脑的摄像头进行吸毒展示，交流吸毒体验，房主对房间设置访问权限，外人无法进入。8 月 24 日，公安部组成专案组奔赴浙江，在视频聊天网站所在地浙江金华约谈网站有关负责人，组织人员实施监控，发现涉毒账号 1 236 个，参与涉毒活动的人员涉及全国 31 个省市区。8 月 31 日，公安部在北京召开“8・31”特大网络吸贩毒案全国统一行动部署会议，这是公安部在全国范围内组织侦办的首例利用互联网视频交友平台进行涉毒活动的新类型毒品案件。9 月 2 日，专案组统一行动进行排查抓捕，共查获涉毒违法犯罪嫌疑人员 12 125 名，破获制贩毒案件 496 起，打掉制贩毒团伙 144 个、吸毒窝点 340 个、制毒工厂 22 个，缴获毒品 308.3 千克，查获枪支 34 支、子弹 355 发。经过各地公安机关的持续打击，截至 2011 年 10 月 27 日 16 时，全国公安机关共查获直接涉毒违法犯罪嫌疑人员 12 125 名，涉及全国 31 个省市区，缴获各类毒品 308.3 千克。让人震惊的是，在这些人群中，35 岁以下的青少年超过了 65%，年龄最小的只有 15 岁。

三是利用 QQ、微信等互联网和 WAP（手机网络）聊天工具进行点对点联系，策划、联络、指挥新型合成毒品犯罪活动。随着网络技术和通信设备的迅猛发展，越来越多的犯罪分子使用网络进行犯罪的联络和指挥，毒品犯罪也不例外。为了逃避公安禁毒部门日益严厉的打击，毒品犯罪的有组织化程度越来越高，毒品犯罪集团内的大毒枭更倾向于使用网络进行毒品犯罪的策划、联络，指挥“马仔”进行大宗毒品交易。有些毒品犯罪集团还通过 QQ 群、在线论坛等网络方式吸收成员，指挥工作。值得注意的是，毒品犯罪分子的通信、联络和指挥方式均由传统的手机转换为互联网，笔记本电脑已成为不可少的犯罪工具。这使得禁毒部门更难以利用传统的侦查手段进行虚拟空间涉毒案件的侦查。在公安部 2010 年开展的互联网涉毒信息整治行动中，浙江警方对网上涉毒信息线索进行搜索、梳理、研判，先后破获桐乡“蔡盛团伙网络贩毒案”、嘉善“刘洪玖吴长勇网络贩毒案”，抓获网络贩毒犯罪嫌疑人 6 名，吸毒人员 4 名，缴获冰毒 35 克。

5.3.2.4.2 当前新型合成毒品网络吸贩毒原因分析

一是区域跨度大、影响面广。与传统毒品犯罪以本地为主、跨区域为辅的贩毒方式不同，网络世界淡化了区域界限。通过互联网实施的电子商务贩毒，打破了地理界限的阻碍，导致跨区域、跨省份甚至是跨国界的涉毒违法犯罪活动日益增多，部督“8・31”特大网络吸贩毒案件就涉及全国的 31 个省（直辖市、自治区），这是任何传统贩毒案件所无法企及的。

二是交易简便隐蔽，犯罪成本低廉。在网络吸贩毒中，仅需通过网络沟通、网银付款、物流交付，“上下线”“同伙”等关系人之间都不需了解彼此的真实身份，不需谋面，只需利用网络虚拟身份，通过即时通信工具就可以完成必要的联系，从而轻松地完成吸食毒品和整个毒品交易过程。同时买卖双方可以在任何有联网计算机的地方实施犯罪，且涉案证据主要存在于软件之中，很容易被转移或毁灭。由此较传统贩毒而言，免去了现实交易中诸多繁琐和不安全环节，在降低了风险的同时提高了效益，犯罪成本十分低廉。

三是寄递业成为网络吸贩毒的重要环节。电子商务的货物给付基本均由寄递业来实现，而该渠道也正好成为贩毒分子逃避缉毒部门路面查缉的重要手段。嫌疑人利用邮包物流运输主体为合法机构、渠道快捷方便等优势，通过采取用假名、假地址、临时号码方式，将毒品伪装后进行寄递，既节省了雇马仔背货运输的犯罪成本，又降低了途中被缉毒部门人赃并获的犯罪风险，成为网络贩毒不可或缺的关键环节。

四是网上交易查证难、取证难、管控难。为逃避打击，贩毒人员往往通过注册虚假信息的网络身份来隐瞒真实身份、地址等，在交易过程中均以网名、绰号相称，很难确定其信息的真实性。吸贩毒活动主要集中在涉毒人员申请开设的“十人房”中，而且准入程序严格，房间设有密码，必须经房客介绍或当众表演才能获取密码批准进入。同时由于网络的普及，贩毒人员可以随意选取网络交易地点，若被追查又可及时更换，在案件侦办过程中，即使大费周章寻找到网络账号落地，仍然可能因涉及的 IP 地址属于宾馆、网吧等公共场所或者社会免费开放的 Wi-Fi 网络，而无从精确定位犯罪嫌疑人。同时网络毒品交易都是通过程序和数据等无形的操作来体现，而这些数据通常存在于系统硬盘之中，简单地删除数据或者破坏硬盘，嫌疑人就可以轻易毁灭交易信息，取证十分困难。加之近年来快递物流业的高速但不健全的发展，在一定意义上帮助了网络吸贩毒的活跃，增大了管控的难度。

5.3.2.4.3　当前打击新型合成毒品网络吸贩毒的对策建议

一是转变观念，提高认识。目前，各级禁毒部门掌控的网络吸贩毒案件数量相对较少，但案件侦破难度却相对较大，往往是花费了大量的人力物力，却很难抓到幕后真凶，成为很多人眼中“性价比”不高的案件。与其花费大量时间在该类案件上，不如好好经营现实中的大案。这种对网络吸贩毒的认识是偏颇的，缺乏了发展的眼光与态度。因此，必须充分认清网络吸贩毒的危害，提高认识，强化预防，主动出击，将网络吸贩毒迅猛之势扼杀于雏形阶段。

二是加强配合，联侦作战。网络吸贩毒的科技性、复杂性和跨区域性等特点，决定了办理该类案件既需要本地部门间的协作，更需要跨区同行间的配合。必须建立本地区警种部门间的联侦作战机制，网络安全部门是本地发现网络犯罪的急先锋，而禁毒和技侦部门则对进一步的侦查更具专业性，不同部门警种间要落实捆绑化作战模式，形成网络吸贩毒信息的发现、核查、研判、追源、打击和清理工作流程。同时亟须完善区域间的情报共享、协作配合机制，网络是无界的，网络吸贩毒发生地与结果地间往往地域跨度大。区域间警务合作的缺失使得犯罪分子非常容易找到躲避打击、实施违法犯罪的避风港，因此各地间的通力合作是打击网络毒品犯罪执法机制建设的重要方向。

三是提高电子证据采集意识。在网络贩毒案件中，我们不仅应关注毒品物证，更应当注重电子证据，这些证据往往是证实犯罪、认定犯罪嫌疑人的重要材料。所谓电子证据即“以数字形式保存在计算机存储器和外部存储介质中、能够证明案件真实情况的数据或信息”，对从事网络吸贩毒嫌疑人定罪量刑的电子数据也是其安身立命、发展扩大的“宝贵数据”。嫌疑人在防范被查获的同时，往往需要通过备份的方式解决事后及时恢复之需，该类数据往往藏匿隐蔽、不易发现，但佐证价值很高。

四是强化寄递业阵地控制。网络吸贩毒没有寄递业的送达，是不可完成的。打击网络贩毒，就必须切实加强寄递业的阵地管控措施，其主要措施包括提高当前寄递业的准入门槛，加速推进寄递业实名制的实施，确定公安等相关部门在监管寄递业中的权责利，通过加强设备投入、加大员工培训等方式，提高涉毒邮包的发现率和查截率。市场的迅速扩容造成行业的无序竞争和从业人员的良莠不齐，因此，必须修改完善相关法律规定，不断加强寄递业的行业管理力度，促使企业从社会和谐的角度出发。

五是修订完善相关法律，提升处理能力。网络涉毒违法犯罪是新生事物，目前我国还没有关于网络涉毒违法犯罪的法律规定，对于在网络平台聚众吸毒，公安机关只能依据现有法律对查实的吸贩毒人员进行处理，但对于涉案网站和相关管理人员的处罚缺乏法律依据。利用网络平台进行涉毒违法犯罪是一种全新的犯罪手段，有关部门缺乏足够的技术力量和相应的管理措施来全面监管，公安机关也难以对其进行彻底有效的打击。必须修订法律，坚持“谁主管、谁负责”“谁运营、谁负责”“谁受益、谁负责”的安全管理原则，层层落实责任，采取各种措施，充分调动社会各方面的积极因素。

5.3.3 继续加强国内协作与国际禁毒合作

5.3.3.1 近年来，以我国为目的地的贩毒案件大量增加

一是美国次贷危机及希腊金融危机的影响，欧、美毒品消费能力相对下降，毒品价格整体上呈现下降趋势。而中国因其市场的互补性较好，相对受金融危机影

响较小,毒品价格较为稳定,加之吸毒人员基数大与我国公安机关有效打击毒品犯罪成效明显产生的供需矛盾紧张,在许多省市,毒品价格呈明显上涨趋势。

二是"金三角""金新月"对我国危害进一步加剧。受缅甸、阿富汗等毒源地国家政治、外交变化等影响,尽管缅北地区目前罂粟种植面积处于历史较低水平,但近年来呈持续反弹态势,2012 年该地区罂粟种植约 63.7 万亩,同比上升 33.8%,可产海洛因 60 多吨(见图 5-9)。2012 年我国缴获"金三角"海洛因 5.37 吨,上升 15.5%,占全国缴获总量的 73.7%,此外仅云南去年查获缅北冰毒片剂即达 8.95 吨,同比增长 26%。阿富汗仍是全球罂粟种植和鸦片产量最大的国家,向我国走私渗透亦有所增加,2012 年共破获"金新月"毒品案件 98 起[①]。

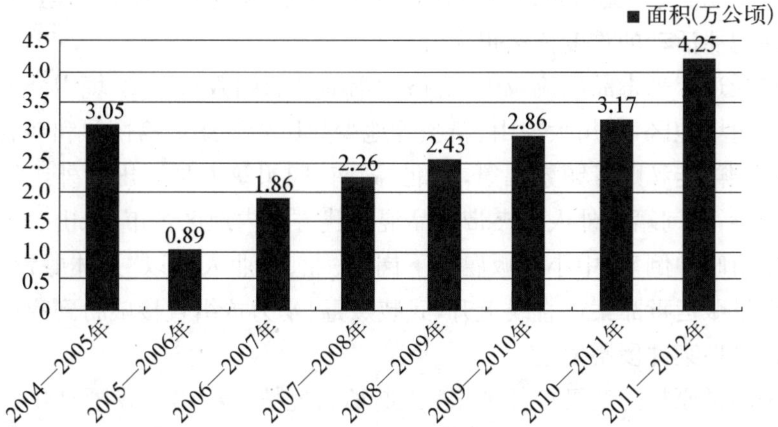

2004—2012年缅北罂粟种植情况

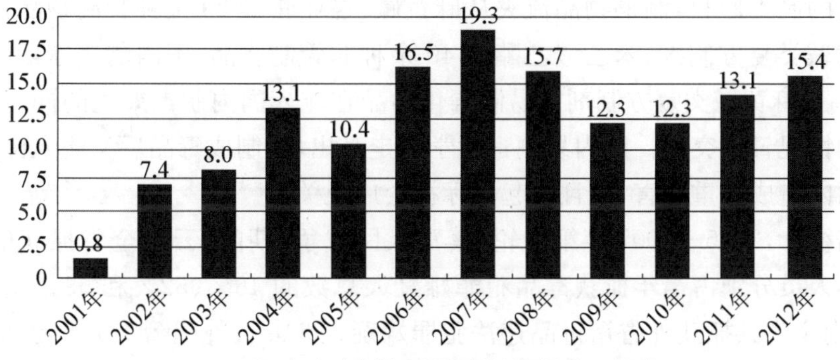

2001年以来阿富汗罂粟种植面积(万公顷)

图 5-9　近年来"金三角""金新月"罂粟种植情况[②]

---

① 国家禁毒委员会:《2013 年中国禁毒工作报告》。

② 国家禁毒委员会:《2013 年中国禁毒工作报告》。

5.3.3.2 境内制贩毒活动高发，跨省毒品犯罪情况日益突出

其主要原因：一是由于打击力度不断加大，国内制造冰毒、氯胺酮等犯罪逐步向小规模、分段式加工转变。制毒分子利用互联网等平台联络交易和传播制毒经验，制毒方法不断翻新，犯罪手段更加隐蔽，增加防范打击难度。2012 年，全国共破获制毒案件 579 起，同比上升 10.9%，共打掉制毒窝点 326 个，22 个省市区发现制毒窝点，特别是广东汕尾、惠州以及四川成都周边地区制毒问题突出，所产晶体冰毒、氯胺酮占国内市场主要份额。西非裔涉毒人员在广东等地落地生根，治理难度加大。航空、铁路以及公路和物流寄递渠道贩毒活动明显增多，全年共破获物流寄递贩毒案件 271 起，缴获毒品 800.4 千克。同时，一些地方外籍人员贩毒、外流贩毒以及利用孕哺期妇女、病残人员贩毒问题仍很突出，遏制毒品犯罪活动的难度依然很大。

二是受近年来毒品内流减少、价格大幅攀升的刺激和影响，境内外大批毒贩云集云南边境地区，四川大凉山、新疆等地少数民族及缅甸籍怀孕和哺乳期妇女等“特殊人群”走私贩毒频繁猖獗，湖北、湖南、四川籍人员潜出境外组织毒品货源指挥贩毒，缅甸籍境外人员夹带毒品混入我方靠内地区芒市、保山、大理、昆明等大中城市暗中倒卖，中小毒贩雇佣下岗、失业、待业人员以“人体藏毒”为主要方式小批量贩运毒品案件直线上升，武装贩毒、暴力抗缉直接威胁到我国警方人身安全的恶性案件屡屡发生。

三是制毒原料防范管控任务艰巨，走私出境情况突出。我国是化学品生产大国，易制毒化学品企业有 16 万多家。随着监管力度不断加大，不法分子积极寻找新的制毒原料，制毒物品流失从麻黄碱、羟亚胺等 20 余种管制物品扩大到含麻黄碱类复方制剂、苯乙酸乙酯等 40 余种非管制物品，国内制造冰毒的原料有 55%是麻黄碱类复方制剂。易制毒化学品在流入国内制毒渠道的同时，走私出境的情况日益突出。国内易制毒化学品走私出境、制成毒品后又流入国内，不仅给国内造成严重危害，而且引起国际社会广泛关注。

据统计，2005—2007 年第一轮“禁毒人民战争”期间，云南全省抓获的省外籍贩毒人员分别占当年抓获毒品犯罪嫌疑人总数的 46%、52%和 55%①。2010 年，云南全省共抓获外省籍毒品违法犯罪嫌疑人 3 921、外国籍 1 314 名，同比上升了 13.2%和 27.8%；2011 年，共抓获外省籍毒品违法犯罪嫌疑人 4 096 名、外国籍 1 409 名，同比上升了 4.5%和 7.2%；2012 年，云南全省共抓获外省籍毒品

① 云南省禁毒委员会：《在全省新一轮禁毒和防治艾滋病人民战争电视电话会议上的工作报告》，2008 年 6 月 25 日。

违法犯罪嫌疑人 4 261 名、外国籍 1 503 名，同比上升了 4.0%和 6.7%；“特殊人群”尤其是缅甸籍特殊人群贩毒活动愈演愈烈（近年来占 57%—85%），以“体内藏毒”为主要形式的“人体藏毒”犯罪活动日趋突出，2009 年云南全省共查获此类毒品犯罪案件 1 935 起，抓获犯罪嫌疑人 2 155 名，同比分别上升 31.8%和 23.9%；与此同时，查获武装贩毒案件 28 起，缴获各类枪支 45 支，子弹 1 406 发，手榴弹 4 枚①。这些情况，有的属原有问题的“升级换代”，有的则是近年来出现的新情况、新问题和新动向。

从查破的万克毒品案件中，抓获的犯罪嫌疑人以云南省及内地重点市区人员居多。2012 年，全省抓获贩运万克以上毒品的省外犯罪嫌疑人 462 名，占抓获总数的 43.8%，同比上升 3.8%，人员涉及广东、广西、陕西、甘肃、宁夏、青海、新疆、河南、河北、浙江、安徽、山西、辽宁、黑龙江等 20 个省市区，其中，四川 149 名、湖南 103 名、湖北 63 名、重庆 33 名、江西 23 名、贵州 20 名，共 391 名，占抓获省外犯罪嫌疑人总数的 84.6%，是外流入滇贩毒人员最多的 6 个省市。抓获贩运万克以上毒品的省内犯罪嫌疑人 461 名，占抓获总数的 43.7%，同比上升 43.6%，其中，西双版纳、普洱、玉溪 232 名，德宏、临沧、保山、大理 120 名，共 352 名，占抓获省内犯罪嫌疑人总数的 76.4%。抓获贩运万克以上毒品的境外犯罪嫌疑人 133 名，同比上升 68.4%，其中，缅甸 123 名、老挝 9 名、泰国 1 名。

因此，针对国际、国内及云南毒情形势的变化，必须加强国内协作、国际合作的理念。湄公河“10·5”案件的成功告破就展现了当前开展禁毒国际合作的重要意义。

从 2011 年 10 月 5 日惨案发生到 2013 年 3 月 1 日糯康、桑康、依莱、扎西卡被执行死刑，湄公河“10·5”案件的侦办与审判画上了圆满的句号。从国际角度来看，显示了中国作为世界大国的责任感和使命感；从国内角度来看，体现了国家对人民生命财产安全的重视及保护。事实再一次证明，中国有能力保护自己的家园和人民，有能力使人民生活在安全的环境中。湄公河“10·5”案件的成功告破，告慰了逝者及其家属，也得到了全国人民的肯定与赞扬，公安部禁毒局局长刘跃进带领的专案组 2013 年 2 月荣获感动中国特别致敬奖。

5.3.3.3 进一步加强国际禁毒合作的对策建议

湄公河“10·5”案件的发生与侦破，再一次凸显了国际禁毒执法合作的重要意义。在此，仅就进一步加强国际禁毒合作提出几点对策与建议。

一是全面实施国际禁毒合作“走出去”综合战略。建议禁毒部门进一步调整政

---

① 罗石文（云南省公安厅副厅长）：《在 2010 年全省公安禁毒工作会议上的报告》，2010 年 3 月 10 日。2009—2013 年每年云南省公安厅发布的《全省破获毒品刑事案件情况通报》。

策，变长期以来以“堵截”为主基调的被动防御为主动出击，以国际禁毒合作为旗帜，以毒品替代种植和替代发展为先导，全面实施“走出去”综合禁毒战略，通过帮助境外各民族群众加快经济社会发展的步伐，一揽子解决云南境内外的毒品问题，并从根本上消除滋生动乱的隐患，确保中缅边境地区的持续稳定，实现长治久安。

二是积极参与国际禁毒立法合作。国际禁毒立法合作是国际禁毒合作的基础，我们要积极参与国际禁毒立法合作，在法律层面以促成禁毒国际合作为目的，签订禁毒公约、双边或多边禁毒协定等，明确合作的具体内容、途径、方式等，具体规定合作中的权利与义务等，为完善禁毒执法合作机制、联合开展扫毒行动打下坚实的法律基础。

三是积极开展国际禁毒执法合作。加强国际禁毒执法合作，寻求国际各方支援，既是解决当前世界毒品问题的必由之路，也是我国禁毒斗争的需要。因此，要加强禁毒警务联络官制度建设，进一步完善禁毒执法合作机制，以国际禁毒情报交流与合作、跨国缉毒侦查协助、控制下交付、国际反洗钱合作、开展联合扫毒行动方面等为重点，以“互相尊重、合作共赢”为原则，大力开展国际禁毒执法合作。湄公河“10·5”案件发生后，2011 年 12 月，中、老、缅、泰四国已成功在湄公河开展了多次联合巡逻执法活动。2013 年 4 月，四国又开始了为期 2 个月的湄公河流域联合扫毒行动，这对于进一步遏制“金三角”地区毒品及深化禁毒执法合作都将产生深远的影响。

四是积极开展国际禁毒司法合作。主要包括涉毒案件中的犯罪嫌疑人的引渡、毒品违法犯罪收益的没收和收缴、涉毒可疑资产的查询冻结、跨国毒品违法犯罪案件的移交诉讼、延长跨国案件的诉讼期限等。湄公河“10·5”案件的侦办与审判，是中国司法机关第一次在原有湄公河次流域国家经济合作的框架下启动四国警务与联合执法合作机制，树立了国际警务和司法合作的典范，同时创下了“域外案件国内审判”的司法先例，彰显了中国的司法尊严与威严。

拓展阅读

云南国际禁毒合作的现状与前景展望[①]

当代国际关系表明，伴随着经济一体化的发展，世界各国政治、经济、文化频

---

① 施晓琴、阮惠风：《云南国际禁毒合作的现状与前景展望》，载于《云南社会发展蓝皮书》，云南大学出版社 2010 年版。

繁往来,国际社会已形成一个互相依赖的整体。在此背景下,毒品和毒品犯罪也必然越来越趋向于国际化,毒品问题已不再只是一个国家或单个地区面临的问题,单靠一国或少数几个国家的禁毒活动来灭绝毒品是无法实现的。

世界上第一次关于国际禁毒的合作是1909年2月1日在上海举行的万国禁烟会,会议没有签署正式条约,只是做出了9条决议,拉开了国际禁毒活动的序幕。世界各国多年的禁毒实践也一再表明,要想彻底禁绝毒品,有力打击毒品犯罪,需要各国通力合作,彻底阻断毒品的生产、流通和消费领域,才能有效减少毒品的蔓延。中国从20世纪80年代以来,从一个毒品过境国变成了毒品问题严重的消费国,毒品和由毒品带来的各种问题严重影响着我国社会的和谐、安宁。因此,加强国际禁毒合作,寻求国际各方支援,既是解决当前世界毒品问题的必由之路,也是我国禁毒斗争的需要。

一、中国国际禁毒合作的发展

20世纪80年代,随着中国打开国门,毒品问题重新开始在中国出现。从鸦片到海洛因、冰毒,毒品不断升级换代,毒贩也从体能型向智能型转变。与此相对应,中国政府禁毒的力度也在逐年加大,1990年,中国政府成立了由公安部、卫生部等25个部门组成的国家禁毒委员会,统一领导全国的禁毒工作,并负责禁毒国际合作,办事机构设在公安部。多年来,中国在坚持和平共处五项原则的基础上,一向积极参与和推动国际禁毒合作,深入开展以替代发展为核心的境外除源工作,国际禁毒合作继续向务实方向发展,在世界禁毒领域发挥了重要作用,得到了国际社会的普遍赞誉。我国禁毒合作大致经历了四个转变:

一是由保守到积极参与的转变。随着我国改革开放的不断深入,中国政府由过去封闭禁毒转变到积极参与国际禁毒事务。1985年6月,经全国人民代表大会常务委员会批准,中国加入经1972年议定书修正的联合国《1961年麻醉品单一公约》《1971年精神药物公约》。1989年9月,经全国人民代表大会常务委员会批准,中国加入《联合国禁止非法贩运麻醉药品和精神药物公约》,成为最早加入该公约的国家之一。从1984年起,中国多次派代表团出席联合国、国际刑警组织、世界海关组织和世界卫生组织召开的禁毒国际会议。并多次在国内举办各种高级别的国际禁毒会议,向国际社会宣示了中国政府坚决禁毒的立场和政策、措施。

此外,中国继续参与联合国组织的防止易制毒化学品醋酸酐流失的“聚合行动”和防止冰毒原料流失的“堵冰行动”,参加在荷兰、澳大利亚举行的旨在加强易制毒化学品执法合作的工作会议。2007年,国家禁毒委员会办公室通过联合国麻管局网上核查系统共发出易制毒化学品出口前通知书768份,比上年增加

12份，涉及67个国家和地区，16种易制毒化学品，共计62 689.41吨。其中全年核查通过易制毒化学品出口726单，共61 769.41吨。通过对重点品种和向重点国家出口的审查，对中、小型进出口公司的监控，对出口企业合法固定客户群的分析，以及联合国麻管局和进口国的通报，主动暂停出口易制毒化学品54单，共920吨，比2006年提高了59%，进一步加强了对易制毒化学品出口的管制，提高了对国际贸易途径流入非法渠道的监管能力①。这都表明了中国政府积极参与国际禁毒事务的决心与主动性。

二是由意向合作到实质突破的转变。中国积极支持和促进联合国倡导的次区域禁毒合作活动，1991年5月，国家禁毒委员会在北京主办第一次中国、泰国、缅甸和联合国禁毒署高级官员会议，商讨开展次区域禁毒多边合作的设想。1992年6月，中国、缅甸和联合国禁毒署在缅甸仰光签署《中国、缅甸和联合国禁毒署三方禁毒合作项目》。1993年10月，中国、缅甸、泰国、老挝和联合国禁毒署签署《禁毒谅解备忘录》，确定在次区域禁毒合作中保持高级别接触。1995年5月，中国、越南、老挝、泰国、缅甸、柬埔寨及联合国禁毒署在北京召开第一次次区域禁毒合作部长级会议，通过《北京宣言》，并签署《次区域禁毒行动计划》。1999年，中国政府又派代表团分别出席在日本和老挝召开的次区域部长级会议，继续积极推动次区域禁毒合作。

2007年5月25日，第七届东亚次区域禁毒谅解备忘录（MOU）签约国部长级会议在北京钓鱼台国宾馆举行。来自柬埔寨、中国、老挝、缅甸、泰国、越南以及联合国毒品和犯罪问题办公室的代表以及有关国家和国际组织的观察员和专家80余人出席了会议。会议通过了《2007年MOU北京宣言》、更新后的《次区域行动计划》，决定成立专门工作组对2002年通过的《MOU伙伴关系补充文件》进行修改。会议充分肯定了12年来东亚次区域禁毒谅解备忘录合作机制在解决本地区毒品问题方面取得的成果，针对新的毒品形势提出了应对措施，对于巩固和发展东亚次区域禁毒谅解备忘录禁毒合作机制，加大替代发展和减少毒品危害的力度，建立更加密切的打击跨国毒品犯罪合作机制，发挥了积极作用②。

三是合作内容和形式由单一到多元化的转变。中国不断加强与外国的双边、多边国际禁毒合作，还与美国、加拿大、日本、法国、澳大利亚、泰国、缅甸、老挝、越南、柬埔寨等国家开展了多种形式的禁毒情报交流、培训与执法合作。从

① 国家禁毒委员会：《2008年中国禁毒报告》。
② 国家禁毒委员会：《2008年中国禁毒报告》。

1996年起，中国还陆续与缅甸、老挝、越南、俄罗斯等国建立边境地区缉毒执法合作联络官制度。

2007年，我国积极参加“东盟和中国”禁毒合作机制、“东盟和中国”打击跨国犯罪机制禁毒工作组机制的多次工作会议。11月，国家禁毒办组团赴泰国参加了第三十一届亚太地区禁毒执法机构负责人会议和“打击苯丙胺类毒品联合行动”工作组会议。在这些机制平台的支撑下，我国与东盟国家的禁毒合作取得了新的突破。2007年6月，在国家禁毒办的统一协调下，福建省公安厅禁毒总队与菲律宾警方联手成功侦破蔡爱山特大跨国制贩毒品案，抓获犯罪嫌疑人8名，在菲律宾捣毁一个大型毒品加工厂及两处毒品仓库，缴获冰毒180千克、易制毒化学品近10吨。此案的成功破获在国内外引起强烈反响，把我国与东盟国家的多边禁毒合作推进到了新的水平①。

四是禁毒国际合作步入法制化的轨道。近20多年来，针对不断蔓延的毒品问题，中国加快禁毒立法的步伐，制定颁布了一系列法律、法规。

更为可喜的是中国禁毒国际合作法制建设取得了重大进展，2007年12月29日《中华人民共和国禁毒法》颁布，并于2008年6月1日起正式实施。其中第五章共6款内容为禁毒国际合作，第五十三条“中华人民共和国根据缔结或者参加的国际条约或者按照对等原则，开展禁毒国际合作”规定了禁毒国际合作的原则；第五十四条“国家禁毒委员会根据国务院授权，负责组织开展禁毒国际合作，履行国际禁毒公约义务”规定了禁毒国际合作的主管机构；其他4条款分别从禁毒国际合作的执行机构、合作部门、合作内容、合作方式等做了详细规定，为国际禁毒合作的长远发展奠定了坚实基础，是我国国际禁毒合作史上一个重要的里程碑。

二、云南国际禁毒合作的发展状况

云南地处中国西南边境，与缅甸、老挝、越南等国接壤，边境线长达4 060多千米，是受“金三角”毒品危害最深的省区，也是中国参与东亚次区域禁毒合作的主体和前沿。多年来，在中国与东亚次区域禁毒合作的框架下，云南与周边国家积极开展国际禁毒合作，合作形式多样，内容丰富，且卓有成效，有力打击了跨国毒品犯罪活动。经过多年的发展，云南省禁毒国际合作不断深入，与国际社会交往不断扩大。云南国际禁毒合作主要围绕以下几个方面②：

（一）开展与国际社会的合作与交流

云南省委、政府领导对国际禁毒合作十分重视，积极促进云南省与国际社会

① 国家禁毒委员会：《2008年中国禁毒报告》。
② 云南禁毒网。

的交流与合作。在国家禁毒委安排下,联合国禁毒署三任主任先后到云南省进行考察,芬兰、马来西亚国家元首及美国的高级禁毒官员到云南省了解禁毒工作;美国、法国、加拿大、日本、英国以及越南、老挝、缅甸等国的禁毒官员多次到云南进行业务交流、考察和培训;BBC、CNN、美联社以及法国、芬兰、瑞典和日本等国外新闻媒体机构多次到云南采访禁毒工作情况;联合国禁毒署在禁毒执法和戒吸禁毒方面与云南成功开展多个项目的合作;同时,云南省也派出官员积极开展对外交往,参加多届世界海洛因大会、麻委会等禁毒国际会议,参与多次联合国举办的禁毒培训活动,并相继考察了多国的禁毒工作。

(二) 开展禁毒执法合作,共同打击跨国毒品犯罪

云南省各级公安边防部门不断拓展对外警务交流合作领域,积极推进与世界各国主要是周边国家的边境禁毒执法合作,形成了基本固定的情报交流和个案协作合作机制。公安边防部门与禁毒、行动技术等警种以及缅甸、老挝等邻国禁毒执法部门及时交流信息,在调查取证、抓捕、遣返犯罪嫌疑人等方面密切配合,共同打击跨境毒品犯罪。云南边防总队充分利用公安边防部门与邻国边境管理部门之间的边防代表和联络官制度、边境会谈会晤制度等优势,有力促进国际禁毒合作。多年来,云南省各级禁毒部门通过各种形式,积极加强与周边国家及世界各国的执法合作,有力打击了边境毒品犯罪活动,破获了一批有影响的跨国大案。如:2002 年中泰缅"3・30"特大跨国贩毒案,中缅"8・14"跨国贩毒案,2004 年中泰"3・15"跨国贩毒案等。2013 年 3 月,中老两国在湄公河水域成功破获一起特大跨国贩毒案件,缴获毒品冰毒片剂 579.7 千克,抓获犯罪嫌疑人 5 名,扣押涉案船只 1 艘。这起案件不仅是中老两国在湄公河水域开展联合执法行动破获的第一起特大跨国贩毒案,也是继成功侦破"10・5"案后利用湄公河联合巡逻执法合作机制取得的重大战果。

(三) 积极帮助邻国开展替代种植

为从根本上禁绝毒品,云南省坚持把"堵源截流"置于禁毒斗争的首要位置。从 1990 年起,云南地方政府就充分利用自身优势和中央政策的支持,通过遥感检测、技术资助、农业支援、开发旅游资源等多种形式,主动帮助缅甸和老挝北部等传统罂粟种植地区开展了替代发展工作。按照中缅两国达成的协议,国家禁毒办连续 4 年委托中科院遥感所对缅北地区罂粟种植情况开展遥感监测工作,监测范围不断扩大,监测手段不断完善,监测准确率不断提高,监测效果日益显现。为验证遥感监测影像,国家禁毒办专门组织了实地踏查工作组会同缅方赴缅北罂粟种植地区实地踏查罂粟种植情况。2006 年冬至 2007 年春,对"金三角"罂粟种植地区监测面积达 20.1 万平方千米,并结合实地踏查情况向缅方通

报了一批种植罂粟的嫌疑靶点坐标，对及时铲除种植罂粟发挥了重要作用。

同时，进一步加强了与老挝的替代发展合作。2007 年 7 月，国家禁毒委员会常务副秘书长杨凤瑞应邀率团赴老挝北部乌多姆赛省出席了中老禁毒合作会议，参加了中方援助 60 万美元建设的乌多姆赛省戒毒康复中心剪彩仪式，考察了中方企业的橡胶种植替代发展项目。2007 年，我国与缅甸、老挝等国会谈、会晤 75 次，开展联合扫毒办案 27 次，抓获毒品违法犯罪嫌疑人 283 名，缴获毒品 644.3 千克、易制毒化学品 4 795.3 千克①。

到目前为止，云南帮助中国邻国开展罂粟替代种植面积已达 4 万多公顷，并逐步由替代种植拓展到养殖业、农产品加工业、基础设施建设、旅游业、人力资源开发和文化教育、卫生等领域的“替代发展”，云南省已有 170 多家企业在缅北、老北地区开展替代种植工作。2007 年，云南省替代种植新增投资 4.1 亿元，新增替代种植面积 65.3 万亩。据悉，今年云南省要完成新增境外罂粟替代种植面积 40 万亩。同时，调整替代种植结构，突出综合替代效应，在缅北、老北原罂粟种植区启动 5 个省级替代发展示范园区项目建设②。多年的替代种植取得了显著效果，据联合国统计，2006 年缅甸罂粟种植面积为 21 500 公顷（约合 32.25 万亩），比 2005 年的 32 800 公顷下降 34%，老挝宣布禁种。云南跨境替代种植发展对于从源头上减少毒品，提高当地居民生活水平具有重要意义，并得到国际社会充分肯定。

（四）开展与周边国家的禁毒执法培训

多年来，云南省利用多年禁毒斗争的实践经验，积极与周边国家合作，就毒品形势及禁毒战略、毒品检验、禁毒法规、公开查缉、案件侦查、替代发展、禁毒国际合作等课程对周边欠发达国家禁毒人员进行系统培训，以使其广泛获取毒品犯罪方面的信息，学习使用先进方法和技术手段，从而提高打击毒品犯罪的能力。云南警官学院先后多次承担了缅甸、老挝、越南及全国公安机关等国内外警察禁毒执法培训。2002 年以来，学院受国家禁毒委和云南省禁毒委委托，为缅甸、老挝、泰国等国培训禁毒执法官员共 500 余名。目前，缅甸、老挝两国各省的缉毒队长大多数都前来进行过为期一个月的培训。这些培训班的成功举办，扩大了中国在湄公河次区域禁毒工作领域内的影响，进一步促进了我国及云南省和相关邻国禁毒部门间的合作与交流。如 2007 年 9 月，首届越南禁毒执法官员培训班在云南警官学院开班，两国禁毒官员称：“这是两国增进交流、打击跨境贩

① 国家禁毒委员会：《2008 年中国禁毒报告》。
② 根据云南省禁毒网相关资料整理。

毒活动的又一次重要合作。”越南一位参与培训的禁毒执法官员说：“希望培训班的举办能使中越禁毒部门继续加强交流，增进两国禁毒部门在情报交换、协作办案、禁吸戒毒、替代发展等方面的合作，为共同打击跨国毒品犯罪，减少毒品对社会的危害做出贡献。”

（五）积极与周边国家会谈、会晤

云南省各边境地、州、市、县每年都分别与缅、老、越举行边境地区禁毒会晤50余次，不同程度地开展一些禁毒情报交流、重案合作和联合扫毒行动。通过会谈、会晤，形成共识，增进了相互了解，对不断开辟禁毒合作的新领域，推动双边、多边合作向更高层次迈进发挥了重要作用。据统计，从2006年1至9月，我国云南省边境地区缉毒执法部门与相邻的缅甸边境地区举行双边会谈、会晤61次，开展联合扫毒行动和联合办案36次，抓获毒枭5名，缴获各类毒品700余千克，易制毒化学品3吨，极大震慑了两国边境地区的毒品犯罪；2007年，我国与缅甸、老挝等国会谈、会晤75次，开展联合扫毒办案27次，抓获毒品违法犯罪嫌疑人283名，缴获毒品644.3千克、易制毒化学品4 795.3千克。2008年7月，中国、老挝、缅甸和泰国沿湄公河禁毒执法合作会议在云南省西双版纳州景洪市召开，会议达成了诸多共识，加强了四国沿澜沧江—湄公河水域的禁毒执法合作。

（六）国际禁毒合作向教育领域延伸

2006年4月20日，西双版纳州禁毒委与缅甸掸邦第二特区南部地区地方管委会，在景洪达成新的共识，第二轮禁毒替代发展工作启动的同时，将教育方面的合作纳入了其中。西双版纳方面承诺在文化教育上，积极促成州内各有关方面帮助缅甸南部地区培训教师，每年接收一定数量的优秀高中生到西双版纳的中学跟班学习，免费或低价提供小学到中学的部分教材。经过1年多时间的实施准备，西双版纳州允景洪中学与缅甸宏邦中学正式结为友好学校。这标志着我省禁毒合作正式向教育领域延伸。

三、云南国际禁毒合作面临的问题

（一）毒品形势依然十分严峻

云南省是一个集边疆、民族、山区于一体的欠发达的省份，多年来，尽管云南省与周边国家在打击毒品跨国贩运方面做出了很多努力，也取得了一定的成效，毒品蔓延的势头得到初步遏制，但毒品泛滥的状况仍未得到有效的控制。由于境外“金三角”毒源短期内难以根除，加之国内存在的毒品消费市场和贩毒网络，云南省成为境内外毒品过境的主要通道和中转地的格局短期内难以根本改变。随着国际毒品市场的不断扩大，毒品产销格局也不断调整，毒品形势依然不容乐观。

"金三角"一带，罂粟种植面积仍然很大，与此同时，新型合成毒品大量涌现，冰毒发展势头迅猛，国际毒品犯罪手段不断花样翻新，集团化、国际化、专业化趋势越发明显。目前，隐藏在缅北及泰缅边境等地的贩毒团伙，为避免中国警方的打击，其大宗毒品主要是南下泰国、仰光并从海上向我国沿海贩运。部分毒品南下泰缅边境后，有的还向老挝、越南北部转移，然后又从云南省红河、文山一线和广西入境。这给云南省的禁毒合作事业带来了更多的挑战和困难，国际禁毒合作依然任重而道远。

（二）东南亚国家政局不稳，云南省禁毒合作难以深入

长期以来，东南亚各国政治经济发展极不平衡，尤其是缅甸和泰国两国近年来政治社会持续动荡，成为东南亚地区政治发展上最受关注的"问题国家"，且未来政局发展仍充满变数①。今年世界经济危机爆发，虽然此次危机东南亚不是重灾区，但处在经济不均衡状态下的东南亚各国极有可能再次受到金融危机的冲击，我方与其建立的边境禁毒合作关系显得极为脆弱。对于"金三角"等毒品生产地国家，毒品贸易不仅仅是简单的犯罪问题，它还与这些国家的政治、经济问题紧密纠缠在一起。如缅甸的毒品问题就与民族问题和国内政治问题纠缠在一起，面对缅甸当前震荡的局势，使得目前国际社会与缅甸的禁毒合作陷入了两难境地，也使我国与缅甸的禁毒合作难以深入下去。

（三）各国禁毒态度不一，制约着国际禁毒合作的发展

在禁毒国际合作中，由于各国政治、历史、经济、文化等原因，使得各国对待禁毒问题态度各异，禁毒决心和立场也存在差异，由此带来各国政府在对待毒品问题上强效机制不一，再加上各国法律上的差异，禁毒合作过程中容易产生一些相互的不信任和矛盾，极不利于禁毒合作的开展。

（四）中国与东南亚禁毒合作机制不够完善，制约着云南省禁毒合作的开展

截至目前，中国与东南亚的禁毒国际合作机制已经建立，但这些机制与迅猛发展的毒品新形势仍有不相适应的地方，与现实斗争也存在一定的差距，导致边境禁毒执法合作受制范围大，形成的组织机构不强，合作程度不高，堵截打击不力；其次，法规、章程、协议和条约等不完全，不完善，如在跨国控制下交付、罪犯引渡、反洗钱等实质性合作中，尚未形成规范的协调统一行动，给贩毒集团留下了有机可乘的制贩毒国际环境和活动空间。同时，毒品生产与毒品国际市场互为因果和互相促进的产销格局，促使制贩毒组织日趋严密，装备、武器和手段不

---

① 云南省社科院：《东南亚报告：2007—2008》，云南大学出版社2008年版。

断更新,导致毒品形势愈发严峻。

(五) 替代种植发展面临诸多问题

云南省多年的替代种植工作取得了一定的成效,但要实现"金三角"地区罂粟完全禁种的目标还有很长的距离。首先,贫穷落后是"金三角"毒源地形成和发展的主要因素,要改变这种状况,改变当地各民族的思想观念和生活方式不是短期内就能实现的,是一个几代人的工程,如何携手国际社会共同解决这个问题,需要进一步的探索和实践。其次,云南省替代种植工作本身也还面临着若干的困难和问题,如跨境替代种植双方国家间的关系和利益问题,跨境替代种植项目的市场前景和规划问题、跨境替代种植的融资渠道和基金风险问题以及跨境替代种植过程中面临的当地风俗、文化和宗教意识形态问题等。如不能很好地解决这些问题,将制约云南省跨境替代种植工作的开展,影响云南省与邻国的禁毒国际合作。

四、云南国际禁毒合作的前景展望

(一) 认真履行全球禁毒公约,积极参与国际禁毒事务

云南省在开展国际禁毒合作活动过程中,要认真履行全球禁毒公约,严格按照我国签订的多边、双边、次区域等合作协议,积极参与世界各国禁毒事务,努力在世界禁毒领域发挥应有的重要作用。云南处在我国禁毒斗争的前沿,多年来的禁毒实践和取得的成效,使云南省在国际禁毒领域备受关注,在促成国际禁毒合作上有很多的优势。因此,云南省要紧紧围绕和服务于国家总体外交的大局,积极学习借鉴国内外禁毒先进经验,积极争取国际禁毒组织在资金、技术、人力等方面的援助,发挥云南省在禁毒方面的优势特长,努力促成我国与周边国家的合作,扩大我国在国际上,尤其是在东南亚的影响,从而积极发挥我国在国际禁毒事业中应有的作用。同时,充分发挥地方的积极性,主动寻求合作机会和合作伙伴,让云南走上国际舞台,让世界了解云南,接近云南,最终取得实质性合作成果。

(二) 加强与周边国家的政治外交,带动禁毒合作的发展

国际禁毒合作不仅关系到各国的社会、经济问题,同时也与国家政治息息相关。在与周边国家积极开展执法合作的同时,要保持与各国的政治接触,加强相互间的沟通、理解和信任,并不断改善政治关系,寻找可能合作的领域,以政治外交和合作推动禁毒合作领域向纵深发展。尤其是"金三角"一带,由于历史和多种原因,毒品经济与国家政权、民族矛盾紧密纠缠在一起。因此,双方在禁毒合作方面,不但要加强地方政府间合作,还要保持高层和工作层接触,求得政府间的支持,进而建立、健全合作伙伴关系,在重大禁毒问题上加强磋商与交流,力求

协调一致，推动禁毒合作的实质性进展。

（三）建立健全相关合作机制，积极拓展禁毒国际合作空间

在现有的与周边国家禁毒合作基础上，进一步加强与地区政府及禁毒相关机构的会谈、会晤，加大合作堵截打击力度。全面实施国际禁毒警务合作，健全情报交换、联合扫毒、技术交流、反洗钱、人才培训等方面的合作机制。在现有合作机制基本框架的基础上，不断完善禁毒合作公约、章程、协议和其他相关法规，进一步建立和健全禁毒合作组织机构，研制禁毒合作工程项目和实施计划，建立禁毒合作基金并加大禁毒投入力度，建立完善的司法协作流程，积极推进国际禁毒司法协作步伐。同时，充分利用现代信息手段，广泛获取信息，及时掌握国内外禁毒动态，在禁毒执法、教育、科研等方面积极开拓对外合作领域，不断拓展禁毒国际合作空间。

（四）充分发挥大湄公河次区域经济发展战略，积极促进替代种植的开展

1998年召开的亚洲开发银行次区域第八次部长级会议正式将禁毒和替代发展列为澜沧江—湄公河次区域合作的新领域，为在“金三角”地区开展国际禁毒合作引入了新的合作机制。云南省要以澜沧江—湄公河流域的次区域经济合作开发为龙头，在次区域框架内积极引进替代发展方面的项目，推动建立这一区域的禁毒国际合作，建立健全多边合作机制。

此外，把“金三角”毒源区替代种植发展的系统工程与西部大开发战略和中国—东盟自由区建立结合起来，继续推进禁种（制）除源工作，最大限度减少境外毒品来源。坚持“区别对待，疏压结合”，继续把解决海洛因问题作为禁种（制）除源的重点，采取国际上合作、政治上施压、法律上严惩、经济上替代等多种措施，坚决防止境外罂粟种植反弹。加强政府引导，加大与周边国家的合作力度，巩固和发展境外罂粟禁种成果，严厉打击跨国跨境制贩毒活动。

（五）加强科研与培训

禁毒国际合作涉及有关国家的政治、法律、语言、文化、民族等多方面的理论与知识，需要相关素质的人才才能确保双方禁毒合作的实施和完成，这就要求云南省要具有相关的科研能力和人才培训，从而适应不断变换的国际禁毒形势。因此，要以技术、学术交流和人员培训为动力，积极推动云南省禁毒合作事业人才培养和禁毒研究。要积极组织人员参加各种国际性或区域性的禁毒会议、讲习班或学术交流，加强对周边国家政治、经济、文化及毒品种植、加工等方面的研究，借鉴各国在禁毒工作中形成的成功经验和方法，促进云南省禁毒合作事业的发展。

（六）抓好正在实施的禁毒国际合作项目

现有国际项目合作的好坏，是能否树立好云南省形象，取信于国际社会，进

一步扩大对外合作领域的关键。因此,在进一步拓展国际禁毒合作项目的同时,要落实好区域合作项目的内容和措施,抓好正在实施的禁毒国际合作项目,及时总结实施过程中出现的问题并寻求解决方法,进而建立较为稳定的双边长期合作规划,拓展更多的国际项目。

5.3.4 有针对性地开展新型合成毒品预防教育

5.3.4.1 树立毒品预防为主的理念①

毒品预防是指通过各种途径使社会大众了解毒品问题的形成过程与毒品的相关知识,提示毒品对个人、家庭、社会的巨大危害,提高民众认知毒品、拒绝毒品的能力,从而构筑全社会防范毒品侵袭的有效体系。

当前毒品滥用形势依然十分严峻。截至 2011 年底,全国共发现登记吸毒人员 179.4 万人,其中海洛因滥用人员有 115.6 万人,占 64.5%;合成毒品滥用人员 58.7 万人,占全国吸毒人员总数的 32.7%,同比上升 35.9%;全国新增滥用新型合成毒品人员 14.6 万人,同比上升 22%。同时,新型合成毒品问题进一步呈现向中小城市、农村发展蔓延的趋势。新的毒品形势对毒品预防提出了新要求,而如何主动适应这一新要求,当务之急就是如何构建毒品预防理念,使毒品预防真正展现其效果,真正发挥其应有的功能。

从国家禁毒工作方针的确立、发展、形成的过程与禁毒实践的成效来看,毒品预防在国家禁毒工作中的地位日益凸显,尤其是 2007 年 12 月 29 日通过并公布、2008 年 6 月 1 日起施行的《中华人民共和国禁毒法》在第一章《总则》第 4 条中明确规定:禁毒工作实行预防为主,综合治理,禁种、禁制、禁贩、禁吸并举的方针,将“毒品预防为主”放在首位,彰显了毒品预防的重要地位。

国家禁毒方针的确立与调整这一发展、形成过程,是我国面对禁毒严峻形势,在长期的禁毒实践过程中,不断总结经验、开拓创新,从而使认识不断深化的过程。

20 世纪 90 年代初期,针对全国各地毒品死灰复燃、毒祸逐渐蔓延的态势,我国召开了第一次全国禁毒工作会议,确定了“三禁并举、堵源截流、严格执法、标本兼治”的方针。1999 年,针对一些地方制造“冰毒”犯罪情况突出、毒品开始出现“白转冰”的情况,国家禁毒委员会召开全国禁毒工作会议,及时调整禁毒工作方针,将禁吸、禁贩、禁种“三禁并举”的方针调整为禁吸、禁贩、禁种、禁制“四

① 阮惠风:《论毒品预防应确立的几个理念》,载于《中国人民公安大学学报(社会科学版)》2013 年第 2 期。

禁并举”，即“四禁并举、堵源截流、严格执法、标本兼治”。

上述禁毒方针的确立与调整，很好地指导了全国的禁毒实战工作，对遏制毒品的蔓延起到了很好的作用。但在理念上，当时我国的禁毒工作倚重于对毒品的打击，对毒品预防的认识不够。随着戒毒工作的全面开展与深入，对毒品的成瘾性与耐受性等认识进一步加深，复吸率居高不下成为禁毒工作中的一个瓶颈。

笔者曾采用等距抽样调查的方式，对云南昆明、大理、保山、红河、德宏 5 个州市的 8 个强制隔离戒毒所进行了调查，在问及“您一共参加各类戒毒次数”问题时，共得有效样本 329 份，回答有 1 次的 69 人，占 21.00%；2 次的 83 人，占 25.20%；3 次的 57 人，占 17.30%；4 次的 45 人，占 13.70%；5 次的 22 人，占 6.70%；6 次以上的 53 人，占 16.10%；其中 10 次以上的 11 人，占 3.34%；次数最多的是有 2 人，填写了 20 次（见图 5 - 10）①。

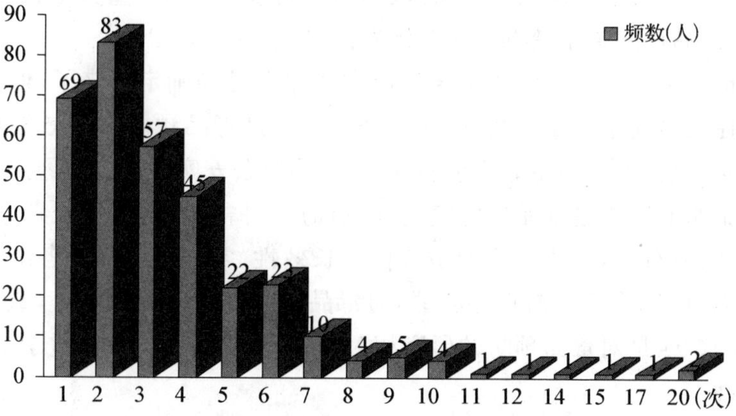

图 5 - 10　吸毒者戒毒次数统计

在与吸毒人员访谈过程中，诸多吸毒者对戒毒充满信心，但仍有不少人表示出所后不能确定自己是否会复吸，还有些戒毒者坦然说：“毒品的魔力太大，戒毒出所后肯定会复吸。”

也正是因为很多人最终走不出“吸毒—戒毒—复吸—戒毒”的怪圈，管理者开始意识到既然戒毒十分困难，那么最好的方式就是禁毒关口前移，防止人们吸毒。同时他们也发现，堵源截流、打击毒品犯罪越厉害，毒品供应越少，毒品需求市场不萎缩，供求规律会导致毒品价格上涨，贩毒利润更高，更可能越刺激毒贩铤而走险。与此同时，管理者对联合国大会特别会议 1998 年 6 月通过的《减少

① 房红、阮惠风：《云南禁吸戒毒模式研究》，中国人民公安大学出版社 2011 年版，第 173—174 页。

毒品需求指导原则宣言》提出的"全面、均衡和协调"地解决毒品问题，既注重解决毒品供应，又注重减少需求，从买方与卖方市场同时摧毁毒品经济链条的做法有了更加清醒的认识。

为此，2004 年 5 月，国家禁毒委员会全体会议在《2004—2008 年禁毒工作规划》中提出了预防为本的概念，将原有的禁毒方针"四禁并举、堵源截流、严格执法、标本兼治"，调整为"四禁并举（禁吸、禁贩、禁种、禁制）、预防为本、严格执法、综合治理"。2008 年《禁毒法》又将 2004 年的"16 字方针"调整为"禁毒工作实行预防为主，综合治理，禁种、禁制、禁贩、禁吸并举的方针"，提出了预防为主的概念，并将预防放在首位，对"四禁"顺序也做了调整。可见，国家以法律的形式确立了国家的禁毒方针，并将毒品预防放在首位，更加重视提高全民预防毒品的意识，最大限度地预防吸毒问题，凸显了毒品预防理念及其重要地位，也符合国际治理毒品经验。目前美国、英国、法国、泰国等国家在吸取了重打击、轻预防的教训后，都把毒品预防置于禁毒工作的优先位置。

毒品预防在禁毒工作中的重要地位在法律上已经确定下来了，但在实践过程中仍存在诸多尚未落实的情况，主要表现：一是毒品预防宣传效果显效较慢且难以考核，但打击毒品犯罪成绩容易彰显，因此公安实战部门更愿意把精力集中在打击犯罪上。二是毒品预防宣传涉及面广，并需长期投入、长期坚持，相关部门人力、物力有限，无法保证预防宣传的长效性、常态性。三是各级政府在经费投入方面，仍偏重于打击毒品犯罪，对毒品预防的投入相对较小，缺乏经费长效支持机制。四是对毒品预防的研究相对薄弱，预防宣传的形式过于单一，内容缺乏针对性。

而实践证明，打击毒品犯罪、因吸毒诱发的各种社会问题、多次戒毒，都将耗费大量的人力、物力、财力。若关口前移，在毒品预防上下功夫，那成本就会低很多。

因此，构建毒品预防为主理念，配套相关机制与经费等，解决上述相关未落实情况，在当前禁毒工作中显得尤为迫切。

5.3.4.2 针对不同毒品滥用危害进行分类预防：以海洛因与冰毒为例

毒品之所以成为毒品，是因为其具有四个共同的特点，那就是成瘾性（依赖性）、耐受性、危害性、违法性。但共同特点的背后就是各类毒品在每一特点上都呈现出各自的特性，就以成瘾性与危害性来说，综合近年来诸多学者的研究成果，滥用海洛因的危害主要表现：(1) 诱发各种疾病，过量死亡。(2) 巨额费用，倾家荡产。(3) 无法正常生存，诱发违法犯罪。(4) 人格变异，丧失亲情。生活偏常态化、谎话多，戒毒真假难辨，搞钱不惜手段；多幻想且荒谬、离奇、恐怖，情绪极易激动;冷酷仇恨、自卑孤独、爱心与责任缺失;易出现自残与伤人等危险行为。(5) 极易成瘾,极难戒断。身体戒断依赖症状极其明显,心瘾极难去除。

滥用冰毒的危害主要表现:(1) 心瘾难除,成瘾性极大。冰毒的生理毒瘾即生理依赖性并不是很大,所以滥用冰毒者在戒毒的时候,身体上的痛苦是比较容易忍受的。但滥用冰毒者戒毒后的心理及精神上的痛苦极大,且极易成瘾,因此有人将冰毒称为"speed",某些人因为心瘾而始终走不出吸毒—戒毒—复吸的怪圈。(2) 极度兴奋,耗竭身体。(3) 诱发心脏病,性功能丧失。笔者在戒毒所调研过程当中发现,有一些戒毒者就是因为服用冰毒后,心率过快,诱发了心脏病。也有吸毒者反映,前几次吸毒能提高性功能,但一段时间后,性功能明显下降,甚至丧失①。(4) 出现幻觉,产生暴力等。福建省福州市"两劳"释放人员陈某、高某与林某等,因吸食冰毒产生幻觉,行为失控,在不到 45 分钟的时间内,劫持小车 3 辆,开枪射击小车 5 辆、边三轮 2 辆,打伤干部、群众 18 人,驾车撞坏小车 3 辆,摩托车 1 辆,撞死下班工人 5 名。陈某被公安干警当场击毙,其犯罪行为才被终止②。湖北武汉,一名吸食冰毒者,产生被害幻觉,不仅大街上殴打妻子,还从商店抢来菜刀,在大街上活活把自己的亲生父母当场砍死③。云南楚雄,一名吸毒者滥用冰毒后,劫持了自己的妻子与仅 3 岁的女儿④。(5) 导致苯丙胺精神病。冰毒对脑组织会产生严重的损害,令吸食者患上苯丙胺精神病,与精神分裂症无二。短期服用会出现注意力分散、记忆减退、反应迟钝,思维障碍等症状。一段时间后,吸食者易患类似于轻度精神分裂症的苯丙胺精神病,长期服用,会患上类似于严重精神分裂症的苯丙胺精神病。

综合比较滥用海洛因与滥用冰毒的危害,可以看出,在耗费钱财、产生疾病等方面两者有共同性的一面,但其最大的不同是海洛因生理、心理依赖性都很大,冰毒相对而言,生理依赖较小,但心理依赖极强,且容易引发苯丙胺精神病。在共同性方面,同样是产生疾病,海洛因吸毒者极易产生皮肤菌的传染,如脓肿、败血症、破伤风、感冒、肝炎、艾滋病等,而冰毒则是诱发心脏病,有高血压及脑中风的威胁,长期使用,脑器官病变。同样是成瘾,海洛因成瘾是因为人的整个身体、头部、神经会迅即产生一种爆发式的快感,随后沉浸在半麻醉状态,心醉神

---

① 北京名仕医院:《吸毒对性生活的影响》,http://www.qiuyi.cn/hexperience/7940,2012 年 6 月 7 日。

② 《毒品对家庭、社会的危害——吸毒影响经济发展》,http://www.southcn.com/news/community/shzt/jindu/harm/200206242070.htm,2002 年 6 月 24 日。

③ 周斌、卢杰:《我国合成毒品滥用现象严重,东北地区滥用突出》,www.cnhan.com,2011 年 1 月 21 日。

④ 陈鸿燕:《男子交通肇事逃逸被堵截,劫持妻儿做人质》,中国广播网,2011 年 6 月 2 日。

迷，容易“沉醉”其中。冰毒成瘾是因为冰毒刺激中枢神经，使人有兴奋、欣快感，精力充沛。同样是过量或大剂量使用，海洛因容易导致急性中毒而死亡（很多人因为所吸海洛因纯度不同，导致过量而死亡），而冰毒大剂量使用容易引起精神错乱，思想障碍，类似妄想性精神分裂症，多疑，幻听，产生被害妄想，容易产生暴力行为。

因此，对于不同种类的毒品，其滥用危害也呈现出诸多不同，预防宣传的过程中首先应注意针对不同毒品滥用危害进行分类预防，否则容易产生负面后果。如宣传冰毒危害时，如果用海洛因的生理依赖症状来说明冰毒极易成瘾，采用恐吓式教育，很多人就不会相信，反而容易误导其吸毒。

同时，要加大新型合成毒品危害的预防宣传教育。根据调查得知，169 个样本中，因无知好奇而吸食毒品为 36 人，有效百分比为 21.6%；追求刺激的为 83 人，有效百分比为 49.8%；两者累计为 119 人，有效百分比为 81.4%。因此，在加大新型合成毒品危害宣传时，要以宣传其生理危害和精神危害为主。其中，在生理危害性的宣传上，要改变人们认为新型合成毒品是一种相对“安全”的致幻剂和“软性毒品”、不会造成永久性损害的误解，改变青少年吸食新型合成毒品是“时尚”的认识，要从科学的角度剖析新型合成毒品药理、毒理作用和滥用造成的成瘾性。要将新型合成毒品滥用对身体造成的危害，对生产能力的影响（主要表现在导致事故、工作效率低）等相关内容进行广泛宣传。在精神危害性的宣传方面，要以典型案例剖析为主，着重分析新型合成毒品使人产生的心理扭曲和精神依赖，以及心情颓废等对人心理的影响。

要大力宣传国家有关禁毒的法律法规，增强人们对“吸食新型合成毒品是违法行为”的意识，对吸食新型合成毒品人员可以处拘留十五天，吸食成瘾者将实施强制戒毒等，按照云南省 2005 年新修订的《禁毒管理条例》，凡公务员吸食毒品（此条例中已明确规定摇头丸、“K 粉”等属于毒品），将被开除公职等相关规定。

5.3.4.3 针对不同毒品滥用人群、滥用原因进行分类预防——以传统毒品与新型合成毒品为例

在滥用人群方面，传统毒品滥用群体主要为：青少年、边境居民、流动人口、性工作者、历经坎坷心灰意冷者，等等。

如上文所述，用聚类分析方法对云南新型合成毒品滥用群体中的 169 个例案按照性别、居住地、户口等方面的内容进行了分类，进行对比综合分析，主要分为三类。一是陪客人服食新型合成毒品的女性群体。二是公司职员、个体户、长途运输司机、出租车司机、赌博者、边境农民、大学生（25 岁左右）、初高中辍学学

生、演艺圈人员等滥用新型合成毒品群体，其特征主要表现为有较为稳定的工作和固定的收入，笔者将其称为有薪者群体。三是无业者滥用新型合成毒品群体。从边界来说，三类新型合成毒品滥用群体的分类是十分明晰的；从数量来看，无业者最多，有 87 人，占 51.48%；其次为有薪者群体，有 58 人，占 34.32%；再就是“high”妹群体，有 24 人，占 14.20%(见图 5－11)。

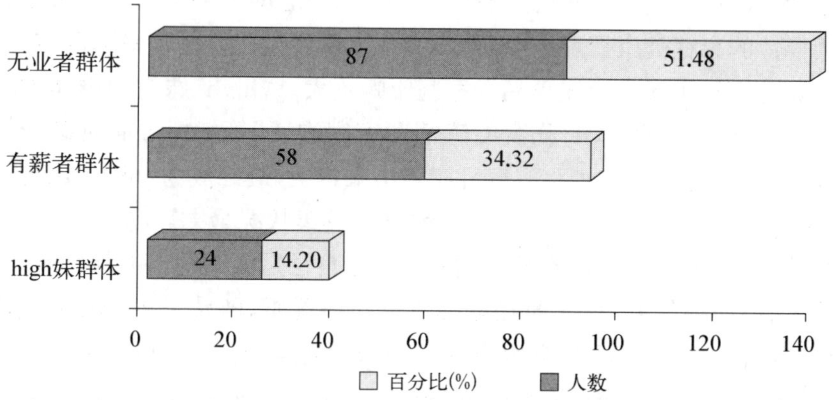

图 5－11　新型合成毒品滥用群体分类

在滥用原因方面，综合李双其、刘长想、何志雄等诸多学者的成果与观点，传统毒品(主要是海洛因)滥用的主要原因表现为：一是好奇，好玩；二是冒险心理，同伴诱惑；三是欺骗上当；四是无聊；五是治病减肥；六是家庭影响，等等，其中最主要的原因是好奇①。

国家禁毒委员会制作发行的《世纪之患》专题纪录片将新型合成毒品滥用原因归类为：(1) 境外毒源的侵袭。(2) 社会处于转型时期压力过大，人们多方寻求解决烦恼的途径，来宣泄自己内心的郁闷，从而选择了吸食新型合成毒品的方式。(3) 新型合成毒品的毒性虽然强烈，但其效果好，直接作用于人体的中枢神经系统，在几秒钟内就能产生飘飘欲仙、健谈、亢奋等症状，对于处在高度紧张、快节奏社会生活中的人们来说这样的效果显得格外重要，这也是造成新型合成毒品流行的重要原因之一。(4) 新型合成毒品容易合成，且价格便宜。(5) 认识

---

① 参见李双其：《福建省吸毒者吸毒原因调查报告——基于对 240 名吸毒者的全面调研》，载于《中国刑事法杂志》2004 年第 1 期，第 101—104 页。

刘长想：《吸毒原因系统的理论分析》，载于《兰州学刊》2005 年第 5 期，第 230—235 页。

何志雄、罗伟导、丘志文、邱鸿钟：《对吸毒原因的调查与分析》，载于《中国药物滥用防治杂志》2004 年第 1 期，第 20—23 页。

尹玲：《昆明市强制戒毒所医生备忘录四篇——71 例海洛因成瘾者吸毒原因分析》，载于《云南公安高等专科学校学报》1998 年第 2 期，第 54—55 页。

的误区，吸食者认为滥用冰毒不成瘾，对身体危害不大；冰毒能使人兴奋，精力充沛；认为短期内能提高性能力等[①]。

笔者也进行了实证研究，认为新型合成毒品滥用原因除上述因素外，还受家庭因素、同辈因素、信念因素的影响。

三类新型合成毒品滥用者在家庭因素方面基本上体现了一定的层次性特征。笔者曾设计家庭和睦程度、家庭教育方式、家庭凝聚力等指标对新型合成毒品滥用群体的家庭健康程度进行研究，发现有薪者滥用群体家庭因素较为健康，表明该类群体滥用新型合成毒品受家庭影响不大。“high”妹滥用群体的家庭处于一种亚健康状态，在“父母伤我的感情”“家庭沟通”等指标方面对孩子的负面影响较大，这也是导致诸多女孩盲目离家出来打工，最终成为“high”妹的重要原因之一。无业者新型合成毒品滥用群体家庭健康状况最差，无业者在家里缺乏关心与照顾，总感觉自己能力差、水平低，认为自己是家里的包袱与累赘，因而心理压力大，不愿待在家里，宁愿在外面无目的地玩耍，极易交上居心不良的坏朋友，产生越轨行为等，而上述各因素又极易诱发其滥用新型合成毒品。

在同辈群体因素方面，笔者曾依据量表对三类新型合成毒品滥用群体滥用前交往最多的 5 位朋友(同辈群体)的越轨行为(主要包括偷盗、服用毒品、与父母打斗、同其他年轻人打斗、尝试过自杀、与人发生非婚性关系等)进行调查，发现无业人员同辈群体在很多行为方面越轨较为明显，偏常行为最为突出；“high”妹同辈群体在“与人发生非婚性关系”与“尝试过自杀”等方面有明显偏常行为；公司职员等同辈群体的越轨行为较少，在统计学意义上无明显偏常行为。

在信念因素方面，笔者曾围绕“个人信任”“金钱评价”“人生目的”“权力评价”等几个方面设计了诸多问题对新型合成毒品滥用群体的信念因素进行调查，结果发现，“high”妹滥用群体对“只要努力，每个人都会有前途的”的认同程度低，不相信机会的平等，不相信通过自己努力可以创造机会并改变命运。高度认同“人生就是痛苦、悲剧”，认为人生毫无意义，这也充分表明此类群体在人生意义、个人机会两个项目上认同社会上的消极亚文化、反文化，与主流文化冲突较大。无业者滥用新型合成毒品群体在价值取向、人生目的、人生意义、金钱评价等方面，都较高程度地认同社会上的消极亚文化、反文化，其个人信念在总体上处于一种很不健康的状态，偏常行为较为突出。其中，尤其是在价值取向、人生意义上几乎是与主流文化完全相对立的，与社会的发展极不协调。有薪者滥用群体信念与主流文化、主流信念、主流价值等基本一致，其信念因素较为健康。

① 根据国家禁毒委员会制作发行的《世纪之患》专题纪录片的相关资料整理。

综上所述，无业者群体滥用新型合成毒品受三个因素的影响都很大，其家庭健康程度、同辈群体行为、信念因素等都处于一种不健康的状态；“high”妹群体滥用新型合成毒品与家庭因素、同辈因素有一定关系，但受信念因素的影响最大。而滥用新型合成毒品有薪者群体家庭因素、同辈群体因素、信念因素均比较正常。后经个案访谈发现，此类群体滥用的毒品多为冰毒，其主要原因是认为滥用冰毒不成瘾，对身体危害不大(如大学生、白领、个体户等)；冰毒能使人兴奋，精力充沛(如长途运输司机、边境农民、赌博者等)；工作压力大等(白领等)。

从上可知，不同的毒品，其滥用原因、滥用人群是不同的，而以往的毒品预防宣传对象过于笼统，内容不够深入，因此要进一步提高毒品预防成效，必须树立不同毒品滥用原因、滥用人群分类预防的理念。下面就阐述一些毒品滥用原因、滥用人群分类预防的体会与思考。

首先，针对“high”妹群体开展新型合成毒品预防教育，要注意其朋辈群体的影响，“high”妹群体 5 位朋友的相关行为偏常较为明显。除“与父母打斗”(因为此值为 1.01，几乎等于 1，即表示在此项目上朋友都没有偏常行为，可以不做分析)外，总体上都高于正常行为平均值 1，其中，“抽烟”的平均值为 2.02，偏向于偶尔；“喝酒”的平均值为 4.18，偏向于经常；“服用毒品”的平均值为 1.29，介于从不与偶尔之间，偏向于从不；“同年轻人打斗”的平均值为 1.61，偏向于偶尔；“谈论自杀”的平均值为 1.61，偏向于偶尔；“尝试过自杀”的平均值为 1.40，偏向于从不；“偷盗”的平均值为 1.19，介于从不与偶尔之间，偏向于从不；“发生非婚性关系”的平均值为 1.67，介于从不与偶尔之间，偏向于偶尔。可见此群体的朋友在“喝酒”行为上，偏常最多；在“吸烟”“打架”“谈论自杀”“发生非婚性关系”等行为上也偏常较为明显，对“high”妹群体滥用新型合成毒品产生直接影响。

因此对“high”妹群体开展新型合成毒品预防教育，要注意朋辈群体对其的影响，教育其交朋处友要慎重，避免受不良影响。同时要教育其想法改变现状，创造一个较好的工作环境与朋友圈子，以彻底摆脱不良朋友、同辈的影响。

其次，要认真分析“high”妹滥用群体信念不健康的主要原因，此类群体主要是在“个人机会”“人生意义”两个项目上与主流文化冲突较大，而对“人生毫无意义，人生就是痛苦、悲剧”的认同程度较高。究其原因，其一是此类群体多为农村女性弱势群体，由于教育、就业等机会缺失、发展十分困难。其二是此类群体大都来自较为偏僻、生产发展较为落后的农村地区，适应城市社会的能力差，很难找到如意的工作。其三是此类群体长期处于灯红酒绿、纸醉金迷的工作场所中，那种极度铺张奢靡的生活与先前农村的那种贫困形成巨大的反差。其四是要在分析原因的基础上，采取措施帮助此类群体如何正确看待社会，培养健康的人生信念。其五是加强生命教育与性教育，培养此类群体正确看待挫折，正确对待自己的生命，正确对待个人的性行为。其六就是加强滥用冰毒危害教育，其教育重点是讲述滥用冰毒对女性性与生育能力带来的严重后果。

无业者群体的家庭在“家人互相帮助”“觉得容易与父母讨论”“父母知道我经常干什么”“父母经常给我好的建议”“即使不同意，我也服从父母”共5个变量上，平均值皆为2.5以上，均属正常状态。但在“我父母伤我的感情”变量上平均值很低，为1.23，偏向于不健康家庭；“我父母读书”“我父母酗酒”“我父母打牌搓麻将”变量平均值都较低，偏向于较不健康家庭。说明此类群体在家庭的凝聚力、父母与子女的沟通能力、父母对子女的关心了解程度、对父母水平的认可程度、家庭的服从程度等方面处于非正常水平。但此类滥用者群体家庭父母的教育方式极不妥当，经常伤害子女的感情。父母的不良行为也较为明显。因此对此类群体开展家庭新型合成毒品预防教育时，首先要改善父母的教育方式，避免父母教育子女时伤害其感情。其次要纠正父母日常不健康行为，培养父母健康的爱好兴趣。

再分析无业人员新型合成毒品滥用群体5位朋友的相关行为，总体上都高于平均值1，其中“抽烟”的平均值为3.33，“喝酒”的平均值为3.52，“服用毒品”的平均值为1.78，“同年轻人打斗”的平均值为2.90，“同父母打斗”的平均值为1.57，“谈论自杀”的平均值为1.94，“尝试过自杀”的平均值为1.57，“偷盗”的平均值为3.26，“发生非婚性关系”的平均值为1.41。可见无业人员新型合成毒品滥用群体的朋友在上述各种行为上都有偏常。较之前两类，无业人员滥用新型合成毒品者的朋友群体在“抽烟”“喝酒”两类行为上没有多大区别；但反差比较大、偏常表现较为突出的是“服用毒品”“偷盗”“尝试过自杀”“打斗”等行为。因此在对此类群体进行新型合成毒品预防教育时尤其要注意朋辈群体的影响，要宣传健康的教育方式与交友技巧，要培养健康的兴趣与爱好。

在“个人信念”方面，无业者滥用新型合成毒品群体在“金钱评价”“价值取向”“人生目的”“人生意义”等信念上都处于一种较不健康状态中，这一类群体的信念在总体上与主流信念存在着诸多差别，偏常行为较为突出。尤其在价值取向与人生意义上几乎是与主流信念完全对立的，与社会的主流信念极不协调。因此，对此类群体也要注重从个人信念上对其进行新型合成毒品预防教育，注重对其进行正确的人生观、价值观等教育，帮助其树立起良好的人生理想与目的。

综述之，无业者滥用新型合成毒品受家庭因素、朋辈因素、个人信念因素影响较大，新型合成毒品预防就应该进入家庭、注意其朋辈群体与个人信念因素：一是组织家长进行毒品预防教育培训，帮助家长确立正确的教育方式，培养其与子女交流沟通的技巧等。二是在家庭教育中，逐步纠正或改变其日常偏常行为，避免越轨行为的发生。三是帮助无业者树立正确的人生观,培训其谋生的技能,培养其承受挫折的能力等。四是改变其社会交往结构,培养起健康的交往方式,多交良友、益友。

有薪者群体包括公司职员、个体户、长途运输司机、赌博者、边境农民、大学生(25岁左右)、演艺圈人士等多类人群,因而预防要体现针对性和实效性。

就25岁左右大学生滥用冰毒现象而言,其滥用原因是因为找工作或已找到工作,有消费能力,且认为滥用冰毒没有危害。为此,首先要针对滥用新型合成毒品群体中大学刚毕业的学生滥用现象突出的特点,在大学校园中开展新型合成毒品预防教育。大学生毕业时因受自身心理特点、对社会的适应程度、学生身份向职业身份角色的转变及对新型合成毒品缺乏认识等多种因素的影响,极易产生滥用新型合成毒品现象,文本中的相关数据也证明了这一点。但考虑到时间成本及人力、物力的投入及滥用者多为毕业生这一特点,建议预防教育放在毕业前一学期,开展一次滥用冰毒危害的讲座,内容以宣传新型合成毒品的危害和正确认识自己的心理、职业等为主。

从出租车司机、长途运输司机与个体户滥用冰毒情况来看,就应该依托交通运输管理部门与工商管理部门在开展各种行业培训、管理的过程中,开展毒品预防讲座,着重讲滥用冰毒的危害及“毒驾”的危害。如以长途汽车司机作为重点对象开展预防教育:此次调查的169名新型合成毒品滥用者,职业群体主要为无业、个体、公司职员、汽车司机等。其中长途汽车司机为10人,所占有效百分比为5.4%。可见在云南,驾驶员服食新型合成毒品现象有一定的典型性。为此建议交通、运管等相关部门针对这一群体,开展新型合成毒品预防教育,教育内容以滥用冰毒对大脑与人的行为产生不可逆的损伤,从而极易导致恶性交通事故,严重影响公共安全等相关内容为主。

对于公司职员、边境农民、赌博者、演艺圈人士滥用新型合成毒品问题及边境居民、流动人口、性工作者等滥用传统毒品问题,就应该依托“六进”[①]活动,深入到上述各类人群比较集中的单位、农村、工地、商场、娱乐场所等地方开展毒品预防教育,重点宣传不同类型毒品滥用的原因及危害。

再就是针对吸食传统毒品者开展新型合成毒品预防教育。在笔者的调查中,“吸食新型合成毒品后是否还吸食传统毒品”这一选项共获得有效样本134个,属于混吸的有81人,有效百分比为60.4%。其中,吸食传统毒品后又服食新型合成毒品的人数为80人。可见,传统毒品滥用群体向新型合成毒品滥用转

① 六进是指进校园、进社区、进家庭、进农村、进单位、进场所。

换的人数不少。因此,有必要在戒毒所等传统毒品吸食者较为集中的地方开展新型合成毒品预防教育。

特别值得一提的是,无论是传统毒品,还是新型合成毒品,青少年滥用问题都较为突出,尤其是14至18周岁之间(在学校为初一至高二阶段)的青少年人群滥用毒品现象更为严重,应引起我们高度关注。其滥用毒品原因是此阶段的青少年在身体上发育成熟,类似成年人体格,从而在心理上极想向周围人证明自己是大人,体现自己的独立性;在行动上很想摆脱家庭、学校的束缚,以证明自己有主见,以展现自己的思考与能力。因此,针对家长、学校日常管理,其逆反心理特别强烈,加之诸多家长、教师认识不到位,沟通交流方式欠妥当,导致此阶段的青少年大多数不愿意和家长及学校老师进行沟通,而是寻找同伴群体进行交流与互动,崇尚个人英雄主义,极易受亚文化甚至是反文化的侵蚀,从而滥用毒品。为此,笔者特将此现象界定为"小成年人"现象或"假成年人"现象。对于此部分人群,在毒品预防宣传时就要告知老师、家长,在教育过程中要注意正确的沟通与交流方式:一是角色转换,强调平等,多以同辈群体身份进行沟通。二是在其个人发展等重大问题上,强调共同决策,充分吸纳、尊重、发掘其合理性建议,肯定其身心成长过程中"成熟"的一面。三是高度注意其日常行为与心态情绪的变化,重视其生活中的偶发偏常行为,防止越轨现象的发生。四是关注其交往密切的朋友,了解这些朋友的家庭教育、兴趣爱好等基本情况,防止同伴群体的不良影响。五是根据其兴趣爱好,多鼓励、引导其组织或参加同伴群体间开展的各种健康有益的文体活动,以培养、展现其能力,激发成就感。

因此,只有针对不同毒品滥用原因、滥用人群进行分类预防,才能提高新型合成毒品预防的针对性和有效性,从而推动新型合成毒品预防的纵深发展。

5.3.4.4 针对新型合成毒品滥用的认识误区进行分类预防

一是针对"新型合成毒品是软性毒品,不成瘾"问题。其实新型合成毒品的成瘾性极强,因此有人将冰毒称为"speed"。陕西有学者对西安市新型合成毒品滥用者进行调查,有吸毒者反映:"冰毒吸食一次即能上瘾,并不是像很多人认为的吸了没事,吸一回就在你心里面盖上了一个'章子',在所有的毒品中,冰毒是最厉害的,号称'毒中之王'。既隐蔽又有强烈的毒性,最重要的一点,就是能导致超强心瘾。我身边很多朋友,原来一个月吸一两次,现在天天都在吸,自己没有办法。"[①]从学理角度来看,只要吸食冰毒一次,就已经对吸食者的大脑产生了

① 卢华、郭红文:《知情人揭秘西安新型合成毒品犯罪现状》,《三秦都市报》,http://www.sina.com.cn,2009年6月25日。

伤害。笔者曾以滥用新型合成毒品者“想”的感觉(即一遇上有人吸食新型合成毒品或一处在舞厅、迪厅等场所就想吸毒)作为成瘾标志设计了两个问题,即“你服食新型合成毒品几次上瘾”“第一次服食到上瘾大概多少天”。从上瘾情况来看大多数人选择了 2、3、4、6 次,共为 131 人(样本数为 169 人,有效样本为 136 人),说明新型合成毒品的成瘾性极大,有效百分比达 96.3%(在调查中有很多调查对象开始认为自己未成瘾,但当被问到是否有“记忆力下降”“经常出现幻觉”“很想去娱乐场所玩”等滥用成瘾症状时,绝大多数滥用者都承认其有一定的成瘾性)。在“第一次服食到上瘾大概多少天”问题中,选择 4 天的有 78 人,有效百分比为 56.9%;其次为 12 天,有 26 人,有效百分比为 19%①。

二是针对“新型合成毒品没有明显的生理戒断依赖症状,认为其没有危害”问题。究其实,冰毒的生理毒瘾即生理依赖性并不是很大,所以滥用冰毒者在戒毒的时候,身体上的痛苦是比较容易忍受的。但滥用冰毒者戒毒后的心理及精神上的痛苦则极大,某些人因为心瘾而使终走不出复吸的怪圈。尤其是冰毒会对脑组织产生严重的损害,令吸食者患上学理上所称谓的“苯丙胺精神病”,与精神分裂症无二。短期服用会出现注意力分散、反应迟钝、记忆减退、思维障碍等等。服用时间稍长一点,易患类似于轻度精神分裂症的苯丙胺精神病,长期服用,会患上类似于严重精神分裂症的苯丙胺精神病。尤其要说明的是,一般意义上的精神分裂症只要找到诱发的根源可以通过心理学的治疗方法治好,但冰毒对脑组织的伤害是不可逆的,因此苯丙胺精神疾病目前来说很难治愈,只能维持治疗②。

三是针对“新型合成毒品可以提高性能力”问题。此命题在短时间内或许成立,但长时间服用会导致性功能丧失。在调查过程中有吸毒者反映,刚吸食冰毒确实能提高性功能,但一段时间后,性功能明显下降,甚至丧失。也有资料证明妇女长期吸食冰毒后性兴趣下降,表现性冷淡,甚至无性要求,有些吸毒者还同时有闭经、不排卵和不育。男性吸食冰毒者性功能障碍更为明显。有人对 100 例男性吸食冰毒成瘾者进行了性功能方面的调查,发现性行为的控制能力、性交频度、性行为的性质、性高潮、性欲与性兴奋均明显下降,吸毒成瘾后有 84.6% 的患者有性欲减退或消失现象③。可见,短期内提高性功能是建立在透支自己

---

① 阮惠风:《新型合成毒品滥用与控制的实证研究》,博士学位论文,中国人民大学社会学系,2008 年。

② 阮惠风:《论毒品预防应确立的几个理念》,载于《中国人民公安大学学报(社会科学版)》2013 年第 2 期。

③ 北京名仕医院:《吸毒对性生活的影响》,http://www.qiuyi.cn/hexperience/7940,2012 年 6 月 7 日。

的身体与性行为代价之上的，一旦丧失性功能，夫妻之间的幸福指数将迅速下降，家庭的稳定性可想而知。

四是针对“新型合成毒品能使人精力充沛”问题。有些人吸食冰毒后，几天不想睡觉，可以干农活、开夜班车等，似乎真是“精力充沛”。但人的身体毕竟有其自然的活动规律，违背其规律而进行身体透支，其后果是十分可怕的。首先是诱发心脏病。笔者在保山市强制隔离戒毒所调研过程当中，发现诸多戒毒者就是因为服用冰毒后，心脏长时间得不到休息，心率过快，心脏负荷过重，产生或诱发了心脏病。再就是吸食冰毒后，人会出现各种幻觉。在幻觉的支配下会出现各种暴力行为，吸食者总认为别人在监视他，在背后说他坏话，甚至会感觉很多人追杀自己，在这种情况下，就会出现杀人、放火、重大交通事故等严重危害社会的暴力行为，被称为“疯子般的行动”①，上述行为在各类媒体上均有诸多报道。

五是针对“新型合成毒品可以解酒、治病、减肥”问题。中国的酒文化十分盛行，各地的酒文化都具有其本身的独特风格和历史渊源，具备了独特的美感和文化承载。如云南省保山市有彝、傣、白、傈僳、回、阿昌、景颇、德昂等 36 个少数民族。保山的少数民族创造了极为丰富、具有浓郁特色的民族民间酒文化，无论是民族的传统节日还是婚嫁祝寿及丧葬祭祀等场合，都离不开酒文化的参与，保山的杨柳米酒与砉酒等在汉朝就颇有名气。而且保山人民坦诚真挚，热情好客，特别重视和谐热烈的气氛，创造了独特的“幺子分”文化，因其健身、智脑、慧心功效而源远流长，喜爱者甚众。借五十二张纸牌周旋于四方小桌之上，佐美酒以推心置腹，兴尽而归，酒酣而眠，悠哉乐哉。上述酒文化本是一种非常好的非物质文化遗产，但有些贩毒者借助保山浓郁的酒文化宣称新型合成毒品可以解酒，并继而提出其可以治病、减肥以达到其不可告人的目的。相关研究和事实表明，虽然新型合成毒品可以暂时抑制食欲，并使中枢神经兴奋，貌似可以减肥、提神并解酒，但新型合成毒品毒性强烈，会损伤人的心脏、肾脏、肝脏等，破坏免疫系统，损害人的大脑。所以吸食新型合成毒品不是减肥而是“减命”。用毒品解酒提神，也无异于饮鸩止渴。

因此，在工作中要以宣传与解释滥用群体对新型合成毒品认识的几个误区为重点，大力加强新型合成毒品（以冰毒为主）预防宣传教育。

5.3.4.5 新型合成毒品预防必须整合资源，充分动员群众

毒品预防在禁毒实践中有着十分重要的意义，从国家禁毒工作方针的确立、

① 阮惠风：《论毒品预防应确立的几个理念》，载于《中国人民公安大学学报（社会科学版）》2013 年第 2 期。

发展、形成的过程与禁毒实践的成效来看，毒品预防在国家禁毒工作的地位日益凸显。而当前毒品预防教育尤其是新型合成毒品预防教育，仍存在着重视不够、投入不足、缺乏配套机制、针对性不强、预防效果不甚理想等诸多问题，因此这项工作必须坚持走群众路线。只有在群众中进行广泛而深入的宣传教育，发动群众，依靠群众，使受毒品危害最深的广大群众能自我觉悟并投入到毒品预防和禁毒运动中来，使运动成为广大人民群众的自觉要求和行动，这样才有可能真正解决毒品问题。其着力点可以从以下几个方面去考虑：

第一，在宣传空间上，以学校、家庭为主阵地，兼顾社区、娱乐场所、监管场所等，广泛开展新型合成毒品教育。

第二，在宣传主体上，要充分整合社会资源，强调新型合成毒品专业队伍与社会力量的结合。可以通过招募新型合成毒品志愿者的方式，充分动员社会力量，并在此基础上招录禁毒专干、社会工作者、心理咨询师等专业人员，组成稳定的新型合成毒品宣传队伍，并配备宣传车。

第三，在宣传方式上，要结合地方特色与民族特色，以街头宣讲、戏剧、舞蹈、相声、小品、漫画、标语、宣传画、幻灯片、微电影、黑板报、山歌等群众喜闻乐见的形式，大张旗鼓地进行广泛的新型合成毒品宣传教育，做到家喻户晓、妇孺皆知。

第四，在宣传对象上，要对正常人群、高危人群、吸毒者等分别开展新型合成毒品教育，坚持三级预防理念。根据毒品滥用自然发展的规律，正常人群中有一部分向高危人群发展，高危人群中有一部分成为吸毒者，吸毒者中又有一部分成为吸毒成瘾者。因此，开展三级预防，能有效减少、控制吸毒人数与毒品滥用逐级发展的趋势。一级预防的对象是正常人群。开展一级预防的目的在于避免吸毒的发生，防患于未然。其主要方法是通过大众传媒或教学系统开展宣传教育，普及有关毒品知识，教育人们抵御毒品的诱惑，使人们不要去错用、误用或试用毒品。二级预防的对象是高危人群，也包括偶尔试探性的吸毒者。此级预防的目的有两个：一是使高危人群了解毒品的危害；二是使偶尔滥用毒品者及早被制止，缩短滥用时间。其方法实以一级预防为基础，并设立一些心理咨询和辅导机构，以及相应的社会服务机构，为预防对象及早脱离毒品的诱惑提供条件。三级预防的对象是吸毒人群。此级预防的目的是让他们摆脱毒瘾，并通过康复等措施恢复正常的生理、心理和社会功能，重新回归社会。其方法是以二级预防为基础，制定有效的、长期的、以治疗、康复、技能培训为主的干预性措施，使吸毒人群早日脱离毒瘾，以免对自身和社会造成更严重的后果，并防止他们出现复吸的情况。

而要落实新型合成毒品的若干理念、走群众路线，笔者个人认为还需要对现行的禁毒领导体制与禁毒机构进行调整。1990 年，我国政府成立国家禁毒委员会，负责组织、协调、指导全国的禁毒工作，办事机构设在公安部。目前，国家禁毒委员会由公安部、中宣部、卫生部、海关总署等30余个政府职能部门组成。全国县级以上人民政府都成立了禁毒委员会。随着禁毒形势的发展与时间的推移，公安部成立了禁毒局，各省市区公安厅成立了禁毒局或禁毒总队，各地州市公安局成立了禁毒支队，各县市区公安局成立了禁毒大队。上述禁毒领导体制的形成与禁毒机构的成立，是禁毒工作长期实践的结晶，也反映出党和政府对禁毒工作的日益重视，很好地推动了全国各地禁毒工作的全面开展，有效地打击了日益猖獗的毒品犯罪。

但随着禁毒形势的发展与国家禁毒工作方针的调整，新型合成毒品的地位逐渐为人所知，其重要意义日益彰显。而以往体制的设置与机构的成立则偏重于打击毒品犯罪，毒品预防被边缘化。其原因上文已述，在此不赘。就以直接面对社会与基层的各县市区禁毒大队来看，没有专门的“毒品预防科”，承担毒品预防的为“两禁科”(禁吸、禁种)，一般为1—2人，且缺乏专项经费，毒品预防各项工作难以开展与落实，无法使毒品预防常态化，更没有形成毒品预防长效机制。因此特提出三种思路(各地可根据毒情形势与地方特点任选其一)：(1)加强两禁科建设，确保编制(8—12人)与专项工作经费①。(2)在各级公安机关禁毒部门，单设“毒品预防科”，确保编制(6—10人)与经费。(3)结合艾滋病预防工作，在县级以上政府成立“毒品与艾滋病预防局”，与县公安局同级，下设专门从事“学校毒品预防”“家庭毒品预防”“场所毒品预防”“社会毒品预防”等工作的职能部门，使新型合成毒品预防常态化、科学化，从而进一步形成新型合成毒品预防长效机制。

5.3.5 大力加强戒毒、帮教等工作，积极促进新型合成毒品滥用者回归社会②

5.3.5.1 真正落实戒毒者回归社会的理念

戒毒的最终目的就是回归社会。《禁毒法》第五十二条规定：“戒毒人员在入学、就业、享受社会保障等方面不受歧视。有关部门、组织和人员应当在入学、就业、享受社会保障等方面对戒毒人员给予必要的指导和帮助。”第三十四条第二款规定：“城市街道办事处、乡镇人民政府，以及县级人民政府劳动行政部门对无

---

① 毒品预防经费包括宣传资料费、活动经费、相关工作人员聘用经费、宣传骨干培训费、宣传车辆(各县区应配备1辆)购买、维修、油料费等。经费来源应纳入同级财经经费预算。无毒县的禁毒宣传相关经费应略高于其他县区。

② 房红、阮惠风：《云南禁吸戒毒模式研究》，中国人民公安大学出版社2011年版。

职业且缺乏就业能力的戒毒人员，应当提供必要的职业技能培训、就业指导和就业援助。”《戒毒条例》第九条更是明确了：“县级以上地方各级人民政府教育、民政、人力资源社会保障部门应当在入学、就业、社会保障等方面对戒毒人员给予必要的指导和帮助。”

《禁毒法》第七十条又规定：“有关的学校、企事业单位等‘有关单位’及其工作人员在戒毒人员入学、工作等方面设置障碍，将戒毒人员拒之门外，或者虽然录用，但在工资、劳动社会保障等方面对戒毒人员实行不平等的待遇的，由教育行政部门、劳动社会保障部门予以制止并责令其改正。因歧视戒毒人员，给当事人造成损失的，要依法承担赔偿责任。”《戒毒条例》第十条还规定：“国家鼓励社会团体、企业事业单位、其他组织和个人参与戒毒社会服务工作和戒毒社会公益事业。对在戒毒工作中有显著成绩和突出贡献的组织和个人，按照国家有关规定给予表彰、奖励。”

从《禁毒法》《戒毒条例》的相关规定可以看出，帮教戒毒人员，使他们正常地生活，不再沾染毒品，是禁毒工作的重要组成部分。全社会各个单位及其工作人员不但不能在就业、入学和社会保障等方面歧视戒毒人员，而且由于戒毒人员在生活能力、自控能力及就业技能等方面比较弱，全社会要尽量帮助他们，在职业技能培训、就业指导等方面给予援助。为此，云南省禁毒委还专门做了相关考核指标，要求各相关部门积极帮助戒毒人员安置就业。

这些规定与考核指标在出发点上无疑是好的，但在实际工作过程中很难操作，存在着以下问题：

其一，对吸毒者的污名化客观存在，戒毒者回归社会困难。污名化(stigmatization)就是目标对象由于其所拥有的“受损的身份”而在社会其他人眼中逐渐丧失其社会信誉和社会价值，并因此遭受排斥性社会回应的过程。后来的研究者则把污名化过程进一步分解为5个相互关联的社会要素，分别是贴标签、原型化处理、地位损失、社会隔离和社会歧视。

吸毒人员就拥有这样一种“受损的身份”，因为吸毒带来的各种负面影响，足以驱使非吸毒者对吸毒者实施社会隔离和社会排斥的制裁。在因吸毒而导致的排斥性社会回应中，最主要的一类就是社会歧视。在最严重的情况下，家庭很有可能把吸毒者拒之门外，社区可能将其驱赶出其所在的居住区，而雇主则很可能解雇吸毒的员工。因此，吸毒人员之所以难以摆脱毒瘾，根源在于回归社会后没有谋生技能，既容易被社会拒绝，也容易自暴自弃，最终难免再次选择毒品逃避社会、麻醉人生，因此，反对歧视和羞辱，给吸毒者以宽容、关怀与帮助，已经成为社区矫助的关键。

其二，戒毒人员就业安置难度大，缺乏有力的政策支持。在帮助戒毒人员安置就业过程中，经常存在着找不到合适的岗位、找到的岗位无法满足其期望值或无法保证其正常生活、戒毒人员不珍惜岗位甚至出现监守自盗等现象，所以整个云南戒毒人员就业安置率都处于较低的情况。如五华区在册吸毒人员中在岗就业的人员有 330 人，其中社戒社康期满已回归社会的有 89 人，还在社区戒毒(康复)期间的有 241 人，仅占现有社戒社康数 619 人的 39%[①]。究其原因，一是因为吸毒人群的特殊性，大部分人身体心理健康状况较差，年龄较大，文化素质较低，就业技能弱，就业选择面比较有限；二是一些戒毒人员长期吸毒后养成了好逸恶劳、拈轻怕重、不愿劳动的品性；三是多年反复吸毒的经历、曾经的恶习仍然让社会和用工单位望而生畏，一些企业还是不愿意安置戒毒人员；四是缺乏具体有力的政策鼓励企业安置戒毒人员就业，支持戒毒人员自主创业。

其三，在帮助吸毒人员戒毒、戒毒人员回归社会过程中，缺乏有效的手段。在帮助吸毒人员戒毒、戒毒人员回归社会过程中，由于找不准重点与科学依据，往往不知从何下手，因而想当然地采取一些措施与方法，缺乏针对性与有效性；有的戒毒所甚至只考虑单位及职工的利益，将戒毒人员当作廉价劳动力来使用等。

那么，“让戒毒者回归社会的理念”究竟如何才能落到实处?

首先，需思考什么才是新型合成毒品滥用者回归社会最终有效的手段。

笔者上文中将滥用新型合成毒品的危害具体设计为家庭破裂、体质下降、记忆力下降、感染疾病、导致事故、对家庭成员的伤害、家庭的财产受到损失、诱发其他犯罪等 11 个指标，来探索因子变量，通过因子分析，发现两大因子，即“个人身体与生产能力损害因子”“心理能力损害因子”。

由上可知，滥用新型合成毒品的危害主要表现在两个方面，其一是对滥用者身体能力、生产能力的危害；其二是对滥用者心理能力的危害。至于其对家庭、对社会的危害，都是从上述两种危害中衍生出来的。

因此，在对其进行预防教育或进行帮教时，不能因为新型合成毒品滥用者有偷盗、抢劫、故意伤害等行为，就认为其法律意识不强，因而要对其加强法律教育以期达到帮教的目的。而应该考虑到这一滥用者是否因身体已遭到严重损害而无法自我维持生存、心理上是否处于正常状态等，帮教的重点首先是想办法让滥用者身体与心理得到充分的调整与恢复。

为更好地帮助戒毒人员回归社会，我们认为其重要且有效的手段为三个：一是加大戒毒场所的康复力度，恢复戒毒人员的身体健康，甚至锻炼出健壮的体

---

① 根据公安网相关资料整理。

魄。二是强化戒毒者心理的矫正。三是想方设法培训戒毒人员劳动技能，通过戒毒场所提供场地与劳动力、公司负责产品销售与培训戒毒人员劳动技能并颁发等级证书等，谋取双赢。戒毒人员出所后能凭着自身的技术获得市场的认可，克服别人对吸毒人员的歧视，找一份理想的工作，最终达到回归社会的目的。

个案一

课题调研过程中，发现有一个老板专门开着豪华车来接一个出所戒毒人员，开始还以为是亲戚朋友什么的。结果一了解才知道，这个老板是做太阳能设备加工的，急需技术人员。后通过了解，该戒毒所培养了一批掌握太阳能技术的戒毒人员，因此就和戒毒所联系上了。后通过跟踪调查，该戒毒人员凭着自身的技术成了公司的领导阶层，到目前为止一直没复吸。

个案二

一位小伙子在保山市开了一家清真餐馆，因为口味好、价格实惠，生意特别好。后来熟了之后，才知道餐馆老板以前也是个瘾君子，戒毒后，是一个亲戚带他做厨师，让他喜欢上了这个职业，从而练就了一手好厨艺。我问他巩固多少年了，现在还想不想吸毒？他说很珍惜现在的家庭与产业，已巩固 8 年，再也不会去吸毒了。

其次，在政策上给予更具体有力的支持鼓励，拓宽就业安置渠道。

就业安置是帮助戒毒人员回归社会的关键因素，也是难点问题。要改善戒毒人员就业率低的现实，需要相关支持鼓励政策。由于戒毒人员综合就业素质普遍低，人员家庭生活情况复杂，大部分人员仅能从事技能要求较低的服务性行业岗位，就业场所和岗位都比较有限，办事处给很多戒毒人员介绍工作后，很多情况下都因为戒毒人员觉得不合适、不适应而无法上岗。而通过戒毒人员自谋或自办就业能够找到更切合的岗位，这就需要政府给予更多的支持鼓励，组织税务、工商等相关管理部门对安置戒毒人员的用工企业和自主创业的戒毒人员个人研究制定相关的税收、管理费用的减免政策，引导鼓励企业安置戒毒人员，支持有条件的个人自主创业，拓宽就业渠道和就业面，是让戒毒人员重新融入社会，建立正常生活的有效措施。

再次，要做好新型合成毒品的社区矫正问题。

虽然《禁毒法》对新型合成毒品滥用的社区戒毒方式、判断成瘾标准、成瘾严重标准等都有涉及，但相关规定多以传统毒品为标准，不符合新型合成毒品成瘾的规律与特点，不能很好地对新型合成毒品滥用者进行矫治。而新型合成毒品滥用的危害是十分严重的，其首要不利后果是导致滥用者心理能力的危害，即通过对大脑的损害使滥用者变成精神病患者，且这种对大脑的伤害是不可逆的。因此，在对新型合成毒品滥用者进行社区矫正或进行帮教时，应该考虑到此滥用者心理是否处于正常状态等，帮教的重点首先是想法让滥用者心理得到充分的调整与恢复。

5.3.5.2 真正重视家庭在戒毒中的重要地位

家庭戒毒是社区戒毒、强制隔离戒毒、社区康复及自愿戒毒等戒毒方式的补充和延伸。一般指吸毒者自己选择在家庭或吸毒者家人将吸毒者安置在家庭中进行戒毒，通过服用戒毒药物、家人帮助等多种方式帮助吸毒者完成脱毒、康复、回归社会的治疗过程。家庭在戒毒过程中具有重要地位，其原因：

一是家庭永远是吸毒者、戒毒者最坚定、最可依赖的支持系统。

戒毒是一项综合治疗工程。药物依赖者是家庭的组成部分，而家庭的理解、信任、支持和帮助，则是综合治疗的重要组成部分。在治疗过程中，来自血缘关系的支持和帮助往往可以起到不可替代的作用。一个成功的戒毒人员背后，总有一个支持他的家庭。家庭的理解、信任、支持和帮助是综合治疗的重要组成部分。

2008 年 7 至 8 月，有调查者在云南某戒毒所及某阳光家园访谈吸毒人员 8 人，其中男性 6 人，女性 2 人。其职业或身份以城镇居民为主，曾经有稳定职业者 2 人(企业财务人员、国企技术员)，因吸毒强戒后被原单位开除。8 人均享受城镇居民低保待遇，均有被反复强戒的历史，访谈时发现戒毒人员对本人的戒毒效果都比较满意，其中最重要的因素就是家里的支持，且目前戒毒的主要生活来源靠家人救济①。

从以上例子可以看出，家庭的支持是戒毒成功的重要保证。然而，必须指出的是，诸多吸毒者一方面因家庭因素诱发吸毒，另一方面其吸毒后往往诱发家庭产生新矛盾，且这种家庭矛盾较之以前的家庭矛盾，显得更为激烈与惨痛。但不管怎样，一般只要吸毒者抱着坚定的戒毒决心或戒毒后能做到一定时间段的巩固，作为吸毒者的家庭永远是吸毒者、戒毒者最坚定、最可依赖的支持系统。

二是家人关系不好，是造成复吸的一个重要原因。

在我们对强制隔离戒毒场所吸毒人员“复吸的最主要原因”的调查中，共获得有效样本 258 份，其中受吸毒朋友的影响最大，共 150 人，占 58.14%；其次是觉得自己已没希望，共 29 人，占 11.24%；选择“家人关系不好”的 28 人，占 10.85%；选择“容易获得毒品”的 24 人，占 9.30%；选择“生活无着落”的共 10

---

① 魏光友：《家庭的支持是戒毒成功的重要保证》，载于《中国戒毒》2008 年第 5 期。

人，占3.88%；选择"身体需要"的8人，占3.10%；选择"其他"的9人，占3.49%（见表5-3）。

表5-3 复吸的最主要原因

复吸的最主要原因	频　数	百分比(%)
吸毒朋友的影响	150	58.14
容易获得毒品	24	9.30
家人关系不好	28	10.85
身体需要	8	3.10
生活无着落	10	3.88
觉得自己已没希望	29	11.24
其　他	9	3.49
合　计	258	100

可见，戒毒人员复吸的最主要的四大原因中，"受吸毒朋友的影响"最大，占所有复吸人员的60%；"家人关系不好"也是造成复吸的一个重要原因。

三是家庭往往还是戒毒后第一次复吸的场所。

在"您戒毒后第一次复吸的场所"问题上，共获得有效样本328份，其中选择"朋友家"的为161人，占49.09%；选择"自己家"的为64人，占19.51%；选择"娱乐场所"的为56人，占17.07%；选择"宾馆"的为28人，占8.54%；选择"其他场所"的为19人，占5.79%(见表5-4)。

表5-4 您戒毒后第一次复吸的场所

您戒毒后第一次复吸的场所	频　数	百分比(%)
朋友家	161	49.09
自己家	64	19.51
娱乐场所	56	17.07
宾　馆	28	8.54
其他场所	19	5.79
合　计	328	100

一般戒毒人员复吸的场所主要为朋友家、自己家、娱乐场所、宾馆等，其中吸毒场所为家庭的(朋友家、自己家)为225人，占68.60%；可见，家庭往往还是戒

毒后第一次复吸的最主要的场所。

综上可知，我们要充分认识家庭在戒毒中的重要地位，采取有效措施，积极开展戒毒工作。一人吸毒，全家遭殃；一人复吸，全家惊慌。帮助吸毒人员戒毒与预防吸毒人员复吸、创建“无毒社区”是一项复杂的社会系统工程，需要政府、社会、家庭、戒毒者及其亲朋好友的共同努力。其中，家庭是帮助吸毒人员戒毒、遏制复吸最重要的力量，因此，我们要确立真正重视家庭在戒毒中的重要地位的理念。而当前，对如何帮助戒毒者戒毒并巩固戒毒成果，帮助其摆脱强烈的毒品生理、心理依赖，许多家庭仍束手无策。经调查、分析与座谈，笔者认为，可从以下几个方面着手，科学有效地帮助吸毒人员戒毒与预防戒毒人员复吸，构筑坚强的家庭戒毒支持系统与防复吸壁垒。

第一，了解戒毒心理特点与防复吸科学知识。

经常与公安禁毒、卫生等部门联系，弄清诸如毒品的种类、来源、毒性原理、危害等方面的知识以及吸毒成瘾的具体症状表现、戒除毒瘾的主客观条件等戒毒知识，学习有关戒毒心理学的基本知识，掌握有关心理纠偏治疗的基本技能。

第二，对戒毒家人加强关心、监督，阻断与毒品的联系。

在戒毒期间，可以采用写信、探视等多种方法关心吸毒者，使其能深刻地体会到家庭在其吸毒后并没有冷落、抛弃他们，帮助其树立生活的信心，培养其戒绝毒品坚强的意志力。戒毒出所后 3 个月内，家庭要安排足够的家庭成员或亲朋好友等，用“护士”关爱之心进行“护理”，进行有效的“人盯人”方式，这种“护理”式监督可采取轮班替换的方式，戒毒人员跟随家人一起参加各种活动，既能对戒毒人员进行有效监督，又不影响家庭的日常生活和工作。也就是说，要保证让戒毒人员在一定的时期内始终处在家人视线监督的范围之内，严密监督其社会交往，坚决阻断其与过去的吸毒群体的交往和联系，严防死守，当发现其有寻找毒品的企图和行为时，必须采取有效的措施坚决给予制止，使其无法再次获得毒品，始终保持毒品缺失的持续状态。

第三，建立家庭培训机制。

面对吸毒者家庭，相关部门应该主动给予培训。培训的内容主要包括：家庭成员吸毒后，家庭其他成员如何与其共同生活，如何对其进行教育，如何进行沟通，如何进行帮教等；面对戒毒回归人员，如何帮助其远离毒品、远离毒友，巩固戒毒效果，如何帮助其适应社会，如何培养生活、工作的信心与能力等；面对复吸人员，如何进行再教育、沟通与再社会化，如何配合相关部门积极对其进行矫治等。

第四，加强与吸毒者家属的合作，共创无毒社会环境。

戒毒人员的生活环境是诱发和促成复吸现象的最重要因素，它包括家庭环境和社会环境。面对恶劣的家庭、社会环境，帮教人员和禁毒工作者是无能为力的。这时，吸毒者家属是最有效阻止吸毒者复吸而且可以配合帮教人员和禁毒工作者控制吸毒者行为意志的人，是可以与吸毒者周围恶劣环境相抗衡的重要力量。可以说吸毒者家属是帮教人员和禁毒工作者的眼睛和耳朵，是帮教人员、禁毒工作者的手足和最可依赖的朋友，只有吸毒者家属和帮教人员与禁毒工作者密切配合，才能圆满完成戒除吸毒者毒瘾并使其重获新生的任务。在共创无毒社会环境方面，一是千方百计创造条件，为戒毒人员创造生活出路，实现就业，使其逐步恢复正常人的生活，有机会和条件去追求和享受正常的幸福人生。二是同情关爱戒毒者，助其重塑正常人格，正确面对各种歧视和挫折，建立健康的正常的社会交往圈。三是吸毒者家属更能真切地体验吸毒危害的切肤之痛，大都能坚定地担负起驱逐吸毒者身边毒友和举报贩毒分子的重任。所以要充分利用吸毒者家属这一打击毒品最坚定的社会力量，积极为吸毒者改善周围的社会环境，以最终达到共创无毒社会环境的目的。

5.3.5.3　**积极推进社区戒毒、社区康复有效开展**

2008 年 6 月《禁毒法》的正式实施，是我国禁毒工作法制化建设的划时代里程碑，对于包括云南在内的全国毒品问题的治理，具有重要的指导和规范意义。《禁毒法》第三十三条明确规定："对吸毒成瘾人员，公安机关可以责令其接受社区戒毒……社区戒毒的期限为三年"，确立了当前戒毒体系中社区戒毒模式的法律地位与期限。《禁毒法》第四十八条规定："对于被解除强制隔离戒毒的人员，强制隔离戒毒的决定机关可以责令其接受不超过三年的社区康复。社区康复参照本法关于社区戒毒的规定实施。"此法条明确规定社区康复的对象为强制隔离戒毒的人员，社区康复参照社区戒毒的规定实施。因此，《禁毒法》将社区戒毒和社区康复提高到了前所未有重要地位，也反映了国家进一步深化了对戒毒工作的认识，更是彰显了戒毒过程中"以人为本"的人文精神。

但是由于禁吸戒毒工作的复杂性、各地社区发育程度的不一致性及为贯彻《禁毒法》实施而配套的相关法规及规范性文件缺位等因素的影响，社区戒毒仍然存在着诸多难点与问题，实施起来困难大。加之云南边疆民族地区经济社会发展严重滞后，同时吸毒人员数量多、比重大、戒毒任务艰巨繁重，尤其是在社区发育程度十分低下、经济上仍处于极度贫困之中的边境沿线地区少数民族村寨，如何既认真贯彻实施这一最新法律规定，又有效防止吸毒活动出现大面积反弹，不仅是当前禁毒工作中的一大新情况和新问题，而且是直接影响到下一步禁吸戒断工作和综合治理成效的又一重要环节。为此，要有效开展社区戒毒、社区康复，必须找到其难点与问题所在。

云南诸多地区社区戒毒、社区康复工作难以有效开展。具体而言主要表现为以下几个方面。

其一，社区戒毒康复工作专职人员队伍建设缺乏较强的稳定性，不能适应戒毒帮教工作长期持续性的需要。

2008 年 6 月《禁毒法》实施后，按照禁毒委的要求，各地州市都先后招聘了社区戒毒康复公益岗位工作人员，组建了社区戒毒专职队伍，依法开展戒毒工作，使禁吸帮教工作得到了前所未有的发展。如昆明市五华区，经过 3 年的努力，辖区 1 013 名戒毒人员签订了社区戒毒康复协议，纳入了社区戒毒康复，占全区现有吸毒人数的 70%，通过帮教工作，其中的 205 名康复期满戒断了毒瘾回归社会。吸毒人员的控管力度和戒断巩固效果都取得了明显成效，社区戒毒公益岗位专职工作队伍发挥了积极而重要的作用。

但是由于毒品及吸毒人群的特殊性，帮助他们戒除毒瘾是一个漫长、复杂而艰难的过程，从事戒毒帮教的工作人员，一方面需要通过长期的业务学习和培训，才能逐渐掌握相关的禁毒法律知识、政策及业务技能；另一方面，熟悉社区环境，与社区工作者、社区民警建立较好的联系，也需要在工作过程中长期培养和加深协作；最为关键的一方面是了解戒毒人员状况，开展入户调查，走访戒毒人员家庭，了解工作对象情况，与戒毒人员建立工作联系，从而培养戒毒人员对专职工作人员的信任与依赖，更需要专职人员在长期的接触中不断地投入和付出。因此，培养和成为一名合格的戒毒专职工作人员，需要较长的过程，而专职工作者在工作中也需要与工作对象通过长期的接触与持续的工作，才能显现帮教工作的成效。

但是，目前由于许多地区的社区戒毒专职工作人员属于公益岗位性质，诸多岗位期满按规定必须终止合同离岗，多年来费时耗力培养出来的很多已经在帮教岗位上具有优秀的或较强工作能力的人员将无法继续留用。有些社区，因合同期满不得不解除合同的专职人员均占到了全部人员的 40%以上，他们对应的工作对象也占了很大比例。通过多年来的辛苦与付出与帮教对象建立的感情联系和工作基础，以及戒毒人员对他们的信赖等等，因为重新换人又要从头开始，这对已经建成的这支较强的戒毒康复队伍是一个重大的损失，专职队伍的不稳定性成为严重阻碍戒毒康复帮教工作巩固和发展的一个重大问题。

也有些地区采用公开招募的方式，招聘社区戒毒专干，但由于工资低、待遇差、出路不明及要求高、风险大等原因，很难招到条件较好的社区专干，从而影响社区戒毒与康复工作。

其二,无缝隙对接管控戒毒出所人员工作机制缺乏严密有序的配合,导致出所人员漏管失控情况增多。

在强制戒毒职能未移交司法机关以前,社区戒毒、社区康复均为公安机关统一管理,由上级相关部门统一调度,能较好地按照吸毒人员无缝隙管控机制落实期满出所人员转社区康复,建立了良好的出所移交工作机制,大多数戒毒出所人员都能有序地被移交到户籍地派出所和办事处社区戒毒办公室,在出所第一时间内,即能与社区民警和戒毒专职工作人员见面,及时签订社区康复协议,被纳入管控视线,使以往戒毒人员出所后因人户分离、拆迁、不配合帮教工作等原因而难以查找导致下落不明、漏管失控的情况得到了明显的改善。但是,强戒职能移交司法后,现戒毒一年以上提前出所人员已从全市强戒所陆续出所,由于司法与公安之间还没有建立起一个有效的接管机制,又出现了人员出所后户籍地派出所和办事处社区戒毒机构无法掌握、难以查找,不能及时纳入社区康复,漏管失控又逐渐增多的情况。

其三,禁吸帮教相关部门及人员之间的协作还没有形成较强的合力,对戒毒康复人员管控帮教工作机制还缺乏整体联动的效力。

许多地区社区戒毒专职队伍建立后,经过多年的努力,禁吸帮教工作得到了前所未有的发展,基本上形成了以社区戒毒专职人员为主联系社区民警、家属、社区工作人员、志愿者、戒毒医务工作者、治保干部等人员组成的帮教小组开展戒断巩固工作的帮教机制。但在目前实际工作中,帮教小组的作用还没有得到充分的发挥,小组对戒毒人员的帮教基本上只是依靠戒毒专职工作人员和社区民警在进行日常的尿检、谈话等管理监督教育,而其他小组成员参与配合较少,积极性、能动性还没有得到较好的组织和调动,帮教力量仍显单薄。另一方面,在帮教工作中,劳动就业、医疗卫生、民政等相关的部门机构与办事处社区戒毒办公室之间的配合不够紧密,缺乏机制创新,没有形成整体联动、多方支持的效力。

其四,公共品配置短缺、缺乏专业社工队伍。

首先是社区矫助医疗、活动配套设施不足。在调研过程中,我们考察了诸多社区矫助点,大多矫助点除了一台电视与影碟机外,几乎没有其他设备,没有专门的医疗室与医护人员。其次是社区矫助人员编制难以完全落实,专业人员极度匮乏,虽然很多地方招聘了一些禁毒专干,但他们大多缺乏专业知识,尤其是对吸毒矫正相关知识的了解不是很多,更别说恢复戒断者的心理健康所需的心理医生或专家了。而资料显示吸毒者戒断后复吸是由于其难以再社会化所致,这当中的根本原因就是心理因素起主要作用。因此,社区矫助队伍的结构与专业水平等，在一定程度上影响了吸毒人员社区矫正的效果。

其五，开远雨露社区、隆阳新雨社区、腾冲立新社区、昆明和谐家园模式还不是《禁毒法》里所讲的真正的社区康复模式。

为更好地探索社区戒毒、社区康复模式，许多地方公安机关进行了不懈的努力与探索，云南先后成功地创造了开远雨露社区、隆阳新雨社区、腾冲立新社区、昆明和谐家园等社区戒毒、社区康复模式，起到了很好的效果，产生了深刻而重要的意义。但《禁毒法》第四十八条规定："对于被解除强制隔离戒毒的人员，强制隔离戒毒的决定机关可以责令其接受不超过三年的社区康复。社区康复参照本法关于社区戒毒的规定实施。"此法条明确规定社区康复的对象为强制隔离戒毒的人员，社区康复参照社区戒毒的规定实施，那么应该由城市街道办事处、乡镇人民政府负责社区康复工作。因此真正的社区康复应该依托街道办事处、乡镇人民政府，在城市与农村等居民区进行，是适应社会、回归社会的最重要的一个环节，是和强制隔离场所分开的。为此，我们也要清醒地认识到，这些社区不是真正意义上的社区，其戒毒也不是真正意义上的社区戒毒与社区康复。

其六，我国社区功能的弱化制约着社区工作的有效开展。

一是广大吸毒人员对社区这一概念的认识模糊不清。在调查中笔者发现很多人仅知道社区戒毒这种方式，但何为社区，自己归属哪个社区则并不清楚。即便是在非吸毒人群中随机进行走访有关社区的话题，绝大多数人也并不清楚自己归属的社区。

二是社区组织弱化和农村文化落后，导致了社区生活离散和农村社区公共空间弱化。我国农村正处于转型期，农村剩余劳动力向城市转移，流动人口速率加快，社会控制和基层正式组织弱化。在大力发展农村经济的同时，农村地区的文化事业落后、农民精神生活贫乏，这直接导致了农村村民委员会组织弱化，各项工作难以有效开展。加之村落的分散对社区戒毒执行的可行性提出了现实的问题。另外，吸毒村民在村寨里更是无组织性，散漫自由，加之村寨基层组织工作散乱，村干部对其也无可奈何，社区戒毒难以开展。

三是云南的大多数社区都处于传统的居委会与村委会管理模式，管理者多年事已高，并且整体文化水平偏低、知识结构不合理，导致管理水平不能与时俱进。

因此，要真正推动社区戒毒、社区康复切实有效开展，我们建议从以下几个方面入手。

第一，建立一支稳定的社区戒毒专职工作队伍，促进社区戒毒康复工作进一步发展。

社区戒毒康复工作是禁毒持久战中一项长期复杂的任务，建立一支稳定的社区戒毒专职队伍是巩固戒毒工作成效和继续促进禁吸戒毒工作发展的必要措施。建立稳定的专职队伍，一是专职人员要相对固定。从事戒毒康复工作的公益岗位人员据其工作的特殊性，可作为特殊岗位，不受年限解聘的规定限制，通过日常管理考核评估，优胜劣汰，热爱帮教工作，有责任心、有爱心，能够完成工作任务的工作人员应该继续聘用，这样既可以培养一批业务熟练、情况清楚、帮教能力强的工作人员，又可以消除专职人员只是临时工的忧患心理，安心工作。二是要提高专职工作人员的福利待遇。目前专职人员的薪资还处于较低的水平，这与他们的工作强度和现在的消费水平不相适应。三是应核定相应的办公经费，在交通、生活等方面给予相应的补助，以增强专职人员的归属感和荣誉感，坚定工作信心，稳定工作队伍。四是设立相关编制，招募心理学、禁毒学、社会工作等专业毕业的人员，尽快推进社区戒毒、社区康复队伍职业化建设。

第二，尽快与司法部门建立社区戒毒康复无缝隙管控机制。

公安部门需要与司法部门建立起一个依法、合理、简便、有序的无缝接管机制并形成制度，以便于各地与各戒毒所形成紧密配合，共同做好出所移交管控工作，最大限度地减少戒毒出所人员漏管失控的情况，达到更好地帮助戒毒人员巩固戒毒的效果，防止复吸。

第三，加强社区组织、社区戒毒康复帮教小组建设，强化部门协作，使禁吸帮教工作更具实效。

一是建立帮教小组工作规范，从帮教活动的内容、形式、数量等方面进行规定，对工作进行奖惩考核，促使帮教活动切实有效开展；核定相应的帮教活动经费，使开展活动有支持和保障。从而聚集和调动帮教小组成员的主动性，使其积极参与到帮教工作中，使多方面的力量共同发挥帮教作用。二是针对戒毒康复人员帮教工作中需要解决的就业培训、安置就业、子女教育、医疗救助保障、住房困难等难点问题组织民政、劳动就业、教育、卫生等单位部门进行调查研究，制定相关的工作机制，创新帮教措施，多部门联动，共同为禁吸帮教工作出谋划策，形成合力。三是采用村主任、培育民间组织等措施不断加强社区组织建设。

第四，充分发挥隆阳新雨社区、腾冲立新社区等准社区戒毒平台的重要作用。

从严格意义上讲，隆阳新雨社区、腾冲立新社区还不是真正意义上的社区戒毒模式，但其具有统一管理、相对封闭的特点，有利于戒毒人员生理脱毒。由于毒品的成瘾性与耐受性，将吸毒成瘾者直接放到社区戒毒，很难解决生理脱毒的问题。因此建议将吸毒成瘾者先放在腾冲立新社区等准社区戒毒平台戒毒 1—

2 个月，完成生理脱毒后再回到真正意义上的社区进行戒毒，使社区戒毒等措施能有效落实。

5.3.5.4 立足现实，大力创新，积极推进戒毒模式本土化

“戒毒困难，复吸率高”，云南是中国禁吸戒毒工作的前沿阵地，云南的禁吸戒毒工作成效直接关乎中国禁吸戒毒工作的成效，直接关乎中国彻底消除毒品问题的成败。云南省由于特殊的地理、历史等原因，成为受毒品危害最严重的省区，在境外毒品大肆渗透中国的 20 多年间，云南的吸毒人群迅速扩大，吸毒造成的危害面和破坏性深度凸显，形成严重的社会问题，是世界性的难题。云南诸多地区在长期的戒毒实践过程中积极探索，勇于创新，将自愿戒毒、社区戒毒、强制隔离戒毒、社区康复等戒毒模式与本地实践结合起来，创造了云南特色的本土化的戒毒模式。

早在 20 世纪 80 年代末、90 年代初，德宏州禁毒部门就已在长期的工作实践中，探索总结出了与“昆明模式”（含昆明戒毒所和金碧社区）一道享誉海内外的“瑞丽模式”。以后各民族干部群众又结合其各自所在村寨和社区的实际，发展创新出“十大模式”，并从中涌现出一大批先进集体、先进个人和具有典型意义的经验与先进事迹。其中，在城乡社区帮教上，主要有基层干部责任制、问责制和各民族干部群众与吸毒人员间的“一帮一”“三帮一”以至“多帮一”的帮教活动以及乡规民约等，而尤其又以陇川县曼冒和瑞丽市卡南两个景颇族村的“女子护村队”最负盛名；社会力量动用“虎日”戒毒模式。除此之外，还有西双版纳班南坎村的“公社化禁毒模式”等一大批已经取得成功或正在探索中的典型事例，现简要介绍如下，以供参考。

“女子护村队”是边境沿线地区觉悟了的各民族群众自发组织起来与吸毒、贩毒等毒品违法犯罪活动作斗争的典型事例之一，其中又以德宏州陇川县曼冒和瑞丽市卡南两个景颇族村寨的“女子护村队”最具代表性。曼冒村位于陇川县城子镇，全村 72 户 300 余人都是景颇族，20 世纪 90 年代以来，村中不少人陆续染上毒瘾和艾滋病，最多时曾达 50 多人，致使整个村寨经济滑坡，混乱无序，人人自危。为此，在金木玲的带领下，从 2001 年起，村中的 18 名景颇族妇女行动起来，组成“女子护村队”开展禁毒工作。据报道，金木玲的丈夫也是吸毒人员，多年来家中辛辛苦苦积攒下来准备用于建盖新房的 3 万元钱几乎被其消耗尽了，为了让吸毒者戒除毒瘾，护村队决定开办戒毒班。没有资金，金木玲一咬牙拿出了家中仅剩的 2 000 元钱，加上护村队队员挨家挨户动员群众投工投劳，每户集资 5 元作为戒毒班的经费，并得到镇政府 4 000 元的资助，连续举办了 3 期戒毒班，收戒吸毒人员 80 多人次，把许多吸毒人员从死亡线上挽救回来，金木玲

的丈夫也戒断了毒瘾。几年下来，村中的吸毒人员逐渐减少，群众生活和社会秩序明显好转。“金木玲和护村队姐妹们的共同愿望是，坚持把戒毒班办下去，直到寨子里没有一名吸毒人员。”

卡南村地处瑞丽市勐卯镇中缅界河瑞丽江畔，也是一个景颇族村寨，由于历史原因以及特殊的地理位置，全村 64 名男性村民中就有 22 名吸毒人员，有的妇女因丈夫吸毒死亡守寡，有的因丈夫或孩子吸毒，日子过得捉襟见肘，还要每天提心吊胆，农业生产停滞不前，偷盗现象时有发生，村里治安状况持续恶化。2002 年初，丈夫因吸毒身亡、两个未成年的儿子也吸毒上瘾的景颇族妇女排南相，把村中 7 位饱受毒品祸害的妇女组织起来，在瑞丽市姐勒公安边防派出所的指导下，成立了女子护村队(其中景颇族 7 人、德昂族 1 人)，义务承担起村里的治安和禁毒防艾等工作。截至 2006 年，女子护村队共组织开展巡逻 400 多次、出动 2 800 余人次，村寨内治安状况明显好转，从此无一名新增吸毒人员和一起刑事案件发生。队长排南相被评为 2006 年度全国“十大法制人物”，并应邀前往中央电视台《今日说法》录制节目。

彝族的虎日禁毒模式：云南丽江地区居住着一部分彝族民众。这一地区在历史上是鸦片种植和吸食的重灾区之一。1990 年后毒品交易在本地扩散。当地少数民族的有识之士意识到毒品传播对民族生存与发展的危害，但苦于缺少外界强有力的支持，于是寻求传统的民族习惯法，实行自救的禁毒行动。

嘉日家族选择了过去进行战斗或集体军事行动的“虎日”，举行了禁毒盟誓大会。首先祭祖，家族长宣布向毒品宣战，接着由有知识的族人讲解毒品危害，并由宗教首领(毕摩)念经祈求先祖保佑；其后，进入盟誓仪式的核心环节——喝血酒，在毕摩最为严厉的咒语中，吸毒者喝下拌有猪、鸡肉的“黑血酒”，并将手中的碗砸碎，吸毒的过去在破碎的碗中随毕摩的咒语慢慢走远。盟誓为最后的仪式，由家族长将禁毒的誓言刻在岩石上；担保人从家族的禁毒委员的手中将所担保的吸毒人员带走，此后监护他们直至完全脱毒。

在成效方面，至 2002 年，原 22 名吸毒者中，14 人成功戒毒，占 64%；2 人死亡，4 人复吸。1999 年禁毒仪式后，该家族中没有新增吸毒人员。因此，庄孔韶等学者评价：彝族的家族禁毒仪式是一个动态的并且有延伸性的社会实践，相比通常 90%以上的复吸率，其禁毒的成功率世所罕见。这一模式为少数民族社区中利用传统的文化资源预防艾滋病提供了思路。

普洱民间力量戒毒模式：一种民间戒毒模式正在云南省思茅市(现为普洱市)摸索推行：170 多名戒毒人员在思茅“重生预制板厂”内过着与世隔绝的生活——他们开展生产自救，巩固戒毒成果，抵抗毒品的侵蚀。令人惊叹的是，在这里的戒毒者过去3年里没有出现复吸。这个模式的创办者——普通市民李继东在2006年国家禁毒委员会办公室和中宣部办公厅联合主办的“2005年度十大民间禁毒人士”评选活动中，被称为“中国民间禁毒第一人”。2002年10月，在思茅市戒毒所和市红十字会等部门的支持下，李继东投资200余万元建成“重生预制板厂”，开始接收思茅市强制戒毒所戒断人员为工人，开始探索一种对戒毒者实行“人性化关爱，准军事化管理”“无毒品＋无歧视＋生产自救＋劳动康复＋灵魂重塑”的“帮教模式”。3年过后，他们的憧憬变成了现实：重生厂环境优美，有篮球、录像、游泳池等设施，职工们生活规律，5人一组，互相监督、互相帮助。厂里没有围墙，却很少有人想走。工人们不仅戒掉了毒瘾，还学会了开车、做地砖、干建筑活，并亲手建造了新厂房。重生厂成了戒毒人群中口口相传的温馨家园，许多戒毒人员要求进厂工作。

美沙酮维持治疗模式：美沙酮维持治疗是指吸食海洛因成瘾人员通过长期服用美沙酮口服液来治疗海洛因成瘾，同时配合心理治疗、行为干预等综合措施，以最终达到减少毒品危害和需求目的一种药物维持治疗的戒毒措施。随着神经生物学研究的不断深入，吸毒成瘾已被证明是一种极易复发的慢性脑疾病。因此，吸毒也像大多数慢性疾病（如糖尿病、高血压）一样需要采取长期的药物维持治疗。近年来，为了减轻海洛因依赖，减少与毒品有关的违法犯罪，控制艾滋病在吸毒人群中的传播，维护公共卫生安全，我国开始在部分地区的吸毒人群中开展美沙酮维持治疗试点工作。云南省美沙酮维持治疗门诊始于2004年个旧市的试点，工作开展之初，广大人民群众和公安机关对此措施不理解，产生了“吸毒合法化”的疑虑，为了解决认识问题，做好美沙酮维持治疗试点工作，在省禁毒委领导下，公安机关针对试点工作发展不协调的问题，及时下发《云南省公安厅关于配合做好开展美沙酮社区维持治疗试点工作的通知》（公禁〔2005〕242号），在试点工作开展期间共批准992名吸毒人员在全省29个美沙酮社区药物维持治疗门诊参加维持治疗。目前，试点经验已经推向全省。至2008年底，全省美沙酮维持治疗门诊点达到了67个，覆盖了全省除迪庆、怒江以外的14个州市的54个县、市、区。67个门诊点累计审批在治人员17 630人，现有在服人员7 697人，占全省现有吸毒人数51 129人的43.7%。各地认真按照试点经验，严格把关美沙酮门诊选址、服药人员的审核、对接受治疗的海洛因成瘾者的监督管理、维护门诊的正常治疗秩序等工作。各职能部门认真履职，如云南省公安厅共配合举办各类培训班2期300余人，赴各门诊点督导协调20余批次，共同保障和促进了云南省美沙酮社区维持治疗试点工作的健康发展。

昆明戴托普模式：戴托普康复项目囊括了教育、家庭治疗、医疗保健、HIV

预防教育、职业培训和妇女项目等。设有医疗模式戒断部、心理咨询及治疗室、治疗社区、重返社区，还有分散在昆明市区、曲靖、宣威的 7 个门诊部。中心同时在负责实施中英性病/艾滋病防治合作项目之戴托普 HIV/AIDS 的同伴教育、《凤凰涅槃》期刊、艾滋关怀、减少伤害综合干预项目。云南戴托普治疗社区服务站对上万人次的药物滥用者进行过美沙酮替代递减治疗，并对滥用者及其家属做过吸毒相关问题咨询及心理辅导，现在社区服务站每日接待的成瘾者或家属近 100 余人次；6 年来，住院部共收治居住者 2 700 余人次，脱毒率达到 80%以上，其中有 300 余人保持操守，操守率在 30%以上。此外，云南戴托普治疗社区在积极为云南的禁吸戒毒工作做努力的同时，也在不断收治来自全国各地和国外的药物滥用者，有来自北京、广东、新疆、广西、四川等地的药物滥用者，也有来自新加坡的求治者。戴托普治疗社区为了保持与世界先进戒毒经验接轨，曾先后派 10 余名工作人员到美国戴托普(Daytop Village)接受过治疗社区的管理、治疗等工作的学习和培训；派 6 名工作人员到香港学习戒毒工作方法；派 5 名工作人员赴美学习，10 余名工作人员到香港进修，并且随着工作的需要，将来还要不断派人出去学习。

随着云南戴托普治疗社区在禁吸戒毒工作中取得的成绩被人们所认可，全国各地很多的自愿和劳教强制戒毒机构去中心学习和借鉴成功经验。目前除了云南外，武汉、长沙、重庆、广州、香港等一些自愿戒毒机构和劳教强制戒毒机构也已经和试图在工作中引入 TC 的管理模式和治疗方法。

“公社化禁毒模式”是近阶段涌现出来的又一新生事物，见于媒体报道的主要是西双版纳班南坎村。班南坎隶属于紧靠中缅边界我方一侧的景洪市勐龙镇陆拉村委会，课题组 2009 年 8 月前往实地调查，截至 2009 年 6 月，班南坎共有 40 户人家 180 余人，全部都是拉祜族，目前除村长为初中生和少数几个人小学毕业外，绝大部分人都是文盲，村民主要使用拉祜语，懂汉语的不多，长期处于几乎与外界隔离的封闭状态。因 1979 年才从邻近的勐海县布朗乡卫东村搬迁过来，所以土地较少，迄今全村仅有耕地 78 亩，茶山约 40 亩，人均 0.66 亩，加之土地多由自行开垦而来，占有极不平衡，有的一家占地三四亩，有的近乎一无所有，同时还有部分土地被村民私下抵押转让出去，实际人均占有土地仅 0.23 亩。2008 年全村人均粮食占有量 130 千克，人均年收入 691 元，大部分人家每年缺粮达三四个月，靠政府救济和自己找野菜野果度日，群众生活极端困苦。由于靠近边界线受境外亲友影响，距离镇卫生所和村卫生室又远(分别为 36 千米和 12 千米)，因而不少人生病后不得不用鸦片来治疗并由此染上毒瘾，目前村中共有在册吸毒人员 21 名(不含在所戒毒和擅自流往境外的 20 多人)，使得整个村寨的经济状况雪上加霜。不少人家甚至已经陷入了既失去最基本的生活来源又无力组织再生产的绝境之中。

为此，景洪市主要领导带领工作组经 2009 年 5 月进村入户进行深入调研后，于 6 月 1 日在班南坎召开现场会，做出了一个大胆的决定：在班南坎村试点实行“吃大锅饭”的公社化集体经营模式。按计划首先是将村民私下抵押出去非法流转的土地统统收回，集中村寨所有的土地资源进行整合，并由镇上下派干部到村寨挂职，与下派的农科人员共同带领村民集体耕种，然后根据每户劳动力出工记工分，进行按劳分配，以解决最基本的吃饭问题。在此基础上，由边防派出所派出民警驻村对社会治安和村民吸毒现象进行整治，将目前村寨中尚存的 20 余名吸毒人员全部收戒，并在村民中组建起一支 10 余人的警民联防队，以维护村寨的社会治安。同时将橡胶、茶叶等资源也集中整合，统一管理和销售，并因地制宜发展畜禽等养殖业，以最终达到脱毒脱贫致富的发展目标。

综述之，在思考与实践戒毒模式的过程中，一定要结合地方特色，以《禁毒法》《戒毒条例》规定的四位一体模式为依据，大力发掘本地优势资源，探索、创造出本土化的戒毒模式。

5.3.6 适应毒品新形势，不断强化新型合成毒品综合治理工作

5.3.6.1 切实加强新型合成毒品治理工作组织领导

一是严格履行职责。各级党委、政府要不断增强依法履行新型合成毒品治理工作的责任意识，把禁毒工作作为政治任务和“一把手”工程，纳入本地经济社会发展总体规划，列入全面深化改革、法治建设、提升社会治理能力的重要内容，作为党委、政府重点督查事项，定期听取工作汇报，及时研究解决新型合成毒品治理工作难点和突出问题。各级禁毒委员会及其办公室要加强对本地区新型合成毒品治理工作的组织、协调和指导，完善新型合成毒品监测评估和毒情预警通报制度，加强对策研究、沟通协调和督导考核，确保各项工作落到实处。各级禁毒委员会成员单位要将禁毒工作列入本单位整体工作规划，充分发挥职能优势，认真履行禁毒工作职责。

二是严肃责任追究。不断完善对各地党委、政府禁毒工作考评通报和责任追究制度，将禁毒工作作为党政领导班子和领导干部政绩考核内容，对任期内因工作不重视、责任不落实、措施不得力，导致主管地区新型合成毒品问题泛滥或毒情反弹，被列为重点整治地区的党委和政府主要领导、分管领导及相关部门负责人，要依纪依规严肃追究责任。重点整治地区在完成整治任务前，不得参加以地区为单位的评比表彰活动。

三是完善表彰奖励机制。省委、省政府和有关部门按照有关规定，对在新型合成毒品治理工作中做出突出贡献的集体和个人予以表彰奖励。建立健全并认真落实禁毒执法工作相关奖励制度。继续完善和执行群众举报毒品违法犯罪奖励办法。

四是鼓励社会力量参与新型合成毒品治理工作。通过政府搭建平台等方式，积极引导企事业单位、社会组织参与新型合成毒品治理工作，鼓励社会资金参与禁毒公益事业。鼓励单位和个人通过捐赠、设立帮扶项目、创办服务机构、提供服务等方式参与新型合成毒品治理工作，并依法按照有关规定予以税收优惠等政策支持。建立和发挥禁毒基金会等禁毒社会组织作用，推动禁毒社会组织健康发展。发展壮大禁毒社会工作专业人才和志愿者队伍，建立健全禁毒志愿者登记注册、培训服务等制度。

5.3.6.2　**全面提升新型合成毒品治理工作保障水平**

一是加强机构和队伍建设。各级禁毒委员会成员单位要根据职责任务确定责任领导，明确负责禁毒工作的部门和人员。州（市）、县（市、区）禁毒委员会办公室要充实人员力量，理顺工作体制和机制，并加强毒品预防教育工作力量建设。乡镇人民政府、城市街道办事处应当根据工作需要，设立社区戒毒、社区康复工作领导小组及其办公室，并按照每 30 名吸毒人员配备 1 名的标准配备禁毒专职或兼职工作人员，落实相关工作保障，专门负责社区戒毒、社区康复、吸毒人员发现管控、禁毒宣传教育、禁种铲毒等工作。各级公安机关和边防、铁路、民航、海关缉私、森林公安等部门要进一步充实和加强禁毒专业力量。各州（市）、县（市、区）公安机关可根据禁毒工作实际需要，招录使用与禁毒工作任务相适应的禁毒辅警力量，充实到一线部门。严格队伍管理，加强思想教育和业务、执法能力培训，努力建设一支信念坚定、执法为民、敢于担当、清正廉洁的禁毒专业队伍。要从优待警，切实减少伤亡，并认真落实在禁毒工作中牺牲、伤残民警相关人员的抚恤优待政策。

二是加大经费投入和装备保障。各级政府要根据禁毒工作需要，将禁毒经费列入本级财政预算，不断提高保障水平。各级财政部门要支持同级禁毒委员会办公室强化绩效考核，提高经费使用效益。各级公安机关要建立禁毒经费明细账目，实行分账核算，确保专款专用。各级禁毒委员会成员单位要合理安排本部门禁毒经费预算，认真用好禁毒财政专项补助经费，保障工作所需。各地要依照相关规定合理确定辅警工资标准及福利待遇，纳入同级财政预算，省级财政对全省禁毒辅警的装备和培训、业务工作经费予以补助。省禁毒委员会办公室要会同省财政厅加强禁毒业务装备规划建设，不断提高禁毒装备配备标准化、更新规范化水平。

三是推进基础设施和科研建设。各级禁毒委员会办公室要加强与发展改革等部门工作衔接，按照统筹规划、功能互补、实用有效、资源共享的原则，协同推进“十二五”禁毒教育基地、缉毒警务站、禁毒情报中心（站）、毒品实验室、戒毒场所等禁毒基础设施和边防检查站建设，有效整合现有禁毒基础设施资源并发挥最大效益，避免低水平重复建设；适时研究编制“十三五”禁毒基础设施建设方案。结合禁毒工作实际需要，支持引进和研发先进适用的禁毒技术产品，不断提高禁毒工作科技装备水平。

5.3.6.3 加强社会学、社会工作、心理学理论在新型合成毒品滥用群体社区戒毒/康复领域中的研究与应用

第一，在社会学理论方面：

一是借鉴与总结国内外同伴教育与联合家庭治疗模式，有效开展社区戒毒。

二是以亚文化理论为背景，着力研究不同吸毒群体亚文化理论产生的原因及现状等问题，寻求有针对性的治理措施。

三是运用社会学习和差异性联合理论，充分认识与吸毒者个人关系最密切的群体及其对吸毒者行为、态度的影响，高度重视家庭、同伴、好友等群体正面功能与负面影响。

四是运用社会控制理论，采取适当的引导与控制措施，重构吸毒者与家庭、组织、社会的正常关系，充分发挥各种组织的监督与防控功能，将个人吸毒及复吸的可能性降到最低限度。

第二，在社会工作、心理学理论方面：

一是通用过程的理论模式。社会工作实务通用过程模式是一种用来协助个人、家庭、群体、组织和社区的基本程序和方法，是对助人行动的基本程序与方法的概括（就是描述了一套助人的价值观、知识和技巧，用来说明社会工作的助人活动是由一套助人价值、知识和技术体系组成的实务方法引导的专业实践活动，包括社会工作中的微观实务，也涉及中观和宏观层面的实务）。其理论依据是多元因素决定论，否定单一的因果论，强调个人、家庭、群体和社区问题的产生是多种因素共同作用的结果。在分析毒品吸食原因与寻求戒毒社会支持支援系统时，都可以运用通用过程模式进行分析与操作。

二是心理社会治疗模式。“心理—社会”方法根植于多元因素决定论，是最接近传统社会工作实践的视角。“心理—社会”方法强调从社会与个人两方面来理解服务对象和他们的问题。从这个视角出发，社会工作首先要辨识和评估新型合成毒品滥用者有关“心理”方面的情况（如人格、应对压力的策略、智能水平和自我功能）；然后要了解其社会状况和处境（如不幸家史、同辈关系状况和社会参与等）对滥用毒品问题的影响。所以，这个方法也被看作是一种“生理—心

理一社会”视角的工作原则。心理与社会治疗模式认为个体的发展受到生理、心理和社会三个方面因素的影响，而且这三个方面的因素又相互作用、共同影响服务对象的成长过程。因此，不能简单地把服务对象的问题视为由某个或某方面因素导致的，而是各种因素综合作用的结果。对于社区戒毒，心理与社会治疗模式可以借用系统理论的概念“人在情境中”，把吸毒者放到一定的社会环境中去认识，通过了解新型合成毒品滥用者所处的环境把握服务对象的问题。新型合成毒品滥用者所处的环境一般涉及家庭、亲属、邻里、朋友、学校和工作单位等。心理与社会治疗模式对人际沟通十分重视，强调人际沟通会影响社区戒毒对象的家庭关系和戒毒对象的社会角色的扮演，对戒毒对象的超我和自我的形成也起着十分重要的作用。心理与社会治疗模式认为，服务对象的自我功能的强度、自我防卫机制和知觉等都是影响其人际沟通技能形成的重要因素。

三是危机介入应对模式。围绕新型合成毒品滥用人员在戒毒过程中产生的各种生理、心理危机，采用多种介入技巧，及时处理，针对限定的目标开展调适和治疗工作，在有限的时间内快速、有效地帮助社区戒毒者摆脱危机、重树希望、恢复自尊及培养自主能力等。

四是行为治疗模式。对于新型合成毒品滥用成瘾严重、行为异常等特点，分别以经典条件作用理论、操作性条件作用理论等社会学习理论，采用系统脱敏、满灌疗法（又称快速脱敏法）、厌恶疗法、模仿等进行放松与治疗。其特点是注重吸毒对象行为评估，关注吸毒对象行为修正，侧重修正行为效果的评估。

五是人本治疗模式。在戒毒中强调人的主体性，尊重人的价值，推崇人的自我实现；强调人性本善、潜能无限与自我完善。这对戒毒人员提高认识与增强信心是大有裨益的。

第三，大力培养、引进与应用禁毒社会工作者、社会志愿者、心理矫治师等社区戒毒人力资源，建立社区戒毒、社区康复的社会化参与机制。

一是社区帮教的规范化、制度化和经常化，这是确保社区戒毒、社区康复工作能够有序、有效运行的基础。而禁毒社会工作者、社会志愿者、心理矫治师等社区戒毒人力资源在此项工作中发挥着重要的作用。

新型合成毒品滥用人员因长期吸食毒品，从而导致失业、经济困难、家庭分裂、违法犯罪等。社会工作者主要是帮助戒毒者纠正改善认知行为偏差、拓展和修正环境、增强社会支持，最终达到助人自助的目的。在帮助吸毒者戒毒过程中，社会工作者承担多种角色，如帮助戒毒者寻找工作、落实户口、办理低保、获得社会帮助与理解等，他们不仅是教育者、协调者，还是呼吁者、倡导者。社会工作的微观功能包括治疗、发展和预防，宏观功能为维护社会公平和正义。禁毒社会工作者在帮助戒毒者戒毒的同时还要进行社会呼吁和倡导，改变相关职能部门、社会一般人群对戒毒人员的歧视与偏见，促进社会公平正义。

社会志愿者在开展社区戒毒与社区康复中发挥着重要的作用。志愿者用自己的时间、自己的技能、自己的资源和自己的爱心为邻居、社区、学校、农村、工厂、全社会开展多种形式的禁毒、戒毒宣传教育，营造宣传氛围提供无偿的援助行为，对于帮助吸毒者、感化吸毒者及净化吸毒环境都起到十分重要的作用。

社区戒毒、社区康复发展的内在动力来自社区成员的参与，主要的服务领域是对吸毒人员开展矫治帮教工作，在工作过程中要以禁毒青年志愿者为核心，注意吸纳中老年、妇女参与志愿者工作，壮大志愿者队伍，促进社区戒毒与社区康复服务项目向长期化、固定化发展，服务队伍向普遍化、专业化发展，服务手段向多元化、社会化发展，运行机制向规范化、制度化发展。通过考核、评估，建立统一的管理、评比表彰制度，确保社区戒毒、社区康复志愿者工作的可持续发展。

现代科学研究表明，吸毒是一种慢性复发性脑疾病，具有复杂的心理学、生物学与社会学病因机制，应采取躯体、心理、社会康复等综合治疗的模式来进行治疗。而心理是行为的内在因素，而行为则是心理的外在表现。要使人的行为得到持久的改变，就必须首先改变人的心理。因此，社会功能的康复也必须通过心理康复来实现，心理治疗是帮助戒毒人员彻底戒除毒瘾、恢复正常的社会功能的必要途径，是戒毒治疗的重要组成部分。针对戒毒人员心理依赖长期存在、戒毒信心和决心缺乏、责任感缺失、情感淡漠、人格偏离等诸多问题，心理矫治师的主要任务为：消除戒毒人员对毒品的心理依赖。矫治的重点在于通过一系列心理行为训练帮助戒毒者建立必要的条件反射，以相反的体验取代吸毒的欣快体验，降低吸毒体验的内驱力。例如通过系统脱敏法、放松疗法、想象厌恶疗法等方法进行厌恶性情绪治疗，形成对毒品的回避反射。

二是培养戒毒人员的自我调控能力。要通过运动训练、情境模拟、角色扮演、自我反省、欲望节制、学会拒绝等一系列心理行为治疗帮助戒毒人员掌握摆脱毒品、回归社会所需要的各种心理和生活技能，增强戒毒信心，增强抵抗复吸的自我控制能力。

三是纠正戒毒人员的人格偏差，改变新型合成毒品滥用者已有的人格缺陷或障碍，恢复社会功能，延长操守时间或终生戒断毒品。

综述之，在社区戒毒、社区康复过程中要大力培养、引进与应用禁毒社会工作者、社会志愿者、心理矫治师等社区戒毒人力资源，建立社区戒毒、社区康复的社会化参与机制。

5.3.6.4　加强对新型合成毒品问题的综合治理

一是认真贯彻中共中央、国务院《关于加强禁毒工作的意见》，积极推进禁毒委"一办五组"工作体制的形成，不断探索禁毒办实体化工作机制。目前，云南省各州市禁毒委均由二十几家成员单位组成，听起来很大很多，但结构过于松散，缺乏统一协调与组织，成效不高。因此，必须积极推进各级禁毒委、禁毒办实体化、专门化，以加强政府对禁毒工作的统一领导并提高工作实效。全国各地的禁毒委目前大都设置在禁毒局（禁毒总队）或政法委下面，长期的禁毒实践在客观上形成了公安机关在禁毒工作中单打独斗的局面，而禁毒工作涉及政治、经济、社会、文化等方方面面，公安机关的性质与队伍构成很难胜任毒品预防、戒毒心理矫治等工作。因此，建议禁毒委设置在各级政府下面，由各级政府一把手任主任，统筹禁毒工作。在禁毒委（办）实体化后可设置"毒品预防及戒毒人员帮教处"，下设专门从事"学校毒品预防""家庭毒品预防""场所毒品预防""社会毒品预防""戒毒人员帮教"等工作的职能部门，并依托上述部门[①]，通过组织志愿者与购买社会服务的方式，组建"宣传教育""戒毒帮扶""心理矫治"等专业队伍，开展常态化、科学化、持续性、有效性的毒品预防与戒毒人员帮教活动，联合公安机关打击毒品犯罪工作，从而进一步形成毒品打击、毒品预防与戒毒人员帮教的长效机制：公安机关在禁毒工作中的主要责任在于打击毒品犯罪与抓获吸毒人员，而落实预防教育的责任在宣传部门，社区戒毒措施的落实在乡镇人民政府和城市街道办事处，强制隔离戒毒需要移交司法部门负责，境外替代发展需要商务部门来统筹，志愿者工作由群众性团体组织来实施，国际禁毒合作也需要外事部门来协调，等等。

二是探索科学、合理的毒品治理考核机制。当前的考核机制着重考核打击毒品犯罪方面的指标，忽视了毒品预防与社区戒毒、康复及戒毒人员帮教等方面的内容，形成了口号上"禁毒人民战争"与实际工作中的"公安单打独斗"的局面，毒品越打越多，社区戒毒与康复实为空壳，戒毒人员难以回归社会，新增新型合成毒品滥用人员持续增多，无毒县、无毒社区建设名不副实。因此，要有效解决以上存在的问题，必须探索科学、合理的毒品治理考核机制。目前云南省保山市正在进行积极的调研、实践与探索：其一是要求各县区建立社区戒毒与康复场所（或为吸毒人员就业安置点），增强对吸、戒毒人员的管控与服务功能。其二是敢于面对现实，认真排查隐性吸毒人员，摸清底数，为综合治理毒品问题打下良

---

① 应该特别注意的是，上述部门工作人员主体工作不是直接去开展毒品预防与戒毒帮教等工作，而是整合资源、搭建平台，动员各政府部门与社会力量参与禁毒工作。

好的基础。其三是探索以“新增吸毒人员比例”与“隐性吸毒人员查处比例”为主要考察指标的考核机制，落实乡、镇及街道办事处主要领导工作职责与责任追究制，积极推动基层组织在毒品预防、戒毒帮教等方面群策群力的作用，起到了很好的效果。

基层探索

如何动员基层政府加强禁毒工作

——保山市遏制吸毒人员考核奖惩办法（初稿）

第一条 为加强全市毒品问题综合治理，全力遏制新增吸毒人员，根据《中华人民共和国禁毒法》《中华人民共和国戒毒条例》《中共中央国务院关于加强禁毒工作的意见》《云南省党政领导干部问责办法（试行）》，结合我市实际，经充分调研论证，制定本办法。

第二条 本办法考核对象为全市72个乡镇（街道办事处）的党（工）委书记、乡镇长（办事处主任）。

第三条 实行分类考核。乡镇、街道上年末公安机关登记吸毒人员数500人以上为一类区、499—200人为二类区、199—100人为三类区、99人以下为四类区（目前无吸毒人员的鸡飞乡、摆榔乡按1人计算）。

第四条 考核项目。

（一）新增吸毒人员控制率。一类区新增吸毒人员比例控制在5%、二类区新增吸毒人员比例控制在10%、三类区新增吸毒人员比例控制在10%、四类区新增吸毒人员比例控制在15%以下。

（二）隐性吸毒人员查处率。上报排查登记隐性吸毒人员中查获数所占比例。

第五条 考核项目权重。

新增吸毒人员控制率计分占70%，隐性吸毒人员查处率计分占30%。

第六条 考核计分方法。

（一）新增吸毒人员控制率计分＝（类区控制率－实际控制率）÷类区控制率×100分×70%；

（二）隐性吸毒人员查处率计分＝隐性吸毒人员中查获数÷上报排查登记隐性吸毒人员数×100分×30%；

上述两项分数之和为综合考核得分。

第七条 奖惩措施。按类区分别进行排名和奖惩。

（一）奖励措施。对同类区前三名考核对象给予奖励，依次为10 000元/人、6 000元/人、3 000元/人。

（二）惩戒措施。对一类区最后2名、二类区最后2名、三类区最后2名、四类区最后3名考核对象进行约谈等工作。第一年进行约谈；连续两年予以通报批评，取消当年评优评先资格；连续三年按照干管权限采取调整岗位、责令辞职等问责措施。

第八条 市禁毒委将对各地工作情况进行明察暗访，有下列情形之一，经查证属实的，考核实行一票否决，按照干管权限免去考核对象及其辖区公安派出所所长职务。

（一）有意隐瞒新增吸毒人员；

（二）有意动员新增吸毒人员去外县、外省；

（三）其他弄虚作假行为。

第九条 考核工作由市禁毒委员会牵头，市禁毒委办公室具体组织，市纪委监察局、市委组织部、市综治办等市禁毒委成员单位参加。

第十条 考核经费从市级禁毒统筹经费中列支，考核奖励按年度及时兑现。

第十一条 本办法所指新增吸毒人员是指当年被公安机关首次查获的吸毒人员，不包括上年公安机关已纳入系统管理的吸毒人员、乡镇(街道办事处)上年已排查登记的隐性吸毒人员。

新增吸毒人员实际控制率＝新增吸毒人员数÷上年末公安机关登记吸毒人员数(扣除死亡、服刑人数)×100％。

考核年度内被外县区(省内)公安机关查处的新增吸毒人员数量按50％进行折算，被省外公安机关查处的新增吸毒人员数量按25％进行折算。

考核数据中，新增吸毒人员数截至本年度12月20日；公安机关登记吸毒人员数、隐性吸毒人员数截至上年12月20日。

第十二条 各县(区)、各乡镇(街道办事处)要高度重视禁毒工作，按照《禁毒法》规定将禁毒工作经费纳入财政预算，结合实际制定本县(区)、本乡镇(街道办事处)考核奖惩办法，建立举报奖励制度。

第十三条 本办法由市禁毒委员会办公室负责解释。

第十四条 本办法自2015年1月1日起施行。

典型案例

2010年最高人民法院发布的新型合成毒品犯罪典型案例①

2010年6月，最高人民法院公布了4起毒品犯罪典型案例，皆与新型合成毒品犯罪有关，特摘录如下：

案例1：夏志军、何平全等制造毒品、非法持有枪支案

一、基本案情

被告人夏志军，男，汉族，1978年3月4日出生，无业。2001年3月因犯抢劫罪被判处有期徒刑四年，2004年1月15日刑满释放。

被告人何平全，男，汉族，1984年6月1日出生，农民。

被告人徐祥平，男，汉族，1976年8月28日出生，农民。1994年5月因犯抢劫罪被判有期徒刑五年，1997年8月刑满释放。

被告人杨翠彬，男，汉族，1988年10月14日出生，农民。

被告人何方明，男，汉族，1974年6月8日出生，农民。

被告人陈勇，男，汉族，1984年6月14日出生，农民。

被告人游超，男，汉族，1983年7月23日出生，农民。2001年3月因犯抢劫罪被判处有期徒刑三年，2003年4月10日刑满释放。

被告人王平，男，汉族，1976年11月4日出生，农民。

2007年3、4月间，被告人夏志军与何平全预谋制造氯胺酮，夏介绍何向四川省成都市鑫新科化工仪器有限公司业务主管被告人王平购买制毒所需设备和原料。同年4月底，何平全找王平购得制毒设备和原料，利用夏志军提供的羟亚胺和传授的工艺流程，雇请被告人徐祥平、何方明、陈勇在成都市青白江区龙王镇自己家中制造氯胺酮约20千克。

同年5月上旬，被告人何平全找被告人王平购得制毒原料，利用被告人夏志军提供的羟亚胺，雇请被告人徐祥平、何方明、陈勇、杨翠彬在成都市青白江区福洪乡杨翠彬家中制造氯胺酮约20千克。

同年5月中旬，被告人何平全找王平购得制毒原料，利用被告人夏志军提供的羟亚胺，雇请被告人徐祥平、何方明、陈勇、杨翠彬及夏志军介绍的被告人游超及张波(已另案判刑)在成都市青白江区龙王镇何方明家中制造氯胺酮37.138

① 《最高法公布4起毒品犯罪典型案例，核准6罪犯死刑》，中国新闻网，2010年6月24日。

千克。夏志军与何平全将这些毒品运至何的暂住地藏匿，后被查获。

同年5月下旬，被告人何平全与徐祥平租赁了成都市成华区龙潭乡的一处厂房。何平全从王平处购得制毒设备和原料后，利用被告人夏志军提供的羟亚胺，由徐祥平组织杨翠彬、何方明、陈勇、游超等人在该厂房内制造氯胺酮。同年6月2日晚，公安人员在制毒现场抓获何平全、徐祥平、何方明、陈勇、杨翠彬、游超，当场查获氯胺酮246.2千克、含氯胺酮成分的褐色液体1 018千克以及制毒设备、原料。后公安人员根据何平全的供述从其暂住处查获仿"六四"式手枪1支、子弹14发。同年12月4日，公安人员在夏志军的暂住处将其抓获，并当场查获仿"六四"式手枪1支、子弹3发及含氯胺酮成分的白色粉末78.64克、含麻黄素成分的淡黄色粉末611.33克。

综上，被告人夏志军、何平全伙同他人先后4次制造氯胺酮共计320余千克，案发后查获氯胺酮280余千克。

二、裁判结果

法院认为，被告人夏志军、何平全、徐祥平、何方明、陈勇、杨翠彬、游超违反毒品管制规定，非法生产氯胺酮，其行为均已构成制造毒品罪。被告人王平明知他人制造毒品而提供制毒设备和原料，其行为亦构成制造毒品罪。夏志军、何平全还违反枪支管理规定，非法持有具有杀伤力的枪支，其行为均已构成非法持有枪支罪。在制造毒品的共同犯罪中，夏志军、何平全、徐祥平系主犯，均应按照所参与或者组织、指挥的全部犯罪处罚；何方明、陈勇、杨翠彬、游超、王平起次要或者辅助作用，系从犯，应依法从轻处罚。夏志军、何平全制造氯胺酮320余千克，数量特别巨大，且有部分毒品已流入社会，社会危害极大，罪行极其严重，他们还非法持有枪支，均应依法惩处并数罪并罚。夏志军曾因犯抢劫罪被判刑，在刑罚执行完毕后五年内又犯应当判处有期徒刑以上刑罚之罪，系累犯，主观恶性深，人身危险性大，应依法从重处罚。何平全所犯非法持有枪支罪系自首，对该罪可依法从轻处罚。游超亦系累犯，应依法从重处罚。据此，依法对被告人夏志军、何平全判处并核准死刑，对被告人徐祥平判处死刑，缓期两年执行，对被告人何方明、陈勇、杨翠彬、游超均判处无期徒刑，对被告人王平判处有期徒刑十五年。

案例2：王正元、朱玉峰等走私、运输毒品案

一、基本案情

被告人王正元，男，汉族，1965年12月7日出生，无业。1983年9月因犯抢劫罪被判处有期徒刑五年，1991年5月因犯盗窃罪被判处有期徒刑四年六个月，1996年8月因犯盗窃罪被判处有期徒刑五年六个月，2001年8月29日刑满释放。

被告人朱玉峰，男，汉族，1978年12月8日出生，农民。

被告人翟建海，男，汉族，1979年2月17日出生，无业。

被告人胡德彪，男，汉族，1976年4月17日出生，农民。1997年1月因犯盗窃罪被判处有期徒刑五年，2001年5月6日刑满释放。

被告人王平，男，汉族，1974年8月17日出生，农民。

2008年3月初，被告人朱玉峰指使帅建飞（已另案判刑）从缅甸走私毒品。帅建飞将毒品携带入境后，在云南省景洪市将毒品交给尹蜀鹏（已另案判刑），并安排尹乘客车运往云南省开远市。同月10日0时许，当客车途经云南省宁洱县一收费站时，公安人员当场从尹蜀鹏携带的旅行包内查获甲基苯丙胺7 000克。

同年4月初，被告人王正元在缅甸组织毒品货源后，由被告人朱玉峰安排孙大国（已另案判刑）在缅甸接取毒品。同月9日，孙大国指使他人将毒品运至境内，在云南省勐海县打洛镇交给马胜昔（已另案判刑），由马胜昔运往景洪市。当日18时20分，马胜昔在打洛镇被抓获，公安人员当场从其驾驶的摩托车上查获甲基苯丙胺21 821克。

同年5月中旬，被告人王正元在缅甸安排被告人朱玉峰让孙大国将上批剩余毒品运至境内。同月19日，孙大国指使他人在缅甸将毒品交给张科锋、刘乐锋（均已另案判刑），由刘乐锋驾驶摩托车在前探路，张科锋驾驶摩托车携带毒品跟随，运往景洪市。当日21时53分许，张、刘在途中被抓获，公安人员当场从张科锋驾驶的摩托车上查获甲基苯丙胺5 430克。

同年5月底，被告人王正元将一批毒品偷运入境，并让被告人朱玉峰派人到云南省昆明市接货后运往湖北省武汉市。6月2日，朱玉峰指使被告人翟建海到昆明市接收了毒品，并于同月4日下午交给被告人胡德彪带来的被告人王平，胡又让王平将毒品交给与王平同来的黄小芹（另行处理），由黄携带毒品乘客车运往开远市，翟建海同车监视。后翟、胡、王、黄四人在昆明市汽车客运站被抓获，公安人员当场从黄小芹的挎包内查获甲基苯丙胺3 910克。同年7月10日，朱玉峰在云南省临沧市被抓获。

同年10月25日，被告人王正元在缅甸将毒品藏在一件女式塑身衣内，让张少丽（另案处理）交给蔡明怡（未成年人，已另案判刑）带入境内运往武汉市，并指使杨小玲（另案处理）监视蔡明怡。同月27日15时许，蔡、杨乘客车行至昆曲高速公路乌龙收费站时被抓获，公安人员当场从蔡明怡身上查获甲基苯丙胺910克。

同年10月27日，被告人王正元将毒品分别藏在两件塑身衣内，让张少丽将毒品分别捆绑在李萍（已另案判刑）、李妹（另案处理）身上带入境内运往武汉市，并安排熊忠宝(已另案判刑)监视。次日18时40分许,李萍、李妹乘客车行至景洪市小勐养收费站时被抓获,公安人员当场从二人身上查获甲基苯丙胺共计3 712.2克。同月30日,王正元在缅甸被抓获。

综上,被告人王正元先后5次组织、指挥他人走私、运输甲基苯丙胺共计35.783 2千克;被告人朱玉峰先后4次指使他人走私、运输甲基苯丙胺共计38.161千克。案发后查获甲基苯丙胺共计42.783 2千克。

二、裁判结果

法院认为,被告人王正元、朱玉峰违反毒品管制规定,将甲基苯丙胺走私入境并进行运输,其行为均已构成走私、运输毒品罪。被告人翟建海、胡德彪、王平为牟取非法利益而运输甲基苯丙胺,其行为均已构成运输毒品罪。王正元、朱玉峰走私、运输毒品次数多,数量特别巨大,罪行极其严重,社会危害极大,且在共同犯罪中起主要作用,系主犯,均应按照所组织、指挥的全部犯罪处罚。王正元还教唆、利用未成年人走私、运输毒品,且曾因犯罪三次被判刑,主观恶性深,人身危险性大,应依法从重处罚。翟建海、胡德彪、王平运输毒品数量大,鉴于三人到案后认罪态度较好,且王平系从犯,对翟建海、胡德彪酌情予以从轻处罚,对王平减轻处罚。据此,依法对被告人王正元、朱玉峰判处并核准死刑,对被告人翟建海、胡德彪均判处无期徒刑,对被告人王平判处有期徒刑八年。

案例3:刘巍等贩卖、制造毒品案

一、基本案情

被告人刘巍,男,汉族,1970年2月6日出生,无业。1988年2月因犯流氓罪被判处有期徒刑七年,1994年10月13日刑满释放。

被告人迁飞,男,汉族,1977年11月21日出生,无业。2005年5月因犯贩卖毒品罪被判处有期徒刑一年,2005年9月24日刑满释放。

被告人侯瑛,男,汉族,1964年3月23日出生,工人。

被告人张朝刚,男,汉族,1970年2月17日出生,无业。

被告人聂兵,男,汉族,1980年10月14日出生,无业。

被告人关德鑫,男,满族,1964年6月8日出生,无业。2007年3月因犯贩卖毒品罪被判处有期徒刑六个月,2007年5月29日刑满释放。

被告人刘志顺,男,汉族,1962年11月11日出生,无业。

被告人高宝播,男,汉族,1971年1月31日出生,无业。

被告人张金龙,男,回族,1965年1月16日出生,无业。

被告人刘巍与迁飞合谋制造海洛因勾兑液牟利。2006年11月至2007年8

月，由刘巍出资，二人共同或由迂飞单独数次购买海洛因共 1 050 克，用作制造海洛因勾兑液。刘巍先在辽宁省沈阳市于洪区伙同被告人侯瑛制造海洛因勾兑液，后又在新城子区雇用被告人张朝刚将勾兑液装瓶封口，制成针剂。至案发时，刘巍等人共制造海洛因勾兑液针剂 53 560 支(1.8 克/支，共 96.4 千克)、600 毫升瓶装勾兑液 13 瓶(约 600 克/瓶，共 7.8 千克)、矿泉水桶装勾兑液 2 桶(17.7 千克)、2 升瓶装勾兑液 19 瓶(约 2 千克/瓶，共 38 千克)，合计约 160 千克。其中张朝刚参与制造海洛因勾兑液 2 桶(重 17.7 千克)及针剂 47 560 支。

2006 年 11 月至 2007 年 9 月，被告人刘巍在沈阳市向被告人迂飞贩卖海洛因勾兑液针剂 20 500 支、600 毫升瓶装海洛因勾兑液 13 瓶(折合针剂约 3 900 支)、2 升瓶装海洛因勾兑液 19 瓶(折合针剂约 19 000 支)，向周巍、靳丹平分别贩卖海洛因勾兑液针剂 5 000 支、17 000 支。

2007 年 7 月至 8 月，被告人刘巍将制成的海洛因勾兑液贩卖给被告人迂飞，并将买毒"下线"介绍给迂飞。迂飞在沈阳市向靳丹平、周巍、王宏和被告人关德鑫分别贩卖 1 500 支、1 000 支、240 支和 500 支，并指使被告人聂兵向靳丹平、周巍、关德鑫分别贩卖 960 支、2 000 支和 300 支。

2006 年 12 月至 2007 年 6 月，被告人聂兵在沈阳市多次贩卖海洛因勾兑液针剂共计 16 000 余支。

2007 年 7 至 9 月，被告人关德鑫在沈阳市 3 次贩卖海洛因勾兑液针剂共计 800 支。

2007 年 1 月，被告人刘志顺在广东省珠海市 2 次向被告人迂飞贩卖海洛因共计 80 克。

2007 年 5 月，被告人刘巍与高宝璠合谋制造氯胺酮。高宝璠在互联网上获悉被告人张金龙发布的出售氯胺酮制造技术的信息后，由刘巍出资，高宝璠至宁夏回族自治区银川市，向张金龙学习制造氯胺酮技术，后高宝璠据此制造出氯胺酮 1 540 克。

二、裁判结果

法院认为，被告人刘巍与被告人迂飞违反毒品管制规定，结伙制造海洛因勾兑液后进行贩卖，刘巍还伙同他人制造氯胺酮，其行为均已构成贩卖、制造毒品罪。被告人侯瑛、张朝刚、高宝璠伙同他人非法制造毒品，其行为均已构成制造毒品罪。被告人刘志顺、聂兵、关德鑫非法贩卖毒品，其行为均已构成贩卖毒品罪。被告人张金龙向他人传授制造毒品的犯罪方法，其行为已构成传授犯罪方法罪。刘巍伙同他人贩卖、制造毒品数量大，在共同犯罪中系主犯，且曾因犯罪被判刑，主观恶性深，人身危险性大，罪行极其严重，应依法惩处。迂飞伙同他人贩卖、制造毒品数量大，在共同犯罪中系主犯，且系累犯和毒品再犯，应依法从重处罚。鉴于其在共同犯罪中的作用相对小于刘巍，对其判处死刑，可不立即执行。侯瑛、张朝刚、高宝播伙同他人制造毒品数量大，在共同犯罪中系主犯，均应按照所参与的全部犯罪处罚。聂兵贩卖毒品数量大，且在共同犯罪中系主犯，鉴于其有自首情节和协助抓捕同案犯关德鑫的立功表现，依法可减轻处罚。关德鑫贩卖毒品数量大，且系累犯和毒品再犯，应依法从重处罚。刘志顺贩卖毒品数量大，应依法惩处。张金龙为牟利，利用互联网发布出售制造毒品技术的信息，并向高宝播传授制造氯胺酮的具体方法，高据此制造氯胺酮 1 540 克，犯罪情节严重，应依法惩处。据此，依法对被告人刘巍判处并核准死刑，对被告人迁飞判处死刑，缓期两年执行，对被告人侯瑛、张朝刚、高宝播分别判处无期徒刑、有期徒刑十五年和十五年，对被告人刘志顺、聂兵、关德鑫分别判处有期徒刑十五年、十四年和十年，对被告人张金龙判处有期徒刑五年。

案例 4：李德忠等贩卖毒品、非法持有枪支案①

一、基本案情

被告人李德忠，男，汉族，1965 年 9 月 22 日出生，无业。

被告人夏世云，男，汉族，1974 年 9 月 19 日出生，无业。1994 年 12 月因犯盗窃罪被判处有期徒刑十三年，2003 年 6 月 18 日刑满释放。

被告人马忠甫，男，汉族，1975 年 7 月 23 日出生，无业。1994 年 8 月因犯盗窃罪、抢劫罪被判处有期徒刑八年，1998 年 5 月 22 日刑满释放。

2007 年 10 月至 2008 年 4 月，被告人李德忠伙同顾小娟（已死亡）从四川省成都市购买“K 粉”（氯胺酮），由卖家通过物流公司寄运至福建省石狮市，李提取后在当地贩卖。李德忠、顾小娟先后雇用被告人夏世云、马忠甫提取并向他人出售“K 粉”，其中，夏世云提取 3 次共计 8 000 克“K 粉”，马忠甫提取 8 次共计 17 000 克“K 粉”。上述“K 粉”大部分被售出，破案后在夏世云租住处查获“K 粉”238 克，在马忠甫租住处查获“K 粉”5 100 克。

2008 年 3 月下旬，经被告人李德忠联系，被告人夏世云到重庆市购得大麻 450 克带回石狮市，夏与被告人马忠甫将大麻掺入香烟，重新包装成大麻烟，除部分贩卖外，破案后查获大麻烟丝 100 克。

2008 年 4 月 8 日，彭方建（另案处理）在成都市的物流公司寄运李德忠购买的 2 000 克“K 粉”时，被公安人员当场查获。

---

① 《最高法公布 4 起毒品犯罪典型案例，核准 6 罪犯死刑》，中国新闻网，2010 年 6 月 24 日。

2008年4月11日，被告人马忠甫到石狮市的物流公司领取李德忠购买的"K粉"时被抓获，公安人员当场缴获"K粉"5 100克、甲基苯丙胺197.3克。

2007年6月以来，被告人李德忠在石狮市租住处私藏1支仿制"六四"式手枪及子弹3发。同年12月底，李德忠将该枪及子弹交由夏世云藏匿，后被查获。

综上，被告人李德忠贩卖氯胺酮32 100克、甲基苯丙胺197.3克、大麻450克。案发后查获氯胺酮12 438克、甲基苯丙胺197.3克、大麻烟100克。

二、裁判结果

法院认为，被告人李德忠、夏世云、马忠甫以牟利为目的，非法贩卖氯胺酮、甲基苯丙胺、大麻等毒品，其行为均已构成贩卖毒品罪。李德忠、夏世云还违反枪支管理规定，非法持有具有杀伤力的枪支，其行为均已构成非法持有枪支罪。李德忠贩卖毒品数量巨大，在共同犯罪中起主要作用，系主犯，还非法持有枪支，主观恶性深，人身危险性大，罪行极其严重，应依法惩处并数罪并罚。夏世云、马忠甫贩卖毒品数量巨大，在共同犯罪中起次要作用，系从犯，应依法从轻处罚。夏世云曾因犯罪被判处有期徒刑以上刑罚，在刑满释放后五年内再犯应当判处有期徒刑以上刑罚之罪，系累犯，还非法持有枪支，应依法从重处罚并数罪并罚。马忠甫归案后协助公安机关抓获李德忠，有重大立功表现，依法可从轻处罚。据此，依法对被告人李德忠判处并核准死刑，对被告人夏世云判处死刑，缓期二年执行，对被告人马忠甫判处有期徒刑十五年。

案例5：王丹俊贩卖、制造毒品案①

一、基本案情

被告人王丹俊，男，1983年11月4日出生，农民。因吸食毒品分别于2004年6月8日、同年8月29日被治安罚款两千元和行政拘留三日。因涉嫌犯贩卖、制造毒品罪于2007年4月16日被逮捕。

浙江省衢州市人民检察院以被告人王丹俊犯贩卖、制造毒品罪，向衢州市中级人民法院提起公诉。

被告人王丹俊对起诉书指控的事实和罪名没有异议。辩护人主要提出王丹俊归案后认罪态度较好，系初犯、偶犯，制造的毒品中有8 320克没有流入社会，请求从轻判处。

衢州市中级人民法院经公开审理查明：

2006年11、12月间，被告人王丹俊为牟取非法利益，先后在浙江省衢州市

---

① 丁成飞：《王丹俊贩卖、制造毒品案》，载于《刑事审判参考》2009年第2集。

荷花一路浴水足浴楼上、春天花园宾馆楼下等处，将从同案被告人樊伟勇（已判刑）处购得的260余克毒品氯胺酮贩卖给钱斌（在逃）。

2006年12月，被告人王丹俊得知樊伟勇会制造毒品后，遂与樊密谋合作制造毒品氯胺酮，约定由王丹俊负责筹集资金和联系场地、销售，樊伟勇负责制造。同月19日，王丹俊携带借得的5万元资金，纠集同案被告人舒云峰（已判刑）并由舒开车，与樊伟勇一同驾车到上海市、江苏省张家港市等地购得制毒原材料和设备。随后，樊伟勇在衢州市柯城区万田乡王家村王丹俊的家中，制造氯胺酮约700克。2007年1月中旬的一天，被告人王丹俊、同案被告人方敏敏（已判刑）、樊伟勇预谋一起制造毒品，由方提供资金3万元。同月14日，王、樊、方三人前往江苏省张家港市、浙江省嘉兴市等地购得制毒原材料，先后在衢州市柯城区万田乡王家村王丹俊家中及王家村白塔1号等处制造氯胺酮约3 000克。2007年2月15日，被告人王丹俊向何亚峰（另案处理）借款5万元，与樊伟勇、舒云峰到江苏省张家港市、浙江省嘉兴市等地购得制毒原材料，在衢州市柯城区万田乡王家村王丹俊家中制造氯胺酮约3 000克。王丹俊将其中的1 000克氯胺酮给何亚峰抵作借款。2007年农历正月，被告人王丹俊与方敏敏用前一次制造毒品时剩余的原材料制造了氯胺酮约300克。2007年2月28日，被告人王丹俊与方敏敏共同出资，驾车到浙江省杭州市购得制毒原材料。同年3月10日，王丹俊、方敏敏在方租来的位于衢州市柯城区万田乡下方村的一处闲置房内制造氯胺酮8 320克。后公安机关将上述毒品全部查获。

2007年2月下旬至3月10日，王丹俊将300余克氯胺酮存放在同案被告人王进忠（已判刑）家中，要求王进忠帮忙将氯胺酮送给购买的人，并给予好处，王进忠同意。其间，王进忠帮助贩卖氯胺酮43克。案发后，公安机关在王进忠的暂住处查获氯胺酮280克。

上述被告人王丹俊与同案被告人樊伟勇、方敏敏、舒云峰等人制造的氯胺酮，由王丹俊伙同舒云峰先后三次到杭州，将其中3 000克氯胺酮贩卖给“阿忠”（另案处理）；其余氯胺酮部分销售给“阿华”（在逃）及钱斌等人，部分被王丹俊等人吸食，部分被公安机关查获。

综上，被告人王丹俊参与贩卖、制造毒品氯胺酮约15 580克（其中被查获8 320克）。

衢州市中级人民法院认为，被告人王丹俊伙同他人贩卖、制造毒品氯胺酮，其行为已构成贩卖、制造毒品罪。贩卖、制造毒品数额特别巨大，应依法惩处。在共同犯罪中，王丹俊起主要作用，系主犯，应按照其所参与的全部犯罪处罚。据此，依照《中华人民共和国刑法》第三百四十七条、第二十五条第一款、第二十六条第一、四款、第五十七条第一款、第六十四条的规定，判决如下：

被告人王丹俊犯贩卖、制造毒品罪，判处死刑，剥夺政治权利终身，并处没收个人全部财产。

一审宣判后，被告人王丹俊提出上诉，主要理由是，其没有提供制毒资金，向公安机关提供线索抓获同案犯樊伟勇，有立功表现，原判认定王丹俊贩卖、制造毒品的数量不准，要求二审从轻改判。

浙江省高级人民法院二审期间，由侦查机关委托浙江省公安厅物证鉴定中心对涉案毒品进行含量检验，在涉案的毒品中随机抽取6包样品进行检验，氯胺酮含量为91.2%—99.0%。

浙江省高级人民法院经审理认为，原判认定被告人王丹俊伙同他人贩卖、制造毒品氯胺酮约15 320克，单独贩卖氯胺酮260余克，共计贩卖、制造毒品氯胺酮15 580余克的事实清楚，证据确实、充分。对于上诉、辩护理由，二审法院经审查认为，王丹俊归案后直至一审终结，始终供述其向他人借钱购买原材料制造毒品，并有证人证实其借款的情况，王丹俊称部分资金系他人提供，并不影响其贩卖、运输毒品罪的成立；公安机关出具的破案经过证实，王丹俊在公安机关抓获同案犯樊伟勇的过程中并没有协助、配合行为，不构成立功；原审根据公诉机关指控的被告人王丹俊制造毒品的数量，基本上根据王丹俊和同案被告人较为一致的供述来认定，个别折中认定也是符合客观实际的。

浙江省高级人民法院认为，被告人王丹俊贩卖、制造毒品数量巨大，犯罪情节严重，依法应予严惩。王丹俊在共同犯罪中起主要作用，系主犯。原判定罪及适用法律正确，对王丹俊的量刑适当。审判程序合法。依照《中华人民共和国刑事诉讼法》第一百八十九条第一款的规定，驳回被告人王丹俊的上诉，维持原判，并依法报请最高人民法院核准。

最高人民法院经复核认为，被告人王丹俊违反国家毒品管制法规，伙同他人贩卖、制造毒品氯胺酮，其行为已构成贩卖、制造毒品罪。贩卖、制造毒品数量大，犯罪情节严重，社会危害性大，应当依法惩处。在共同犯罪中，王丹俊起主要作用，系主犯。在复核期间，王丹俊检举他人犯罪，有立功表现，但所犯罪行极其严重，不足以从轻处罚。一审、二审判决认定的事实清楚，证据确实、充分，定罪准确，量刑适当。审判程序合法。依照《中华人民共和国刑事诉讼法》第一百九十九条和《最高人民法院关于复核死刑案件若干问题的规定》第二条第一款的规定，裁定如下：

核准浙江省高级人民法院(2008)浙刑三终字第8号维持一审以贩卖、制造毒品罪判处被告人王丹俊死刑，剥夺政治权利终身，并处没收个人全部财产的刑事判决。

二、主要问题

（一）制造的毒品被贩卖，没有查获的，如何认定毒品的数量？

（二）如何把握新型合成毒品案件的法律适用标准？

三、裁判理由

（一）制造的毒品被贩卖，没有查获的，应根据相关证据和案件的具体情况来认定毒品的数量。

毒品数量是毒品犯罪案件的一个重要事实，也是定罪量刑的一个重要情节。在毒品犯罪案件中，毒品没有被查获的，毒品的数量一般是根据被告人的供述，按照“就低不就高”、有利于被告人的原则来认定，即在毒品没有被查获的情况下，毒品的数量一般根据与被告人一致的供述来认定。但在制造毒品尤其是被告人多次制造毒品的案件中，如果被告人对某一起制造的毒品数量的供述不一致，则还要根据案件的具体情况来确定制造毒品的数量。这些具体情况通常包括制毒原材料和设备是否相同、制毒方法是否一致、制毒过程中是否出现差错导致没有制造出毒品或者只制造出少量毒品等因素，同时参照另外几起所制造的毒品数量等因素综合判定。

本案中，被告人王丹俊先后参与制造毒品氯胺酮五起，且原材料、设备、方法等均相同，也无证据证实制毒过程中出现异常情况。各被告人对后四起所制造的毒品数量均供述一致，但王丹俊对第一起制造的氯胺酮数量提出异议。根据在案的证据，在第一起制毒过程中，王丹俊等人购买的主要制毒原材料是后三起的一半还多，制毒的方法相同，而对于制造的毒品，王丹俊供述是四五百克，樊伟勇则供述是一千克多不到两千克。根据后三起制造的毒品数量，推算第一起购得的主要原材料所制造出毒品的数量应该在 1 500 克左右，作为制毒者的樊伟勇的供述比较可信，王丹俊供述的四五百克明显偏低，结合后面几起制造毒品的情况，王丹俊的供述与实际情况不符。一、二审折中认定约 700 克，既不是按照就低认定，也不是按照不利于被告人的就高认定，而是参照其他几起制造毒品的情况结合被告人的供述综合认定。这种综合案件情况对制造毒品数量的折中认定是可行的，也比较符合本案的实际情况，而且对于王丹俊的量刑亦无实质影响。

（二）在处理新型合成毒品案件时，应根据毒品的数量、社会危害性、犯罪情节、被告人的主观恶性和人身危险性等因素，确定对被告人适用的刑罚。

毒品数量的多少反映毒品犯罪行为社会危害性的大小，是毒品犯罪定罪量刑的重要情节。对于毒品案件量刑的标准，《刑法》第三百四十七条规定了鸦片、海洛因、甲基苯丙胺三种毒品的数量标准。2000 年 6 月 10 日起施行的《最高人民法院关于审理毒品案件定罪量刑标准有关问题的解释》规定了苯丙胺类(甲基苯丙胺除外)、大麻类、可卡因等八种毒品的"毒品数量大""毒品数量较大"的数量标准,最高人民法院、最高人民检察院、公安部于2007年12月18日联合下发的《办理毒品犯罪案件适用法律若干问题的意见》(以下简称《意见》)规定了二亚甲基双氧苯丙胺(MDMA)等苯丙胺类、氯胺酮、美沙酮等九种毒品的"毒品数量大""毒品数量较大""少量毒品"的数量标准,对于惩治毒品犯罪、统一办案标准具有积极的意义。

毒品的社会危害性则要根据毒品的滥用程度、毒品的依赖性、对人体的危害程度来确定。氯胺酮俗称"K粉",是目前滥用较严重的兴奋剂药物,服用后产生兴奋、麻醉等感觉,可以抑制中枢神经系统,在娱乐场所较为泛滥,其依赖性较海洛因、甲基苯丙胺相对要小,所以,《意见》规定走私、贩卖、运输、制造氯胺酮1 000克为"数量大"的起点,大大高于海洛因、甲基苯丙胺"数量大"的起点,为打击氯胺酮等新型合成毒品犯罪提供了法律依据。

需要强调的是,毒品犯罪历来是我国刑法打击的重点。在处理毒品犯罪案件时,要切实贯彻宽严相济的刑事政策,综合考虑毒品数量、犯罪情节、危害后果、被告人主观恶性、人身危险性以及当地的禁毒形势等各种因素,做到区别对待,突出打击重点,重点打击毒枭、职业毒犯、再犯、累犯、惯犯、主犯等主观恶性深、人身危险性大、危害严重的毒品犯罪分子,以及具有将毒品走私入境,多次走私、贩卖、运输、制造毒品,多次、大量或者向多人贩卖,诱使他人吸毒,武装掩护、暴力抗拒检查、拘留、逮捕或者参与有组织的国际贩毒活动等情节的犯罪分子。对其中罪行极其严重、依法应当判处死刑的,必须坚决依法判处死刑。根据《意见》的规定,对于可能判处死刑的毒品犯罪案件,毒品鉴定结论中应有含量鉴定的结论。同时,对于新型合成毒品犯罪案件判处死刑的,仍应当坚持特别慎重掌握的原则。

本案中,被告人王丹俊参与制造氯胺酮约15 320克(其中被查获8 320克),单独或者伙同他人贩卖氯胺酮260克,共计贩卖、制造氯胺酮约15 580克(其中被查获8 320克)。在共同犯罪中,王丹俊合谋制造毒品,筹集制毒资金,参与购买制毒原材料和设备,负责毒品贩卖,起主要作用,系主犯。在死刑复核期间,王丹俊检举同监室犯罪嫌疑人尚未交代的盗窃、抢劫犯罪线索部分查证属实,具有立功表现,但其贩卖、制造毒品数量大,罪行极其严重,社会危害性大,主观恶性深,人身危险性大,不足以对其从轻处罚。本案是纯粹的氯胺酮毒品犯罪,由于氯胺酮的依赖性、戒断性、社会危害性较之海洛因、甲基苯丙胺等毒品相对较小,对此类犯罪判处死刑必须从严掌握。本案被告人王丹俊制造的毒品数量远高于

“数量大”的起刑标准，且王丹俊系制贩团伙的主犯，犯罪情节特别严重，社会危害极大，依法应当严惩，故最高人民法院依法核准被告人王丹俊死刑是恰当的。

2016年最高人民法院发布的新型合成毒品犯罪典型案例①

2010年6月，最高人民法院公布了四起毒品犯罪典型案例，皆与新型合成毒品犯罪有关，特摘录如下：

案例1：唐小平走私、贩卖、运输毒品案——跨国毒品犯罪，数量特别巨大，且系累犯，罪行极其严重

一、基本案情

被告人唐小平，男，汉族，1969年8月16日出生，农民。1992年6月18日因犯盗窃罪被判处有期徒刑三年；2004年11月26日因犯故意伤害罪被判处有期徒刑十一个月；2010年11月22日因犯抢劫罪被判处有期徒刑两年，2012年4月1日刑满释放。

2012年11月中旬，被告人唐小平到缅甸联邦邦康市向尼果（已被缅甸司法机关判刑）购买200万颗甲基苯丙胺片剂（俗称“麻古”）。尼果联系彭勇（另案处理，已判刑）将该批毒品走私入境，后彭勇与唐家庄（另案处理，已判刑）将两人向尼果购买的75万颗甲基苯丙胺片剂与唐小平所购毒品一起藏在改装的重型货车车厢夹层内进行运输。同年12月2日，公安人员在云南省孟连傣族拉祜族佤族自治县（以下简称“孟连县”）一公路上截停上述货车，从车厢夹层内查获甲基苯丙胺片剂共计256.74千克，并将唐家庄抓获。

2012年12月，被告人唐小平与刘进新、王铁成（均系同案被告人，已判刑）商议共同贩卖毒品，约定由唐小平向尼果联系购买毒品，刘进新、王铁成出资并联系运输工具。后刘进新将150万元转入唐小平账户用于支付跨境运输费用，王铁成在刘进新的安排下将大笔现金送至孟连县一宾馆，交给唐小平的亲戚雷某某。在唐小平的联系下，尼果指使他人将毒品从缅甸联邦邦康市运至孟连县，刘进新安排他人接取毒品后藏匿于一废品收购站内。2013年1月15日，公安人员从雷某某所住宾馆房间内查获现金448.16万元，并于次日在上述废品收购站和一处简易房内查获甲基苯丙胺片剂共计96.45千克。

二、裁判结果

本案由云南省普洱市中级人民法院一审，云南省高级人民法院二审。最高

① 刘子阳：《最高法发布毒品犯罪及吸毒诱发次生犯罪十大典型案例》，载于《法制日报》，2016年6月23日。

人民法院对本案进行了死刑复核。

法院认为,被告人唐小平伙同他人走私、贩卖、运输甲基苯丙胺片剂,其行为已构成走私、贩卖、运输毒品罪。在共同犯罪中,唐小平出境联系购买毒品,并组织、指挥他人支付毒资、接取毒品,系罪责最为严重的主犯,应当按照其所参与和组织、指挥的全部犯罪处罚。唐小平走私、贩卖、运输毒品数量特别巨大,社会危害极大,罪行极其严重,且其曾多次因犯罪被判刑,在刑罚执行完毕后五年内又犯罪,系累犯,主观恶性深,人身危险性大,应依法从重处罚。据此,依法对被告人唐小平判处并核准死刑,剥夺政治权利终身,并处没收个人全部财产。

罪犯唐小平已于 2016 年 6 月 17 日被依法执行死刑。

三、典型意义

走私毒品属于源头性毒品犯罪,境外毒品被走私入境后,经犯罪分子层层转卖、运输,扩散至广大内地城市和吸食消费环节,造成了严重的社会危害。“金三角”缅北地区是国内消费市场上甲基苯丙胺片剂的主要来源。本案就是一起典型的将甲基苯丙胺片剂从缅北地区走私入境的跨国毒品犯罪。该案参与人员、犯罪环节众多,涉案毒品数量、毒资数额特别巨大。被告人唐小平两次以贩卖为目的走私毒品入境,其直接联系境外人员购买毒品,利用或纠集他人运输毒品,在共同犯罪中罪责最为突出,且有盗窃、故意伤害、抢劫等多次犯罪前科。人民法院根据唐小平的毒品犯罪数量、情节、危害后果及其在共同犯罪中的地位、作用,并综合考虑其主观恶性、人身危险性,对其判处死刑,体现了依法严惩走私毒品犯罪的一贯立场。

案例 2:洪海沿制造毒品案——制造毒品数量巨大,并非法持有枪支、弹药,罪行极其严重

一、基本案情

被告人洪海沿,男,汉族,1972 年 10 月 16 日出生,农民。

2012 年 7 月至 2013 年 5 月,被告人洪海沿在其位于广东省陆丰市甲西镇西山一村的旧屋内,伙同他人制造甲基苯丙胺(冰毒),并将制造出的部分毒品藏匿于其在该村的住宅和所经营的“伟发商场”内。2013 年 5 月 23 日,公安人员抓获洪海沿时,当场从其旧屋、住宅和“伟发商场”内查获甲基苯丙胺共计 8 605 克,含甲基苯丙胺成分的液体共计 45 510 克及化学品、制毒工具一批。同时,从洪海沿住宅和“伟发商场”内查获手枪 3 支、猎枪 1 支、制式手枪弹 46 发及其他子弹 84 发。

二、裁判结果

本案由广东省汕尾市中级人民法院一审,广东省高级人民法院二审。最高

人民法院对本案进行了死刑复核。

法院认为,被告人洪海沿伙同他人制造甲基苯丙胺,其行为已构成制造毒品罪;洪海沿违反枪支管理规定,非法持有枪支、子弹,其行为又构成非法持有枪支、弹药罪。洪海沿制造毒品数量巨大,社会危害大,罪行极其严重,应依法惩处。对洪海沿所犯数罪,应依法并罚。据此,依法对被告人洪海沿判处并核准死刑,剥夺政治权利终身,并处没收个人全部财产。

罪犯洪海沿已于2015年11月24日被依法执行死刑。

三、典型意义

近年来,随着以甲基苯丙胺为代表的合成毒品在我国滥用人数的不断增长,制造合成毒品犯罪呈加剧之势,制造甲基苯丙胺犯罪问题突出。本案就是一起典型的制造甲基苯丙胺犯罪案件。被告人洪海沿伙同他人在自家旧屋内制造甲基苯丙胺,数量达8 000余克,其还非法持有枪支、弹药,情节严重,具有严重的社会危害性。人民法院根据其犯罪事实、情节,依法对其判处死刑,体现了对制造合成毒品这类源头性毒品犯罪的严厉惩治,充分发挥了刑罚的威慑作用。

案例3:陈万寿故意杀人案——吸毒致幻后杀死无辜幼儿,罪行极其严重

一、基本案情

被告人陈万寿,男,汉族,1979年10月17日出生,农民。

被告人陈万寿常年吸毒,曾被强制隔离戒毒两年后复吸毒品。2013年9月20日12时许,陈万寿在广东省湛江市麻章区太平镇岭头村家中吸毒产生幻觉后,持菜刀闯入邻居陈某甲住宅,挟持陈某甲之子陈某乙(被害人,殁年3岁),威胁在一旁劝阻的群众。公安人员接警后赶到现场,陈万寿将陈某乙挟持至院内,不顾众人劝解,持菜刀砍切陈某乙颈部一刀,致其当场死亡。

二、裁判结果

本案由广东省湛江市中级人民法院一审,广东省高级人民法院二审。最高人民法院对本案进行了死刑复核。

法院认为,被告人陈万寿故意非法剥夺他人生命,其行为已构成故意杀人罪。陈万寿吸毒产生幻觉后,行凶杀害年仅3岁的幼儿,犯罪手段残忍,情节恶劣,罪行极其严重,应依法惩处。据此,依法对被告人陈万寿判处并核准死刑,剥夺政治权利终身。

罪犯陈万寿已于2016年1月22日被依法执行死刑。

三、典型意义

毒品具有中枢神经兴奋、抑制或者致幻作用,会使吸毒者出现兴奋、狂躁、抑

郁，甚至被害妄想、幻视幻听等症状，进而导致其自伤自残或实施暴力犯罪。近年来，因吸毒诱发的故意杀人、故意伤害等暴力犯罪频发，严重危害社会治安，有的案件造成了恶劣的社会影响。本案就是一起因吸毒诱发的故意杀人犯罪典型案例。被告人陈万寿与被害人是邻居，两家平日关系尚好。陈万寿长期吸毒，曾被强制隔离戒毒，后又复吸，且此前曾有过吸毒致幻现象。陈万寿作案前一小时左右吸食毒品，随后产生幻觉，持菜刀闯入邻居家中挟持年仅 3 岁的被害人陈某乙，并不顾到场公安人员和群众的劝阻，将陈某乙残忍杀害。该案充分反映出毒品对吸毒者本人、家庭乃至社会的严重危害。广大群众尤其是青少年应当切实提高识毒、防毒、拒毒的意识和能力，珍爱生命，远离毒品。

案例 4：孙静贩卖毒品案——通过网络贩卖毒品，并利用未成年人犯罪，依法严惩

一、基本案情

被告人孙静，女，汉族，1993 年 6 月 9 日出生，无业。

被告人孙静系吸毒人员。2013 年 9 月至 2014 年 3 月，孙静购得甲基苯丙胺后，以其创建的百度贴吧“三妈很强大”及 QQ 群“当岔道已成往事”“一口浓烟吐出美好明天”等为载体联系毒品买家，在网上约定交易细节后，将毒品藏在玩具兔子内通过快递寄给买家。孙静多次从在网上认识的杜仲伟（另案处理，已判刑）处购买甲基苯丙胺共计 1 000 余克，从黄辉、周丽瑶（均另案处理，已判刑）处购买甲基苯丙胺 110 克，通过网络将购得的毒品贩卖给北京、辽宁、山东、江苏等 20 余个省份的吸毒人员，发送快递共计 200 余件，获毒赃 55 万余元。

2014 年 2 月中下旬，被告人孙静在明知刘某某系未成年人的情况下，仍指使刘为其发送装有甲基苯丙胺的快递，并指使刘协助其对 QQ 群“当岔道已成往事”进行管理。同年 3 月 6 日，孙静在前往湖南省郴州市欲向黄辉、周丽瑶购买毒品时被抓获，公安人员当场查获其购毒款 3.46 万元。

二、裁判结果

本案由湖南省长沙市中级人民法院审理。

法院认为，被告人孙静伙同他人贩卖甲基苯丙胺，其行为已构成贩卖毒品罪。孙静贩卖毒品数量大，且多次向多人贩卖，犯罪情节恶劣，社会危害大，应依法惩处。孙静出资购买毒品，积极联系买家，直接交寄毒品，并指使他人参与贩卖毒品，在共同犯罪中起主要作用，系主犯，应当按照其所参与的全部犯罪处罚。孙静利用未成年人贩卖毒品，应依法从重处罚。据此，依法对被告人孙静判处无期徒刑，剥夺政治权利终身，并处没收个人全部财产。

宣判后,在法定期限内没有上诉、抗诉,上述裁判已于2015年7月26日产生法律效力。

三、典型意义

随着信息网络的普及,网络涉毒犯罪呈快速蔓延之势,主要表现为利用网络贩卖毒品、买卖制毒物品、传播制毒技术和组织他人吸毒等。本案就是一起利用互联网贩卖毒品的典型案例。被告人孙静创建百度贴吧、QQ群用于联系毒品买家,涉毒网络群组人数众多;在短短数月内,其发送涉毒快递200余件,贩卖对象覆盖20余个省份的吸毒人员,反映出网络毒品犯罪影响范围广、不受地域限制、社会危害大的现实特点。同时,孙静虽有吸毒行为,但其短期内大量购入毒品,主要是为了贩卖,人民法院按照其购买的毒品数量认定其贩卖毒品数量,仅在量刑时对其吸食毒品的情节予以酌情考虑,体现了对此类犯罪的依法从严惩处。当前,互联网是广大群众尤其是青少年获取外界信息的重要渠道,利用互联网实施的毒品犯罪较传统犯罪具有更大的危害性和影响力,对于网络涉毒犯罪应保持高压态势,坚决遏制毒品通过网络渠道蔓延。

案例5:莫进友贩卖毒品案——武装掩护毒品犯罪,依法严惩

一、基本案情

被告人莫进友,男,汉族,1992年12月9日出生,农民。

2015年3月16日凌晨,被告人莫进友在广西壮族自治区东兴市东兴镇凯迪阳光假日酒店将1小包氯胺酮贩卖给吸毒人员王某某。二人交易结束后被公安人员发现,王某某被当场抓获,公安人员从其身上查获了2.48克氯胺酮。莫进友在逃跑过程中持随身携带的手枪朝公安人员追来的方向射击,后将携带的5.23克甲基苯丙胺、0.79克氯胺酮丢弃于路边绿化带内。莫进友逃至一交叉路口欲拦车逃跑时被抓获,公安人员当场从其身上查获手枪1支、子弹3发。

二、裁判结果

本案由广西壮族自治区东兴市人民法院一审,广西壮族自治区防城港市中级人民法院二审。

法院认为,被告人莫进友贩卖甲基苯丙胺、氯胺酮,其行为已构成贩卖毒品罪。莫进友在实施贩卖毒品犯罪的过程中,随身携带枪支,并向公安人员开枪射击,其行为属于《刑法》第三百四十七条第二款第三项规定的武装掩护贩卖毒品,应依法惩处。据此,依法对被告人莫进友判处有期徒刑十五年,并处没收财产人民币两万元。

上述裁判已于2015年12月4日发生法律效力。

三、典型意义

近年来，毒品犯罪分子在实施走私、贩卖、运输、制造毒品犯罪的过程中，为掩护犯罪而携带枪支、弹药、爆炸物的案件屡有发生。特别是在广西、云南等边境地区，“枪毒合流”案件呈上升趋势。武装掩护毒品犯罪，不仅大大增加了执法机关查缉毒品犯罪的风险，也对社会治安和人民群众的生命财产安全构成威胁，并反映出犯罪分子较深的主观恶性和较大的人身危险性。因此，《刑法》第三百四十七条第二款第三项规定，犯罪分子具有“武装掩护走私、贩卖、运输、制造毒品”情节的，无论毒品数量多少，均应判处十五年有期徒刑以上刑罚。本案就是一起典型的贩毒人员携带枪支、弹药掩护毒品犯罪的案件。被告人莫进友贩卖少量毒品，却在实施毒品交易时随身携带枪支、弹药，并向追赶的公安人员开枪射击，虽未造成人员伤亡，但仍应认定为武装掩护贩卖毒品。人民法院根据其犯罪事实、情节，依法对其判处有期徒刑十五年，并处没收部分个人财产，体现了对武装掩护毒品犯罪的依法严惩。

结　语

新型合成毒品问题研究在我国是一个具有紧迫性和现实性的课题。在世界毒潮冲击下，从20世纪80年代起，以“金三角”为代表的境外毒源对我国的渗透加剧。近年来，随着形势的发展和我国对毒品违法犯罪打击力度的不断加大，传统毒品蔓延的势头得到了有效的遏制，但与此同时，以苯丙胺类兴奋剂为代表的新型合成毒品迅猛增长，对我国构成巨大威胁，云南也深受其害，新型合成毒品滥用人数直线上升，空间分布大面积蔓延扩散，导致了极其严重的后果，不仅使大批青少年误入歧途，而且对地方民族经济的发展和边疆稳定造成冲击与破坏。

但由于学术视野的不同，在新型合成毒品问题研究领域仍存在着诸多有待加强与完善之处。因此本书采用定量研究的方法，自2005年底2006年初开始进行问卷调查，至2006年4月，问卷调查全部结束，共发放问卷210份，收回有效问卷169份。为了进一步保证调查的真实性与调查新型合成毒品滥用行为的可靠性，笔者还通过实地考察、专家访谈、到娱乐场所暗访等方法进行研究，结合笔者在保山市公安局分管禁毒工作的实践，加深了对新型合成毒品滥用群体与滥用行为的感性认识。

本书主要以社会控制理论为基础——

一是采用主因子分析方法，对云南新型合成毒品滥用的危害进行了评估，并建立了评估模型。在评估新型合成毒品滥用的危害时，最重要的两个因子就是滥用者身体生产能力损害因子、心理能力损害因子。因此要积极采取有针对性的措施救治，提高新型合成毒品滥用者三方面的能力，即身体恢复能力、生产创业能力、心理矫治能力。而建立戒毒康复场所，集中安置一批多次戒毒复吸人员，全面开展生理脱瘾、心理矫治、劳动康复、职业培训，提高戒毒人员的劳动技能和融入社会的能力，无疑是帮助新型合成毒品滥用群体回归社会的一个重要措施。

二是运用聚类分析方法，对新型合成毒品滥用群体进行了科学的分类。通过对比综合分析，发现第一类为陪客人服食新型合成毒品的“high”妹，即陪客人吸食新型合成毒品的女性，其工作性质类似于歌厅陪歌小姐陪客人唱歌。其主体性特征主要表现为女性，出生地与当前生活地不一致，父母职业多为农民，父母文化程度不高，户口为农村户口等。第二类为公司职员、个体户、运输工人、商人、教师等滥用新型合成毒品群体，其特征主要表现为有较为稳定的工作和固定的收入。第三类为无业者滥用新型合成毒品群体，其特征主要表现为无稳定的工作和固定的收入。

三是探讨了新型合成毒品滥用与社会控制手段及家庭、社会、学校、朋辈群体等与新型合成毒品滥用群体滥用行为的各种相关关系。通过设计各种指标，以赫希社会控制论中的相关指标为基础，阐述了云南新型合成毒品滥用的现状及新型合成毒品滥用与社会控制手段及家庭、社会、学校、朋辈群体等与新型合成毒品滥用群体滥用行为的各种相关关系，并提出了有针对性的治理与控制措施。

四是结合近几年笔者从事禁毒研究与禁毒实战工作的经验，在总结我国治理新型合成毒品的成效的基础上，认真分析了当前治理新型合成毒品滥用工作中存在的问题，主要表现为打击与预防的关系处理及两个方面针对性不足、成效不明显的问题。继而提出治理云南新型合成毒品违法犯罪的对策建议，主要是六个方面的建议，诸多建议是笔者首先提出，并被云南省一些禁毒实战部门采纳，取得了较好的效果。

参考文献

一、中文文献

[1] 阿正编著:《世纪对话》,中国社会科学出版社 2000 年版。
[2] [法] 埃米尔·涂尔干:《社会分工论》,生活·读书·新知三联书店 2000 年版。
[3] [美] 艾尔·巴比:《社会研究方法(第 10 版)》,邱泽奇译,华夏出版社 2000 年版。
[4] [法] 安托万·波罗、莫里斯·波罗:《嗜毒癖》,胡尧步译,商务印书馆 1998 年版。
[5] 白建军:《关系犯罪学》,中国人民大学出版社 2005 年版。
[6] [美] 比德·罗西等:《项目评估方法与技术(第 6 版)》,邱泽奇译,华夏出版社 2002 年版。
[7] 边燕杰、李路路、蔡禾:《社会调查方法与技术: 中国实践》,社会科学文献出版社 2006 年版。
[8] [英] 保罗·奥默罗德:《蝴蝶效应经济学》,李华夏译,中信出版社 2006 年版。
[9] [法] 布迪厄:《实践与反思》,李猛、李康译,中央编译出版社 1998 年版。
[10] [法] 布迪厄:《实践感》,蒋梓骅译,译林出版社 2003 年版。
[11] [英] 布赖恩·特纳编:《社会理论指南(第 2 版)》,李康译,上海人民出版社 2003 年版。
[12] 蔡禾、何艳玲:《集体消费与社会不平等——对当代资本主义都市社会的一种分析视角》,《学术研究》2004 年第 1 期。
[13] 陈大鹏编撰:《触目惊心毒镜头》,红旗出版社 1998 年版。
[14] 陈向明:《质的研究方法与社会科学研究》,教育科学出版社 2000 年版。
[15] 仇立平:《回到马克思: 对中国社会分层研究的反思》,《社会》2006 年第 4 期。
[16] 崔敏主编:《毒品犯罪发展趋势与遏制对策》,警官教育出版社 1999 年版。

[17]《毒品危害与禁毒执法全书》,吉林音像出版社 2002 年版。
[18]［美］丹尼尔・贝尔:《资本主义文化矛盾》,赵一凡、蒲隆、任晓晋译,生活・读书・新知三联书店 1987 年版。
[19] 樊润英、白艳芳:《迷失于互联网的青少年犯罪原因及防治对策》,《山西省政法管理干部学院学报》2003 年第 4 期。
[20] 房红、阮惠风:《云南禁吸戒毒模式研究》,中国人民公安大学出版社 2011 年版。
[21] 方贻儒主编:《迷失的乐园——烟、酒、毒品成瘾行为案例》,上海人民出版社 2003 年版。
[22] 费孝通:《乡土中国》,生活・读书・新知三联书店 1985 年版。
[23] 费孝通:《学术自述与反思》,生活・读书・新知三联书店 1996 年版。
[24] 费孝通:《生育制度》,商务印书馆 2001 年版。
[25] 费孝通:《江村经济:中国农民的生活》,商务印书馆 2001 年版。
[26] 冯仕政:《再分配体制的再生——杰村的制度变迁》,国家行政学院出版社 2002 年版。
[27] 风笑天:《社会学研究方法》,中国人民大学出版社 2001 年版。
[28]［法］福柯:《规训与惩罚》,刘北成、杨远婴译,生活・读书・新知三联书店 1999 年版。
[29] 广东省公安厅政治部编:《毒品预防与控制》,中国人民公安大学出版社 2004 年版。
[30] 公安部人事训练局:《侦查措施与策略教程》,群众出版社 2000 年版。
[31] 郭建安、李荣文主编:《吸毒违法行为的预防与矫治》,法律出版社 2000 年版。
[32] 郭翔等主编:《中国当前的毒品问题与治理对策》,中国青年出版社 1997 年版。
[33] 郭志刚主编:《社会统计分析方法——SPSS 软件应用》,中国人民大学出版社 1999 年版。
[34]［德］哈贝马斯:《交往行动理论》,洪佩郁译,重庆出版社 1994 年版。
[35]［德］哈贝马斯:《公共领域的结构转型》,曹卫东译,学林出版社 1999 年版。
[36] 韩丹:《吸毒人群调查》,江苏人民出版社 2007 年版。
[37] 洪大用:《社会变迁与环境问题》,首都师范大学出版社 2001 年版。
[38] 胡申生等:《传播社会学导论》,上海大学出版社 2002 年版。
[39]［英］吉登斯:《现代性与自我认同》,赵旭东、方文、王铭铭译,生活・读

书·新知三联书店1998年版。
[40] [英] 吉登斯:《社会的构成》,李康、李猛译,生活·读书·新知三联书店1998年版。
[41] [英] 吉登斯:《民族——国家与暴力》,胡宗泽、赵力涛、王铭铭译,生活·读书·新知三联书店1998年版。
[42] [英] 吉登斯:《现代性的后果》,田禾译,黄平校,译林出版社2000年版。
[43] [英] 吉登斯:《社会学(第4版)》,赵旭东、齐心、王兵、阎书昌译,北京大学出版社2003年版。
[44] 蒋奖:《父母教养方式与青少年行为问题关系的研究》,《健康心理学杂志》2004年第1期。
[45] 江楠楠、郭培芳:《国外对因特网成瘾障碍的研究》,《心理科学》2003年第1期。
[46] 姜佐宁主编:《毒品的危害与防治》,中国社会科学出版社1998年版。
[47] [美] 杰克·D.道格拉斯、弗兰西斯·D.瓦克斯勒:《越轨社会学概论》,张宁、朱新民译,河北人民出版社1987年版。
[48] 禁毒委员会(云南)编:《禁毒防艾知识600题》,云南民族出版社2006年版。
[49] 康树华:《当代中国热点与新型犯罪透视》,群众出版社2007年版。
[50] 科尔曼:《社会理论的基础》,邓方译,社会科学文献出版社1990年版。
[51] 李春玲:《中国城镇社会流动》,社会科学文献出版社1997年版。
[52] 李春玲:《断裂与碎片:当代中国社会阶层分化实证分析》,社会科学文献出版社2005年版。
[53] 李汉林、渠敬东:《中国单位组织变迁过程中的失范效应》,上海人民出版社2005年版。
[54] 李路路、王奋宇:《当代中国现代化进程中的社会结构及其变革》,浙江人民出版社1992年版。
[55] 李路路、李汉林:《中国的单位组织:资源、权力与交换》,浙江人民出版社2000年版。
[56] 李路路:《再生产的延续》,中国人民大学出版社2003年版。
[57] 李佩良:《社会研究的统计应用》,社会科学文献出版社2000年版。
[58] 李培林:《中国新时期阶级阶层报告》,辽宁人民出版社1995年版。
[59] 李培林:《村落的终结:羊城村的故事》,商务印书馆2004年版。
[60] 李强:《当代中国社会分层流动》,中国经济出版社1993年版。

[61] 李强:《转型时期的中国社会分层结构》,黑龙江人民出版社 2002 年版。
[62] 李强:《中国社会分层结构的新变化》,李培林等著:《中国社会分层》,社会科学文献出版社 2004 年版。
[63] 李文君、阮惠风主编:《禁毒学》,中国人民公安大学出版社 2015 年版。
[64] 联合国毒品和犯罪问题办公室:《联合国 2006 年禁毒报告》,www.unodc.org/pdf/crime。
[65] 林化宾主编:《痛击毒魔——禁毒理论与实践》,上海社会科学院出版社 2006 年版。
[66] 林杰斌等:《SPSS12——统计建模与应用实务》,中国铁道出版社 2006 年版。
[67] [美] 林南:《地方性市场社会主义:中国农村地方法团主义之实际运行》,《国际社会学》1996 年第 5、6 期。
[68] 林竹主编:《国外民意调查与政府决策》,天津社会科学院出版社 2006 年版。
[69] [法] 勒庞:《乌合之众》,冯克列译,中央编译出版社 2004 年版。
[70] 列维-斯特劳斯:《野性的思维》,李幼蒸译,商务印书馆 1987 年版。
[71] 列维-斯特劳斯:《忧郁的热带》,王志明译,生活·读书·新知三联书店 2005 年版。
[72] 刘少杰:《经济社会学的视野:理性选择与感性选择》,中国社会科学文献出版社 2005 年版。
[73] 刘应杰等:《中国社会现象分析》,中国城市出版社 1998 年版。
[74] 刘志琴:《烟毒兴灭》,民主与建设出版社 1997 年版。
[75] 陆学艺主编:《改革中的农村与农民》,中共中央党校出版社 1992 年版。
[76] 陆学艺:《社会结构的变迁》,中国社会科学文献出版社 2002 年版。
[77] 陆学艺:《当代中国社会阶层研究报告》,中国社会科学文献出版社 2002 年版。
[78] [美] 伦斯基:《权力与特权:社会分层的理论》,关信平、沉重显、谢晋宇译,浙江人民出版社 1988 年版。
[79] [德] 马克斯·韦伯:《新教伦理与资本主义精神》,于晓、陈维纲等译,生活·读书·新知三联书店 1987 年版。
[80] [德] 马克斯·韦伯:《儒教与道教》,洪天富译,江苏人民出版社 1995 年版。
[81] [德] 马克斯·韦伯:《经济与社会》,林荣远译,商务印书馆 1997 年版。

[82] [德] 马克斯·韦伯:《支配社会学》,广西师范大学出版社 2004 年版。
[83] 马戎、刘世定、邱泽奇:《中国乡镇组织变迁研究》,华夏出版社 2000 年版。
[84] 梅德衡主编:《预防犯罪对策》,中华工商联合出版社 1995 年版。
[85] 美国司法部缉毒署编:《毒品案件侦察》,中国人民公安大学出版社 2003 年版。
[86] [法] 孟德拉斯:《农民的终结》,李培林译,中国社会科学出版社 1991 年版。
[87] [美] 米尔斯:《权力精英》,许荣、王崑译,南京大学出版社 2004 年版。
[88] 莫关耀主编:《毒品犯罪案件侦查教程》,中国人民公安大学出版社 2000 年版。
[89] 倪寿明、邓早阳:《毒品面面观》,东方出版社 1992 年版。
[90] [美] 诺斯:《制度、制度变迁与经济绩效》,刘守英译,上海三联书店 1994 年版。
[91] [美] 乔纳森·特纳:《社会学理论的结构》,邱泽奇等译,华夏出版社 2001 年版。
[92] [美] O. 瑞、C. 科塞:《毒品、社会与人的行为(第八版)》,夏建中等译,中国人民大学出版社 2001 年版。
[93] 欧阳涛、陈泽宪主编:《毒品犯罪及对策》,群众出版社 1993 年版。
[94] [美] 帕克、伯吉斯、麦肯齐:《城市社会学》,宋俊岭、吴建华、王登斌译,华夏出版社 1987 年版。
[95] 秦光荣主编:《云南青少年犯罪研究论文集》,云南民族出版社 2001 年版。
[96] 邱创教主编:《毒品犯罪惩治与防范全书》,中国法律出版社 1998 年版。
[97] 阮惠风主编:《禁毒情报实训教程》,中国人民公安大学出版社 2011 年版。
[98] 阮惠风:《新型合成毒品滥用与控制的实证研究》,中国人民公安大学出版社 2013 年版。
[99] 桑红华:《毒品犯罪》,警官教育出版社 1993 年版。
[100] 尚秀云:《家庭教育应当成为预防未成年人犯罪的第一道防线》,《家庭·学校·青少年保护》2004 年第 4 期。
[101] 司马云杰:《文化悖论——关于文化价值悖谬及其超越的理论研究》,陕西人民出版社 2003 年版。
[102] 孙大虹主编:《冰毒危害与防范》,中国人民公安大学出版社 2002 年版。
[103] 孙立平:《警惕上层寡头化、下层民粹化》,《中国与世界观察》2006 年第 3 期。

[104] 汤家麟等编著:《当代国际禁毒风云》,经济科学出版社 1997 年版。
[105] 魏玉芝主编:《毒品学》,群众出版社 1999 年版。
[106] [英] 维特根斯坦:《文化和价值》,清华大学出版社 1987 年版。
[107] [美] 文森特·帕里罗等:《当代社会问题(第四版)》,周兵等译,华夏出版社 2002 年版。
[108] 翁寒松:《我们需要什么样的互联网文化》,《工人日报》1999 年 12 月 22 日。
[109] 萧芒:《1 000 名戒毒者透视》,香港文化传播事务所有限公司 1999 年版。
[110] 谢立中:《现代性、后现代性社会理论》,北京大学出版社 2004 年版。
[111] 徐卫东:《试析刑事责任中的青少年》,法律图书馆论文资料库,http://www.law-lib.com/lw/lw_view.asp? no=2007。
[112] 杨丽君:《中国当代吸毒问题成因与治理》,群众出版社 2003 年版。
[113] 杨善华、谢立中主编:《西方社会学理论》,北京大学出版社 2006 年版。
[114] [美] 英格尔斯、史密斯:《从传统人到现代人——六个发展中国家中个人的变化》,顾昕译,中国人民大学出版社 1992 年版。
[115] 余建英、何旭宏编著:《数据统计分析与 SPSS 应用》,人民邮电出版社 2003 年版。
[116] 于燕京、张义荣、莫关耀主编:《禁毒学》,中国人民公安大学出版社 2005 年版。
[117] 于志刚:《毒品犯罪之理论问题研究》,时事出版社 1997 年版。
[118] 张岱山、程宜山:《中国文化与文化论争》,中国人民大学出版社 1990 年版。
[119] 张文峰:《当代世界毒品大战》,当代世界出版社 1995 年版。
[120] 张小虎:《转型期中国社会犯罪原因分析》,北京师范大学出版社 2002 年版。
[121] 张义荣主编:《禁毒学》,群众出版社 2007 年版。
[122] 张义荣主编:《禁毒学》,中国人民公安大学出版社 2009 年版。
[123] 张勇安:《〈美国毒品和毒品政策文献史〉述评》,《世界历史》2004 年第 3 期。
[124] 张振海编著:《新新人类》,中华工商联合出版社 1999 年版。
[125] 张宗亮:《互联网文化与青少年》,《山东社会科学》2004 年第 9 期。
[126] 赵秉志主编:《刑法争议问题研究》,河南人民出版社 1996 年版。
[127] 赵秉志主编:《现代世界毒品犯罪及其惩治》,中国人民公安大学出版社

1997 年版。
[128] 赵秉志、于志刚:《毒品犯罪》,中国人民公安大学出版社 1998 年版。
[129] 赵长青主编:《中国毒品问题研究》,中国大百科全书出版社 1993 年版。
[130] 郑杭生:《中国社会结构变化趋势研究》,中国人民大学出版社 2004 年版。
[131] 郑杭生主编:《社会学概论新修》,中国人民大学出版社 1994 年版。
[132] 郑杭生:《中国特色社会学理论的应用》,中国人民大学出版社 2005 年版。
[133] 郑杭生:《中国特色社会学理论的拓展》,中国人民大学出版社 2005 年版。
[134] 中华人民共和国国务院:《中国禁毒白皮书》,2000 年发布。
[135] 周晓红、周怡主编:《大过渡时代的中国青年》,南京大学出版社 2000 年版。
[136] 朱兰芝主编:《当代世界思潮》,人民出版社 2002 年版。
[137] 卓先义:《毒(药)物中毒鉴定理论与实践》,中国检察出版社 2001 年版。

二、外文文献

[138] Bloom, William, *Personal Identity, National Identity and International Relations*, Cambridge: Cambridge University Press, 1990.
[139] Carroll, Charles R., *Drugs in Modern Society*. Madison: Brown & Benchmark Publishers, 1985.
[140] Goode, E., *Drugs in American Society*, New York: McGraw-Hill Companies, Inc, 1998.
[141] Goode, E., *The Marijuana Smokers*, New York: Basic Books, 1970.
[142] Grund, Jean-Paul C., *Drug Use as a Social Ritual*, Rotterdam: Institutevoor Verslavingsonderzoek, 1993.
[143] Joshi, Vandana Grella, Christine E., "Drug Abuse and Treatment Initiation Patterns: Differences by Birth Cohorts", *Journal of Drug Issues*, Vol. 31, Issue 4 (Fall, 2001).
[144] Lauer, Robert H., *Social Problem and the Quality of Life*, New York: McGraw-Hill Companies, Inc, 1998.
[145] Linda Wong, "What Policy Approaches to Addiction Should We Adopt: Supply/Demand Reduction, Harm Reduction, or Prevention?", http://www.policy.ca.
[146] Martin, Moira, "Reasons for illicit drug use", http://www.drugsalcohol.info.

[147] Redfield, R. , *Peasant Society and Culture*, Chicago: University of Chicago Press, 1956.

[148] Riley, Sarah C. E, "Patterns, Trends, and Meanings of Drug Use by Dance-drug Users in Edinburgh, Scotland", *Drugs: Education, Prevention and Policy*, Vol. 11, Issue 3 (June, 2004).

[149] Sauvy, Alfred, *General Theory of Population*, New York: Basic Books, 1966.

[150] Skiba, David, "Adolescent Substance Use: Reviewing the Effectiveness of Prevention Strategies", *Social Work*, Vol. 49, Issue 3 (July, 2004).

[151] Witters, Weldon L. , Venturelli, Peter: *Drugs and Society*, Burlington: Jones and Bartlett Publishers, Inc, 1998.

[152] White, Helene Raskin, "Empirical Validity of Theories of Drug Abuse: Introductory Comments", *Joural of Drug Issues*, Vol. 26, Issue 2 (Spring, 1996).

[153] Wodarski, J. S. , "Adolescent Substance Abuse: Practice Implications", *Adolescence*, Vol. 25, Issue 99 (Fall, 1990).

附录 1

“新型合成毒品滥用与控制的实证研究”调查问卷

先生/女士：

您好！

此次调查旨在了解您服食冰毒、摇头丸、“K 粉”等新型合成毒品的相关情况，所有回答只用于数据分析，不会对您产生任何不利影响。请您如实反映真实情况和想法。

衷心感谢您的支持和协助！

课题组

2005 年 11 月

1. 您的性别：① 男　② 女
2. 您的出生地：________省/自治区/直辖市________市/州/地区
3. 您的生活地：________省/自治区/直辖市________市/州/地区
4. 您居住在：① 县级以上城市　② 小镇　③ 农村　④ 城郊结合部
5. 您的户口是：① 农业户口　② 非农业户口
6. 您的年龄：________岁
7. 您的文化程度：① 文盲　② 小学　③ 初中　④ 高中及中专　⑤ 大学专科　⑥ 大学本科　⑦ 研究生及以上
8. 您的政治面貌：① 团员　② 共产党员　③ 群众　④ 其他(请说明________)
9. 您的民族：________ 族
10. 您的婚姻状况：① 单身　② 离异有小孩　③ 离异无小孩　④ 已婚有小孩　⑤ 已婚无小孩
11. 您通常和谁住在一起：① 父母　② 亲生父亲和继母　③ 亲生母亲和继父　④ 父亲　⑤ 母亲　⑥ 祖父母　⑦ 妻子/丈夫　⑧ 其他(请说明)________
12. 您家目前居住人数：________人
13. 您父亲的文化程度：① 文盲　② 小学　③ 初中　④ 高中及中专　⑤ 大学

专科 ⑥ 大学本科 ⑦ 研究生及以上

14. 您母亲的文化程度：① 文盲 ② 小学 ③ 初中 ④ 高中及中专 ⑤ 大学专科 ⑥ 大学本科 ⑦ 研究生及以上

15. 您父亲的职业：________

16. 您母亲的职业：________

17. 父母是否吸毒：① 父母都吸 ② 父母都不吸 ③ 父亲吸 ④ 母亲吸

18. 父母是否离异：① 是 ② 否

19. 您有多少兄弟(包括继父母所生)：________个

20. 您有多少姐妹(包括继父母所生)：________个

21. 兄弟姐妹是否吸过毒：① 无 ② 有(有________个)

22. 您的其他亲属是否吸过毒：① 无 ② 有(有________个)

23. 您的同事、朋友是否吸过毒：① 无 ② 有(有________个)

24. 您服食新型合成毒品前的职业：________，服食新型合成毒品后的职业：________

25. 您服食新型合成毒品前每年的收入大约________元

26. 您服食新型合成毒品后每年的收入大约________元

27. 您家庭每年的收入大约________元，人均年收入大约________元。

28. 您服食新型合成毒品前的积蓄有________元。

29. 您服食新型合成毒品前有哪些爱好：________________________________

30. 您在闲暇时间主要从事哪些活动？(请在合适的项处打√，可以多选)
① 看电视、录像 ② 去电影院、歌舞厅、录像厅 ③ 体育活动 ④ 家务劳动(抚养、教育子女，照顾老人、病人等) ⑤ 养花鸟鱼 ⑥ 逛书店 ⑦ 读书看报 ⑧ 搓麻将、打扑克玩 ⑨ 赌博 ⑩ 上网聊天 ⑪ 上网玩游戏 ⑫ 上网看新闻 ⑬ 上网查学习资料 ⑭ 下棋、钓鱼、旅游 ⑮ 喝酒 ⑯ 其他
其中：从事最多的第一项活动(填号码即可)________，一周大约________小时。
从事最多的第二项活动(填号码即可)________，一周大约________小时。
从事最多的第三项活动(填号码即可)________，一周大约________小时。

31. 您第一次服用新型合成毒品是________年________月。

32. 您当时吸的是什么毒品：____________________

33. 您第一次服用新型合成毒品是通过什么渠道来的(只能选一项)：① 陌生人 ② 家人 ③ 男/女朋友 ④ 亲戚/朋友/同学 ⑤ 邻居 ⑥ 同事 ⑦ 其他熟人 ⑧ 其他(请说明)________

34. 您第一次服用新型合成毒品自己花钱了吗：① 花钱了　② 没有花钱
35. 您第一次服用新型合成毒品时的情景是(只能选一项，并在"________"上填写不包括本人在内的正确数字)：
① 与家人在一起(________个)　② 与男/女朋友在一起(________个)　③ 与亲戚/朋友/同学在一起(________个)　④ 与邻居在一起(________个)　⑤ 与同事在一起(________个)　⑥ 与其他认识的人在一起(________个)　⑦ 与没有自己认识的人在一起(________个)　⑧ 单独一人
如果上述数字大于或等于1，请问有________个已经在吸毒，其中________个已服食新型合成毒品；没有吸过毒的人中，除您之外，有________个和您一样尝试了新型合成毒品。
36. 第一次服食时的感觉：① 好　② 不好　③ 没感觉
37. 第一次服用是否自愿：① 自愿　② 被迫　③ 受骗
38. 为什么要服食新型合成毒品：____
____
39. 您吸食了________次上瘾，从第一次服食到上瘾大概________天。
40. 上瘾后，一般一周服食________次。
41. 您用过哪些新型合成毒品：____
42. 您最常用的新型合成毒品是：____
43. 您吸的新型合成毒品主要是从哪里来的：① 黑市　② 家人　③ 男/女朋友　④ 亲戚/朋友/同学　⑤ 邻居　⑥ 同事　⑦ 其他熟人　⑧ 迪厅、歌舞厅、录像厅等娱乐场所的陌生人　⑨ 其他(请说明)________
44. 您吸的新型合成毒品有相对固定的来源吗：① 来源比较固定　② 来源不太固定
45. 是您主动买新型合成毒品的次数多还是被动接受的次数多：① 自己主动购买多　② 被动接受的次数多　③ 大约各占一半
46. 一般情况下，您用什么方式服用新型合成毒品：________________________
47. 最初三次服用新型合成毒品的地点：① 朋友/自己家里　② 工作场所　③ 歌舞厅、迪厅　④ 酒吧、咖啡厅　⑤ 录像厅　⑥ 宾馆　⑦ 茶艺室　⑧ 其他(请说明)________
48. 您服食新型合成毒品的同时，吸食其他毒品吗：① 否　② 是，服食新型合成毒品前就吸食(请说明其他毒品的种类)________________　③ 是，服食新型合成毒品后才吸食(请说明其他毒品的种类)________________________
49. 您通常服食新型合成毒品的时间：① 早晨　② 上午　③ 下午　④ 晚上

⑤ 深夜 ⑥ 不定时

50. 您通常服食新型合成毒品的地点：① 朋友/自己家里 ② 工作场所 ③ 歌舞厅、迪厅 ④ 酒吧、咖啡厅 ⑤ 录像厅 ⑥ 宾馆 ⑦ 茶艺室 ⑧ 其他(请说明)________

51. 您通常服食新型合成毒品是一个人单独服食还是几人一起服食：① 单独 ② 几人一起(平均一般有________人)

52. 您通常服食新型合成毒品平均每天要________元才够。

53. 您开始服食时，买新型合成毒品的钱从何而来(若有多个，请按由多至少排序)：① 自己劳动所得 ② 自己的存款 ③ 向家里要 ④ 向亲戚朋友借 ⑤ 变卖家里的物品 ⑥ 采用其他方法获取
排序____

54. 您服食新型合成毒品成瘾________个月后，个人经济就很紧张。

55. 您服食新型合成毒品个人经济紧张时，钱从何而来(若有多个，请按由多至少排序)：① 自己劳动所得 ② 自己的存款 ③ 向家里要 ④ 向亲戚朋友借 ⑤ 变卖家里的物品 ⑥ 采用其他方法获取
排序____

56. 在家里，最先知道您服食新型合成毒品的是谁：① 哥哥 ② 姐姐 ③ 弟弟 ④ 妹妹 ⑤ 父亲 ⑥ 母亲 ⑦ 配偶 ⑧ (外)祖父 ⑨ (外)祖母 ⑩ 子女 其他(请说明)________

57. 他/她(们)是怎样知道的：① 自己告诉的 ② 别人告发的 ③ 他/她(们)发现的 ④ 政府通知的 ⑤ 其他

58. 您父母及家人知道您吸毒后，态度如何：① 反对并帮助您戒毒 ② 反对但没采取措施 ③ 不反对 ④ 无所谓

59. 周围人得知您服食新型合成毒品后，对您的态度：① 排斥 ② 接纳 ③ 躲避 ④ 和以前一样

60. 周围人得知您服食新型合成毒品后，对您家人的态度：① 排斥 ② 接纳 ③ 躲避 ④ 和以前一样

61. 您自愿戒过毒吗：① 无 ② 有(有____次)，家里人是否与您联系：(① 从未联系 ② 偶尔联系 ③ 经常联系)

62. 您强制戒过毒吗：① 无 ② 有(有____次)，家里人是否与您联系：(① 从未联系 ② 偶尔联系 ③ 经常联系)

63. 进戒毒所后，一般从生理上脱瘾要________天。

64. 服食新型合成毒品给您带来了哪些影响？

项　　　目			
感到精力很旺盛	是	不是	无回答
失学	是	不是	无回答
心情非常愉快	是	不是	无回答
记忆力严重下降	是	不是	无回答
容易产生暴力倾向	是	不是	无回答
失业	是	不是	无回答
失恋	是	不是	无回答
能够忘掉一切烦恼	是	不是	无回答
自己的家庭破裂	是	不是	无回答
自己流落社会	是	不是	无回答
自己体质下降	是	不是	无回答
自己感染疾病	是	不是	无回答
导致事故	是	不是	无回答
家庭成员身心受到严重伤害	是	不是	无回答
家庭财产受到重大损失	是	不是	无回答
其他违法犯罪	是	不是	无回答

65. 您的家庭情况：

项　　　目					
我的家人互相帮助	从不	偶尔	一般	经常	总是
我只喜欢同家人在一起	从不	偶尔	一般	经常	总是
我的家人彼此之间要比家庭以外其他人要亲密得多	从不	偶尔	一般	经常	总是
我的家人喜欢在闲暇时间聚在一起	从不	偶尔	一般	经常	总是
我的父亲很乐意同我交谈	从不	偶尔	一般	经常	总是
我的母亲很乐意同我交谈	从不	偶尔	一般	经常	总是
只要我的需要合理，我的父母就给我支持	从不	偶尔	一般	经常	总是
对我的不合理要求，我的父母很讲原则，不轻易满足我	从不	偶尔	一般	经常	总是

续 表

项　　目					
我父母非常爱我	从不	偶尔	一般	经常	总是
我父母不等我开口就知道我想些什么	从不	偶尔	一般	经常	总是
我如果遇到麻烦就告诉父母	从不	偶尔	一般	经常	总是
我感到很容易与父母讨论问题	从不	偶尔	一般	经常	总是
我父母知道我经常去哪儿	从不	偶尔	一般	经常	总是
我告诉父母晚上去哪儿	从不	偶尔	一般	经常	总是
我父母知道我经常干什么	从不	偶尔	一般	经常	总是
我父母知道我最好的朋友	从不	偶尔	一般	经常	总是
我父母尽量想让我明白是非	从不	偶尔	一般	经常	总是
我父母告诉我该做什么和不该做什么	从不	偶尔	一般	经常	总是
我父母试图将他们的价值观传递给我	从不	偶尔	一般	经常	总是
我父母给我很好的建议	从不	偶尔	一般	经常	总是
即使不同意，我也服从父母	从不	偶尔	一般	经常	总是
我朋友的建议比父母的更有道理	从不	偶尔	一般	经常	总是
我的父亲或母亲谈论自杀	从不	偶尔	一般	经常	总是
我的父亲或母亲试图自杀过	从不	偶尔	一般	经常	总是
我打过父母	从不	偶尔	一般	经常	总是
我父母喜欢看到我在家中规规矩矩	从不	偶尔	一般	经常	总是
我感到没人管	从不	偶尔	一般	经常	总是
在家中没人关心我	从不	偶尔	一般	经常	总是
我父母喜欢用粗鲁的语言来打击我	从不	偶尔	一般	经常	总是
我父母生我的气时狠狠揍我	从不	偶尔	一般	经常	总是
我父母伤我的感情	从不	偶尔	一般	经常	总是
我与父母争辩	从不	偶尔	一般	经常	总是
我父母在家中打架	从不	偶尔	一般	经常	总是
我父母在家中互相争吵	从不	偶尔	一般	经常	总是
我父母对我很失望	从不	偶尔	一般	经常	总是

续　表

项　　　目					
我父母警告说我正走向麻烦	从不	偶尔	一般	经常	总是
我喜欢和朋友在一起而不是家人	从不	偶尔	一般	经常	总是
我的父亲与母亲或继母结婚后还与别人有性关系	从不	偶尔	一般	经常	总是
我尊敬父母	从不	偶尔	一般	经常	总是
我父母告诉我要尊重老师	从不	偶尔	一般	经常	总是
我父母读书	从不	偶尔	一般	经常	总是
我父母酗酒	从不	偶尔	一般	经常	总是
我父母打牌搓麻将	从不	偶尔	一般	经常	总是
我父母常在我面前抱怨社会不公平	从不	偶尔	一般	经常	总是
我父母有违法犯罪现象	从不	偶尔	一般	经常	总是

66. 您最后一次上学时的有关情况：① 小学　② 初中　③ 高中/中专　④ 大学及以上

项　　　目				
班级成员之间互相帮助	完全同意	比较同意	不太同意	很不同意
班级成员经常发生争吵	完全同意	比较同意	不太同意	很不同意
班级的重要决定一般都由所有学生做出	完全同意	比较同意	不太同意	很不同意
学生们很喜欢班级的各项活动	完全同意	比较同意	不太同意	很不同意
班上的学生学习感到困难	完全同意	比较同意	不太同意	很不同意
班上的学生有许多不同的爱好	完全同意	比较同意	不太同意	很不同意
学生们常常很长一段时间无所事事	完全同意	比较同意	不太同意	很不同意
班上有许多课外活动	完全同意	比较同意	不太同意	很不同意
您很喜欢班上的课外活动	完全同意	比较同意	不太同意	很不同意
班上有严格的纪律规定	完全同意	比较同意	不太同意	很不同意
您支持班上的纪律规定	完全同意	比较同意	不太同意	很不同意
班级有明确具体的发展目标	完全同意	比较同意	不太同意	很不同意
您支持班上确定的发展目标	完全同意	比较同意	不太同意	很不同意

续 表

项　　目				
违犯纪律的学生会受到正确的批评	完全同意	比较同意	不太同意	很不同意
违犯纪律的学生会受到不公正的惩罚	完全同意	比较同意	不太同意	很不同意
学生们被要求严格遵守规则	完全同意	比较同意	不太同意	很不同意
班级成员之间相互不了解	完全同意	比较同意	不太同意	很不同意
班级组织纪律混乱	完全同意	比较同意	不太同意	很不同意
班级有明确的是非标准	完全同意	比较同意	不太同意	很不同意
班上学生很关心班集体的成功和荣誉	完全同意	比较同意	不太同意	很不同意
大多数学生真心希望把班集体搞好	完全同意	比较同意	不太同意	很不同意
学生之间关系淡漠，谈不上相互之间喜欢与否	完全同意	比较同意	不太同意	很不同意
很多学生对班上的许多事情都不满意	完全同意	比较同意	不太同意	很不同意
班干部由学生民主选举	完全同意	比较同意	不太同意	很不同意
班主任很关心学生	完全同意	比较同意	不太同意	很不同意
班主任经常和学生沟通	完全同意	比较同意	不太同意	很不同意
班主任对每一位同学一视同仁	完全同意	比较同意	不太同意	很不同意
班主任对每一位同学的学习、家庭情况十分了解	完全同意	比较同意	不太同意	很不同意
大部分同学都很喜欢班主任	完全同意	比较同意	不太同意	很不同意
您很喜欢班主任	完全同意	比较同意	不太同意	很不同意
班主任转化差生很有办法	完全同意	比较同意	不太同意	很不同意
班主任很重视每一位学生的爱好和特长	完全同意	比较同意	不太同意	很不同意
您在学校碰到困难愿意和班主任沟通	完全同意	比较同意	不太同意	很不同意
对一些成绩差的同学，班主任想办法劝其退学	完全同意	比较同意	不太同意	很不同意
对一些不遵守纪律的同学，班主任想办法劝其退学	完全同意	比较同意	不太同意	很不同意
班上流失学生的现象严重	完全同意	比较同意	不太同意	很不同意
班主任经常开展课外活动	完全同意	比较同意	不太同意	很不同意

续 表

项　　　目				
您上学时，总感觉到自己各方面在不断进步	完全同意	比较同意	不太同意	很不同意
大部分老师对学生很关心	完全同意	比较同意	不太同意	很不同意
大部分老师的课学生很喜欢	完全同意	比较同意	不太同意	很不同意
大部分老师的课您很喜欢	完全同意	比较同意	不太同意	很不同意
您对您上学时的成绩很满意	完全同意	比较同意	不太同意	很不同意
您对您上学时的表现很满意	完全同意	比较同意	不太同意	很不同意
您上学时培养了许多不健康兴趣	完全同意	比较同意	不太同意	很不同意
您上学时培养了很多健康的兴趣	完全同意	比较同意	不太同意	很不同意
您经常怕上学	完全同意	比较同意	不太同意	很不同意
您逃学次数多	完全同意	比较同意	不太同意	很不同意
学校经常开展课外活动	完全同意	比较同意	不太同意	很不同意
学校鼓励每一位同学发挥自己的特长	完全同意	比较同意	不太同意	很不同意
除学习成绩外，同学的各方面能力也得到了很好的培养	完全同意	比较同意	不太同意	很不同意
您很喜欢学校的生活	完全同意	比较同意	不太同意	很不同意

67. 请回答您现在的好朋友做以下事情的频度（按与您关系的亲密程度由高到低，不到 5 个有几个填几个，5 个以上只填 5 个）

朋友一：

项　　　目					
抽烟	从不	偶尔	一般	经常	总是
喝酒	从不	偶尔	一般	经常	总是
服用毒品	从不	偶尔	一般	经常	总是
旷课	从不	偶尔	一般	经常	总是
同其他年轻人打斗	从不	偶尔	一般	经常	总是
同父母打斗	从不	偶尔	一般	经常	总是
谈论过自杀	从不	偶尔	一般	经常	总是

续 表

项　　目					
尝试过自杀	从不	偶尔	一般	经常	总是
偷盗	从不	偶尔	一般	经常	总是
与人发生非婚性关系	从不	偶尔	一般	经常	总是

朋友二：

项　　目					
抽烟	从不	偶尔	一般	经常	总是
喝酒	从不	偶尔	一般	经常	总是
服用毒品	从不	偶尔	一般	经常	总是
旷课	从不	偶尔	一般	经常	总是
同其他年轻人打斗	从不	偶尔	一般	经常	总是
同父母打斗	从不	偶尔	一般	经常	总是
谈论过自杀	从不	偶尔	一般	经常	总是
尝试过自杀	从不	偶尔	一般	经常	总是
偷盗	从不	偶尔	一般	经常	总是
与人发生非婚性关系	从不	偶尔	一般	经常	总是

朋友三：

项　　目					
抽烟	从不	偶尔	一般	经常	总是
喝酒	从不	偶尔	一般	经常	总是
服用毒品	从不	偶尔	一般	经常	总是
旷课	从不	偶尔	一般	经常	总是
同其他年轻人打斗	从不	偶尔	一般	经常	总是
同父母打斗	从不	偶尔	一般	经常	总是
谈论过自杀	从不	偶尔	一般	经常	总是
尝试过自杀	从不	偶尔	一般	经常	总是
偷盗	从不	偶尔	一般	经常	总是
与人发生非婚性关系	从不	偶尔	一般	经常	总是

朋友四：

项　　　目					
抽烟	从不	偶尔	一般	经常	总是
喝酒	从不	偶尔	一般	经常	总是
服用毒品	从不	偶尔	一般	经常	总是
旷课	从不	偶尔	一般	经常	总是
同其他年轻人打斗	从不	偶尔	一般	经常	总是
同父母打斗	从不	偶尔	一般	经常	总是
谈论过自杀	从不	偶尔	一般	经常	总是
尝试过自杀	从不	偶尔	一般	经常	总是
偷盗	从不	偶尔	一般	经常	总是
与人发生非婚性关系	从不	偶尔	一般	经常	总是

朋友五：

项　　　目					
抽烟	从不	偶尔	一般	经常	总是
喝酒	从不	偶尔	一般	经常	总是
服用毒品	从不	偶尔	一般	经常	总是
旷课	从不	偶尔	一般	经常	总是
同其他年轻人打斗	从不	偶尔	一般	经常	总是
同父母打斗	从不	偶尔	一般	经常	总是
谈论过自杀	从不	偶尔	一般	经常	总是
尝试过自杀	从不	偶尔	一般	经常	总是
偷盗	从不	偶尔	一般	经常	总是
与人发生非婚性关系	从不	偶尔	一般	经常	总是

68. 您平时生活中的相关情况：

项　　　目					
我觉得闷闷不乐，情绪低沉	很少	少	一般	多	很多
我晚上睡眠不好	很少	少	一般	多	很多
我与异性接触时和以往一样感到愉快	很少	少	一般	多	很多

续 表

项　　目					
我无缘无故感到疲乏	很少	少	一般	多	很多
我觉得经常做的事情并没有困难	很少	少	一般	多	很多
我觉得不安而平静不下来	很少	少	一般	多	很多
我比平常容易激动	很少	少	一般	多	很多
我觉得做出决定是容易的	很少	少	一般	多	很多
我觉得自己是个有用的人,有人需要我	很少	少	一般	多	很多
我的生活过得很有意思	很少	少	一般	多	很多
我感到自己是一个有价值的人	很少	少	一般	多	很多
我感到自己有许多好的品质	很少	少	一般	多	很多
归根到底,我倾向于认为自己是一个失败者	很少	少	一般	多	很多
我能像大多数人一样把事情做好	很少	少	一般	多	很多
我感到自己值得骄傲的地方不多	很少	少	一般	多	很多
我对自己持肯定态度	很少	少	一般	多	很多
总的来说,我对自己是满意的	很少	少	一般	多	很多
我希望我能为自己赢得更多尊重	很少	少	一般	多	很多
我确实时常感到毫无用处	很少	少	一般	多	很多
我时常认为自己一无是处	很少	少	一般	多	很多
表情不开朗,很少展现笑容	很少	少	一般	多	很多
情绪起伏很大,不易了解	很少	少	一般	多	很多
表达情绪的方式通常是骂人、忍耐或委曲	很少	少	一般	多	很多
做事的态度拖拉、慢吞吞及被动	很少	少	一般	多	很多
对于自己的事,不能主动及负责任地完成	很少	少	一般	多	很多
对自己要求很高,达不到标准时会哭、闹、生气	很少	少	一般	多	很多
对自己期待低,觉得反正自己做不到就干脆放弃	很少	少	一般	多	很多
担心自己的意见不好而附和同伴的意见	很少	少	一般	多	很多
我喜欢交朋友	很少	少	一般	多	很多

续　表

项　　目					
面对困难，我总会想办法很好地解决	很少	少	一般	多	很多
我很尊重自己的生命	很少	少	一般	多	很多
对待不幸和挫折，我会正确地去看待	很少	少	一般	多	很多
我考虑问题，经常为别人着想	很少	少	一般	多	很多
我经常帮助其他人	很少	少	一般	多	很多
别人也经常帮助我	很少	少	一般	多	很多
我做事情总要干完	很少	少	一般	多	很多
我做一件事时往往会坚持干很长时间	很少	少	一般	多	很多

69. 你服食新型合成毒品前是否经常做以下事情：

项　　目					
喝啤酒	从不	偶尔	一般	经常	总是
喝葡萄酒	从不	偶尔	一般	经常	总是
喝烈性酒	从不	偶尔	一般	经常	总是
吸烟	从不	偶尔	一般	经常	总是
外出约会	从不	偶尔	一般	经常	总是
与朋友聚会	从不	偶尔	一般	经常	总是
与朋友一道参加晚会	从不	偶尔	一般	经常	总是
与别人发生非婚性关系	从不	偶尔	一般	经常	总是
同朋友一起上酒吧或夜总会	从不	偶尔	一般	经常	总是
观看黄色录像	从不	偶尔	一般	经常	总是
阅读黄色书刊	从不	偶尔	一般	经常	总是
与人打斗	从不	偶尔	一般	经常	总是
拿走不属于您的东西	从不	偶尔	一般	经常	总是
向人撒谎	从不	偶尔	一般	经常	总是
与警察有过纠葛	从不	偶尔	一般	经常	总是
去干活挣钱	从不	偶尔	一般	经常	总是

续 表

项　　目					
想过自杀	从不	偶尔	一般	经常	总是
尝试过自杀	从不	偶尔	一般	经常	总是
阅读健康的书报、杂志	从不	偶尔	一般	经常	总是

70. 请回答对以下观点的看法：

观　　点				
我努力干活会有所回报的	完全同意	比较同意	不太同意	很不同意
教育对个人很重要	完全同意	比较同意	不太同意	很不同意
只要努力，每个人都会有前途的	完全同意	比较同意	不太同意	很不同意
在这个社会上，金钱至上	完全同意	比较同意	不太同意	很不同意
人都是自私的，人的一切活动都是为了个人利益的满足	完全同意	比较同意	不太同意	很不同意
人生在世，吃穿二字	完全同意	比较同意	不太同意	很不同意
人生毫无意义，人生就是痛苦、悲剧	完全同意	比较同意	不太同意	很不同意
权力是衡量一个人人生价值的标准	完全同意	比较同意	不太同意	很不同意

附录 2

中华人民共和国禁毒法

（2007 年 12 月 29 日第十届全国人民代表大会常务委员会
第三十一次会议通过）

目　录

第一章　总　　则

第一条　为了预防和惩治毒品违法犯罪行为，保护公民身心健康，维护社会秩序，制定本法。

第二条　本法所称毒品，是指鸦片、海洛因、甲基苯丙胺（冰毒）、吗啡、大麻、可卡因，以及国家规定管制的其他能够使人形成瘾癖的麻醉药品和精神药品。

根据医疗、教学、科研的需要，依法可以生产、经营、使用、储存、运输麻醉药品和精神药品

第三条　禁毒是全社会的共同责任。国家机关、社会团体、企业事业单位以及其他组织和公民，应当依照本法和有关法律的规定，履行禁毒职责或者义务。

第四条　禁毒工作实行预防为主，综合治理，禁种、禁制、禁贩、禁吸并举的方针。

禁毒工作实行政府统一领导，有关部门各负其责，社会广泛参与的工作机制。

第五条　国务院设立国家禁毒委员会，负责组织、协调、指导全国的禁毒

工作。

县级以上地方各级人民政府根据禁毒工作的需要，可以设立禁毒委员会，负责组织、协调、指导本行政区域内的禁毒工作。

第六条 县级以上各级人民政府应当将禁毒工作纳入国民经济和社会发展规划，并将禁毒经费列入本级财政预算。

第七条 国家鼓励对禁毒工作的社会捐赠，并依法给予税收优惠。

第八条 国家鼓励开展禁毒科学技术研究，推广先进的缉毒技术、装备和戒毒方法。

第九条 国家鼓励公民举报毒品违法犯罪行为。各级人民政府和有关部门应当对举报人予以保护，对举报有功人员以及在禁毒工作中有突出贡献的单位和个人，给予表彰和奖励。

第十条 国家鼓励志愿人员参与禁毒宣传教育和戒毒社会服务工作。地方各级人民政府应当对志愿人员进行指导、培训，并提供必要的工作条件。

第二章 禁毒宣传教育

第十一条 国家采取各种形式开展全民禁毒宣传教育，普及毒品预防知识，增强公民的禁毒意识，提高公民自觉抵制毒品的能力。

国家鼓励公民、组织开展公益性的禁毒宣传活动。

第十二条 各级人民政府应当经常组织开展多种形式的禁毒宣传教育。

工会、共产主义青年团、妇女联合会应当结合各自工作对象的特点，组织开展禁毒宣传教育。

第十三条 教育行政部门、学校应当将禁毒知识纳入教育、教学内容，对学生进行禁毒宣传教育。公安机关、司法行政部门和卫生行政部门应当予以协助。

第十四条 新闻、出版、文化、广播、电影、电视等有关单位，应当有针对性地面向社会进行禁毒宣传教育。

第十五条 飞机场、火车站、长途汽车站、码头以及旅店、娱乐场所等公共场所的经营者、管理者，负责本场所的禁毒宣传教育，落实禁毒防范措施，预防毒品违法犯罪行为在本场所内发生。

第十六条 国家机关、社会团体、企业事业单位以及其他组织，应当加强对本单位人员的禁毒宣传教育。

第十七条 居民委员会、村民委员会应当协助人民政府以及公安机关等部门，加强禁毒宣传教育，落实禁毒防范措施。

第十八条 未成年人的父母或者其他监护人应当对未成年人进行毒品危害的教育，防止其吸食、注射毒品或者进行其他毒品违法犯罪活动。

第三章 毒品管制

第十九条 国家对麻醉药品药用原植物种植实行管制。禁止非法种植罂粟、古柯植物、大麻植物以及国家规定管制的可以用于提炼加工毒品的其他原植物。禁止走私或者非法买卖、运输、携带、持有未经灭活的毒品原植物种子或者幼苗。

地方各级人民政府发现非法种植毒品原植物的，应当立即采取措施予以制止、铲除。村民委员会、居民委员会发现非法种植毒品原植物的，应当及时予以制止、铲除，并向当地公安机关报告。

第二十条 国家确定的麻醉药品药用原植物种植企业，必须按照国家有关规定种植麻醉药品药用原植物。

国家确定的麻醉药品药用原植物种植企业的提取加工场所，以及国家设立的麻醉药品储存仓库，列为国家重点警戒目标。

未经许可，擅自进入国家确定的麻醉药品药用原植物种植企业的提取加工场所或者国家设立的麻醉药品储存仓库等警戒区域的，由警戒人员责令其立即离开；拒不离开的，强行带离现场。

第二十一条 国家对麻醉药品和精神药品实行管制，对麻醉药品和精神药品的实验研究、生产、经营、使用、储存、运输实行许可和查验制度。

国家对易制毒化学品的生产、经营、购买、运输实行许可制度。

禁止非法生产、买卖、运输、储存、提供、持有、使用麻醉药品、精神药品和易制毒化学品。

第二十二条 国家对麻醉药品、精神药品和易制毒化学品的进口、出口实行许可制度。国务院有关部门应当按照规定的职责，对进口、出口麻醉药品、精神药品和易制毒化学品依法进行管理。禁止走私麻醉药品、精神药品和易制毒化学品。

第二十三条 发生麻醉药品、精神药品和易制毒化学品被盗、被抢、丢失或者其他流入非法渠道的情形，案发单位应当立即采取必要的控制措施，并立即向公安机关报告，同时依照规定向有关主管部门报告。

公安机关接到报告后，或者有证据证明麻醉药品、精神药品和易制毒化学品可能流入非法渠道的，应当及时开展调查，并可以对相关单位采取必要的控制措施。药品监督管理部门、卫生行政部门以及其他有关部门应当配合公安机关开展工作。

第二十四条 禁止非法传授麻醉药品、精神药品和易制毒化学品的制造方法。公安机关接到举报或者发现非法传授麻醉药品、精神药品和易制毒化学品制造方法的，应当及时依法查处。

第二十五条 麻醉药品、精神药品和易制毒化学品管理的具体办法，由国务院规定。

第二十六条 公安机关根据查缉毒品的需要，可以在边境地区、交通要道、口岸以及飞机场、火车站、长途汽车站、码头对来往人员、物品、货物以及交通工具进行毒品和易制毒化学品检查，民航、铁路、交通部门应当予以配合。

海关应当依法加强对进出口岸的人员、物品、货物和运输工具的检查，防止走私毒品和易制毒化学品。

邮政企业应当依法加强对邮件的检查，防止邮寄毒品和非法邮寄易制毒化学品。

第二十七条 娱乐场所应当建立巡查制度，发现娱乐场所内有毒品违法犯罪活动的，应当立即向公安机关报告。

第二十八条 对依法查获的毒品，吸食、注射毒品的用具，毒品违法犯罪的非法所得及其收益，以及直接用于实施毒品违法犯罪行为的本人所有的工具、设备、资金，应当收缴，依照规定处理。

第二十九条 反洗钱行政主管部门应当依法加强对可疑毒品犯罪资金的监测。反洗钱行政主管部门和其他依法负有反洗钱监督管理职责的部门、机构发现涉嫌毒品犯罪的资金流动情况，应当及时向侦查机关报告，并配合侦查机关做好侦查、调查工作。

第三十条 国家建立健全毒品监测和禁毒信息系统，开展毒品监测和禁毒信息的收集、分析、使用、交流工作。

第四章 戒毒措施

第三十一条 国家采取各种措施帮助吸毒人员戒除毒瘾，教育和挽救吸毒人员。

吸毒成瘾人员应当进行戒毒治疗。

吸毒成瘾的认定办法，由国务院卫生行政部门、药品监督管理部门、公安部门规定。

第三十二条 公安机关可以对涉嫌吸毒的人员进行必要的检测，被检测人员应当予以配合；对拒绝接受检测的，经县级以上人民政府公安机关或者其派出机构负责人批准，可以强制检测。

公安机关应当对吸毒人员进行登记。

第三十三条 对吸毒成瘾人员，公安机关可以责令其接受社区戒毒，同时通知吸毒人员户籍所在地或者现居住地的城市街道办事处、乡镇人民政府。社区戒毒的期限为三年。

戒毒人员应当在户籍所在地接受社区戒毒；在户籍所在地以外的现居住地有固定住所的，可以在现居住地接受社区戒毒。

第三十四条 城市街道办事处、乡镇人民政府负责社区戒毒工作。城市街道办事处、乡镇人民政府可以指定有关基层组织，根据戒毒人员本人和家庭情况，与戒毒人员签订社区戒毒协议，落实有针对性的社区戒毒措施。公安机关和司法行政、卫生行政、民政等部门应当对社区戒毒工作提供指导和协助。

城市街道办事处、乡镇人民政府，以及县级人民政府劳动行政部门对无职业且缺乏就业能力的戒毒人员，应当提供必要的职业技能培训、就业指导和就业援助。

第三十五条 接受社区戒毒的戒毒人员应当遵守法律、法规，自觉履行社区戒毒协议，并根据公安机关的要求，定期接受检测。

对违反社区戒毒协议的戒毒人员，参与社区戒毒的工作人员应当进行批评、教育；对严重违反社区戒毒协议或者在社区戒毒期间又吸食、注射毒品的，应当及时向公安机关报告。

第三十六条 吸毒人员可以自行到具有戒毒治疗资质的医疗机构接受戒毒治疗。

设置戒毒医疗机构或者医疗机构从事戒毒治疗业务的，应当符合国务院卫生行政部门规定的条件，报所在地的省、自治区、直辖市人民政府卫生行政部门批准，并报同级公安机关备案。戒毒治疗应当遵守国务院卫生行政部门制定的戒毒治疗规范，接受卫生行政部门的监督检查。

戒毒治疗不得以营利为目的。戒毒治疗的药品、医疗器械和治疗方法不得做广告。戒毒治疗收取费用的，应当按照省、自治区、直辖市人民政府价格主管部门会同卫生行政部门制定的收费标准执行。

第三十七条 医疗机构根据戒毒治疗的需要，可以对接受戒毒治疗的戒毒人员进行身体和所携带物品的检查；对在治疗期间有人身危险的，可以采取必要的临时保护性约束措施。

发现接受戒毒治疗的戒毒人员在治疗期间吸食、注射毒品的，医疗机构应当及时向公安机关报告。

第三十八条 吸毒成瘾人员有下列情形之一的，由县级以上人民政府公安机关作出强制隔离戒毒的决定：

（一）拒绝接受社区戒毒的；

（二）在社区戒毒期间吸食、注射毒品的；

（三）严重违反社区戒毒协议的；

（四）经社区戒毒、强制隔离戒毒后再次吸食、注射毒品的。

对于吸毒成瘾严重，通过社区戒毒难以戒除毒瘾的人员，公安机关可以直接作出强制隔离戒毒的决定。

吸毒成瘾人员自愿接受强制隔离戒毒的，经公安机关同意，可以进入强制隔离戒毒场所戒毒。

第三十九条 怀孕或者正在哺乳自己不满一周岁婴儿的妇女吸毒成瘾的，不适用强制隔离戒毒。不满十六周岁的未成年人吸毒成瘾的，可以不适用强制隔离戒毒。

对依照前款规定不适用强制隔离戒毒的吸毒成瘾人员，依照本法规定进行社区戒毒，由负责社区戒毒工作的城市街道办事处、乡镇人民政府加强帮助、教育和监督，督促落实社区戒毒措施。

第四十条 公安机关对吸毒成瘾人员决定予以强制隔离戒毒的，应当制作强制隔离戒毒决定书，在执行强制隔离戒毒前送达被决定人，并在送达后二十四小时以内通知被决定人的家属、所在单位和户籍所在地公安派出所；被决定人不讲真实姓名、住址，身份不明的，公安机关应当自查清其身份后通知。

被决定人对公安机关作出的强制隔离戒毒决定不服的，可以依法申请行政复议或者提起行政诉讼。

第四十一条 对被决定予以强制隔离戒毒的人员，由作出决定的公安机关送强制隔离戒毒场所执行。

强制隔离戒毒场所的设置、管理体制和经费保障，由国务院规定。

第四十二条 戒毒人员进入强制隔离戒毒场所戒毒时，应当接受对其身体和所携带物品的检查。

第四十三条 强制隔离戒毒场所应当根据戒毒人员吸食、注射毒品的种类及成瘾程度等，对戒毒人员进行有针对性的生理、心理治疗和身体康复训练。

根据戒毒的需要，强制隔离戒毒场所可以组织戒毒人员参加必要的生产劳动，对戒毒人员进行职业技能培训。组织戒毒人员参加生产劳动的，应当支付劳动报酬。

第四十四条 强制隔离戒毒场所应当根据戒毒人员的性别、年龄、患病等情况，对戒毒人员实行分别管理。

强制隔离戒毒场所对有严重残疾或者疾病的戒毒人员，应当给予必要的看护和治疗；对患有传染病的戒毒人员，应当依法采取必要的隔离、治疗措施；对可能发生自伤、自残等情形的戒毒人员，可以采取相应的保护性约束措施。

强制隔离戒毒场所管理人员不得体罚、虐待或者侮辱戒毒人员。

第四十五条 强制隔离戒毒场所应当根据戒毒治疗的需要配备执业医师。强制隔离戒毒场所的执业医师具有麻醉药品和精神药品处方权的,可以按照有关技术规范对戒毒人员使用麻醉药品、精神药品。

卫生行政部门应当加强对强制隔离戒毒场所执业医师的业务指导和监督管理。

第四十六条 戒毒人员的亲属和所在单位或者就读学校的工作人员,可以按照有关规定探访戒毒人员。戒毒人员经强制隔离戒毒场所批准,可以外出探视配偶、直系亲属。

强制隔离戒毒场所管理人员应当对强制隔离戒毒场所以外的人员交给戒毒人员的物品和邮件进行检查,防止夹带毒品。在检查邮件时,应当依法保护戒毒人员的通信自由和通信秘密。

第四十七条 强制隔离戒毒的期限为二年。

执行强制隔离戒毒一年后,经诊断评估,对于戒毒情况良好的戒毒人员,强制隔离戒毒场所可以提出提前解除强制隔离戒毒的意见,报强制隔离戒毒的决定机关批准。

强制隔离戒毒期满前,经诊断评估,对于需要延长戒毒期限的戒毒人员,由强制隔离戒毒场所提出延长戒毒期限的意见,报强制隔离戒毒的决定机关批准。强制隔离戒毒的期限最长可以延长一年。

第四十八条 对于被解除强制隔离戒毒的人员,强制隔离戒毒的决定机关可以责令其接受不超过三年的社区康复。

社区康复参照本法关于社区戒毒的规定实施。

第四十九条 县级以上地方各级人民政府根据戒毒工作的需要,可以开办戒毒康复场所;对社会力量依法开办的公益性戒毒康复场所应当给予扶持,提供必要的便利和帮助。

戒毒人员可以自愿在戒毒康复场所生活、劳动。戒毒康复场所组织戒毒人员参加生产劳动的,应当参照国家劳动用工制度的规定支付劳动报酬。

第五十条 公安机关、司法行政部门对被依法拘留、逮捕、收监执行刑罚以及被依法采取强制性教育措施的吸毒人员,应当给予必要的戒毒治疗。

第五十一条 省、自治区、直辖市人民政府卫生行政部门会同公安机关、药品监督管理部门依照国家有关规定,根据巩固戒毒成果的需要和本行政区域艾滋病流行情况,可以组织开展戒毒药物维持治疗工作。

第五十二条 戒毒人员在入学、就业、享受社会保障等方面不受歧视。有关部门、组织和人员应当在入学、就业、享受社会保障等方面对戒毒人员给予必要的指导和帮助。

第五章　禁毒国际合作

第五十三条　中华人民共和国根据缔结或者参加的国际条约或者按照对等原则，开展禁毒国际合作。

第五十四条　国家禁毒委员会根据国务院授权，负责组织开展禁毒国际合作，履行国际禁毒公约义务。

第五十五条　涉及追究毒品犯罪的司法协助，由司法机关依照有关法律的规定办理。

第五十六条　国务院有关部门应当按照各自职责，加强与有关国家或者地区执法机关以及国际组织的禁毒情报信息交流，依法开展禁毒执法合作。

经国务院公安部门批准，边境地区县级以上人民政府公安机关可以与有关国家或者地区的执法机关开展执法合作。

第五十七条　通过禁毒国际合作破获毒品犯罪案件的，中华人民共和国政府可以与有关国家分享查获的非法所得、由非法所得获得的收益以及供毒品犯罪使用的财物或者财物变卖所得的款项。

第五十八条　国务院有关部门根据国务院授权，可以通过对外援助等渠道，支持有关国家实施毒品原植物替代种植、发展替代产业。

第六章　法 律 责 任

第五十九条　有下列行为之一，构成犯罪的，依法追究刑事责任；尚不构成犯罪的，依法给予治安管理处罚：

（一）走私、贩卖、运输、制造毒品的；

（二）非法持有毒品的；

（三）非法种植毒品原植物的；

（四）非法买卖、运输、携带、持有未经灭活的毒品原植物种子或者幼苗的；

（五）非法传授麻醉药品、精神药品或者易制毒化学品制造方法的；

（六）强迫、引诱、教唆、欺骗他人吸食、注射毒品的；

（七）向他人提供毒品的。

第六十条　有下列行为之一，构成犯罪的，依法追究刑事责任；尚不构成犯罪的，依法给予治安管理处罚：

（一）包庇走私、贩卖、运输、制造毒品的犯罪分子，以及为犯罪分子窝藏、转移、隐瞒毒品或者犯罪所得财物的；

（二）在公安机关查处毒品违法犯罪活动时为违法犯罪行为人通风报信的；

（三）阻碍依法进行毒品检查的；

（四）隐藏、转移、变卖或者损毁司法机关、行政执法机关依法扣押、查封、冻结的涉及毒品违法犯罪活动的财物的。

第六十一条 容留他人吸食、注射毒品或者介绍买卖毒品，构成犯罪的，依法追究刑事责任；尚不构成犯罪的，由公安机关处十日以上十五日以下拘留，可以并处三千元以下罚款；情节较轻的，处五日以下拘留或者五百元以下罚款。

第六十二条 吸食、注射毒品的，依法给予治安管理处罚。吸毒人员主动到公安机关登记或者到有资质的医疗机构接受戒毒治疗的，不予处罚。

第六十三条 在麻醉药品、精神药品的实验研究、生产、经营、使用、储存、运输、进口、出口以及麻醉药品药用原植物种植活动中，违反国家规定，致使麻醉药品、精神药品或者麻醉药品药用原植物流入非法渠道，构成犯罪的，依法追究刑事责任；尚不构成犯罪的，依照有关法律、行政法规的规定给予处罚。

第六十四条 在易制毒化学品的生产、经营、购买、运输或者进口、出口活动中，违反国家规定，致使易制毒化学品流入非法渠道，构成犯罪的，依法追究刑事责任；尚不构成犯罪的，依照有关法律、行政法规的规定给予处罚。

第六十五条 娱乐场所及其从业人员实施毒品违法犯罪行为，或者为进入娱乐场所的人员实施毒品违法犯罪行为提供条件，构成犯罪的，依法追究刑事责任；尚不构成犯罪的，依照有关法律、行政法规的规定给予处罚。

娱乐场所经营管理人员明知场所内发生聚众吸食、注射毒品或者贩毒活动，不向公安机关报告的，依照前款的规定给予处罚。

第六十六条 未经批准，擅自从事戒毒治疗业务的，由卫生行政部门责令停止违法业务活动，没收违法所得和使用的药品、医疗器械等物品；构成犯罪的，依法追究刑事责任。

第六十七条 戒毒医疗机构发现接受戒毒治疗的戒毒人员在治疗期间吸食、注射毒品，不向公安机关报告的，由卫生行政部门责令改正；情节严重的，责令停业整顿。

第六十八条 强制隔离戒毒场所、医疗机构、医师违反规定使用麻醉药品、精神药品，构成犯罪的，依法追究刑事责任；尚不构成犯罪的，依照有关法律、行政法规的规定给予处罚。

第六十九条 公安机关、司法行政部门或者其他有关主管部门的工作人员在禁毒工作中有下列行为之一，构成犯罪的，依法追究刑事责任；尚不构成犯罪的，依法给予处分：

（一）包庇、纵容毒品违法犯罪人员的；

（二）对戒毒人员有体罚、虐待、侮辱等行为的；

（三）挪用、截留、克扣禁毒经费的；

（四）擅自处分查获的毒品和扣押、查封、冻结的涉及毒品违法犯罪活动的财物的。

第七十条 有关单位及其工作人员在入学、就业、享受社会保障等方面歧视戒毒人员的，由教育行政部门、劳动行政部门责令改正；给当事人造成损失的，依法承担赔偿责任。

第七章 附 则

第七十一条 本法自 2008 年 6 月 1 日起施行。《全国人民代表大会常务委员会关于禁毒的决定》同时废止。

附录 3

戒毒条例

（中华人民共和国国务院令第 597 号）

第一章　总　　则

第一条　为了规范戒毒工作，帮助吸毒成瘾人员戒除毒瘾，维护社会秩序，根据《中华人民共和国禁毒法》，制定本条例。

第二条　县级以上人民政府应当建立政府统一领导，禁毒委员会组织、协调、指导，有关部门各负其责，社会力量广泛参与的戒毒工作体制。

戒毒工作坚持以人为本、科学戒毒、综合矫治、关怀救助的原则，采取自愿戒毒、社区戒毒、强制隔离戒毒、社区康复等多种措施，建立戒毒治疗、康复指导、救助服务兼备的工作体系。

第三条　县级以上人民政府应当按照国家有关规定将戒毒工作所需经费列入本级财政预算。

第四条　县级以上地方人民政府设立的禁毒委员会可以组织公安机关、卫生行政和药品监督管理部门开展吸毒监测、调查，并向社会公开监测、调查结果。

县级以上地方人民政府公安机关负责对涉嫌吸毒人员进行检测，对吸毒人员进行登记并依法实行动态管控，依法责令社区戒毒、决定强制隔离戒毒、责令社区康复，管理公安机关的强制隔离戒毒场所、戒毒康复场所，对社区戒毒、社区康复工作提供指导和支持。

设区的市级以上地方人民政府司法行政部门负责管理司法行政部门的强制隔离戒毒场所、戒毒康复场所，对社区戒毒、社区康复工作提供指导和支持。

县级以上地方人民政府卫生行政部门负责戒毒医疗机构的监督管理，会同公安机关、司法行政等部门制定戒毒医疗机构设置规划，对戒毒医疗服务提供指导和支持。

县级以上地方人民政府民政、人力资源社会保障、教育等部门依据各自的职责，对社区戒毒、社区康复工作提供康复和职业技能培训等指导和支持。

第五条 乡(镇)人民政府、城市街道办事处负责社区戒毒、社区康复工作。

第六条 县级、设区的市级人民政府需要设置强制隔离戒毒场所、戒毒康复场所的,应当合理布局,报省、自治区、直辖市人民政府批准,并纳入当地国民经济和社会发展规划。

强制隔离戒毒场所、戒毒康复场所的建设标准,由国务院建设部门、发展改革部门会同国务院公安部门、司法行政部门制定。

第七条 戒毒人员在入学、就业、享受社会保障等方面不受歧视。

对戒毒人员戒毒的个人信息应当依法予以保密。对戒断 3 年未复吸的人员,不再实行动态管控。

第八条 国家鼓励、扶持社会组织、企业、事业单位和个人参与戒毒科研、戒毒社会服务和戒毒社会公益事业。

对在戒毒工作中有显著成绩和突出贡献的,按照国家有关规定给予表彰、奖励。

第二章 自愿戒毒

第九条 国家鼓励吸毒成瘾人员自行戒除毒瘾。吸毒人员可以自行到戒毒医疗机构接受戒毒治疗。对自愿接受戒毒治疗的吸毒人员,公安机关对其原吸毒行为不予处罚。

第十条 戒毒医疗机构应当与自愿戒毒人员或者其监护人签订自愿戒毒协议,就戒毒方法、戒毒期限、戒毒的个人信息保密、戒毒人员应当遵守的规章制度、终止戒毒治疗的情形等作出约定,并应当载明戒毒疗效、戒毒治疗风险。

第十一条 戒毒医疗机构应当履行下列义务:

(一) 对自愿戒毒人员开展艾滋病等传染病的预防、咨询教育;

(二) 对自愿戒毒人员采取脱毒治疗、心理康复、行为矫治等多种治疗措施,并应当符合国务院卫生行政部门制定的戒毒治疗规范;

(三) 采用科学、规范的诊疗技术和方法,使用的药物、医院制剂、医疗器械应当符合国家有关规定;

(四) 依法加强药品管理,防止麻醉药品、精神药品流失滥用。

第十二条 符合参加戒毒药物维持治疗条件的戒毒人员,由本人申请,并经登记,可以参加戒毒药物维持治疗。登记参加戒毒药物维持治疗的戒毒人员的信息应当及时报公安机关备案。

戒毒药物维持治疗的管理办法,由国务院卫生行政部门会同国务院公安部门、药品监督管理部门制定。

第三章 社区戒毒

第十三条 对吸毒成瘾人员，县级、设区的市级人民政府公安机关可以责令其接受社区戒毒，并出具责令社区戒毒决定书，送达本人及其家属，通知本人户籍所在地或者现居住地乡（镇）人民政府、城市街道办事处。

第十四条 社区戒毒人员应当自收到责令社区戒毒决定书之日起15日内到社区戒毒执行地乡（镇）人民政府、城市街道办事处报到，无正当理由逾期不报到的，视为拒绝接受社区戒毒。

社区戒毒的期限为3年，自报到之日起计算。

第十五条 乡（镇）人民政府、城市街道办事处应当根据工作需要成立社区戒毒工作领导小组，配备社区戒毒专职工作人员，制定社区戒毒工作计划，落实社区戒毒措施。

第十六条 乡（镇）人民政府、城市街道办事处，应当在社区戒毒人员报到后及时与其签订社区戒毒协议，明确社区戒毒的具体措施、社区戒毒人员应当遵守的规定以及违反社区戒毒协议应承担的责任。

第十七条 社区戒毒专职工作人员、社区民警、社区医务人员、社区戒毒人员的家庭成员以及禁毒志愿者共同组成社区戒毒工作小组具体实施社区戒毒。

第十八条 乡（镇）人民政府、城市街道办事处和社区戒毒工作小组应当采取下列措施管理、帮助社区戒毒人员：

（一）戒毒知识辅导；

（二）教育、劝诫；

（三）职业技能培训，职业指导，就学、就业、就医援助；

（四）帮助戒毒人员戒除毒瘾的其他措施。

第十九条 社区戒毒人员应当遵守下列规定：

（一）履行社区戒毒协议；

（二）根据公安机关的要求，定期接受检测；

（三）离开社区戒毒执行地所在县（市、区）3日以上的，须书面报告。

第二十条 社区戒毒人员在社区戒毒期间，逃避或者拒绝接受检测3次以上，擅自离开社区戒毒执行地所在县（市、区）3次以上或者累计超过30日的，属于《中华人民共和国禁毒法》规定的“严重违反社区戒毒协议”。

第二十一条 社区戒毒人员拒绝接受社区戒毒，在社区戒毒期间又吸食、注射毒品，以及严重违反社区戒毒协议的，社区戒毒专职工作人员应当及时向当地公安机关报告。

第二十二条 社区戒毒人员的户籍所在地或者现居住地发生变化，需要变更社区戒毒执行地的，社区戒毒执行地乡（镇）人民政府、城市街道办事处应当将有关材料转送至变更后的乡（镇）人民政府、城市街道办事处。

社区戒毒人员应当自社区戒毒执行地变更之日起15日内前往变更后的乡（镇）人民政府、城市街道办事处报到，社区戒毒时间自报到之日起连续计算。

变更后的乡（镇）人民政府、城市街道办事处，应当按照本条例第十六条的规定，与社区戒毒人员签订新的社区戒毒协议，继续执行社区戒毒。

第二十三条 社区戒毒自期满之日起解除。社区戒毒执行地公安机关应当出具解除社区戒毒通知书送达社区戒毒人员本人及其家属，并在7日内通知社区戒毒执行地乡（镇）人民政府、城市街道办事处。

第二十四条 社区戒毒人员被依法收监执行刑罚、采取强制性教育措施的，社区戒毒终止。

社区戒毒人员被依法拘留、逮捕的，社区戒毒中止，由羁押场所给予必要的戒毒治疗，释放后继续接受社区戒毒。

第四章 强制隔离戒毒

第二十五条 吸毒成瘾人员有《中华人民共和国禁毒法》第三十八条第一款所列情形之一的，由县级、设区的市级人民政府公安机关作出强制隔离戒毒的决定。

对于吸毒成瘾严重，通过社区戒毒难以戒除毒瘾的人员，县级、设区的市级人民政府公安机关可以直接作出强制隔离戒毒的决定。

吸毒成瘾人员自愿接受强制隔离戒毒的，经强制隔离戒毒场所所在地县级、设区的市级人民政府公安机关同意，可以进入强制隔离戒毒场所戒毒。强制隔离戒毒场所应当与其就戒毒治疗期限、戒毒治疗措施等作出约定。

第二十六条 对依照《中华人民共和国禁毒法》第三十九条第一款规定不适用强制隔离戒毒的吸毒成瘾人员，县级、设区的市级人民政府公安机关应当作出社区戒毒的决定，依照本条例第三章的规定进行社区戒毒。

第二十七条 强制隔离戒毒的期限为2年，自作出强制隔离戒毒决定之日起计算。

被强制隔离戒毒的人员在公安机关的强制隔离戒毒场所执行强制隔离戒毒3个月至6个月后，转至司法行政部门的强制隔离戒毒场所继续执行强制隔离戒毒。

执行前款规定不具备条件的省、自治区、直辖市，由公安机关和司法行政部门共同提出意见报省、自治区、直辖市人民政府决定具体执行方案，但在公安机关的强制隔离戒毒场所执行强制隔离戒毒的时间不得超过12个月。

第二十八条 强制隔离戒毒场所对强制隔离戒毒人员的身体和携带物品进行检查时发现的毒品等违禁品，应当依法处理；对生活必需品以外的其他物品，由强制隔离戒毒场所代为保管。

女性强制隔离戒毒人员的身体检查，应当由女性工作人员进行。

第二十九条 强制隔离戒毒场所设立戒毒医疗机构应当经所在地省、自治区、直辖市人民政府卫生行政部门批准。强制隔离戒毒场所应当配备设施设备及必要的管理人员，依法为强制隔离戒毒人员提供科学规范的戒毒治疗、心理治疗、身体康复训练和卫生、道德、法制教育，开展职业技能培训。

第三十条 强制隔离戒毒场所应当根据强制隔离戒毒人员的性别、年龄、患病等情况对强制隔离戒毒人员实行分别管理；对吸食不同种类毒品的，应当有针对性地采取必要的治疗措施；根据戒毒治疗的不同阶段和强制隔离戒毒人员的表现，实行逐步适应社会的分级管理。

第三十一条 强制隔离戒毒人员患严重疾病，不出所治疗可能危及生命的，经强制隔离戒毒场所主管机关批准，并报强制隔离戒毒决定机关备案，强制隔离戒毒场所可以允许其所外就医。所外就医的费用由强制隔离戒毒人员本人承担。

所外就医期间，强制隔离戒毒期限连续计算。对于健康状况不再适宜回所执行强制隔离戒毒的，强制隔离戒毒场所应当向强制隔离戒毒决定机关提出变更为社区戒毒的建议，强制隔离戒毒决定机关应当自收到建议之日起 7 日内，作出是否批准的决定。经批准变更为社区戒毒的，已执行的强制隔离戒毒期限折抵社区戒毒期限。

第三十二条 强制隔离戒毒人员脱逃的，强制隔离戒毒场所应当立即通知所在地县级人民政府公安机关，并配合公安机关追回脱逃人员。被追回的强制隔离戒毒人员应当继续执行强制隔离戒毒，脱逃期间不计入强制隔离戒毒期限。被追回的强制隔离戒毒人员不得提前解除强制隔离戒毒。

第三十三条 对强制隔离戒毒场所依照《中华人民共和国禁毒法》第四十七条第二款、第三款规定提出的提前解除强制隔离戒毒、延长戒毒期限的意见，强制隔离戒毒决定机关应当自收到意见之日起 7 日内，作出是否批准的决定。对提前解除强制隔离戒毒或者延长强制隔离戒毒期限的，批准机关应当出具提前解除强制隔离戒毒决定书或者延长强制隔离戒毒期限决定书，送达被决定人，并在送达后 24 小时以内通知被决定人的家属、所在单位以及其户籍所在地或者现居住地公安派出所。

第三十四条 解除强制隔离戒毒的，强制隔离戒毒场所应当在解除强制隔离戒毒3日前通知强制隔离戒毒决定机关，出具解除强制隔离戒毒证明书送达戒毒人员本人，并通知其家属、所在单位、其户籍所在地或者现居住地公安派出所将其领回。

第三十五条 强制隔离戒毒诊断评估办法由国务院公安部门、司法行政部门会同国务院卫生行政部门制定。

第三十六条 强制隔离戒毒人员被依法收监执行刑罚、采取强制性教育措施或者被依法拘留、逮捕的，由监管场所、羁押场所给予必要的戒毒治疗，强制隔离戒毒的时间连续计算；刑罚执行完毕时、解除强制性教育措施时或者释放时强制隔离戒毒尚未期满的，继续执行强制隔离戒毒。

第五章 社区康复

第三十七条 对解除强制隔离戒毒的人员，强制隔离戒毒的决定机关可以责令其接受不超过3年的社区康复。

社区康复在当事人户籍所在地或者现居住地乡（镇）人民政府、城市街道办事处执行，经当事人同意，也可以在戒毒康复场所中执行。

第三十八条 被责令接受社区康复的人员，应当自收到责令社区康复决定书之日起15日内到户籍所在地或者现居住地乡（镇）人民政府、城市街道办事处报到，签订社区康复协议。

被责令接受社区康复的人员拒绝接受社区康复或者严重违反社区康复协议，并再次吸食、注射毒品被决定强制隔离戒毒的，强制隔离戒毒不得提前解除。

第三十九条 负责社区康复工作的人员应当为社区康复人员提供必要的心理治疗和辅导、职业技能培训、职业指导以及就学、就业、就医援助。

第四十条 社区康复自期满之日起解除。社区康复执行地公安机关出具解除社区康复通知书送达社区康复人员本人及其家属，并在7日内通知社区康复执行地乡（镇）人民政府、城市街道办事处。

第四十一条 自愿戒毒人员、社区戒毒、社区康复的人员可以自愿与戒毒康复场所签订协议，到戒毒康复场所戒毒康复、生活和劳动。

戒毒康复场所应当配备必要的管理人员和医务人员，为戒毒人员提供戒毒康复、职业技能培训和生产劳动条件。

第四十二条 戒毒康复场所应当加强管理，严禁毒品流入，并建立戒毒康复人员自我管理、自我教育、自我服务的机制。

戒毒康复场所组织戒毒人员参加生产劳动，应当参照国家劳动用工制度的规定支付劳动报酬。

第六章　法律责任

第四十三条　公安、司法行政、卫生行政等有关部门工作人员泄露戒毒人员个人信息的，依法给予处分；构成犯罪的，依法追究刑事责任。

第四十四条　乡（镇）人民政府、城市街道办事处负责社区戒毒、社区康复工作的人员有下列行为之一的，依法给予处分：

（一）未与社区戒毒、社区康复人员签订社区戒毒、社区康复协议，不落实社区戒毒、社区康复措施的；

（二）不履行本条例第二十一条规定的报告义务的；

（三）其他不履行社区戒毒、社区康复监督职责的行为。

第四十五条　强制隔离戒毒场所的工作人员有下列行为之一的，依法给予处分；构成犯罪的，依法追究刑事责任：

（一）侮辱、虐待、体罚强制隔离戒毒人员的；

（二）收受、索要财物的；

（三）擅自使用、损毁、处理没收或者代为保管的财物的；

（四）为强制隔离戒毒人员提供麻醉药品、精神药品或者违反规定传递其他物品的；

（五）在强制隔离戒毒诊断评估工作中弄虚作假的；

（六）私放强制隔离戒毒人员的；

（七）其他徇私舞弊、玩忽职守、不履行法定职责的行为。

第七章　附　　则

第四十六条　本条例自公布之日起施行。1995 年 1 月 12 日国务院发布的《强制戒毒办法》同时废止。

附录 4

娱乐场所管理条例

（中华人民共和国国务院令第 458 号）

第一章　总　　则

第一条　为了加强对娱乐场所的管理，保障娱乐场所的健康发展，制定本条例。

第二条　本条例所称娱乐场所，是指以营利为目的，并向公众开放、消费者自娱自乐的歌舞、游艺等场所。

第三条　县级以上人民政府文化主管部门负责对娱乐场所日常经营活动的监督管理；县级以上公安部门负责对娱乐场所消防、治安状况的监督管理。

第四条　国家机关及其工作人员不得开办娱乐场所，不得参与或者变相参与娱乐场所的经营活动。

与文化主管部门、公安部门的工作人员有夫妻关系、直系血亲关系、三代以内旁系血亲关系以及近姻亲关系的亲属，不得开办娱乐场所，不得参与或者变相参与娱乐场所的经营活动。

第二章　设　　立

第五条　有下列情形之一的人员，不得开办娱乐场所或者在娱乐场所内从业：

（一）曾犯有组织、强迫、引诱、容留、介绍卖淫罪，制作、贩卖、传播淫秽物品罪，走私、贩卖、运输、制造毒品罪，强奸罪，强制猥亵、侮辱妇女罪，赌博罪，洗钱罪，组织、领导、参加黑社会性质组织罪的；

（二）因犯罪曾被剥夺政治权利的；

（三）因吸食、注射毒品曾被强制戒毒的；

（四）因卖淫、嫖娼曾被处以行政拘留的。

第六条　外国投资者可以与中国投资者依法设立中外合资经营、中外合作经营的娱乐场所，不得设立外商独资经营的娱乐场所。

第七条　娱乐场所不得设在下列地点：

（一）居民楼、博物馆、图书馆和被核定为文物保护单位的建筑物内；

（二）居民住宅区和学校、医院、机关周围；

（三）车站、机场等人群密集的场所；

（四）建筑物地下一层以下；

（五）与危险化学品仓库毗连的区域。

娱乐场所的边界噪声，应当符合国家规定的环境噪声标准。

第八条　娱乐场所的使用面积，不得低于国务院文化主管部门规定的最低标准；设立含有电子游戏机的游艺娱乐场所，应当符合国务院文化主管部门关于总量和布局的要求。

第九条　设立娱乐场所，应当向所在地县级人民政府文化主管部门提出申请；设立中外合资经营、中外合作经营的娱乐场所，应当向所在地省、自治区、直辖市人民政府文化主管部门提出申请。

申请设立娱乐场所，应当提交投资人员、拟任的法定代表人和其他负责人没有本条例第五条规定情形的书面声明。申请人应当对书面声明内容的真实性负责。

受理申请的文化主管部门应当就书面声明向公安部门或者其他有关单位核查，公安部门或者其他有关单位应当予以配合；经核查属实的，文化主管部门应当依据本条例第七条、第八条的规定进行实地检查，作出决定。予以批准的，颁发娱乐经营许可证，并根据国务院文化主管部门的规定核定娱乐场所容纳的消费者数量；不予批准的，应当书面通知申请人并说明理由。

有关法律、行政法规规定需要办理消防、卫生、环境保护等审批手续的，从其规定。

第十条　文化主管部门审批娱乐场所应当举行听证。有关听证的程序，依照《中华人民共和国行政许可法》的规定执行。

第十一条　申请人取得娱乐经营许可证和有关消防、卫生、环境保护的批准文件后，方可到工商行政管理部门依法办理登记手续，领取营业执照。

娱乐场所取得营业执照后，应当在15日内向所在地县级公安部门备案。

第十二条　娱乐场所改建、扩建营业场所或者变更场地、主要设施设备、投资人员，或者变更娱乐经营许可证载明的事项的，应当向原发证机关申请重新核发娱乐经营许可证，并向公安部门备案；需要办理变更登记的，应当依法向工商行政管理部门办理变更登记。

第三章　经　　营

第十三条　国家倡导弘扬民族优秀文化，禁止娱乐场所内的娱乐活动含有下列内容：

（一）违反宪法确定的基本原则的；

（二）危害国家统一、主权或者领土完整的；

（三）危害国家安全，或者损害国家荣誉、利益的；

（四）煽动民族仇恨、民族歧视，伤害民族感情或者侵害民族风俗、习惯，破坏民族团结的；

（五）违反国家宗教政策，宣扬邪教、迷信的；

（六）宣扬淫秽、赌博、暴力以及与毒品有关的违法犯罪活动，或者教唆犯罪的；

（七）违背社会公德或者民族优秀文化传统的；

（八）侮辱、诽谤他人，侵害他人合法权益的；

（九）法律、行政法规禁止的其他内容。

第十四条 娱乐场所及其从业人员不得实施下列行为，不得为进入娱乐场所的人员实施下列行为提供条件：

（一）贩卖、提供毒品，或者组织、强迫、教唆、引诱、欺骗、容留他人吸食、注射毒品；

（二）组织、强迫、引诱、容留、介绍他人卖淫、嫖娼；

（三）制作、贩卖、传播淫秽物品；

（四）提供或者从事以营利为目的的陪侍；

（五）赌博；

（六）从事邪教、迷信活动；

（七）其他违法犯罪行为。

娱乐场所的从业人员不得吸食、注射毒品，不得卖淫、嫖娼；娱乐场所及其从业人员不得为进入娱乐场所的人员实施上述行为提供条件。

第十五条 歌舞娱乐场所应当按照国务院公安部门的规定在营业场所的出入口、主要通道安装闭路电视监控设备，并应当保证闭路电视监控设备在营业期间正常运行，不得中断。

歌舞娱乐场所应当将闭路电视监控录像资料留存30日备查，不得删改或者挪作他用。

第十六条 歌舞娱乐场所的包厢、包间内不得设置隔断，并应当安装展现室内整体环境的透明门窗。包厢、包间的门不得有内锁装置。

第十七条 营业期间，歌舞娱乐场所内亮度不得低于国家规定的标准。

第十八条 娱乐场所使用的音像制品或者电子游戏应当是依法出版、生产或者进口的产品。

歌舞娱乐场所播放的曲目和屏幕画面以及游艺娱乐场所的电子游戏机内的游戏项目，不得含有本条例第十三条禁止的内容；歌舞娱乐场所使用的歌曲点播系统不得与境外的曲库联接。

第十九条 游艺娱乐场所不得设置具有赌博功能的电子游戏机机型、机种、电路板等游戏设施设备，不得以现金或者有价证券作为奖品，不得回购奖品。

第二十条 娱乐场所的法定代表人或者主要负责人应当对娱乐场所的消防安全和其他安全负责。

娱乐场所应当确保其建筑、设施符合国家安全标准和消防技术规范，定期检查消防设施状况，并及时维护、更新。

娱乐场所应当制定安全工作方案和应急疏散预案。

第二十一条 营业期间，娱乐场所应当保证疏散通道和安全出口畅通，不得封堵、锁闭疏散通道和安全出口，不得在疏散通道和安全出口设置栅栏等影响疏散的障碍物。

娱乐场所应当在疏散通道和安全出口设置明显指示标志，不得遮挡、覆盖指示标志。

第二十二条 任何人不得非法携带枪支、弹药、管制器具或者携带爆炸性、易燃性、毒害性、放射性、腐蚀性等危险物品和传染病病原体进入娱乐场所。

迪斯科舞厅应当配备安全检查设备，对进入营业场所的人员进行安全检查。

第二十三条 歌舞娱乐场所不得接纳未成年人。除国家法定节假日外，游艺娱乐场所设置的电子游戏机不得向未成年人提供。

第二十四条 娱乐场所不得招用未成年人；招用外国人的，应当按照国家有关规定为其办理外国人就业许可证。

第二十五条 娱乐场所应当与从业人员签订文明服务责任书，并建立从业人员名簿；从业人员名簿应当包括从业人员的真实姓名、居民身份证复印件、外国人就业许可证复印件等内容。

娱乐场所应当建立营业日志，记载营业期间从业人员的工作职责、工作时间、工作地点；营业日志不得删改，并应当留存60日备查。

第二十六条 娱乐场所应当与保安服务企业签订保安服务合同，配备专业保安人员；不得聘用其他人员从事保安工作。

第二十七条 营业期间，娱乐场所的从业人员应当统一着工作服，佩带工作标志并携带居民身份证或者外国人就业许可证。

从业人员应当遵守职业道德和卫生规范，诚实守信，礼貌待人，不得侵害消费者的人身和财产权利。

第二十八条 每日凌晨2时至上午8时，娱乐场所不得营业。

第二十九条 娱乐场所提供娱乐服务项目和出售商品，应当明码标价，并向消费者出示价目表；不得强迫、欺骗消费者接受服务、购买商品。

第三十条 娱乐场所应当在营业场所的大厅、包厢、包间内的显著位置悬挂含有禁毒、禁赌、禁止卖淫嫖娼等内容的警示标志、未成年人禁入或者限入标志。标志应当注明公安部门、文化主管部门的举报电话。

第三十一条 娱乐场所应当建立巡查制度，发现娱乐场所内有违法犯罪活动的，应当立即向所在地县级公安部门、县级人民政府文化主管部门报告。

第四章 监督管理

第三十二条 文化主管部门、公安部门和其他有关部门的工作人员依法履行监督检查职责时，有权进入娱乐场所。娱乐场所应当予以配合，不得拒绝、阻挠。

文化主管部门、公安部门和其他有关部门的工作人员依法履行监督检查职责时，需要查阅闭路电视监控录像资料、从业人员名簿、营业日志等资料的，娱乐场所应当及时提供。

第三十三条 文化主管部门、公安部门和其他有关部门应当记录监督检查的情况和处理结果。监督检查记录由监督检查人员签字归档。公众有权查阅监督检查记录。

第三十四条 文化主管部门、公安部门和其他有关部门应当建立娱乐场所违法行为警示记录系统；对列入警示记录的娱乐场所，应当及时向社会公布，并加大监督检查力度。

第三十五条 文化主管部门、公安部门和其他有关部门应当建立相互间的信息通报制度，及时通报监督检查情况和处理结果。

第三十六条 任何单位或者个人发现娱乐场所内有违反本条例行为的，有权向文化主管部门、公安部门等有关部门举报。

文化主管部门、公安部门等有关部门接到举报，应当记录，并及时依法调查、处理；对不属于本部门职责范围的，应当及时移送有关部门。

第三十七条 上级人民政府文化主管部门、公安部门在必要时，可以依照本条例的规定调查、处理由下级人民政府文化主管部门、公安部门调查、处理的案件。

下级人民政府文化主管部门、公安部门认为案件重大、复杂的，可以请求移送上级人民政府文化主管部门、公安部门调查、处理。

第三十八条 文化主管部门、公安部门和其他有关部门及其工作人员违反本条例规定的，任何单位或者个人可以向依法有权处理的本级或者上一级机关举报。接到举报的机关应当依法及时调查、处理。

第三十九条 娱乐场所行业协会应当依照章程的规定，制定行业自律规范，加强对会员经营活动的指导、监督。

第五章 法律责任

第四十条 违反本条例规定，擅自从事娱乐场所经营活动的，由工商行政管理部门、文化主管部门依法予以取缔；公安部门在查处治安、刑事案件时，发现擅自从事娱乐场所经营活动的，应当依法予以取缔。

第四十一条 违反本条例规定，以欺骗等不正当手段取得娱乐经营许可证的，由原发证机关撤销娱乐经营许可证。

第四十二条 娱乐场所实施本条例第十四条禁止行为的，由县级公安部门没收违法所得和非法财物，责令停业整顿3个月至6个月；情节严重的，由原发证机关吊销娱乐经营许可证，对直接负责的主管人员和其他直接责任人员处1万元以上2万元以下的罚款。

第四十三条 娱乐场所违反本条例规定，有下列情形之一的，由县级公安部门责令改正，给予警告；情节严重的，责令停业整顿1个月至3个月：

（一）照明设施、包厢、包间的设置以及门窗的使用不符合本条例规定的；

（二）未按照本条例规定安装闭路电视监控设备或者中断使用的；

（三）未按照本条例规定留存监控录像资料或者删改监控录像资料的；

（四）未按照本条例规定配备安全检查设备或者未对进入营业场所的人员进行安全检查的；

（五）未按照本条例规定配备保安人员的。

第四十四条 娱乐场所违反本条例规定，有下列情形之一的，由县级公安部门没收违法所得和非法财物，并处违法所得2倍以上5倍以下的罚款；没有违法所得或者违法所得不足1万元的，并处2万元以上5万元以下的罚款；情节严重的，责令停业整顿1个月至3个月：

（一）设置具有赌博功能的电子游戏机机型、机种、电路板等游戏设施设备的；

（二）以现金、有价证券作为奖品，或者回购奖品的。

第四十五条 娱乐场所指使、纵容从业人员侵害消费者人身权利的，应当依法承担民事责任，并由县级公安部门责令停业整顿1个月至3个月；造成严重后果的，由原发证机关吊销娱乐经营许可证。

第四十六条 娱乐场所取得营业执照后，未按照本条例规定向公安部门备案的，由县级公安部门责令改正，给予警告。

第四十七条 违反本条例规定，有下列情形之一的，由县级人民政府文化主管部门没收违法所得和非法财物，并处违法所得1倍以上3倍以下的罚款；没有违法所得或者违法所得不足1万元的，并处1万元以上3万元以下的罚款；情节严重的，责令停业整顿1个月至6个月：

（一）歌舞娱乐场所的歌曲点播系统与境外的曲库联接的；

（二）歌舞娱乐场所播放的曲目、屏幕画面或者游艺娱乐场所电子游戏机内的游戏项目含有本条例第十三条禁止内容的；

（三）歌舞娱乐场所接纳未成年人的；

（四）游艺娱乐场所设置的电子游戏机在国家法定节假日外向未成年人提供的；

（五）娱乐场所容纳的消费者超过核定人数的。

第四十八条 娱乐场所违反本条例规定，有下列情形之一的，由县级人民政府文化主管部门责令改正，给予警告；情节严重的，责令停业整顿1个月至3个月：

（一）变更有关事项，未按照本条例规定申请重新核发娱乐经营许可证的；

（二）在本条例规定的禁止营业时间内营业的；

（三）从业人员在营业期间未统一着装并佩带工作标志的。

第四十九条 娱乐场所未按照本条例规定建立从业人员名簿、营业日志，或者发现违法犯罪行为未按照本条例规定报告的，由县级人民政府文化主管部门、县级公安部门依据法定职权责令改正，给予警告；情节严重的，责令停业整顿1个月至3个月。

第五十条 娱乐场所未按照本条例规定悬挂警示标志、未成年人禁入或者限入标志的，由县级人民政府文化主管部门、县级公安部门依据法定职权责令改正，给予警告。

第五十一条 娱乐场所招用未成年人的，由劳动保障行政部门责令改正，并按照每招用一名未成年人每月处5 000元罚款的标准给予处罚。

第五十二条 因擅自从事娱乐场所经营活动被依法取缔的，其投资人员和负责人终身不得投资开办娱乐场所或者担任娱乐场所的法定代表人、负责人。

娱乐场所因违反本条例规定，被吊销或者撤销娱乐经营许可证的，自被吊销或者撤销之日起，其法定代表人、负责人 5 年内不得担任娱乐场所的法定代表人、负责人。

娱乐场所因违反本条例规定，2 年内被处以 3 次警告或者罚款又有违反本条例的行为应受行政处罚的，由县级人民政府文化主管部门、县级公安部门依据法定职权责令停业整顿 3 个月至 6 个月；2 年内被 2 次责令停业整顿又有违反本条例的行为应受行政处罚的，由原发证机关吊销娱乐经营许可证。

第五十三条 娱乐场所违反有关治安管理或者消防管理法律、行政法规规定的，由公安部门依法予以处罚；构成犯罪的，依法追究刑事责任。

娱乐场所违反有关卫生、环境保护、价格、劳动等法律、行政法规规定的，由有关部门依法予以处罚；构成犯罪的，依法追究刑事责任。

娱乐场所及其从业人员与消费者发生争议的，应当依照消费者权益保护的法律规定解决；造成消费者人身、财产损害的，由娱乐场所依法予以赔偿。

第五十四条 娱乐场所违反本条例规定被吊销或者撤销娱乐经营许可证的，应当依法到工商行政管理部门办理变更登记或者注销登记；逾期不办理的，吊销营业执照。

第五十五条 国家机关及其工作人员开办娱乐场所，参与或者变相参与娱乐场所经营活动的，对直接负责的主管人员和其他直接责任人员依法给予撤职或者开除的行政处分。

文化主管部门、公安部门的工作人员明知其亲属开办娱乐场所或者发现其亲属参与、变相参与娱乐场所的经营活动，不予制止或者制止不力的，依法给予行政处分；情节严重的，依法给予撤职或者开除的行政处分。

第五十六条 文化主管部门、公安部门、工商行政管理部门和其他有关部门的工作人员有下列行为之一的，对直接负责的主管人员和其他直接责任人员依法给予行政处分；构成犯罪的，依法追究刑事责任：

（一）向不符合法定设立条件的单位颁发许可证、批准文件、营业执照的；

（二）不履行监督管理职责，或者发现擅自从事娱乐场所经营活动不依法取缔，或者发现违法行为不依法查处的；

（三）接到对违法行为的举报、通报后不依法查处的；

（四）利用职务之便，索取、收受他人财物或者谋取其他利益的；

（五）利用职务之便，参与、包庇违法行为，或者向有关单位、个人通风报信的；

（六）有其他滥用职权、玩忽职守、徇私舞弊行为的。

第六章　附　　则

第五十七条　本条例所称从业人员，包括娱乐场所的管理人员、服务人员、保安人员和在娱乐场所工作的其他人员。

第五十八条　本条例自2006年3月1日起施行。1999年3月26日国务院发布的《娱乐场所管理条例》同时废止。

附录 5

易制毒化学品管理条例

（中华人民共和国国务院令第 445 号）

第一章　总　　则

第一条　为了加强易制毒化学品管理，规范易制毒化学品的生产、经营、购买、运输和进口、出口行为，防止易制毒化学品被用于制造毒品，维护经济和社会秩序，制定本条例。

第二条　国家对易制毒化学品的生产、经营、购买、运输和进口、出口实行分类管理和许可制度。

易制毒化学品分为三类。第一类是可以用于制毒的主要原料，第二类、第三类是可以用于制毒的化学配剂。易制毒化学品的具体分类和品种，由本条例附表列示。

易制毒化学品的分类和品种需要调整的，由国务院公安部门会同国务院食品药品监督管理部门、安全生产监督管理部门、商务主管部门、卫生主管部门和海关总署提出方案，报国务院批准。

省、自治区、直辖市人民政府认为有必要在本行政区域内调整分类或者增加本条例规定以外的品种的，应当向国务院公安部门提出，由国务院公安部门会同国务院有关行政主管部门提出方案，报国务院批准。

第三条　国务院公安部门、食品药品监督管理部门、安全生产监督管理部门、商务主管部门、卫生主管部门、海关总署、价格主管部门、铁路主管部门、交通主管部门、工商行政管理部门、环境保护主管部门在各自的职责范围内，负责全国的易制毒化学品有关管理工作；县级以上地方各级人民政府有关行政主管部门在各自的职责范围内，负责本行政区域内的易制毒化学品有关管理工作。

县级以上地方各级人民政府应当加强对易制毒化学品管理工作的领导，及时协调解决易制毒化学品管理工作中的问题。

第四条　易制毒化学品的产品包装和使用说明书，应当标明产品的名称（含学名和通用名）、化学分子式和成分。

第五条 易制毒化学品的生产、经营、购买、运输和进口、出口，除应当遵守本条例的规定外，属于药品和危险化学品的，还应当遵守法律、其他行政法规对药品和危险化学品的有关规定。

禁止走私或者非法生产、经营、购买、转让、运输易制毒化学品。

禁止使用现金或者实物进行易制毒化学品交易。但是，个人合法购买第一类中的药品类易制毒化学品药品制剂和第三类易制毒化学品的除外。

生产、经营、购买、运输和进口、出口易制毒化学品的单位，应当建立单位内部易制毒化学品管理制度。

第六条 国家鼓励向公安机关等有关行政主管部门举报涉及易制毒化学品的违法行为。接到举报的部门应当为举报者保密。对举报属实的，县级以上人民政府及有关行政主管部门应当给予奖励。

第二章 生产、经营管理

第七条 申请生产第一类易制毒化学品，应当具备下列条件，并经本条例第八条规定的行政主管部门审批，取得生产许可证后，方可进行生产：

（一）属依法登记的化工产品生产企业或者药品生产企业；

（二）有符合国家标准的生产设备、仓储设施和污染物处理设施；

（三）有严格的安全生产管理制度和环境突发事件应急预案；

（四）企业法定代表人和技术、管理人员具有安全生产和易制毒化学品的有关知识，无毒品犯罪记录；

（五）法律、法规、规章规定的其他条件。

申请生产第一类中的药品类易制毒化学品，还应当在仓储场所等重点区域设置电视监控设施以及与公安机关联网的报警装置。

第八条 申请生产第一类中的药品类易制毒化学品的，由国务院食品药品监督管理部门审批；申请生产第一类中的非药品类易制毒化学品的，由省、自治区、直辖市人民政府安全生产监督管理部门审批。

前款规定的行政主管部门应当自收到申请之日起60日内，对申请人提交的申请材料进行审查。对符合规定的，发给生产许可证，或者在企业已经取得的有关生产许可证件上标注；不予许可的，应当书面说明理由。

审查第一类易制毒化学品生产许可申请材料时，根据需要，可以进行实地核查和专家评审。

第九条 申请经营第一类易制毒化学品，应当具备下列条件，并经本条例第十条规定的行政主管部门审批，取得经营许可证后，方可进行经营：

（一）属依法登记的化工产品经营企业或者药品经营企业；

（二）有符合国家规定的经营场所，需要储存、保管易制毒化学品的，还应当有符合国家技术标准的仓储设施；

（三）有易制毒化学品的经营管理制度和健全的销售网络；

（四）企业法定代表人和销售、管理人员具有易制毒化学品的有关知识，无毒品犯罪记录；

（五）法律、法规、规章规定的其他条件。

第十条 申请经营第一类中的药品类易制毒化学品的，由国务院食品药品监督管理部门审批；申请经营第一类中的非药品类易制毒化学品的，由省、自治区、直辖市人民政府安全生产监督管理部门审批。

前款规定的行政主管部门应当自收到申请之日起30日内，对申请人提交的申请材料进行审查。对符合规定的，发给经营许可证，或者在企业已经取得的有关经营许可证件上标注；不予许可的，应当书面说明理由。

审查第一类易制毒化学品经营许可申请材料时，根据需要，可以进行实地核查。

第十一条 取得第一类易制毒化学品生产许可或者依照本条例第十三条第一款规定已经履行第二类、第三类易制毒化学品备案手续的生产企业，可以经销自产的易制毒化学品。但是，在厂外设立销售网点经销第一类易制毒化学品的，应当依照本条例的规定取得经营许可。

第一类中的药品类易制毒化学品药品单方制剂，由麻醉药品定点经营企业经销，且不得零售。

第十二条 取得第一类易制毒化学品生产、经营许可的企业，应当凭生产、经营许可证到工商行政管理部门办理经营范围变更登记。未经变更登记，不得进行第一类易制毒化学品的生产、经营。

第一类易制毒化学品生产、经营许可证被依法吊销的，行政主管部门应当自作出吊销决定之日起5日内通知工商行政管理部门；被吊销许可证的企业，应当及时到工商行政管理部门办理经营范围变更或者企业注销登记。

第十三条 生产第二类、第三类易制毒化学品的，应当自生产之日起30日内，将生产的品种、数量等情况，向所在地的设区的市级人民政府安全生产监督管理部门备案。

经营第二类易制毒化学品的，应当自经营之日起30日内，将经营的品种、数量、主要流向等情况，向所在地的设区的市级人民政府安全生产监督管理部门备案；经营第三类易制毒化学品的，应当自经营之日起30日内，将经营的品种、数量、主要流向等情况，向所在地的县级人民政府安全生产监督管理部门备案。

前两款规定的行政主管部门应当于收到备案材料的当日发给备案证明。

第三章 购买管理

第十四条 申请购买第一类易制毒化学品，应当提交下列证件，经本条例第十五条规定的行政主管部门审批，取得购买许可证：

（一）经营企业提交企业营业执照和合法使用需要证明；

（二）其他组织提交登记证书（成立批准文件）和合法使用需要证明。

第十五条 申请购买第一类中的药品类易制毒化学品的，由所在地的省、自治区、直辖市人民政府食品药品监督管理部门审批；申请购买第一类中的非药品类易制毒化学品的，由所在地的省、自治区、直辖市人民政府公安机关审批。

前款规定的行政主管部门应当自收到申请之日起10日内，对申请人提交的申请材料和证件进行审查。对符合规定的，发给购买许可证；不予许可的，应当书面说明理由。

审查第一类易制毒化学品购买许可申请材料时，根据需要，可以进行实地核查。

第十六条 持有麻醉药品、第一类精神药品购买印鉴卡的医疗机构购买第一类中的药品类易制毒化学品的，无须申请第一类易制毒化学品购买许可证。

个人不得购买第一类、第二类易制毒化学品。

第十七条 购买第二类、第三类易制毒化学品的，应当在购买前将所需购买的品种、数量，向所在地的县级人民政府公安机关备案。个人自用购买少量高锰酸钾的，无须备案。

第十八条 经营单位销售第一类易制毒化学品时，应当查验购买许可证和经办人的身份证明。对委托代购的，还应当查验购买人持有的委托文书。

经营单位在查验无误、留存上述证明材料的复印件后，方可出售第一类易制毒化学品；发现可疑情况的，应当立即向当地公安机关报告。

第十九条 经营单位应当建立易制毒化学品销售台账，如实记录销售的品种、数量、日期、购买方等情况。销售台账和证明材料复印件应当保存2年备查。

第一类易制毒化学品的销售情况，应当自销售之日起5日内报当地公安机关备案；第一类易制毒化学品的使用单位，应当建立使用台账，并保存2年备查。

第二类、第三类易制毒化学品的销售情况，应当自销售之日起30日内报当地公安机关备案。

第四章 运输管理

第二十条 跨设区的市级行政区域（直辖市为跨市界）或者在国务院公安部门确定的禁毒形势严峻的重点地区跨县级行政区域运输第一类易制毒化学品

的,由运出地的设区的市级人民政府公安机关审批;运输第二类易制毒化学品的,由运出地的县级人民政府公安机关审批。经审批取得易制毒化学品运输许可证后,方可运输。

运输第三类易制毒化学品的,应当在运输前向运出地的县级人民政府公安机关备案。公安机关应当于收到备案材料的当日发给备案证明。

第二十一条　申请易制毒化学品运输许可,应当提交易制毒化学品的购销合同,货主是企业的,应当提交营业执照;货主是其他组织的,应当提交登记证书(成立批准文件);货主是个人的,应当提交其个人身份证明。经办人还应当提交本人的身份证明。

公安机关应当自收到第一类易制毒化学品运输许可申请之日起10日内,收到第二类易制毒化学品运输许可申请之日起3日内,对申请人提交的申请材料进行审查。对符合规定的,发给运输许可证;不予许可的,应当书面说明理由。

审查第一类易制毒化学品运输许可申请材料时,根据需要,可以进行实地核查。

第二十二条　对许可运输第一类易制毒化学品的,发给一次有效的运输许可证。

对许可运输第二类易制毒化学品的,发给3个月有效的运输许可证;6个月内运输安全状况良好的,发给12个月有效的运输许可证。

易制毒化学品运输许可证应当载明拟运输的易制毒化学品的品种、数量、运入地、货主及收货人、承运人情况以及运输许可证种类。

第二十三条　运输供教学、科研使用的100克以下的麻黄素样品和供医疗机构制剂配方使用的小包装麻黄素以及医疗机构或者麻醉药品经营企业购买麻黄素片剂6万片以下、注射剂1.5万支以下,货主或者承运人持有依法取得的购买许可证明或者麻醉药品调拨单的,无须申请易制毒化学品运输许可。

第二十四条　接受货主委托运输的,承运人应当查验货主提供的运输许可证或者备案证明,并查验所运货物与运输许可证或者备案证明载明的易制毒化学品品种等情况是否相符;不相符的,不得承运。

运输易制毒化学品,运输人员应当自启运起全程携带运输许可证或者备案证明。公安机关应当在易制毒化学品的运输过程中进行检查。

运输易制毒化学品,应当遵守国家有关货物运输的规定。

第二十五条　因治疗疾病需要,患者、患者近亲属或者患者委托的人凭医疗机构出具的医疗诊断书和本人的身份证明,可以随身携带第一类中的药品类易制毒化学品药品制剂,但是不得超过医用单张处方的最大剂量。

医用单张处方最大剂量，由国务院卫生主管部门规定、公布。

第五章 进口、出口管理

第二十六条 申请进口或者出口易制毒化学品，应当提交下列材料，经国务院商务主管部门或者其委托的省、自治区、直辖市人民政府商务主管部门审批，取得进口或者出口许可证后，方可从事进口、出口活动：

（一）对外贸易经营者备案登记证明（外商投资企业联合年检合格证书）复印件；

（二）营业执照副本；

（三）易制毒化学品生产、经营、购买许可证或者备案证明；

（四）进口或者出口合同（协议）副本；

（五）经办人的身份证明。

申请易制毒化学品出口许可的，还应当提交进口方政府主管部门出具的合法使用易制毒化学品的证明或者进口方合法使用的保证文件。

第二十七条 受理易制毒化学品进口、出口申请的商务主管部门应当自收到申请材料之日起20日内，对申请材料进行审查，必要时可以进行实地核查。对符合规定的，发给进口或者出口许可证；不予许可的，应当书面说明理由。

对进口第一类中的药品类易制毒化学品的，有关的商务主管部门在作出许可决定前，应当征得国务院食品药品监督管理部门的同意。

第二十八条 麻黄素等属于重点监控物品范围的易制毒化学品，由国务院商务主管部门会同国务院有关部门核定的企业进口、出口。

第二十九条 国家对易制毒化学品的进口、出口实行国际核查制度。易制毒化学品国际核查目录及核查的具体办法，由国务院商务主管部门会同国务院公安部门规定、公布。

国际核查所用时间不计算在许可期限之内。

对向毒品制造、贩运情形严重的国家或者地区出口易制毒化学品以及本条例规定品种以外的化学品的，可以在国际核查措施以外实施其他管制措施，具体办法由国务院商务主管部门会同国务院公安部门、海关总署等有关部门规定、公布。

第三十条 进口、出口或者过境、转运、通运易制毒化学品的，应当如实向海关申报，并提交进口或者出口许可证。海关凭许可证办理通关手续。

易制毒化学品在境外与保税区、出口加工区等海关特殊监管区域、保税场所之间进出的，适用前款规定。

易制毒化学品在境内与保税区、出口加工区等海关特殊监管区域、保税场所之间进出的，或者在上述海关特殊监管区域、保税场所之间进出的，无须申请易制毒化学品进口或者出口许可证。

进口第一类中的药品类易制毒化学品，还应当提交食品药品监督管理部门出具的进口药品通关单。

第三十一条 进出境人员随身携带第一类中的药品类易制毒化学品药品制剂和高锰酸钾，应当以自用且数量合理为限，并接受海关监管。

进出境人员不得随身携带前款规定以外的易制毒化学品。

第六章 监督检查

第三十二条 县级以上人民政府公安机关、食品药品监督管理部门、安全生产监督管理部门、商务主管部门、卫生主管部门、价格主管部门、铁路主管部门、交通主管部门、工商行政管理部门、环境保护主管部门和海关，应当依照本条例和有关法律、行政法规的规定，在各自的职责范围内，加强对易制毒化学品生产、经营、购买、运输、价格以及进口、出口的监督检查；对非法生产、经营、购买、运输易制毒化学品，或者走私易制毒化学品的行为，依法予以查处。

前款规定的行政主管部门在进行易制毒化学品监督检查时，可以依法查看现场、查阅和复制有关资料、记录有关情况、扣押相关的证据材料和违法物品；必要时，可以临时查封有关场所。

被检查的单位或者个人应当如实提供有关情况和材料、物品，不得拒绝或者隐匿。

第三十三条 对依法收缴、查获的易制毒化学品，应当在省、自治区、直辖市或者设区的市级人民政府公安机关、海关或者环境保护主管部门的监督下，区别易制毒化学品的不同情况进行保管、回收，或者依照环境保护法律、行政法规的有关规定，由有资质的单位在环境保护主管部门的监督下销毁。其中，对收缴、查获的第一类中的药品类易制毒化学品，一律销毁。

易制毒化学品违法单位或者个人无力提供保管、回收或者销毁费用的，保管、回收或者销毁的费用在回收所得中开支，或者在有关行政主管部门的禁毒经费中列支。

第三十四条 易制毒化学品丢失、被盗、被抢的，发案单位应当立即向当地公安机关报告，并同时报告当地的县级人民政府食品药品监督管理部门、安全生产监督管理部门、商务主管部门或者卫生主管部门。接到报案的公安机关应当及时立案查处，并向上级公安机关报告；有关行政主管部门应当逐级上报并配合公安机关的查处。

第三十五条 有关行政主管部门应当将易制毒化学品许可以及依法吊销许

可的情况通报有关公安机关和工商行政管理部门；工商行政管理部门应当将生产、经营易制毒化学品企业依法变更或者注销登记的情况通报有关公安机关和行政主管部门。

第三十六条 生产、经营、购买、运输或者进口、出口易制毒化学品的单位，应当于每年3月31日前向许可或者备案的行政主管部门和公安机关报告本单位上年度易制毒化学品的生产、经营、购买、运输或者进口、出口情况；有条件的生产、经营、购买、运输或者进口、出口单位，可以与有关行政主管部门建立计算机联网，及时通报有关经营情况。

第三十七条 县级以上人民政府有关行政主管部门应当加强协调合作，建立易制毒化学品管理情况、监督检查情况以及案件处理情况的通报、交流机制。

第七章 法律责任

第三十八条 违反本条例规定，未经许可或者备案擅自生产、经营、购买、运输易制毒化学品，伪造申请材料骗取易制毒化学品生产、经营、购买或者运输许可证，使用他人的或者伪造、变造、失效的许可证生产、经营、购买、运输易制毒化学品的，由公安机关没收非法生产、经营、购买或者运输的易制毒化学品、用于非法生产易制毒化学品的原料以及非法生产、经营、购买或者运输易制毒化学品的设备、工具，处非法生产、经营、购买或者运输的易制毒化学品货值10倍以上20倍以下的罚款，货值的20倍不足1万元的，按1万元罚款；有违法所得的，没收违法所得；有营业执照的，由工商行政管理部门吊销营业执照；构成犯罪的，依法追究刑事责任。

对有前款规定违法行为的单位或者个人，有关行政主管部门可以自作出行政处罚决定之日起3年内，停止受理其易制毒化学品生产、经营、购买、运输或者进口、出口许可申请。

第三十九条 违反本条例规定，走私易制毒化学品的，由海关没收走私的易制毒化学品；有违法所得的，没收违法所得，并依照海关法律、行政法规给予行政处罚；构成犯罪的，依法追究刑事责任。

第四十条 违反本条例规定，有下列行为之一的，由负有监督管理职责的行政主管部门给予警告，责令限期改正，处1万元以上5万元以下的罚款；对违反规定生产、经营、购买的易制毒化学品可以予以没收；逾期不改正的，责令限期停产停业整顿；逾期整顿不合格的，吊销相应的许可证：

（一）易制毒化学品生产、经营、购买、运输或者进口、出口单位未按规定建立安全管理制度的；

（二）将许可证或者备案证明转借他人使用的；

（三）超出许可的品种、数量生产、经营、购买易制毒化学品的；

（四）生产、经营、购买单位不记录或者不如实记录交易情况、不按规定保存交易记录或者不如实、不及时向公安机关和有关行政主管部门备案销售情况的；

（五）易制毒化学品丢失、被盗、被抢后未及时报告，造成严重后果的；

（六）除个人合法购买第一类中的药品类易制毒化学品药品制剂以及第三类易制毒化学品外，使用现金或者实物进行易制毒化学品交易的；

（七）易制毒化学品的产品包装和使用说明书不符合本条例规定要求的；

（八）生产、经营易制毒化学品的单位不如实或者不按时向有关行政主管部门和公安机关报告年度生产、经销和库存等情况的。

企业的易制毒化学品生产经营许可被依法吊销后，未及时到工商行政管理部门办理经营范围变更或者企业注销登记的，依照前款规定，对易制毒化学品予以没收，并处罚款。

第四十一条 运输的易制毒化学品与易制毒化学品运输许可证或者备案证明载明的品种、数量、运入地、货主及收货人、承运人等情况不符，运输许可证种类不当，或者运输人员未全程携带运输许可证或者备案证明的，由公安机关责令停运整改，处 5 000 元以上 5 万元以下的罚款；有危险物品运输资质的，运输主管部门可以依法吊销其运输资质。

个人携带易制毒化学品不符合品种、数量规定的，没收易制毒化学品，处 1 000 元以上 5 000 元以下的罚款。

第四十二条 生产、经营、购买、运输或者进口、出口易制毒化学品的单位或者个人拒不接受有关行政主管部门监督检查的，由负有监督管理职责的行政主管部门责令改正，对直接负责的主管人员以及其他直接责任人员给予警告；情节严重的，对单位处 1 万元以上 5 万元以下的罚款，对直接负责的主管人员以及其他直接责任人员处 1 000 元以上 5 000 元以下的罚款；有违反治安管理行为的，依法给予治安管理处罚；构成犯罪的，依法追究刑事责任。

第四十三条 易制毒化学品行政主管部门工作人员在管理工作中有应当许可而不许可、不应当许可而滥许可，不依法受理备案，以及其他滥用职权、玩忽职守、徇私舞弊行为的，依法给予行政处分；构成犯罪的，依法追究刑事责任。

第八章 附　　则

第四十四条 易制毒化学品生产、经营、购买、运输和进口、出口许可证，由国务院有关行政主管部门根据各自的职责规定式样并监制。

第四十五条 本条例自 2005 年 11 月 1 日起施行。

本条例施行前已经从事易制毒化学品生产、经营、购买、运输或者进口、出口业务的，应当自本条例施行之日起 6 个月内，依照本条例的规定重新申请许可。

附表：

易制毒化学品的分类和品种目录

第一类

1. 1-苯基-2-丙酮
2. 3,4-亚甲基二氧苯基-2-丙酮
3. 胡椒醛
4. 黄樟素
5. 黄樟油
6. 异黄樟素
7. N-乙酰邻氨基苯酸
8. 邻氨基苯甲酸
9. 麦角酸*
10. 麦角胺*
11. 麦角新碱*
12. 麻黄素、伪麻黄素、消旋麻黄素、去甲麻黄素、甲基麻黄素、麻黄浸膏、麻黄浸膏粉等麻黄素类物质*

第二类

1. 苯乙酸
2. 醋酸酐
3. 三氯甲烷
4. 乙醚
5. 哌啶

第三类

1. 甲苯
2. 丙酮
3. 甲基乙基酮
4. 高锰酸钾
5. 硫酸
6. 盐酸

说明：

一、第一类、第二类所列物质可能存在的盐类，也纳入管制。

二、带有*标记的品种为第一类中的药品类易制毒化学品，第一类中的药品类易制毒化学品包括原料药及其单方制剂。

附录 6

2015 年中国禁毒报告

目 录

一、序　　言

2014 年，是中国禁毒史上具有里程碑意义的一年。各地各有关部门以党的十八大和十八届三中、四中全会精神为指导，认真贯彻落实习近平总书记、李克强总理等中央领导重要指示批示精神、《中共中央国务院关于加强禁毒工作的意见》和全国禁毒工作会议精神，深入开展百城禁毒会战专项行动，着力解决突出毒品问题，努力破解禁毒工作难题，禁毒工作取得重要成效。

始终坚持把毒品预防教育作为治本之策，组织各地、各有关单位紧紧围绕禁毒核心工作、重要节点，主动谋划宣传，探索运用新渠道、新平台、新手段，开展了形式多样、内容丰富的宣传教育活动，禁毒宣传教育工作取得了新成效。

始终按照“以人为本、依法管理、科学戒毒、综合矫治、关怀救助”的原则，不断加大吸毒人员肇事肇祸治理工作力度，全力做好吸毒人员排查登记、管控戒治和康复救助工作，一大批吸毒人员回归社会、走向新生，有效减少了毒品社会危害。

始终坚持把打击毒品犯罪作为治理毒品问题的首要环节，组织开展一系列专项打击行动，采取一系列超常规的措施手段，不断加大各项执法打击和堵源截流工作力度，缉毒执法战果丰硕，沉重打击了毒品犯罪的嚣张气焰。

始终抓住重点品种、突出问题和薄弱环节，集中力量加大监管、查缉、倒查力度，侦破了一批走私贩卖易制毒化学品大案，整治了一批易制毒化学品流失问题严重的地区和市场，查处了一批违法违规生产经营易制毒化学品企业，易制毒化学品管理更加规范有序。

始终围绕国内禁毒斗争和外交大局，坚持需要导向、注重实效，国际国内互动，双边多边结合，完善合作机制，拓宽合作领域和渠道，禁毒国际、港澳台合作取得新的明显成效。

此外，禁毒信息化、执法规范化、禁毒队伍建设进一步加强，禁毒体制性、机制性、保障性工作稳步推进。禁毒情报技术中心和国家毒品实验室建设步伐加快，禁毒基础工作进一步夯实。

二、中国政府高度重视禁毒工作

6 月 19 日，中共中央总书记、国家主席、中央军委主席习近平主持召开中央政治局常委会议，听取国家禁毒委员会关于全国禁毒工作的汇报并作出重要指示。会上，播放了反映毒情形势的视频短片，国务委员、国家禁毒委员会主任、公安部部长郭声琨作了汇报。会议审议通过了《中共中央国务院关于加强禁毒工作的意见》。6 月 24 日，习近平总书记就禁毒工作作出专门批示，要求各级党委和政府要深刻认识毒品问题的危害性、深刻认识做好禁毒工作的重要性，以对人民高度负责的精神，加强组织领导，采取有力措施，持之以恒把禁毒工作深入开展下去。

6 月 11 日，中共中央政治局常委、国务院总理李克强主持召开国务院常务会议，听取国家禁毒委员会关于全国禁毒工作的汇报并作出重要指示。会上，国家禁毒委员会副主任兼办公室主任、公安部副部长李伟作了汇报。会议审议通过了国家禁毒委员会向中央政治局常委会汇报禁毒工作的汇报稿和《中共中央国务院关于加强禁毒工作的意见》代拟稿。6 月 16 日，李克强总理就禁毒工作作出专门批示，要求禁毒委各单位要坚持预防为主，增强全民意识，完善综合治理体系，严打和惩戒教育并举，创新体制机制，务实开展国际合作，坚决遏制毒品问题蔓延发展。

9 月 19 日，中共中央政治局委员、中央政法委书记孟建柱对禁毒工作作出专门批示，要求各地区各部门要深入贯彻落实习近平总书记、李克强总理对禁毒工作的重要指示和党中央、国务院关于加强禁毒工作的意见，把禁毒工作纳入国家安全战略和平安中国、法治中国建设的重要内容，进一步加强领导，夯实基础，打防结合，综合治理，统筹运用法律、行政、经济、教育、文化等多种手段，综合采取禁种、禁制、禁贩、禁吸等多种措施，加大毒品治理工作力度，确保禁毒工作取得实效。

中共中央、国务院印发《关于加强禁毒工作的意见》

6月25日，中共中央、国务院印发《关于加强禁毒工作的意见》(中发〔2014〕6号)，将禁毒工作提升到了“国家安全战略和平安中国、法治中国建设”的新高度，规划了到2020年实现禁毒工作跨越发展的远大目标。《意见》全文共分9个部分、27条，按照“问题导向、改革创新、务实管用、精练简洁”的要求，针对当前禁毒工作中存在的问题和薄弱环节，明确了当前和今后一个时期禁毒工作的指导思想、基本原则和任务目标，提出了一系列创新措施。《意见》要求，各地区、各有关部门要坚持“预防为主，综合治理，禁种、禁制、禁贩、禁吸并举”的工作方针，立足当前，长期治理，突出重点，多管齐下，不断创新禁毒工作体制机制，进一步完善毒品问题治理体系，深入推进禁毒人民战争，坚决遏制毒品问题发展蔓延。9月22日，中共中央办公厅、国务院办公厅印发了《贯彻落实〈中共中央国务院关于加强禁毒工作的意见〉重要政策措施分工方案》，对《意见》中的各项禁毒工作任务进行了细化分解，明确了进度和工作成果要求。

全国禁毒工作会议在北京召开

9月29日，全国禁毒工作会议在北京召开。国务委员、国家禁毒委员会主任、公安部部长郭声琨出席会议并作重要讲话。

9月29日，全国禁毒工作会议在北京召开，国务委员、国家禁毒委员会主任、公安部部长郭声琨出席会议并作重要讲话，中央政法委秘书长、国务院副秘书长、国家禁毒委员会副主任汪永清主持会议。会议全面总结了近年来禁毒工作取得的成效和经验，深入分析了我国当前面临的毒情形势，要求各地区、各有关部门深入学习贯彻习近平总书记等中央领导同志关于加强禁毒工作的重要指示批示精神，按照《中共中央国务院关于加强禁毒工作的意见》，进一步加强和改进禁毒工作，深入推进禁毒人民战争，坚决遏制毒品问题蔓延势头，不断开创禁毒工作新局面，为推进平安中国、法治中国建设，为全面建成小康社会和实现中华民族伟大复兴的中国梦作出新贡献。

全国禁毒工作会议深入贯彻落实党中央的系列重要决策部署

国家禁毒委员会根据中共中央办公厅、国务院办公厅印发的《贯彻落实〈中共中央国务院关于加强禁毒工作的意见〉重要政策措施分工方案》,会同成员单位,强力推动各地抓好贯彻落实。国家禁毒委员会成员单位领导分别率队赴32个省(自治区、直辖市)开展专项督导,有力推动各地各有关部门的职责落实。海关总署部署开展"紫光"专项行动,国家林业局开展"清山、清沟、清林"踏查行动,最高人民法院制定出台加强毒品犯罪案件审判的会议纪要,国家安全部、科技部、农业部、司法部、文化部、中国海警局、环境保护部等部门召开系统会议或出台文件研究部署禁毒工作。全国26个省(自治区、直辖市)党委、政府主要领导听取了禁毒工作汇报并作出指示批示,19个省(自治区、直辖市)党委、政府召开专题会议,认真传达学习中央领导同志重要指示精神,研究贯彻落实意见和措施,认真解决禁毒工作重大问题,为推动禁毒工作发展提供重要保障。

公安部部署全国公安机关开展百城禁毒会战

为贯彻落实中央政治局常委会、国务院常务会议听取禁毒工作汇报的会议精神和中央领导同志重要指示批示精神,依法严厉打击毒品违法犯罪活动,经公安部党委批准,9月29日,公安部部署全国公安机关开展为期半年的百城禁毒会战,以108个城市为重点,围绕打击制毒犯罪、开展堵源截流、查控吸毒人员、打击集散分销、整治外流贩毒、打击网络涉毒活动等六个主攻方向,部署各地全面铺开、突出重点,重拳出击、重典治乱。

公安部大力强化专项行动组织指挥,增强打击效率,专门成立由国家禁毒委员会副主任兼办公室主任、公安部副部长李伟担任组长,时任国家禁毒办常务副主任、公安部禁毒局局长刘跃进任副组长的领导小组。禁毒局成立由刘跃进负总责的会战专项工作办公室,建立各省(自治区、直辖市)及百城的会战联络员机制,协调沟通铁路、交通、民航、林业、海关、边防等单位深入部署会战措施,定期向各地党委、禁毒委、公安机关"一把手"通报战果,约谈毒情严重、进展缓慢的地区,并先后派出10个督导组赴全国26个省份开展专项督导,强力推动会展开展。2014年11月18日、12月11日、2015年1月15日先后组织召开中期视频推进会议、百城会战领导小组第一次会议、百日视频推进会议,部署各地、各警种深刻认识百城禁毒会战重要性,采取措施坚决打击涉毒违法犯罪嚣张气焰。

公安部禁毒局积极创新打击治理方法,采取超常规的措施手段,建立禁毒局直接指挥侦破机制,实行一城一档、一城一策,逐一查摆突出问题,逐一提出目标任务,逐一加强分类指导和推动,有力提升了破案攻坚能力和打击力度。各地各有关部门对开展禁毒会战高度重视,逐级全面部署开展会战,主要领导亲自听取汇报、研究部署,有关领导亲自挂帅出征、直接出面协调,有力地推动会战向纵深发展。参战城市立即针对本地毒情,制定专门工作方案,采取针对性措施,全面掀起六大战役高潮。各相关部门和各警种积极参战，真正形成了条块结合、扁平指挥、上下联动、齐抓共管的强大合力。

截至2014年12月31日，全国公安机关共破获毒品犯罪案件52 811起，抓获毒品犯罪嫌疑人60 475名，缴获海洛因、冰毒、氯胺酮等主要毒品11.53吨，查处吸毒人员26.87万人次，强制隔离戒毒吸毒成瘾严重人员6.85万人次，与去年同期相比分别上升42.59%、47.54%、24.23%、59.89%和27.12%；抓获涉毒逃犯1 901名，缴获各类枪支643支、子弹41 871发。四川、贵州、湖北等地加强外流贩毒整治，抓获外流贩毒人员1.2万名；广东、四川、福建、江苏等地，强化对制毒犯罪的打击整治，破获制毒案件430起，打掉制毒厂点441个。

三、禁毒宣传教育

全国禁毒部门广泛动员全社会力量参与禁毒宣传教育，组织各地、各成员单位开展声势浩大、形式多样、内容丰富的宣传教育活动，禁毒宣传教育工作取得了新成效。

做好禁毒宣传教育顶层设计

国家禁毒办会同相关成员单位统筹规划，整体部署，强化督导，合力推进全国禁毒宣传工作。召开国家禁毒委员会禁毒宣传教育小组联席会议，研究解决禁毒宣传机制构建、平台建设等机制性、瓶颈性问题，制定下发《关于进一步加强毒品预防教育工作的意见》和《2014年全国毒品预防教育工作要点》，提出创新举措，明确年度禁毒工作方向和任务。成员单位积极履行禁毒宣传教育法定职责，最高人民法院召开新闻发布会，通报2013年人民法院审理毒品犯罪案件情况和典型案例；教育部在国家课程教育编修中增加毒品预防教育相关内容；工业和信息化部要求中国移动公司运用短信平台开展禁毒宣传；文化部对涉毒人员参加营业性演出作出规定；新闻出版广电总局核准创办全国首份禁毒专业报纸《中国禁毒报》，将禁毒内容融入全国30万名新闻采编人员培训课程；团中央举办部分地区青少年禁毒师资和志愿者骨干培训班，有效调动了各系统参与禁毒宣传教育工作的积极性。

“全民禁毒宣传月”社会反响强烈

国家禁毒办专门召开“全民禁毒宣传月”宣传教育工作部署会议和全国“6·26”禁毒宣传工作紧急视频会议，协调中央媒体加大禁毒宣传工作力度，部署各地统一规划，集体联动，精心组织大型禁毒宣传教育活动，营造出国际禁毒日期间的浓厚社会氛围。国家禁毒办和各地禁毒部门主要领导亲自研究、部署、参与禁毒宣传教育活动，围绕“6·1”、“6·3”、“6·26”多次掀起禁毒宣传热潮。国务委员、国家禁毒委员会主任、公安部部长郭声琨在国家禁毒委员会副主任兼办公室主任、公安部副部长李伟陪同下，视察了北京市东城区和平里街道禁毒工作，看望戒毒人员，慰问基层禁毒工作者，充分体现党中央国务院对禁毒工作的高度重视。全国 20 多个省(自治区、直辖市)党委政府副省级以上的领导也纷纷作出批示或直接参加“全民禁毒宣传月”相关活动，主流媒体广泛报道，引发民众关注。

禁毒新闻宣传取得新进展

国家禁毒办理顺国家层面禁毒新闻宣传机制，积极商请中宣部、新闻出版广电总局和公安部新闻中心，统筹协调中央媒体围绕禁毒中心工作集中宣传，有效保证了禁毒新闻宣传的规模和效果。先后结合打击陆丰市博社村毒品犯罪行动、禁毒英烈清明节专题宣传、中越边境联合扫毒行动、中央听取禁毒工作汇报、全民禁毒宣传月活动、全国禁毒工作会议召开、百城禁毒会战专项行动开展集中宣传十多次，召开国家层面禁毒新闻发布会、通气会 4 次，中央电视台全年播出禁毒专题节目近百次，《焦点访谈》播出禁毒专题节目 6 次，全国报刊单位通过开设专栏、专题、刊登公益广告等形式，刊发禁毒专题报道近 3 万篇。全民禁毒宣传月期间，中央电视台《新闻联播》头条播发中央领导关于禁毒工作的重要指示批示，《晚间新闻》播出郭声琨国务委员视察北京市禁毒工作，新闻频道推出大型禁毒专题节目《禁毒最前沿》，社会与法频道打通《平安 365》、《夜线》、《一线》、《道德观察》、《见证》、《普法栏目剧》六个品牌栏目、突破时段限制，播出“禁毒宣传周”大型媒体行动和国际禁毒日特别节目《禁毒之战 2014》，节目现场聘任著名艺人周杰伦为“中国禁毒宣传形象大使”。新华社、《人民日报》、中央人民广播电台、《光明日报》、新华网等主流媒体联动报道我国禁毒工作成果，全面反映各地全民禁毒宣传月活动实况。各地协调地方媒体开设禁毒专题栏目、版面，组织引导媒体记者深入禁毒一线实地采访、随警作战，召开省级禁毒新闻发布会、媒体座谈会 40 多场，整体宣传效果明显。

构建禁毒宣传教育新平台

国家禁毒办积极寻求拓展禁毒宣传教育新渠道、新手段和新载体，丰富宣传内容，全力打造禁毒宣传教育工作新亮点，成功建设推出中国禁毒网、国家禁毒办政务微博、中国禁毒数字展览馆、中国禁毒报、中国禁毒杂志、中国移动手机报和人民公安报《禁毒一线》专栏 7 个禁毒宣传新平台。《中国禁毒报》创刊即推出 128 个版面的创刊号，填补禁毒领域专业报纸的空白。国家禁毒办、中国禁毒基金会与新华网共同建设的“中国禁毒网”正式上线，目前点击量已达数千万人次。

在腾讯网正式认证开通官方政务微博@国家禁毒办，粉丝人数已经达到近 50 万人。联合中国移动总公司向 3 800 万余手机用户发送《新闻早晚报—6 · 26

禁毒特刊》，利用10086平台开展禁毒警示语公益宣传活动，成功播送禁毒公益短信达2亿条。编制《家庭防毒手册》面向全国发放，在互联网传播，探索运用腾讯新闻客户端、北京交通广播和公交车体广告传播禁毒信息，有效扩大禁毒宣传覆盖面。各地禁毒部门也纷纷大力发展自有媒体，全国已经建设省级禁毒网站22个、禁毒政务微博18个，筹建公众微信平台多个。内蒙古将团委系统微博与禁毒系统微博互联；广西开展“微直播·广西禁毒好声音”活动，微博话题阅读量超过500万；“黑龙江禁毒”微博荣获“全省十大政府机构微博”。

精心打造禁毒宣传教育品牌项目

国家禁毒办精心谋划全国性禁毒宣传教育活动，辐射引导各地组织开展形式新颖、内容丰富的禁毒宣传教育活动，教育公众特别是青少年正确认知毒品危害，积极参与禁毒斗争。国家禁毒办、中国禁毒基金会、中央电视台少儿频道联合组织以“不让毒品进我家”为主题的大型电视公益活动——《全国家庭禁毒总动员》，组织数万家庭参与预赛，在少儿频道《动感特区》播出赛况，首次尝试以娱乐与宣传相结合的方式开展禁毒宣传教育。

国家禁毒办、中国禁毒基金会联合举办“全国禁毒公益微电影大赛”，首次将艺术与禁毒题材相结合，收集到思想性、观赏性俱佳的参赛作品200余部，专门在乐视网展播决赛作品35部。会同公安部宣传局与中国电视剧制作中心召开以“10·5”湄公河案件为原型创作的电视剧《湄公河大案》首播发布会，邀请陈宝国、杜志国等主创人员畅谈拍摄感受，该片夺得同期黄金档上映电视剧的最高收视率。

各地、各部门坚持活动形式与效果并重，面向流动人口、青少年、社区居民等不同群体开展禁毒主题宣传活动，在宣传禁毒工作、传播禁毒知识、发动人民群众参与禁毒斗争中起到良好作用。北京连续举办8届“青少年禁毒教育夏令营”，集中3 000名法制副校长进行禁毒培训；天津开展禁毒知识竞赛、诗歌创作和微电影拍摄系列活动；上海连续9年举办以中小学生为主体的禁毒知识竞赛；江苏举办首届大学生禁毒辩论赛；浙江省开展全省高校禁毒倡议活动；广西在全区中小学校推广使用《禁毒宣传教育电子教材》；湖南开展禁毒师资培训互联网远程培训活动；新疆开展禁毒宣传高校行系列活动，良好地衔接了学校、家庭、社区的禁毒宣传教育工作，有效提高了青少年特别是中小学生抵御毒品侵害的能力。黑龙江为期7个月的“禁毒龙江行”巡回宣传活动、山西三晋骑游禁毒行、重庆万人接力徒步行和随手拍活动、云南“禁毒防艾”农村公益电影放映、甘肃百万农民工外出务工不涉毒承诺活动、安徽禁毒宣传“2014春风行动”，面向广大人民群众开展毒品预防教育取得积极效果。内蒙古优秀禁毒题材书画摄影等艺术作品征集和评选活动、辽宁全省十佳禁毒民警和十佳禁毒志愿者评选活动，湖北禁毒百部微电影、百幅动漫和百节讲课视频评选活动、广东大型禁毒题材交响音乐剧《虎门长啸》专题文艺演出，通过活动带宣传，宣传促活动，有效提高了广大人民群众的禁毒意识。

四、禁吸戒毒

国家禁毒办积极推动禁吸戒毒立法，努力完善吸毒人员动态管理机制，深入探索社区戒毒康复新模式，切实加强强制隔离戒毒和社区药物维持治疗工作，推动全国禁吸戒毒工作取得新的进展。

积极完善吸毒人员动态管控机制

公安部禁毒局部署指导各地积极推行“逢嫌必检”措施，大力推进百城禁毒会战吸毒人员查控战役，不断加强对吸毒人员排查管控工作，大大提高对隐性吸毒人员的发现能力，最大限度预防和减少吸毒人员发生肇事肇祸行为。截至2014年底，全国累计登记吸毒人员295.5万名，其中滥用阿片类毒品人员145.8万名、滥用合成毒品人员145.9万名，分别占49.3%和49.4%；全年共查处吸毒人员88.7万余人次，新发现登记吸毒人员46.3万余名，强制隔离戒毒新收戒26.4万余人次，社区戒毒社区康复新报到12.4万余名，全国三年未复吸人员达到100.8万名，各项数据同比均有大幅增长。国家禁毒办还会同国家食品药品监督管理总局，指导国家药物滥用监测中心在全国各类戒毒场所和公安禁毒部门的1 315家单位采集监测调查表20多万份，圆满完成2013年度全国药物滥用监测工作，进一步摸清毒品滥用现状。

综合整治涉毒重点问题

国家禁毒委员会成立合成毒品滥用防治专家委员会，组织17名专家研究合成毒品防治对策措施，以有效应对当前合成毒品滥用快速发展的严峻形势，提升治理工作的科学化水平。国家禁毒办会同文化部门联合治理娱乐场所涉毒问题，通过明察暗访或集中清查，有效打击重点场所吸毒违法行为。百城禁毒会战以来，全国公安机关在娱乐场所共查获吸毒人员8 301人次，在宾馆饭店查获26 866人次，同比增长分别为19.6%和30.7%，共查封关停严重涉毒娱乐场所130家。积极推动全国人大法工委等部门研究“毒驾入刑”，广泛宣传“毒驾”的社会危害，指导各地公安禁毒部门与交警部门通过路面筛查及时发现“毒驾”行为，加强吸毒人员驾驶证的申领管理，有效防范“毒驾”恶性交通事故的发生。会战以来，全国公安机关在机动车内共查获吸毒人员2 697名，依法注销3 167名吸毒驾驶人的机动车驾驶证，拒绝申领382名。

着力加强社区戒毒社区康复工作

国家禁毒办联合11部委制定《关于加强戒毒康复人员就业扶持和救助服务

工作的意见》,深入推进以就业安置为核心的社区戒毒社区康复工作,落实戒毒康复人员的最低生活保障和临时救助,将戒毒康复人员纳入劳动职业技能培训总体规划,推动落实相关培训和鉴定补助政策。推动各地借鉴贵州经验,立足本地实际,加快就业安置基地(点)建设,采取集中就业安置、分散就业安置、鼓励自主创业、提供公益岗位等多种方式,努力为戒毒康复人员就业安置提供更多的渠道和机会。截至2014年底,全国共建立社区戒毒社区康复工作领导小组2.3万个,建立戒毒康复人员就业安置基地(点)836个,全国正在执行社区戒毒社区康复人员25.2万名,累计安置社会面阿片类戒毒康复人员51.5万名,就业安置率达到47.8%。

不断提高强制隔离戒毒工作水平

不断完善强制隔离戒毒工作制度、机制和体制建设,切实加强对强制隔离戒毒人员的戒毒管理、治疗康复和教育矫治,进一步提升强制隔离戒毒工作水平。国家禁毒办会同司法行政、公安监管等部门,积极推进医疗卫生社会化和病残吸毒人员收治工作,通过"所院协作"、"绿色通道"和"外聘兼职"、购买医疗服务、建立驻所医务室等模式强化医疗卫生机制,规范医疗机构建设,切实提高戒毒医疗工作水平。全国已建成收治病残吸毒人员专区(收治中心)46个,在所收治病残吸毒人员3 700余人,累计收治9 000余人次,有效解决了病残吸毒人员送戒难、收治难问题。

深入推进戒毒医疗和戒毒药物维持治疗工作

卫生计生委会同公安部、食品药品监管总局制定《戒毒药物维持治疗工作管理办法》,积极创新工作模式,不断探索完善成瘾干预和康复治疗方案,在提升戒毒医疗水平、巩固戒毒成果、降低毒品危害方面取得新的进展。切实加强戒毒医疗工作专业化建设,持续推进美沙酮药物维持治疗工作。截至2014年底,全国28个省(自治区、直辖市)共设立维持治疗门诊767个,在治吸毒人员18.7万余名,基本建立起覆盖全国毒品危害较为严重地区的维持治疗网络。

推动戒毒康复试点项目可持续发展

国家禁毒办联合国家发展和改革委、司法部制定《关于改进戒毒康复场所试点项目建设管理工作的意见》,明确戒毒康复场所试点项目发展方向,不断深化戒毒康复场所建设工作。各地因地制宜,调整戒毒康复场所建设的功能设计,改进管理方式,提高使用效率。

五、打击毒品犯罪

2014年,全国共破获毒品犯罪案件14.59万起,抓获毒品犯罪嫌疑人16.89万名,缴获各类毒品合计68.95吨。其中,海洛因9.3吨、冰毒类毒品25.9吨、氯胺酮 11.2 吨、大麻 4 吨。

坚决遏制境外毒品入境渗透

针对“金三角”、“金新月”等毒源地毒品向我国渗透加剧的情况，全面强化重点地区、重点方向、重点行业堵源截流、查缉查控措施，组织开展堵源截流公开查缉大比武活动，提升各地公开查缉能力和水平，继续强化打击利用物流寄递渠道贩毒活动，全年共破获堵源截流案件 4 709 起，缴获各类境外毒品 6.1 吨，其中“金三角”海洛因 2 吨、冰毒片剂 2.9 吨，“金新月”海洛因 168 千克。

为有效堵截西南境外毒品入境内流，部署开展中越边境地区联合扫毒行动。3 月至 6 月，中越两国禁毒部门首次开展高级别、深层次、长时间、务实化的执法合作。中方专门在广西建立“中越边境联合扫毒行动指挥部”，时任国家禁毒办常务副主任、公安部禁毒局局长刘跃进亲自担任指挥长，部署广西、广东、云南等 17 个重点省份公安禁毒部门参与行动。越方调动公安、边防部队、海关、海警等部门和谅山、广宁、老街等 7 个边境省份和河内省禁毒部门参加行动，授权谅山、广宁、老街禁毒部门与我方广西禁毒部门进行省际间直通车联系，缩短指挥层级，提高办事效率，持续在口岸开展毒品查缉。行动期间，中方破获涉越毒品案件 2 282 起，抓获涉毒犯罪嫌疑人 2 664 名（越南籍嫌疑人 15 名），缴获海洛因 152.9 千克、冰毒及片剂 356.8 千克、氯胺酮 259.5 千克、枪支 7 支、子弹 30 发，向越方移交嫌疑人 6 名。越方破获毒品案件 898 起，抓获毒品犯罪嫌疑人 1 156 名，缴获海洛因 75.57 千克，鸦片 8.1 千克，大麻 33.98 千克，合成毒品 35.1 千克、35 476 粒。

为有效拦截“金新月”毒品入境，部署开展中塔联合查缉行动。为贯彻落实国务委员、国家禁毒委员会主任、公安部部长郭声琨与塔吉克斯坦禁毒署署长纳扎尔佐达成的有关共识，经国家禁毒办与塔吉克斯坦禁毒署共同协商，于 2014 年 10 月 27 日至 11 月 21 日联合开展打击跨国毒品犯罪联合查缉行动。双方在中国新疆维吾尔自治区乌鲁木齐市建立联合行动指挥部，由时任公安部党委委员、部长助理、禁毒局局长、国家禁毒办常务副主任刘跃进任总指挥，塔吉克斯坦禁毒署副署长哈立木任副总指挥，我方协调公安禁毒、边防及海关、民航等部门组成工作组，推动两国建立快捷的情报交流机制、行动协调机制。行动期间，双方共计出动警力 5 172 人次，检查航班 152 架次，检查通过口岸车辆 5 081 辆，检查旅客 14 586 人次，破获毒品案件 34 起，抓获毒品犯罪嫌疑人 38 名，缴获各类毒品 180.78 千克。

组织堵源截流公开查缉大比武。为深入推进百城禁毒会战专项行动，切实堵截毒品入境内流，提升重点地区公开查缉水平，10 月 14 日至 23 日，公安部禁毒局组织内蒙古、福建、湖北、广西、四川、云南、甘肃等7个省份公安禁毒、边防部门，在云南省开展战训结合、以战代训的公开查缉行动。内蒙古等6省份民警和云南公安禁毒民警、边防官兵混合编队，边观摩、边学习、边查缉，共查破毒品案件134起，抓获毒品犯罪嫌疑人134名，缴获毒品137.28千克。

大力加强目标案件侦办工作

公安部禁毒局以打击制贩毒团伙、网络和毒枭为重点，以目标案件工作机制为牵引，建立"十大案件"直接指挥侦破机制，实行挂牌督办、统筹协调、统一指挥、多警联动，梳理出一批重大案件线索，调集情报分析骨干集中研判，召集全国缉毒侦查专家"会诊"重点案件，直接指挥、协调、组织侦破一批跨国境、跨区域毒品大案。2014年，全国共破获公安部毒品目标案件684起，抓获犯罪嫌疑人11 148名，缴获各类毒品2 367千克，占全国缴获量的34.33%，收缴枪支146支、子弹2 104发，涉案汽车660辆、房产3处、船2艘，扣缴毒资1.6亿元，对毒品犯罪形成强有力震慑。11月22日，中国与印尼成功实施"控制下交付"联合侦查行动，联合侦破"2014—828"特大跨国走私毒品案，共抓获毒品犯罪嫌疑人16名，缴获冰毒172千克。10月至12月，中韩首次开展重大毒品专案联合侦查行动，公安部指挥协调上海、山东警方，对"2014—706"特大跨国走私毒品案3次实施收网行动，抓获犯罪嫌疑人10名，缴获冰毒8.5千克。

集中打击互联网涉毒违法犯罪活动

为坚决遏制网络毒品违法犯罪活动的猖獗势头，2014年6月20日至6月25日，公安部禁毒局、网络安全保卫局统一部署，全国公安禁毒、网安部门联手行动，对公安部确定的9起重点专案全面展开破案收网行动。行动期间，各地围绕部署查缉的涉毒人员，纵向延伸、横向拓展，突审深挖、研判扩线，共抓获涉毒违法犯罪嫌疑人3 440名，摧毁制毒厂点8处，缴获冰毒127.55千克、氯胺酮35.9千克，查缴毒资19.6万元，查扣涉毒车辆9部，查获枪支3把、子弹112发、管制刀具一批。

深化巩固毒品问题重点地区整治工作成果

公安部禁毒局专门派出5个工作组，分赴11个省份41个毒品问题突出地区开展毒品重点整治检查工作，通过实地走访、听取汇报、查阅台账、调研座谈、问卷调查等方式，全面了解党委政府对禁毒工作的重视程度、禁毒工作情况及群众评价。

为防止汕尾制贩毒犯罪死灰复燃，进一步巩固行动成果，公安部禁毒局与纪委、警务督察局组成联合工作组于3月17日进驻汕尾，对"12·29"行动后续整治工作及打击保护伞行动进行督导，推动汕尾、陆丰党委、政府领导亲自抓禁毒工作，不间断地开展清查清理。联合工作组会同广东省纪委、检察院驻汕尾工作组、汕尾市纪委专案组以及广东省公安厅专案组深入推动整治工作，深挖涉毒保护伞，先后立案调查106人，重新树立当地禁毒信心。同时，针对广州、佛山、深圳等地外籍人员贩毒突出问题，公安部禁毒局持续督导开展重点整治，查明81名涉毒外籍高危人员重要信息，直接指挥5月20日清查打击收网行动，查获违法犯罪嫌疑人88名、涉嫌"三非"人员43名，缴获各类毒品94.8千克、枪支1支、子弹5发，对活动在广州、佛山地区的外籍贩毒团伙给予沉重打击。2014年8月，公安部禁毒局在广东省设立驻粤办公室，推动各省与广东建立更紧密侦查协作机制，充分整合全国禁毒警力和案件情报资源，缩短反应时间，提高处置效率，规模化提升全国毒品大要案件打击成效，推动全国毒品形势加快好转。

深入推进两岸四地禁毒执法合作

将两岸四地合作作为禁毒执法合作重中之重予以推进，在人力、物力资源上给予政策倾斜，从发展合作机制、丰富合作内容、创新合作模式等角度入手，促进两岸四地禁毒合作迈上新台阶。时任国家禁毒办常务副主任、公安部禁毒局局长刘跃进首次率团赴澳门出席第三届内地与港澳禁毒执法合作研讨会，推动内港澳三地在涉毒反洗钱、情报和办案取得务实效果；促成大陆减少毒品需求代表团首访台湾，实现两岸禁毒合作执法领域以外的新突破；推动香港警务处毒品调查科总警司陈健雄、台湾"法务部"调查局毒品防制处处长苏中山上任伊始即访问北京，有力推动了双方禁毒执法合作。2014年，两岸四地合作案件缴毒量即达2.6吨，易制毒化学品2.77吨，占跨境合作案件缴毒总量的89.6%，有效遏制台籍、港籍贩毒人员，特别是通缉人员利用大陆逃避打击，从事贩毒活动的态势。

六、易制毒化学品管制

各有关部门按照国家禁毒委员会部署，协作配合，发挥合力，深入推进易制毒化学品管理工作，严厉打击易制毒化学品违法犯罪活动，有力地阻止了易制毒化学品流入非法渠道。

加强制毒物品立法工作

公安部会同国家安监总局、食品药品监管总局、商务部、海关总署等部门发布《关于将溴代苯丙酮等增列为第一类易制毒化学品管理的公告》，将溴代苯丙酮、α-氰基苯丙酮列入管制；会同最高法、最高检出台《关于邻酮、溴代苯丙酮等三种制毒物品的定罪量刑数量》，为打击涉及邻酮、溴代苯丙酮和α-氰基苯丙酮犯罪案件提供有关法律依据。

加强重点制毒物品管控和重大制毒物品案件侦办

国家禁毒办部署各地禁毒部门不断强化麻黄碱、羟亚胺、邻酮和溴代苯丙酮等重点制毒物品的管制，实现制毒和制毒物品犯罪全链条打击。2014年，全国破获制毒物品案件549起，其中走私制毒物品案29起，非法买卖制毒物品案520起，缴获制毒物品3 847吨。全年确立制毒物品部督目标案件60起，成功破获江西乐平“6·5”制贩邻酮羟亚胺案、江西萍乡溴代苯丙酮制贩麻黄碱案、江苏“2·28”制贩邻酮羟亚胺案等一大批重特大制毒物品案件，成功抓获“化学合成麻黄碱鼻祖”肖积合。强化内蒙古、新疆、甘肃、宁夏等产草区源头管理，麻黄草流失问题得到有效遏制，2014年麻黄草缴获量从2013年的1 271吨下降到422.98吨。列管溴代苯丙酮后迅速开展非法制贩活动打击，查封非法生产、经营溴代苯丙酮企业多家，各地缴获溴代苯丙酮23.21吨。继续加强羟亚胺、邻酮等制毒物品的管制，缴获非法生产、买卖的羟亚胺、邻酮108.95吨。

加强全国易制毒化学品管理信息系统应用

深化部级易制毒化学品管理系统与地方版本系统间的联网，加强系统间的数据共享和电子证的联网核查，对异常的购买和资质过期等情况及时报警，提高易制毒化学品管理水平。2014年通过系统颁发易制毒化学品购买电子证95万余份，运输电子证26万余份，全国所有省份都已实现易制毒化学品的信息化管理。浙江将系统与物流寄递业系统进行联网，内蒙古将麻黄草纳入系统管理，新疆通过系统加强对入疆的涉爆易制毒化学品高锰酸钾等的核查监控，加强社会管理的创新和系统的深度应用。

积极开展进出口国际核查和国际合作

公安部禁毒局极为重视易制毒化学品出口国际核查，全年共发出易制毒化学品出口提前通知书687份，涉及58个国家和地区，16种易制毒化学品，共计61 378.05吨。其中，国际核查通过出口655单，共55 495吨；暂停出口32单，共5 883.05吨。积极向有关国家提供司法协助和线索核查，全年共向英国、美国、墨西哥等国提供司法协助及回复核查请求80余份，与美国、英国、加拿大、墨西哥、澳大利亚、新西兰等国家代表或驻华联络官举行会谈会晤30余次。2014年12月在广东深圳主办中欧联合后续小组会议暨易制毒化学品管制研讨会，由双方政府主管部门、协会和企业代表专题研讨中欧易制毒化学品管制合作工作情况及政府行业合作。

会同澳大利亚、新西兰共同分析、经营破获一批互涉麻黄碱走私等案件，成功阻止大量化学品流失制毒。2014年8月，公安部禁毒局指挥福建公安禁毒部门，破获李某向新西兰走私制毒物品案，抓获犯罪嫌疑人5名，缴获麻黄碱46.132千克，新西兰警方抓获3名犯罪嫌疑人，缴获制毒物品麻黄碱200余千克。同时，国家禁毒办与澳大利亚、新西兰、巴基斯坦、英国、美国等国就“9·12”

醋酸酐走私案、麻黄碱走私案、张磊案等案件加强合作。

七、禁毒国际合作

国家禁毒委员会积极配合我国总体外交政策和国际执法合作战略，紧紧围绕我国禁毒工作总体安排，坚持国际国内配合，双边多边结合，着力服务国内禁毒斗争，禁毒国际合作工作取得务实成果。

深化和完善双边禁毒合作

持续巩固发展与俄罗斯、巴基斯坦、澳大利亚、美国、加拿大等周边和重点国家禁毒执法部门的双边合作。12 月 15 日，成功举办第十届中俄禁毒合作部长级会议，国务委员、国家禁毒委员会主任、公安部部长郭声琨与俄罗斯联邦麻醉品监管总局局长伊万诺夫首次就双多边禁毒领域重大问题广泛深入交换意见，决定建立两国禁毒部门高官级合作机制。7 月，巴基斯坦禁毒部队司令哈瓦尔·汉尼夫少将访华，双方就更新两国政府间禁毒协议、重新确定直接联络渠道、深化双边禁毒执法合作、人员培训、物资援助和进行控制下交付合作达成一系列共识，有效促进两国禁毒合作的务实开展。10 月，时任国家禁毒办常务副主任、公安部禁毒局局长刘跃进访问韩国、蒙古；10 月，国家禁毒办副主任、公安部禁毒情报技术中心主任陈绪富访问菲律宾、印度尼西亚；9 月 22 日至 25 日，公安部禁毒局副局长韩旭光率团赴美参加“中美执法合作联合联络小组禁毒工作组第十二次会议”和“第五届中美禁毒情报交流会议”；11 月 20 日至 21 日，公安部禁毒局与澳大利亚联邦警察在中国广州联合举办“第二届中国华南地区毒品问题研讨会”，为双边合作机制注入新活力。

全力与周边国家开展打击毒品犯罪联合行动，与越南、塔吉克斯坦开展打击跨国毒品犯罪联合查缉行动，积极参与集体安全条约组织框架下“通道—谷地”行动，取得丰硕战果。积极发挥情报侦查优势，加大对跨境毒品案件打击力度，大力推进与周边国家案侦合作，逐步建立完善跨国缉毒执法合作新模式，全年会同有关国家和地区共同交流情报 800 余条，破获跨国、跨境毒品案件 42 起，缴获各类毒品约 4.4 吨、易制毒化学品 2.77 吨。

深化国际和区域禁毒合作

充分利用联合国、东亚次区域以及上海合作组织等多边平台，宣传我国禁毒工作成效、禁毒立场，就热点问题回应外部关切，积极履行国际义务，全面展示负责任大国形象，不断提高在国际和区域禁毒领域话语权和影响力。

公安部、外交部持续推动赋予上合组织地区反恐怖机构禁毒职能，国家主席习近平，国务委员、国家禁毒委员会主任、公安部部长郭声琨在出席上合组织成员国杜尚别峰会及安秘会期间明确阐述中方立场。5 月，国家禁毒委员会副主任兼国家禁毒办主任、公安部副部长李伟率团出席在莫斯科召开的首届国际禁毒合作部长级会议，背靠背召开金砖国家禁毒部门第二次负责人会议，清晰阐述我国推动新兴国家禁毒合作的倡议主张。3 月，时任国家禁毒委员会常务副秘书长、公安部禁毒局局长刘跃进率团参加联合国麻醉品委员会高级别会议及第 57 届常会，详细介绍中方近年来各项综合禁毒措施和工作成效，阐述中方对当前国际禁毒重大问题的看法，首次就大湄公河次区域禁毒合作与泰国、缅甸等国家共提决议、共同举办双边会和禁毒合作成就展览，在会场外首次举办"中国禁毒工作"图片展，受到与会各方高度重视。

承办东亚次区域禁毒谅解备忘录签约方第一届缉毒执法会议，为柬、中、老、缅、泰、越六国搭建中长期全方位跨国执法合作的新平台，11 月 22 日，中越公安机关利用该平台首次合作抓获中方通缉的重大涉毒逃犯梁亚上；承办支持东亚次区域禁毒合作谅解备忘录(MOU)伙伴关系项目联络员会议和高官会议，讨论新形势下《次区域行动计划》发展方向、伙伴关系定位等重要事项。

积极与港澳共同推动将氯胺酮纳入国际禁毒公约管制，促使世界卫生组织重新评估氯胺酮的危害，3 月，正式照会联合国秘书长，另附中方氯胺酮滥用危害调查报告等翔实资料，申请将氯胺酮纳入《1971 年公约》进行管制，并通过麻委会大会、世卫组织专家评估会议积极呼吁中方立场，得到美国、加拿大、英国等国的积极响应和支持。积极推动联合国毒品和犯罪问题办公室在华设立"联络和伙伴关系办公室"，在向毒罪办 100 万美元捐款中指定 5 万美元用于联络办开展项目活动。利用国际场合主动、正面回应国际社会普遍关注的非列管制毒原料流失、新精神活性物质蔓延等问题，加大和各国联合打击走私贩卖新精神活性物质的力度。

积极开展对外交流和执法培训

充分利用国外禁毒执法领域先进经验、做法，服务国内禁毒工作，针对中外禁毒机构设置、刑事司法制度、调查取证程序的差异，与外国驻华执法联络官联谊会(FLECC)协商，邀请相关国家执法/禁毒部门驻华联络官举行系列专题讲座，有力促进双方在禁毒相关领域的相互了解。有针对性地加大外警培训力度，优化执法培训结构，为周边国家提供双边、多边外警培训项目 10 个，参训禁毒官员 220 名，丰富和拓展对外合作资源。

八、禁毒基础建设

按照公安部统一部署，各级公安禁毒部门在大力推进各项业务工作的同时，全面加强禁毒队伍、法制建设和经费、装备等基础保障工作，极大提升禁毒基础工作水平。

推动禁毒信息化建设

公安部禁毒局不断加强禁毒综合应用系统、目标案件管理分析系统、吸毒人员动态管控系统建设应用，成功建设“吸毒人员动态管控系统(二期)扩展”项目，指导地方禁毒部门将吸毒人员动态管控系统与社会管理与服务信息系统对接，全面服务基层执法实践。国家禁毒办、科技部和公安部联合印发《2014—2020年禁毒科研专项规划》，从基础研究、高新技术、共性与关键技术、应用示范、平台基地和国际合作等方向予以禁毒科研系统支持。同时，加强禁毒案件等信息数据质量核查，建立涉毒违法犯罪前科人员信息更新长效机制。

加强执法规范化建设

国家禁毒办不断加强禁毒法律法规的制定、修订、完善，会同全国人大法工委、最高人民法院在刑法修正案(九)中研究增设“非法制造制毒物品罪”、“非法运输制毒物品罪”，组织北京大学等相关院校的法律专家、学者以及实战部门同志分赴上海、湖南、广东、重庆、贵州、云南等省市专门调研禁毒法律问题，客观分析禁毒司法实践及禁毒法律保障中重点问题的成因，并提出解决思路和方法；公安部与国家食品药品监督管理总局下发通知，严厉查处药品批发企业违法销售含可待因复方口服溶液案件，积极推动将该类药品列入精麻药品管制目录；联合国家邮政局，专题调研物流寄递渠道贩毒活动和实名制试点，在2014年底前有限度实施邮件、快件实名制。研讨解决涉毒特殊人群羁押、新精神活性物质快速临时性列管机制、新类型合成毒品定罪量刑标准等问题，规范吸毒检测执法主体、社区戒毒期间计算、强制隔离戒毒处置前提、实验室鉴定结果认定吸毒违法事实、恰特草类、大麻类案件如何认定等问题，整理编辑《禁毒法律法规政策业务工作规范汇编》，组织开展禁毒法律适用问题专门调研，努力为基层禁毒部门提供法律保障。

加强禁毒队伍建设

开展禁毒队伍调研，摸清队伍基本情况。对公安禁毒民警和警务辅助力量进行调研，建立全国禁毒师资库，评选出13个业务专业、240名候选人，填补禁毒培训工作空白。编写全国禁毒民警培训教材，依托中国刑警学院建立禁毒民警训练基地，开展多期禁毒教育培训工作，有力提升禁毒队伍的整体素质和战斗力。

提升禁毒工作保障水平

会同财政部加大中央财政对禁毒工作的支持力度，将中央补助地方禁毒专款增至11亿元。会同发改委等部门积极落实“十二五”禁毒基础设施建设方案，安排中央预算内投资4.8亿元，支持建设禁毒基础设施项目76个，继续支持地方禁毒部门加快禁毒基础设施建设。研发运行全国禁毒基础工作综合信息系统，运用信息化手段加强全国禁毒队伍机构、经费、装备、基础设施、科研等工作的规范化管理。各地禁毒部门也在加大经费投入、增加人员配备、加强基础设施建设等方面积极制定具体意见措施，推动禁毒工作深入开展。

九、禁毒情报技术

公安部禁毒情报技术中心以服务基层、贴近实战为宗旨，全面推进禁毒情报研判系统建设应用，不断提升情报分析研判能力、禁毒实战培训能力，有效地指导和推动各地禁毒情报工作，深入推进境外罂粟替代种植、遥感监测工作，推动我国毒品形势呈现持续好转。

积极部署推动全国开展专题毒情、基础毒情调研工作，加强对"金三角"、"金新月"方向以及全球毒情的收集、分析、研究和交流，编制《2013 年境内外毒品形势分析报告》、《关于我国毒品来源、滥用和危害情况的调研评估报告》、《关于国内重点城市毒品问题的报告》、《近年全国检法毒品犯罪案件数据情况分析》。依托公安部禁毒局"驻滇办"，积极拓展涉毒情报线索来源，全年获取情报线索 320 条，破获毒品案件 160 起，缴获毒品 450.89 千克。认真开展涉外线索核查和情报交流，全年共办理涉毒线索核查函件 204 件，涉及有关毒品情报线索 128 条，来自美国、澳大利亚、俄罗斯、中国香港、中国台湾等 23 个国家和地区。会同公安部刑侦局、中国人民银行反洗钱局和反洗钱监测中心，共同研究推进涉毒反洗钱工作措施和个案侦办，切实推动反洗钱工作取得实效。

深入推进 DIAS 系统的应用工作

大力推进禁毒情报研判系统(DIAS)的推广应用工作，不断扩大信息数据录入量，优化情报产品处置反馈流程，加强部级联络点和研判员建设，推动情报研判支持侦查破案，确保 DIAS 系统实战应用取得实效。全年通过 DIAS 系统研判辅助和直接破获部毒品目标案件 338 起，抓获犯罪嫌疑人员 1 674 名，缴获各类毒品 2.67 吨、制毒前体 63.4 吨。

情报集中研判取得显著成效

集中全国情报研判力量，综合应用信息化研判手段，整合情报信息资源，针对国内重点地区、重点方向制贩毒问题和网上涉毒犯罪问题，梳理分析毒品案件线索，在服务全国"百城禁毒会战"专项行动同时，逐步形成了具有禁毒部门特色的情报研判支持侦查破案的联合研判长效机制，实现对涉毒犯罪团伙网络的主动发现，长线经营和深度打击。通过情报研判破获 9 起特大毒品犯罪案件(部级目标案件 5 起)，抓获涉毒犯罪嫌疑人员 76 名，缴获冰毒及其片剂 165 千克，海洛因 38 千克，有力提高了情报工作服务实战水平。

推动境外罂粟替代发展和卫星遥感监测工作

积极开展对外援助,积极推进缅甸曼德勒警务指挥中心援建工作。向老挝捐赠价值30多万元的禁毒车辆、铲毒设备,以帮助老方提升查毒、铲毒能力。

继续推进缅北、老北罂粟种植遥感监测和替代种植,落实2013年签署的中老《关于推进罂粟替代种植工作的谅解备忘录》,举行中老罂粟遥感监测暨替代发展联络协调会议和替代发展工作小组会议,制定老北替代发展示范项目建设规划,积极协调云南省商务、财政、禁毒等部门联合组团赴缅北开展示范项目地点考察,积极开展缅北、老北罂粟种植监测实地踏查工作,累计实施替代项目200多个,替代种植面积300多万亩,系统推进境外除源战略。

十、国家毒品实验室建设

国家毒品实验室紧紧围绕禁毒中心工作,推进全国毒品实验室规范化建设,充分发挥技术部门职能作用,扎实推进各项工作任务。

加强禁毒系统毒品实验室规范化建设

支持重点地区毒品实验室建设,赴天津、山西、内蒙古、湖北、河南、江苏等地实地指导实验室建设,组建国家毒品实验室武汉和襄阳工作站;规范公安禁毒系统毒品鉴定部门的管理,对天津、内蒙古、湖北等地毒品实验室的鉴定资格进行登记管理;加强禁毒系统毒检技术人员培训工作,制定3年轮训计划,成功举办4期"全国公安禁毒系统毒品实验室毒品检测技术培训班",完成对15家地方毒品实验室共25名技术人员的培训,有效提高了各地毒品实验室的检测能力和水平;与司法部司法鉴定科学技术研究所联合开展2014年度能力验证(盲测)工作,持续验证了地方禁毒系统毒品实验室的检测水平。

推进毒品样品库和数据库建设

从2014年全国各地破获的毒品案件中,收集各类毒品样品1.16余万份,其中海洛因样品3 058份、甲基苯丙胺晶体样品3 160份和片剂毒品样品4 584份,分别占三类毒品缴获总量的94.2%、96%和94%。完成所有样品的特征分析,不断充实母本样品库和信息数据库。编制2013年度全国缴获毒品样品特征分析报告和2014年部分重点城市及地区零包样品分析报告,详细解析各类毒品来源、合成工艺、合成原料及掺杂物等信息。收集阿富汗本土缴获的海洛因、鸦片母本样品85份。新采集并分析了我国首次发现的新精神活性物质10余种。

推动科研成果向实战化转化

顺利通过"十二五"国家科技支撑计划"遏制毒品违法犯罪关键技术研究"项目"缴获毒品间关联性的研究及数据库的开发"和"毒品标准物质制备方法及定值技术的研究"课题验收,科研成果达到国际先进水平,获得国内外专家高度评价，已全面服务禁毒实战工作并取得良好应用效果。对天津、浙江、四川、内蒙古、广东等地送检的上百份毒品样品进行关联性分析，为案件串并和证据固定提供技术支持；全年向各地公安刑侦、禁毒和司法、海关等部门的鉴定机构以及北京大学、四川大学等科研机构免费配发毒品标准物质 2 150 瓶，及时满足相关案件的物证鉴定和科研需求。

为立法和政策调整提供支持

建立新精神活性物质等物质的危害性评估体系，通过动物实验学科系统地评估了卡西酮类等新精神活性物质的危害性和依赖性，为新精神活性物质管控和预防宣传提供了科学依据。开拓环境样品分析项目，通过现场勘察毒品加工厂并分析特殊地区环境水样中毒品成分评估相关区域制毒犯罪活跃程度，监测制毒原料和工艺变化趋势，提升毒情研判工作的科学化水平。

积极开展国际技术交流

务实开展国际警务合作，承办第 40 期中欧警务培训项目打击制贩合成毒品犯罪和易制毒化学品管制培训班；与新西兰警方就具体案件中麻黄碱类物质的定量鉴定开展合作。积极开展国际实验室间技术交流，赴美国司法部缉毒署实验室开展技术交流并邀请美国司法部缉毒署高级分析师来华访问；应邀对泰国肃毒委毒品实验室技术人员开展培训。

十一、毒 情 形 势

当前国际毒潮持续泛滥扩散，国内毒品问题正处于快速发展期，国际国内毒情相互交织、相互影响，我国毒品形势十分严峻复杂。

境外毒品渗透入境活动猖獗

“金三角”地区和阿富汗毒品向我国全线渗透。2014 年，“金三角”缅北、老

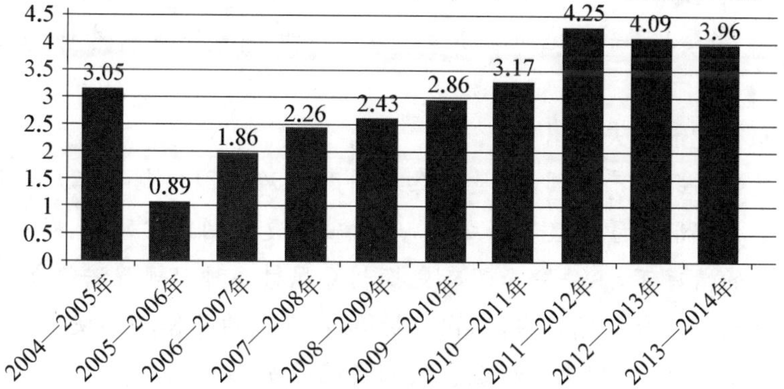

2004—2014 年缅北罂粟种植面积情况

北地区罂粟种植面积分别为3.96万公顷(59.4万亩)、0.405万公顷(6.08万亩),同比下降3.09%、3.37%,潜在鸦片产量600多吨,共可制海洛因60多吨。阿富汗仍是全球罂粟种植和鸦片产量最大的国家,2014年罂粟种植22.4万公顷(336万亩),同比增加7%,潜在鸦片产量6 400吨,可制海洛因约640吨。

国内制毒犯罪活动仍在加剧

目前,我国毒品消费市场上的晶体冰毒和氯胺酮几乎都是国内生产,广东部分地区已经成为国内非法制造冰毒、氯胺酮等合成毒品最为严重的地区,2013年,各地缴获的晶体冰毒总量的84.6%来源于陆丰为中心的汕尾、揭阳地区,危害涉及全国所有省份。四川成都及其周边地市制造冰毒等合成毒品较为突出,影响波及多个省份。

毒品滥用蔓延迅速危害严重

截至2014年底,全国累计登记吸毒人员295.5万名,其中滥用阿片类毒品人员145.8万名、滥用合成毒品人员145.9万名,分别占49.3%和49.4%,还有成倍的隐性吸毒人员尚未被查获。吸毒引发的治安和刑事案件随之大量增多,一些毒品问题严重地区超过70%的侵财类案件是吸毒人员作案,因吸食合成毒品引发自伤自残、暴力杀人、劫持人质、交通肇事等案件不断增多,严重危害社会治安和公共安全。

贩毒活动非常活跃

贩卖和运输毒品犯罪是我国毒品犯罪的主要形式,庞大的毒品消费需求和巨额暴利刺激毒品走私贩运活动持续高发。非洲籍涉毒人员在广东贩毒问题依然严重,部分地区外籍人员贩毒、外流贩毒以及恶意利用法律上的人性化规定利用特殊人群贩毒问题仍很突出。部分毒品违法犯罪分子大肆利用互联网兜售毒品、制毒原料、设备,甚至公然传授制毒方法,并利用物流寄递行业寄运毒品,一些地市破获的70%的贩毒案件是由寄递渠道运输毒品的。

制毒原料配剂流失突出

我国是化学品生产大国,大量制毒原料配剂流入国内制毒工厂和境外毒源地。随着禁毒部门监管力度不断加大,麻黄碱类复方制剂被列管、麻黄草管制力度不断加大的情况下,不法分子不断变换制毒原料品种以规避法律管制,以非列管的溴代苯丙酮来合成麻黄碱,国内市场50%以上的晶体冰毒使用溴代苯丙酮化学合成。羟亚胺、邻酮流入制造氯胺酮渠道问题严重,形成利用邻酮加工羟亚胺再制造贩卖氯胺酮的地下黑色产业链。

十二、附　　录

国家禁毒委员会组成

主　任

郭声琨　国务委员、公安部部长

副主任

汪永清　中央政法委秘书长、国务院副秘书长

李　伟　公安部副部长

孙志军　中宣部副部长

马晓伟　卫生计生委副主任

胡　伟　海关总署副署长

委　员

李少平　最高人民法院副院长

朱孝清　最高人民检察院副检察长

李保东　外交部副部长

穆　虹　国家发展和改革委员会副主任

刘利民　教育部副部长

王伟中　科技部副部长

苏　波　工业和信息化部副部长

邱　进　国家安全部副部长

窦玉沛　民政部副部长

张苏军　司法部副部长

刘红薇　财政部副部长

信长星　人力资源和社会保障部副部长

翟　青　环境保护部副部长

何建中　交通运输部副部长

高鸿宾　农业部副部长

钟　山　商务部国际贸易谈判代表、副部长

项兆伦　文化部副部长

李东荣　中国人民银行副行长

邬书林　国家新闻出版广电总局副局长

孙华山　国家安全生产监督管理总局副局长

吴　浈　国家食品药品监督管理总局副局长

孙扎根　国家林业局副局长

甘藏春　国务院法制办副主任
李伍锋　国务院新闻办副主任
孟宏伟　国家海洋局副局长兼中国海警局局长
李　健　中国民用航空局副局长
刘　君　国家邮政局副局长
王国良　国务院扶贫办副主任
阚立奎　总参谋部作战部副部长
倪健民　全国总工会副主席、书记处书记
汪鸿雁　共青团中央书记处书记
谭　琳　全国妇联书记处书记
胡亚东　中国铁路总公司副总经理
国家禁毒委员会的具体工作由公安部承担
国家禁毒委员会办公室主任：李　伟(兼)
国家禁毒委员会办公室常务副主任：刘跃进

附录 7

2014 年度十大禁毒案件

一、沪苏粤鲁四地联合侦破“聂燕群制毒案”

2014 年 9 月 11 日，公安部禁毒局积极协调台湾法务调查部门，指挥上海、江苏、广东、山东等 4 省（市）公安禁毒部门，历时 5 个多月的苦心经营，成功侦破“聂燕群制毒案”（部目标 2014—415 号），全案共抓获犯罪嫌疑人 34 名（其中台湾籍 4 名），捣毁制毒工厂 2 处，缴获甲卡西酮 1.04 吨、制毒原料麻黄素 1.6 吨、仿六四式手枪 1 支、子弹 6 发，查扣涉案汽车 4 辆，扣缴毒资人民币 120 余万元。该案是大陆今年以来单案所缴获毒品和麻黄素数量最大的案件。

二、中印（尼）联合侦破“11 · 22 跨国走私贩毒案”

2014 年 4 至 11 月，广东、山东公安禁毒部门联合作战，在广州、揭阳、深圳、青岛等地实施 4 次收网打击，成功侦破“11 · 22 跨国走私贩毒案”（部目标 2014—828 号），全案共抓获犯罪嫌疑人 16 名，缴获冰毒 172 千克。11 月 22 日，公安部禁毒局将有关跨国走私贩毒线索及时通报印度尼西亚肃毒委。同日，印尼禁毒部门根据我方准确情报，在印尼实施“控制下交付”侦查行动，成功侦破，一举在印尼抓获犯罪嫌疑人 3 名，缴获冰毒 157 千克。

三、粤辽浙三地联合侦破“罗伯特跨国走私贩毒案”

2014 年 12 月 4 日，在公安部禁毒局的协调和公安部禁毒局“驻粤办”指挥下，广东、辽宁、浙江等 3 省公安禁毒部门成功侦破“罗伯特跨国走私贩毒案”（部目标 2014—875 号），全案共抓获犯罪嫌疑人 6 名（其中加拿大籍 1 名），缴获冰毒 726 千克。

四、山西、广东、黑龙江等 9 省市成功侦破公安部“2014—359”“2014—525”号毒品目标案件

“百城禁毒会战”期间，山西省公安机关通过追查零包案件毒品来源，逐步摸清涉及北方七省一市的贩毒网络；广东省公安机关从已破案件深挖入手，拓展出多个团伙勾结成链，盘踞粤港、辐射内地及东南亚，集制造、走私、分销于一体的犯罪网络。经山西、广东专案组共同研判，查明两案指向同一毒源。2014 年 10

月13日，在公安部统一指挥下，山西、广东与辽宁、黑龙江、河北、北京、湖南、江苏、福建各省、市公安机关通力协作，历经数十轮梯次收网，成功侦破“部目标2014—525”“部目标2014—359”特大制贩毒案，抓获犯罪嫌疑人83名，缴获冰毒691.31千克、枪支8支、子弹213发，查扣涉案汽车25辆，扣缴毒资人民币727万元。

五、粤湘联合侦破公安部“2014—741”“2014—773”号毒品目标案件

2014年11月21日，在公安部禁毒局积极协调和公安部禁毒局“驻粤办”的直接指挥下，广东省公安厅禁毒局部署惠州、深圳、东莞、中山、韶关等地市，协调江西、湖南等地公安禁毒部门，实施同步收网，成功侦破公安部“2014—741”和“2014—773”号2起毒品目标案件，共抓获犯罪嫌疑人39名，捣毁位于湖南耒阳、广东韶关的制毒工厂2处和位于广东惠州的藏毒窝点2处，缴获氯胺酮1.01吨、冰毒100多克、麻古108粒、仿六四式手枪1支、子弹5发、毒资124万余元，查扣涉案汽车14辆及制毒工具一批。

六、湘粤联合侦破“李晖彪、陈海军制贩毒案”

2014年4月，在公安部禁毒局的指挥协调下，湖南省公安厅禁毒总队联合广东省公安禁毒部门，指挥衡阳市公安局禁毒支队成功侦破“李晖彪、陈海军制贩毒案”(部目标2014—151号)，全案共抓获犯罪嫌疑人16名，捣毁制毒工厂1处，缴获冰毒631.65千克、毒资30余万元，查扣涉案汽车1辆。

七、云南铁路公安机关侦破“2014·2·17贩运毒品案”

2014年10月15日，在公安部禁毒局和铁路公安局的组织协调下，昆明铁路公安机关在列车查缉中发现的一张可疑身份证线索入手，历时240余天，与云南、湖南、广西等地铁路、地方公安机关通力协作，成功侦破“2014·2·17贩运毒品案”(部目标2014—285号)，全案共抓获犯罪嫌疑人19名，缴获冰毒177.167千克，查扣涉案汽车12辆，扣缴毒资人民币11万元。

八、广东侦破“9·2制贩毒案”和“11·12专案”

2014年10月26日，公安部禁毒局积极协调台湾刑事警察局、香港毒品犯罪调查科，直接指挥广东省公安禁毒部门，先后在深圳、东莞、汕尾等地部署实施4次收网行动，成功侦破“9·2制贩毒案”(部目标2014—641号)和“11·12专案”，共抓获犯罪嫌疑人19名，捣毁制毒工厂1处，缴获固态冰毒409.7千克、液态冰毒180千克、氯胺酮20.72千克，查扣涉案汽车2辆。

九、福建侦破“2014·11·14余振存制贩毒案”

2014年11月22日，福建省公安厅禁毒总队指挥龙岩长汀、武平两地公安禁毒部门成功侦破“2014·11·14余振存制贩毒案”(部目标2014—827号)，全

案抓获犯罪嫌疑人 4 名，捣毁制毒窝点 1 处，缴获冰毒 319 千克、氯麻黄碱 200 千克及一批制毒设备。

十、广西侦破“2 · 20 贩卖毒品案”

2014 年 11 月 10 日，经过近 3 年艰苦侦查，广西壮族自治区公安厅指挥玉林市公安机关成功侦破“2 · 20 贩卖毒品案”(部目标 2012—213 号)，全案共抓获犯罪嫌疑人 12 名，捣毁制毒工厂 1 处，缴获毒品 542.97 千克。经全力追捕，12 月 5 日，专案组在南宁市良庆区成功抓获案发后潜逃的主要犯罪嫌疑人庞汉财(男，1984 年生，广西玉林人，公安部 A 级通缉逃犯)。

后　记

此书稿是在我的博士论文《新型毒品滥用与控制的实证研究》基础上修改、加工而成的，积淀着我在社会学西南边疆禁毒领域共 6 年的学习历程和近 15 年的禁毒工作实践，在自己的人生历程中具有非常特别的意义。

在社会学理论上，感谢我的研究生导师云南民族大学鲁刚教授和我的博士生导师李路路教授。两位恩师不仅学识渊博、治学严谨，而且为人达观睿智，宽厚仁爱。他们要我：在做人上要做好人、做掌握方法的人、争取做成功的人；在做事上认认真真、干干净净、坦坦荡荡；在做学问上要有学者良心、学者严谨心、学者责任心。为此，每走一步，都不敢违背两位恩师的做人、做事、做学问原则，师恩难忘。在此，借这本专著谨向恩师再次表达我由衷的感谢和深深的敬意。

感谢云南民族大学人文学院和张桥贵、赵纯、杨国才、张金鹏、李东明、韩军学以及中国人民大学社会与人口学院和研究生处的郑杭生（恩师已逝，令人扼腕）、洪大用、潘绥铭等诸位老师，感谢云南省社会科学院社会学研究所的乔亨瑞、李立刚、樊坚等研究员，感谢云南社会学界联合会的钱宁、毕天云、王彦斌等各位老师，在学习期间，是你们的传道授业解惑让我在社会学专业方面打下了较为扎实的基础；毕业后仍是你们无私帮助与默默关注，让我对社会学的理解与实践日趋深刻。

在禁毒学理论上，感谢云南警官学院禁毒领域的各位同仁，感谢郭宝教授、于燕京教授、马敏艾教授、张义荣教授、梁晋云教授、莫关耀教授、张晶教授、骆寒青教授、王建伟教授、杨丽君教授、昂钰教授、张涛教授、沙莉教授，是你们的支持、鼓励、帮助，让我从一个禁毒门外汉迅速成长为专业人士，是你们的传帮带给我搭建了破格提升为禁毒学副教授、教授的平台。感谢全国禁毒领域的肇恒伟、李文君、关纯兴、王祎、秦总根、朱晓莉、刘建强、祝卫莉、钟岩、李伟等各位老师和未曾见面的夏国美、韩丹、丘志馨、褚宸舸、杜新忠等各位同仁，在多年的学术交流与禁毒问题专著论文探讨中，总能不断碰撞出思想的火花，探索出研究的方向。

在禁毒实践方面，感谢公安部禁毒局的杨凤瑞、李远征、王洪儒、于海斌、高伟、王小木等各位领导与云南省禁毒局的王建中、陈新民、董胜、高运弘、孙春荣、朱素梅、陈开明等各位领导及保山市公安局唐云泽、张国庆等领导，你们或在《禁毒法》《戒毒条例》《执法细则》等相关法律法规的起草与调研过程中，或在各种禁毒类课题的研讨中，或在一线血与火的禁毒战斗中，让我真正了解了禁毒的宏观思维与一线的禁毒实战智慧，激发了我从事禁毒事业的使命感与责任感，也使我有勇气、有信心研究当前禁毒领域的最前沿问题。

感谢云南警官学院的张爱国副院长与教务处的龙艳、扶斌、李建军、吴绍兵等各位同仁与审核办的黄斌、江济等各位同仁，是你们的亲力亲为、勇于担当、工作主动与不断创新，让我这位教务处的新兵压力得以减轻并感受到工作过程中的快乐与欣慰，并能挤出宝贵的时间继续我的学术研究。

感谢我的家人，他们的关怀始终是催我奋进的动力。这些年来，我的妻子黄寒梅一直默默承担着所有琐屑而又繁重的家务，积极支持我的日常工作与学术之路。我的父母、兄弟姐妹们一贯关心和支持我的学业，鼓励我要努力进取。我年幼的小女儿也已读小学六年级，她学习上的自觉和各方面的养成教育让我倍感宽慰。

在出版过程中，感谢上海社会科学院出版社的各位编辑老师，这本专著的出版，凝聚了这些老师的诸多心血，在此深表谢意。

阮惠风

2016 年 9 月 20 日定稿

图书在版编目(CIP)数据

新型合成毒品滥用实证调查与治理对策/阮惠风著.
—上海：上海社会科学院出版社，2016
（禁毒研究）
ISBN 978-7-5520-1630-7

Ⅰ.①新… Ⅱ.①阮… Ⅲ.①禁毒—研究—云南
Ⅳ.①D669.8

中国版本图书馆 CIP 数据核字(2016)第 276795 号

新型合成毒品滥用实证调查与治理对策

著　　者：阮惠风
责任编辑：孙　洁
封面设计：夏艺堂
出版发行：上海社会科学院出版社
上海顺昌路 622 号　邮编 200025
电话总机 021-63315900　销售热线 021-53063735
http://www.sassp.org.cn　E-mail:sassp@sass.org.cn
排　　版：南京展望文化发展有限公司
印　　刷：上海景条印刷有限公司
开　　本：710×1010 毫米　1/16 开
印　　张：26
插　　页：1
字　　数：461 千字
版　　次：2016 年 12 月第 1 版　　2020 年 7 月第 2 次印刷

ISBN 978-7-5520-1630-7/D·416　　定价：79.80 元
